高等学校经济与工商管理系列教材

审计学原理与实务

（第4版）

张立民　高　莹　万里霜　张霖琳　刘　巍　编著

清华大学出版社
北京交通大学出版社
·北京·

内 容 简 介

全书分为审计总论、财务报表审计原理和财务报表审计实务3篇。在审计总论篇，介绍了注册会计师审计、国家审计和内部审计的产生和发展过程，各自的性质、彼此的联系和区别，以及注册会计师的法律责任和职业规范要求；在财务报表审计原理篇，介绍了财务报表审计目标和风险导向审计各阶段的工作要求，以及信息技术时代审计的新发展；在财务报表审计实务篇，介绍了销售与收款循环、采购与付款循环、生产与存货循环、货币资金、特殊项目、完成阶段的审计要点。

本书用典型案例、拓展阅读、典型例题等多种形式，尽可能地将抽象问题具体化和形象化。本书在各章的结束部分，还列示了该章的关键术语，并设计了相关习题，以帮助读者更好地理解相关内容。

本书封面贴有清华大学出版社防伪标签，无标签者不得销售。
版权所有，侵权必究。侵权举报电话：010-62782989　13501256678　13801310933

图书在版编目（CIP）数据

审计学原理与实务 / 张立民等编著. —4版. —北京：北京交通大学出版社 ：清华大学出版社，2023.7
高等学校经济与工商管理系列教材
ISBN 978-7-5121-4883-3

Ⅰ. ①审⋯　Ⅱ. ①张⋯　Ⅲ. ①审计学–高等学校–教材　Ⅳ. ① F239.0

中国国家版本馆 CIP 数据核字（2023）第 020641 号

审计学原理与实务
SHENJIXUE YUANLI YU SHIWU

责任编辑：黎　丹

出版发行：清 华 大 学 出 版 社　　邮编：100084　　电话：010-62776969　　http://www.tup.com.cn
　　　　　北京交通大学出版社　　邮编：100044　　电话：010-51686414　　http://www.bjtup.com.cn
印　刷　者：北京鑫海金澳胶印有限公司
经　　　销：全国新华书店
开　　　本：185 mm×260 mm　　印张：22.75　　字数：568 千字
版　印　次：2005 年 11 月第 1 版　　2023 年 7 月第 4 版　　2023 年 7 月第 1 次印刷
印　　　数：1～2 000 册　　定价：59.00 元

本书如有质量问题，请向北京交通大学出版社质监组反映。对您的意见和批评，我们表示欢迎和感谢。
投诉电话：010-51686043，51686008；传真：010-62225406；E-mail：press@bjtu.edu.cn

前　　言

《审计学理论与实务》适合作为工商管理类学生学习审计学相关课程的教材，也是一本帮助对审计行业有兴趣的人士了解审计行业的出版物。

审计的行业性质决定了其与时俱进的特点。审计行业所处的法律环境、社会环境、经济环境的不断发展与变化，使得审计学教材似乎永远在追寻实务和理论发展的脚步。虽然有一些内容是自这个行业产生就存在的，例如，委托代理关系及信息的不对称，但即便是这样的一些基础概念，其内涵也随着社会经济的发展而处于持续地丰富中。至于审计准则、审计实务、审计技术的发展，则直接导致教材一直承受更新的压力。

本次再版，主要出于以下3个方面的迫切需要：

第一，审计教材中需要融入行业发展、职业素养教育的内容。在之前版本的教材中，内容主要集中于审计技术，强调的是专业知识，忽略了关于审计行业对国家整个社会经济发展中的重要监督作用、审计人员职业道德的重要性等问题的阐述。

第二，审计行业知识更新发展迅速。近年来，国家审计、内部审计、注册会计师审计均加强了行业制度规范的制定和更新工作，审计覆盖面扩大，要求不断提升。与此同时，被审计对象的特点，包括经营管理的方式、内部控制、风险管理方法等被持续更新。

第三，信息技术的发展对审计行业产生重大影响。之前版本的教材中，没有关于信息技术对审计影响的内容，成为重要缺撼。

基于以上情形，编写者结合多年的审计学教学和实践经验，从以下方面进行更新。

第一，在教材内容中增加了行业发展的相关内容，引导学习者深入思考审计行业的立足之本。其中，重点增加国家审计、内部审计的相关内容，尤其是这两类审计发展的背景、在中国国家治理体系中的职责定位及其历史使命。新中国成立以来，我国的三大类审计经历了从无到有、迅速发展的过程，积累了经验，形成了具有中国特色的审计行业体系，为整个国民经济的稳定、持续、快速发展做出了重大贡献。在此次再版中，通过阐述我国审计发展的情况，引导学习者对审计行业未来发展进行思考，鼓励研究我国审计行业的发展规律、发展要求，解决我国的实际问题。

第二，更新了教材中的专业知识。此次再版，全面更新了已过时的内容，列示了审计行业中的新要求、新观点及研究的新角度。此次再版不仅更新了知识要点，还相应地更新了案例、练习题、研究思考题等。

第三，增加了与信息技术相关的内容。信息技术改变了审计环境，也提升了审计技术本身对信息技术的利用程度。此次再版，增加了信息技术审计章节，描述了被审计单位在更多地采用信息技术后，对审计工作的挑战。

此次再版保留了上一版的优点，在其基础之上，结合出版要求，新采用了以下3种形式：

（1）增加拓展性阅读。在书面内容之外，为了尽可能降低印刷文字时效性差的负面影响，本次再版采用二维码的形式，增加云资料，使学习者能够获得延伸阅读资料。编写者将即时更新相关的云资料。

（2）增加示例、事实和数据所占全书内容的比例，以事实说明问题，展示审计已取得的成就和审计技术应用的实际经验。

（3）将全部内容分为三篇："审计总论""财务报表审计原理""财务报表审计实务"，以便更清晰地体现概念之间的关系。

时代在变，但是审计的精髓和基础不变。通过本教材的学习，希望学习者能够更好地理解审计师所需具备的独立、客观的职业精神，严密的思维逻辑、深刻的洞察能力、宽阔的视野、丰富的联想能力、宽广的专业知识，以及对公义与大爱的道德追求。愿本教材成为那些有志于投身审计事业、追求卓越发展的有识之士的一块有用的垫脚石。

本书的框架结构由高莹、万里霜、张霖琳共同商定，其中第1、2、3、4、6、7、8章由万里霜编写、第11、12、13、14、15、16章由张霖琳编写，第5、9章由刘巍编写，第10章由刘巍、张霖琳共同编写，张立民负责全书的质量把控。

由于水平有限，书中难免存在不足之处，恳请读者批评指正。

编　者
2023年5月

目 录

第1篇 审计总论

第1章 审计概述 ... 2
1.1 委托代理关系与审计需求的产生 ... 3
1.2 审计的概念 ... 5
1.3 审计的分类 ... 9
本章关键术语 ... 17
本章复习 ... 18

第2章 审计的发展 ... 24
2.1 注册会计师行业的发展 ... 24
2.2 国家审计的发展 ... 31
2.3 内部审计的发展 ... 33
本章关键术语 ... 36
本章复习 ... 36

第3章 注册会计师的法律责任 ... 39
3.1 注册会计师的法律责任框架 ... 39
3.2 注册会计师在财务报表审计中的责任 ... 45
本章关键术语 ... 52
本章复习 ... 52

第4章 中国注册会计师职业规范 ... 57
4.1 中国注册会计师执业准则体系 ... 57
4.2 中国注册会计师职业道德规范 ... 64
本章关键术语 ... 81
本章复习 ... 81

第2篇 财务报表审计原理

第5章 财务报表审计目标和审计过程 ... 88
5.1 财务报表审计目标 ... 88
5.2 财务报表的审计过程 ... 93

本章关键术语 ··· 96
本章复习 ·· 96

第 6 章 初步业务活动与审计计划 ·· 100
6.1 初步业务活动 ··· 100
6.2 总体审计策略和具体审计计划 ··· 103
6.3 审计风险 ·· 110
6.4 审计的重要性 ··· 112
本章关键术语 ·· 118
本章复习 ·· 118

第 7 章 审计证据和审计工作底稿 ··· 124
7.1 审计证据 ·· 124
7.2 审计测试中的抽样技术 ·· 134
7.3 审计工作底稿 ··· 142
本章关键术语 ·· 145
本章复习 ·· 145

第 8 章 风险导向审计测试流程 ·· 151
8.1 重大错报风险的识别与评估 ·· 151
8.2 重大错报风险的应对 ··· 158
本章关键术语 ·· 163
本章复习 ·· 163

第 9 章 审计报告 ·· 171
9.1 审计报告的含义、作用与种类 ·· 171
9.2 通用目的财务报表审计报告 ·· 174
9.3 财务报表审计报告中的其他段落 ··· 183
本章关键术语 ·· 190
本章复习 ·· 190

第 10 章 信息技术时代的审计 ·· 196
10.1 信息技术对审计的影响 ··· 196
10.2 信息技术与智慧审计 ··· 198
本章关键术语 ·· 209
本章复习 ·· 210

第3篇 财务报表审计实务

第11章 销售与收款循环审计 ································ 212
11.1 交易循环审计 ································ 212
11.2 销售与收款循环概述 ································ 214
11.3 销售与收款循环的内部控制和控制测试 ································ 218
11.4 营业收入审计的实质性程序 ································ 221
11.5 应收账款审计的实质性程序 ································ 227
本章关键术语 ································ 236
本章复习 ································ 237

第12章 采购与付款循环审计 ································ 243
12.1 采购与付款循环概述 ································ 243
12.2 采购与付款循环的内部控制和控制测试 ································ 246
12.3 固定资产的审计程序 ································ 249
12.4 应付账款审计的实质性程序 ································ 258
本章关键术语 ································ 262
本章复习 ································ 262

第13章 生产与存货循环审计 ································ 268
13.1 生产与存货循环概述 ································ 268
13.2 生产与存货循环的内部控制和控制测试 ································ 270
13.3 存货审计的实质性程序 ································ 273
本章关键术语 ································ 283
本章复习 ································ 283

第14章 货币资金审计 ································ 289
14.1 货币资金概述 ································ 289
14.2 货币资金的内部控制和控制测试 ································ 291
14.3 库存现金审计的实质性程序 ································ 293
14.4 银行存款审计的实质性程序 ································ 298
本章关键术语 ································ 308
本章复习 ································ 308

第15章 特殊项目审计 ································ 313
15.1 会计估计审计 ································ 314
15.2 关联方审计 ································ 316
15.3 持续经营审计 ································ 321
15.4 首次审计业务涉及的期初余额 ································ 326

15.5	期后事项审计	327
15.6	比较信息审计	331
	本章关键术语	334
	本章复习	334

第 16 章 完成审计工作 ············· 341
  16.1 审计证据的汇总 ············· 341
  16.2 审计报告的形成 ············· 346
  本章关键术语 ············· 349
  本章复习 ············· 349

参考文献 ············· 354

第1篇
审计总论

第1章

审 计 概 述

【学习目标】
学习本章以后,你应该能够:
▼ 掌握委托代理关系与审计需求之间的关系,理解审计产生的必然性。
▼ 掌握审计关系人的构成,掌握资本市场财务报表审计中的审计关系。
▼ 理解审计过程。
▼ 掌握审计的主要分类方法,了解不同类别审计的特点。
▼ 理解和掌握财务报表审计的目标。
▼ 理解风险导向审计的概念。

【内容提要】
　　本章从委托代理关系所产生的审计需求出发,阐述了审计产生和发展的必然性。审计能缓解委托代理问题,进而保障整个社会经济的持续健康发展。审计概念可从审计关系和审计过程两方面来理解。从不同角度,可对审计进行不同的分类:按审计主体不同,可分为注册会计师审计、国家审计和内部审计;按审计目标不同,可分为财务报表审计、绩效审计、内部控制审计、信息系统审计、经济责任审计等。风险导向审计提升了审计的效率、效果,是现代审计技术和方法发展的新阶段。

1.1 委托代理关系与审计需求的产生

审计是人类社会经济发展到一定阶段的产物。委托代理关系（principal-agent relationship）随着社会经济的发展而发展，并助力于社会经济的进步。委托代理关系存在委托代理问题。审计是应对委托代理关系中道德风险和信息不对称问题的措施之一。审计通过降低道德风险、缓解信息不对称可能带来的消极后果，以促进经济主体之间的合作，保障社会经济的持续发展。

1. 委托代理关系

在历史发展的进程中，人类通过发现和使用劳动工具，其内部开始进行劳动分工，能力突出者成为组织的领导者。伴随生产能力的提高，人们从大自然获取的资源除了满足基本生存需要之外开始有了剩余，一部分人开始拥有私有财产，在组织利益之外的个人利益出现了。不同主体之间在控制资源和获取利益方面的差别越来越显著，于是在人类社会中形成了不同利益主体。国家的出现和干预，开始用法律保障经济主体财产所有权，保护私有财产的神圣不可侵犯。

随着私有财产不断积累，人类社会中的经济主体可分为两大类。一类是掌握财产的所有者。他们希望通过更高效率地运用这些财产不断增加自身财富。但是，随着财产规模的不断扩大，财产所有者依靠自身实现高效运用财产的能力越来越受到各方面条件的限制。另一类则是财产的经营者。他们拥有经营管理财产的能力。这些经营者如果能够有机会运用财产创造更多的财富，就可能依靠这种专有能力获取报酬。财产的所有者如果将财产委托给这些具有经营管理能力的人进行经营，有可能大大增加这些财产所带来的财富，进而获得超过依靠自身经营所得到的收益。财产所有者和有能力的经营者之间的合作，不仅能使双方的利益都得到提升，而且能带动整个社会财富的增加。因此，两类经济主体之间的合作，随着社会经济的发展越来越重要。两者之间的这种合作关系，被称为基于财产所有权和经营权分离的委托代理关系。其中，财产所有者为财产的委托人，经营者为财产的代理人或称受托人。

随着社会经济的发展而发展的，还有各类经济主体的形式。除了自然人本身，还包括国家、企事业单位，以及历史上或现代社会中出现的其他各类具有独立经济地位的实体。在规模较大的经济主体的内部，上一级管理层可能需要将管理权层层分级，授权给下一级管理层，即最高管理层可能需要将管理权分解，授权至次级管理人员，而次级管理人员则可能需要继续分解管理权给再下级的管理人员。经济主体的规模越大，对管理权分级授权的必要性越强，分级层次、授权职责的内容也可能越多。经济主体内部的这种管理权的分级授权，是委托代理关系的另一种表现形式，被称为基于管理权分级授权的委托代理关系。其中，上层管理者为管理权的委托人，下级管理者为管理权的代理人或称受托人。

2. 委托代理问题

委托代理关系的建立和维护，有赖于委托人和代理人之间的了解与信任，但由于以下委托代理问题（principal-agent problem）的存在，可能使委托代理关系十分脆弱。

委托代理关系中存在的首要问题是利益冲突（interest conflict）。委托人和代理人之间的利益既有一致的地方，又有矛盾之处。例如，在基于财产的所有权和经营权分离的委托代理关系中，委托人和代理人之间的共同利益是提升财产的利用效率、效果，在财产利用取得良好成果的情况下，双方的利益均能得到一定程度的保证，这也是双方共同的利益所在。但如果进一步思考这种制度安排则会发现，两者的直接利益存在明显的区别，甚至此消彼长。委托人将财产委托给他人，通常最主要的目的是使自身财产投入的回报最大化；而代理人接受委托，承担经营责任，其直接目的更可能是使自己的薪酬回报最大化和（或）个人声望的提升等。正因为如此，代理人不一定完全站在委托人的立场上进行经济决策，甚至有可能做出损害委托人利益的行为。

信息不对称（information asymmetric）是委托代理关系中另一个重要问题。与委托人相比，代理人因为实际经办、处理相关的事务，拥有信息优势。例如，在基于财产的所有权和经营权分离的委托代理关系中，财产的代理人在运用财产过程中通常能及时和全面地掌握各种相关信息，包括市场、产品、生产、人员等，其对影响财产运用效率和结果的原因理解得更为深入；而财产的委托人在没有参与或没有完全参与财产的运用过程的情况下，由于时间、地理位置、自身能力等方面的原因，能够掌握的财产运用信息不仅较少，而且相对滞后。

3. 道德风险

经营活动是一个复杂的过程，永远存在风险。经营活动过程和结果充满了不确定性，这使得负有责任的经济行为主体并不完全承担其行为的全部成本。这一客观事实为经济行为主体的不道德行为提供了机会，包括低效或无效的经营管理、经济利益的侵占、风险报酬不匹配的投资，以及与之相伴随的虚假陈述等。此类情形又称为道德风险（moral hazard）。道德风险是在信息不对称条件下，经济行为主体为了实现自身利益的最大化，做出不利于他人利益行为的可能性。在委托代理关系中，道德风险表现为代理人处于信息优势地位，充分了解自己的行动，有着按自身利益行事而损害不太知情的委托人利益的可能性。因此，当委托人无法有效监督代理人的活动时，后者就有可能以牺牲前者利益为代价增加自身的利益，包括货币、心理、声誉等方面的收益。

随着经营管理内外部环境的日益复杂化，委托代理关系中的信息不对称问题更加严重，道德风险也随之提升。这不仅使得委托人利益受损的可能性增加，还可能进一步产生"逆向选择（adverse selection）"问题。逆向选择概念源于市场交易行为，是指在交易双方信息不对称、机会主义、个人利益最大化需求的条件下，将出现市场价格下降，劣质品驱逐优质品，进而出现市场交易产品平均质量下降的现象。在审计领域中，逆向选择指的是由于代理人虚报经营活动信息的风险存在，可能导致委托人难以评价代理人经济责任履行的程度，由此造成了代理人选择方面的困难。具体表现为委托人可能趋向于选择能力较差的代理人，使得资源的低效运用或受损，而如果情况严重、范围扩大，成为社会上的普遍现象，还可能导致整个社会经济秩序混乱、停滞，直至倒退。

上述情形的存在，侵蚀了委托人和代理人之间信任与合作关系的基础，降低了资源利用的效率，减少了社会财富，影响到经济主体和整个社会的可持续发展。正是为了应对这些问题，审计的社会需求产生了。

4. 审计需求的产生

总体来看，审计在社会经济生活中的作用表现为通过独立地审查代理人经济行为的过程及其结果，或审查其提供的经济行为结果的信息，在一定程度上缓解委托人和代理人之间由于信息不对称所造成的不利影响。审计的存在，完善了委托人对代理人的信任机制。

委托人可以依据审计的结果，客观地评价代理人的经济行为，并相应地做出激励或者惩罚甚至变更代理人的决策。对于代理责任履行良好的代理人，其优秀的代理业绩，由于审计的存在，能得到委托人更为充分的认可，并获得相应的利益；对于代理责任履行不佳的代理人，由于审计的存在，其依靠谎报经济结果骗取委托人的信任和激励的企图难以实现。无论代理人履行责任情况好坏，由于审计监督的存在，代理人借助信息的优势而获取不当利益的机会大大减少，不当欲望受到遏制。因此，审计的产生和发展，保护了委托代理关系，促进了整个社会经济的持续健康发展。

1.2 审计的概念

由于审计一直处于不断发展的过程中，不同国家、不同时期人们对审计的认识也不尽相同。英文审计"audit"和法文审计"audition"均源于拉丁文"auditus"，包括了"听"的词根。这可能表明古代审计工作是通过专人读出会计记录，审计人员听取记录的方式来进行的。在古罗马和古希腊时期，采用的正是"账目听证会"对官吏进行审查和考核。后来，人们把审计理解为"查账""财务报表检查""独立的经济监督"等，将审计主体形象地称为"查账先生""经济警察""保健医生""守护人（watchdog, gatekeeper）""免疫系统"等。

我们可以从审计关系、审计过程等角度来进一步理解审计的概念。

1.2.1 从审计关系理解审计的概念

审计是一种社会活动，这种活动的基础是审计关系。

1. 委托代理关系与审计关系

从审计产生的过程来看，审计涉及三方面的关系人，即审计委托人、审计主体和审计客体。在基于财产所有权和经营权分离的委托代理关系中，审计三方面关系人之间的关系如图1-1所示。

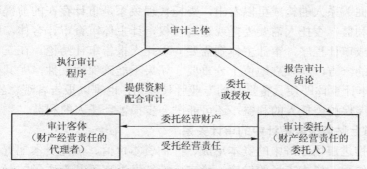

图1-1 基于财产所有权和经营权分离的委托代理关系中的审计关系

在上述的审计关系中，审计委托人与审计客体之间存在的委托代理关系是前提。为了缓解委托代理问题，审计委托人可能委托或者授权审计主体对审计客体进行审计，以监督其行为。审计主体需要按照审计委托人的要求对审计客体进行审计，并将审计结论报告给审计委托人；审计客体应当向审计主体提供资料，配合其审计工作。在现实生活中，通常存在某种内在的经济依存关系或契约关系，使得审计客体有义务接受审计。

审计委托人，通常也是委托代理关系中的委托人。在基于财产所有权和经营权分离的委托代理关系中，审计委托人是财产的所有者；在基于管理权分级授权的委托代理关系中，审计委托人是上层管理者。

在注册会计师开展的审计业务中，通常存在明确的审计委托人，双方通过签订审计业务约定书（engagement letter），明确审计委托人对审计的目标要求。而在国家审计和内部审计的项目中，人们通常观察不到审计委托人，更多的注意力集中于审计主体和审计客体。

在国家审计中，审计是由国家法律所做出的强制性规定。全体公民作为公共财产的最终所有者，是国家审计的最终委托人。而由于公共财产的经营管理责任需要通过层层授权委托而得以履行，继而在层层授权委托过程中形成了不同层次的公共财产经营管理责任的委托代理关系。每一个层次的委托代理关系，均有必要接受国家审计的监督。

在一个企事业单位或其他类型组织的内部，上一级的管理层对下一级管理层的内部审计则需要以组织章程中的相关规定为依据。在一个组织的内部，内部审计主体通常是根据经过批准的年度审计工作计划安排审计项目。在一个组织内部所进行的审计，形式上是通过授权进行的，实质上是基于管理分级授权的受托代理关系而存在。

审计主体，是指实施审计的单位和个人。实施审计的单位指国家审计机构、内部审计部门和会计师事务所。相应地，审计专业人员分别称为国家审计人员、内部审计师和注册会计师（certified public accountant，CPA）。不同审计主体在整个国家的审计监督体系中的角色不同，决定了各自在审计权力、职责、目标、范围等方面有自身的特点。

审计客体，又称审计对象（audit subject），从字面解释包括两方面的含义：第一，审计客体是经营责任的代理人，它可以指被审计单位整体，也可以指某个具体的被审计项目或被审计个人；第二，根据审计目标的不同，审计客体可以指受托人履行经营责任所形成的财务报表信息及其相关的财务与非财务资料，也可以指受托人所进行的经营活动、管理活动、经济事项、经济结果等。如果从审计关系人的角度去界定审计客体，则主要指第一类含义，即指被审计单位、项目（被审计项目）或个人（被审计人）。

从审计三方面关系人的构成可以看出，委托代理关系是审计存在的前提。为了缓解信息劣势，保护自身利益，委托人需要委托或通过授权审计主体审查审计客体。审计客体有责任配合审计主体完成审计程序，审计主体则需要向委托人报告审计结论。在三者的关系中，审计主体作为单独的一方，其独立地位十分重要。如果不能确保独立性，尤其是与审计客体之间的独立关系，审计主体即使具备足够的专业胜任能力，也难以报告客观、公正的审计结论，从而导致不仅不能保护委托人的利益，还可能进一步损害委托人的利益。

2. 资本市场上财务报表审计中的审计关系

资本市场在推进市场经济中的资本形成、评估资本价值、优化资本配置和实现资本价值等方面发挥重要作用。资本市场的健康、稳定、持续发展离不开高质量的财务信息。财务报表审计是监控和提升财务信息质量，维护资本市场正常秩序的重要措施。注册会计师的财务报表审计能够增强利益相关者（stakeholder）对被审计单位财务信息质量的信任，辅助其经济决策，从而促进社会资源配置的优化。

从根源上看，资本市场上的财务报表审计是基于财产所有权和经营权的分离而产生的委托代理关系而存在的，但在现代社会经济生活中，该类审计所呈现出的审计关系呈现出新的特点。一方面，上市公司的股东，即财产所有者的构成可能处于流动状态，注册会计师接受审计时、执行审计过程中及递交审计报告时，所面对的股东可能并不相同；另一方面，关注上市公司财务报表的经济主体并不限于"已有股东"，还可能包括潜在的投资人、贷款机构、供应商、顾客、政府监管机构等各类利益相关者。

理论上，上市公司所有的利益相关者均会关注公司财务报表的质量。在经济管理领域，利益相关者狭义上是指股东、债权人等可能对公司的现金流量有要求权的人，广义上则涉及公司内、外部受公司决策和行动影响的任何相关者，如公司内部的管理层及员工、公司外部的公众等。由于广义概念所包括的范围过大，在描述资本市场中财务报表审计业务中的审计关系人时，审计委托人通常会用"预期使用者"一词替代，即预期使用审计报告和财务报表的经济主体。对于审计客体，则会使用"管理层"或"责任方"的概念，即对财务报表编制承担责任的经济主体，如图1-2所示。

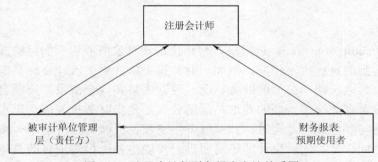

图1-2 注册会计师财务报表审计关系图

资本市场财务报表审计的存在，在维护市场秩序、确保资源有效配置等方面能发挥重要作用。它具有以下功能：① 监督功能。一方面，因为需要进行财务报表审计，被审计单位的造假风险降低，会计信息质量得以提升；另一方面，在财务报表审计过程中，注册会计师可能指出被审计单位的错弊和违法行为、内部控制的缺陷等问题。② 信号传递功能。预期使用者可以根据注册会计师的工作成果判断财务报表信息的可靠性，做出相关的经济决策。③ 风险防范的功能。利益相关者因为了解被审计单位经营管理中存在的重大问题而避免遭受更大的损失。在证券市场上，基于财务报表审计的重要性，加上证券市场较高程度的透明度，使得该项业务成为最受社会公众关注的注册会计师的业务类型。

当然，如果注册会计师没有认真履行职责、未能发现公司财务报表中存在的重大错报，甚至与被审计单位合谋造假，则不但不能发挥上述功能，还将：① 导致自身受到处罚，损害注册会计师行业形象，影响整个注册会计师行业的发展，动摇注册会计师行业发展的根基；② 导致被审计公司的投资者、债权人等利益相关者遭受经济损失，扰乱资本市场的正常秩序，影响资本市场作用的发挥。

1.2.2 从审计过程理解审计的概念

关于审计过程的一个概括性描述是：审计是一个系统的过程，它通过客观地获取并评价与经济事项的认定或相关事实（或结果）有关的证据，以确定其与既定标准之间的一致程度，并将结论传递给利益相关者，如图1-3所示。

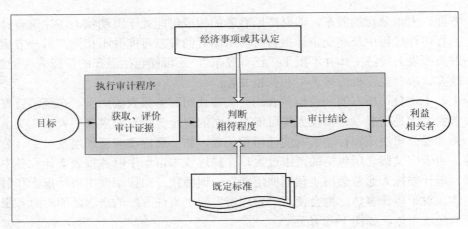

图1-3 审计过程

1. 审计目标

审计目标（audit objective）是指检查和评价审计对象所要达到的目的或要求。审计项目不同，所要达到的目标也不相同。例如，财务报表审计中，审计目标是确定财务报表信息是否合法、公允地反映了公司的财务状况、经营成果和现金流量。所谓合法，是指财务报表编制是否符合有关法律法规的要求；所谓公允，是指财务报表信息忠实地反映了实际发生的经济活动与经济事项。同时，针对财务报表项目反映的经济活动与事项、期末余额列报和披露的不同认定，注册会计师还需要进一步确定各个报表项目的具体审计目标。又如，绩效审计中，审计目标是审查和评价经营管理活动的经济性、效率性和效果性。所谓经济性，是指组织经营管理过程中获得一定数量和质量的产品或者服务及其他成果时所耗费的资源最少；所谓效率性，是指组织经营管理过程中投入资源与产出成果之间的对比关系；所谓效果性，是指组织经营管理目标的实现程度。

2. 既定标准

既定标准（established criteria）也称审计标准，指判断被审计对象行为是否符合要求所依据的行为规范，是审计人员借以形成审计意见或做出评价的依据。

国家审计的审计标准主要是相关法律和国务院各部委的行政法规、规章制度等；内部审计的主要标准是单位内部制定的规章制度、预算指标等。财务报表审计的标准是财务报告编制基础，主要是指会计准则和相关的会计制度。内部控制审计的标准是被审计单位外部、内部的内部控制规范、制度。

3. 经济事项或其认定

经济事项（economic activities）是指被审计单位的经济活动、管理制度等。经济事项的认定（assertions）是指反映经济事项的信息。

在财务报表审计中，被审计单位责任方对经济事项的认定集中反映在其编制确认的财务报表中。被审计单位所提供的财务报表是在被审计单位会计人员和管理当局，即财务报表的责任方的主观干预下形成的。在编制财务报表的过程中，责任方需要按照财务报告编制基础的要求选择采用特定的会计政策，做出各项会计估计，这些工作涉及大量的主观判断。因此，财务报表中各个项目的数据所反映的信息被称为是责任方的"认定"。财务报表审计则是审人员根据财务报告编制基础的要求,对责任方的"认定"进行"再认定",即判断责任方"认定"与"审计标准"(即财务报表编制基础)之间的符合程度。

4. 审计证据

审计证据(audit evidence)是指审计人员为了得出审计结论、支持审计意见而使用的所有信息。收集和评价证据是审计的基础工作,是形成审计意见、保障审计质量的基础。审计人员提出审计意见,做出审计结论必须以充分、适当的审计证据为依据,这是审计基本要求之一。

为了证实被审计单位已发生经济活动与事项的实际状况,可以采用检查书面资料、观察实际工作情形、重新计算等技术方法获取所需要的证据。在收集、评价、整理审计证据的过程中,审计人员一方面需要对审计证据的充分性和适当性反复进行评估,另一方面需要就审计发现(audit findings)与被审计单位的责任方进行反复沟通以获得确认。

5. 审计程序

审计程序(audit procedures)是指审计人员在审计过程中,为获取审计证据所实施审查的步骤、内容与方法的系统性安排。按照周密设计和计划的审计程序开展审计工作,是审计工作的基本要求与特征,也是审计的科学性和审计质量可靠性的具体体现。从这个意义上讲,我们称审计程序是一个系统化过程。审计人员执行审计程序时,应当遵循相关的法律法规和执业准则的规定。不同类型的审计遵循的规定不尽相同。

注册会计师执行财务报表审计应当遵循由注册会计师职业组织制定的"审计准则(auditing standards)"。其审计程序包括从接受业务委托、制订审计计划、风险评估、执行审计测试,到出具审计报告等一系列工作。

6. 审计结论

审计结论(audit conclusion)是指审计人员在完成审计工作的基础上,向利益相关者传递的审计意见及其他与审计相关的信息。

在财务报表审计中,审计人员通过收集和评价证据,对财务报表信息是否公允地反映了被审计单位的经济事项、相关会计处理和财务报表编制是否符合财务报表编制基础的要求做出判断,形成相应的审计意见。审计人员向利益相关者提交的审计结论集中体现在"审计报告"(audit report)中。

一般地,将审计关系人、财务报表、财务报表编制基础、审计证据和审计报告称为财务报表审计项目的五大要素。

1.3 审计的分类

由于对审计的社会需求不同,形成了不同类别的审计。从不同角度对审计进行分类,可以帮助我们更好地认识和理解审计。

1.3.1 按审计主体分类

按照执行审计工作主体性质的不同,审计可分为注册会计师审计、国家审计和内部审计三大类别。这是审计最基本的划分方法,同时也是根据委托代理关系性质的不同进行的划分。

其中，注册会计师审计服务于财产所有权和经营权的分离而产生的委托代理关系。国家审计服务于公共资源的所有权与经营权的分离及公共资源经营管理权的分级授权所产生的委托代理关系，旨在维护公共资源的安全、保值增值。内部审计主要服务于一个组织内部经营管理权的分级授权所产生的委托代理关系，旨在确保一个组织战略或经营目标的实现，促进组织价值的提升。

在现代社会中，不同国家或地区的上述三类审计虽然在设置形式、权利与责任、在社会中发挥作用的角色和影响等多个方面存在较多差异，但是三类审计通常都会存在。三类审计共同构成一个国家或地区的审计监督体系，共同对整个社会的发展做出贡献。

1. 注册会计师审计

在不同历史发展阶段或社会背景下，注册会计师审计（certified public accountant audit，CPA Audit）曾经有不同的称谓，如民间审计（civil audit）、社会审计（social audit）、独立审计（independent audit）等。注册会计师审计是指经政府授权核准建立的、接受客户委托开展业务的会计师事务所所执行的审计。为了获得社会上不同客户的普遍信任，强调维护公共利益是注册会计师审计的基本宗旨。在资本市场上，注册会计师的财务报表审计、内部控制审计、并购审计、IPO审计等业务是上市公司外部治理机制的重要组成部分，在保障和促进资本市场的健康发展方面发挥重要作用。

（1）会计师事务所

会计师事务所（accounting firms）是指依法独立承担注册会计师业务的中介服务机构。会计师事务所独立运营、根据客户委托开展审计是注册会计师审计的基本特点。会计师事务所的审计人员应当具备较高会计、审计专业水平。注册会计师执行业务，应当加入会计师事务所。注册会计师不能以个人名义承担业务，只能由会计师事务所统一接受业务委托。会计师事务所的组织形式主要有合伙制和有限责任制两种。

当前，会计师事务所发展很快，许多会计师事务所联合起来组成规模庞大的合伙公司。有些公司已成为国际性组织，分支机构遍及世界各地，其业务从财务报表审计、代理记账、代理纳税申报、公司登记、股票管理、诉讼代理人、破产清算人等传统业务，发展到全面提供经济管理和技术管理的咨询服务，业务内容已经远远超出财务报表审计范围。

（2）注册会计师

各个国家对于注册会计师资格都有特定的要求。为了取得注册会计师资格，通常需要满足三方面特定的条件：一定的教育背景，通常至少要大学毕业、修满一定的会计相关学分；通过注册会计师资格考试；具备一定年限（通常不少于2年）的审计工作经验。

在我国，注册会计师执行审计业务应当取得财政部统一制定的中华人民共和国注册会计师证书。个人一般需要参加注册会计师全国统一考试且成绩合格，并在中国境内从事审计业务工作2年以上，方可在省级注册会计师协会申请注册。我国注册会计师的资格考试为两个层级的"6+1"体系：第一个层级共6科考试，科目为会计、审计、财务成本管理、经济法、税法、公司战略与风险管理；第二个层级为1门综合考试。

不从事审计业务工作的考试合格者，可申请注册为中国注册会计师协会的非执业会员。非执业会员是指加入了中国注册会计师协会，在各类非会计师事务所类型单位工作的会员。非执业会员可能负责编报财务信息或其他方面的信息，供工作单位或第三方使用，也可能负责从事有效的财务管理工作或就经济主体与经营相关的事项提供合理化建议。

2. 国家审计

国家审计（national audit，NA）是指以国家权力为依托，依法对公共资源的获取、占有和配置、使用情况进行的审计。国家审计的特点是通过国家的强制力开展工作，代表的是公共利益。由于政府通常承担着公共资源的获取、占有、配置和使用的职能与责任，因此各级政府机关及其所属机构是国家审计的审计对象。上级政府机关对下级政府机关或所属机构进行的审计，也称为政府审计（governmental audit）。

国家审计是国家政权的有机组成部分，也是国家治理机制中的重要构成部分。当今，全世界几乎所有重要国家都建立了国家审计机关。各个国家的政治制度和体制不同，国家审计的设置方式、职责范畴、在国家治理机制中的地位各有不同。各个国家的国家最高审计机关为了扩大交流与合作，于1968年正式成立了"最高审计机关国际组织"（International Organization of Supreme Audit Institutions，INTOSAI）。

1983年，根据《中华人民共和国宪法》的相关规定，国务院成立了国家审计署。目前，中国国家审计机关的工作主要遵循《中华人民共和国审计法》《中华人民共和国国家审计准则》等法律或法规的规定。根据相关规定，国家审计署接受中央审计委员会的领导。县级以上的地方各级人民政府设立审计机关。审计机关履行职责所必需的经费，列入预算予以保证。国家审计机关拥有审计检查权、调查权、审计信息披露权、建议纠正权和（建议）处理处罚权等权限。

国家审计署主管全国审计工作，对国家财政收支和法律法规规定属于审计监督范围的财务收支的真实、合法和效益进行审计，对公共资金、国有资产、国有资源和领导干部履行经济责任情况实行审计全覆盖，对领导干部实行自然资源资产离任审计，对国家有关重大政策措施贯彻落实情况进行跟踪审计，对审计、专项审计调查和核查社会审计机构相关审计报告的结果承担责任，并负有督促被审计单位整改的责任。

中华人民共和国国家审计准则和审计法

3. 内部审计

内部审计（internal audit，IA）是与外部审计相对应的一个概念，中国内部审计协会发布的《内部审计准则》中的定义是：内部审计是一种独立、客观的确认和咨询活动，它通过运用系统、规范的方法，审查和评价组织的业务活动、内部控制和风险管理的适当性和有效性，以促进组织完善治理、增加价值和实现目标。内部审计是由组织内部依据内部章程或者授权而设立的内部审计部门执行的工作。内部审计的工作分为确认和咨询两大类别。

中华人民共和国内部审计准则

在我国，公共资金占主体或实际控制地位的经济实体的内部审计工作，需接受国家审计机关的业务指导和监督。

4. 注册会计师审计与国家审计

同为审计监督体系的有机构成部分，注册会计师审计与国家审计的类似之处包括：其一，两者均强调代表公共利益开展审计工作。无论是私有财产还是公共资源的社会配置，都与一个国家经济与文明的进步和发展息息相关。其二，相对于审计客体，两类审计都属于外部审计，属于一个经济主体的外部治理结构的一部分。其三，两类审计在风险评估思路、获取审计证据的方法等方面具有类似之处。例如，两者均会以金额较大事项作为重点审查对象；分析问题时，均需很好地运用逻辑推理方法或技巧。比如，根据被审计单位的设备数量和设计生产能力估计其年产量。

两类审计的区别是明显的。首先，两者基于的委托代理关系性质不同。国家审计基于政府部门在履行公共资源经营管理的相关职责中所形成的委托代理关系，注册会计师审计则是基于社会上不同经济主体之间在平等基础上合作所形成的经济关系，特别是基于私人财产所有权和经营权的分离所形成的委托代理关系。其次，两类审计的作用发挥领域不同。国家审计的着眼点在于维护公共资源的安全、改善公共资源的使用效率，是国家治理结构的重要构成部分；注册会计师审计是规范社会主义经济秩序的重要力量，促进现代企业制度的完善。

在我国，注册会计师审计与国家审计存在诸多方面的具体区别。如果以注册会计师的核心业务——财务报表审计为例，与国家审计业务的总体情况相比，两者主要不同之处如表 1-1 所示。

表 1-1　注册会计师审计与国家审计的比较

审计类型	主要审计目标	依据的审计规范	经费或收入来源	取证权限	审计意见作用机制
注册会计师审计（以财务报表审计业务为例）	对被审计单位财务报表的合法性和公允性进行审计	《注册会计师法》《注册会计师审计准则》等	审计收入来源于审计客体，收费多少由与客户谈判决定	由审计业务约定书约定，没有公权强制力	审计意见发挥作用依赖于审计委托人或者市场的意愿
国家审计	对被审计单位的财政、财务收支的真实、合法和效益进行审计	《审计法》《国家审计准则》等	经费列入财政预算，由人民政府保证	由国家法律赋予的公权强制力支持	审计意见具有强制约束力

5. 注册会计师审计与内部审计

（1）注册会计师审计与内部审计的异同

在共同性方面，注册会计师审计与内部审计均属于独立监督机制，两者所采用的审计方法、工作组织方式等存在共同之处。两者差异也很明显：一方面，两类审计基于的委托代理关系性质不同，内部审计基于一个组织内部财产经营管理权分级授权的委托代理关系而存在，其工作目标在于帮助组织实现目标，提升组织价值；另一方面，与注册会计师审计相比，内部审计的独立性明显较弱。内部审计是否能保持相对的独立性，决定了内部审计是否能有效发挥作用。

如果以注册会计师的核心业务——财务报表审计为例，与内部审计业务的总体情况相比，两者主要不同之处如表 1-2 所示。

表 1-2　注册会计师审计与内部审计的比较

审计类型	主要审计目标	依据的审计规范	独立性	接受审计的意愿	审计时间
注册会计师审计（以财务报表审计业务为例）	对被审计单位财务报表的合法性和公允性进行审计	《注册会计师法》《注册会计师审计准则》等	独立性较高；强调形式上和实质上的独立	审计事项本身是强制的；委托人和公司可以自主选择会计师事务所和注册会计师	通常为定期审计
内部审计	对本单位内部的经营管理活动、制度、政策等方面的适当性、有效性及遵循状况进行检查	《内部审计准则》《审计署关于内部审计工作的规定》等	具有相对的独立性；强调内在的客观性，肯定独立性的必要	审计项目的安排由组织内部的有权部门决定；组织内部各组成部分必须接受内部审计	定期或者不定期审计

（2）注册会计师财务报表审计与内部审计的联系

两者的联系主要表现在两个方面：其一，内部审计作为被审计单位内部治理结构或管理机制的重要组成部分，本身可能是财务报表审计的对象；其二，财务报表审计中可能利用内部审计人员工作。

内部审计所实施的确认和咨询活动，不仅能增加所属组织的价值，而且对注册会计师实施的财务报表审计也具有重要价值。注册会计师在实施财务报表审计业务时，可以利用内部审计的工作成果或利用内部审计人员提供直接协助。这是因为：其一，在工作内容上，财务报表审计与内部审计都会关注公司治理、风险管理和内部控制的状况；其二，在工作程序与方法上，两者有许多相同或者相似之处，而内部审计可能更加了解所属组织的情况。

在判断是否能够利用内部审计的工作以实现审计目标时，注册会计师应当评价：内部审计在被审计单位中的地位，以及相关政策和程序支持内部审计人员客观性的程度；内部审计人员的胜任能力；内部审计是否采用系统、规范化的方法（包括质量控制）。

如果能够利用内部审计人员的工作，注册会计师需要进一步判断在哪些领域利用以及在多大程度上利用，并相应调整拟实施的审计程序的性质和时间安排。尽管注册会计师在财务报表审计中可以利用内部审计人员的工作，但应对自身所发表的审计意见独立承担责任，这种责任并不因利用内部审计工作而减轻。

1.3.2 按审计目标分类

审计目标反映了审计社会需求，它随着社会环境的变化而不断发展。依据工作目标或委托代理责任内容的不同，可以将审计划分为财务报表审计、内部控制审计、绩效审计、经济责任审计、舞弊审计、信息系统审计等类别。

1. 财务报表审计

财务报表审计（financial statements auditing）是为了满足投资者（包括现实的和潜在投资者）以及其他财务报表信息预期使用者的需求。财务报表审计的目标主要是通过审计确定被审计单位的管理层（责任方）提供的财务报表是否按照公认会计准则编制、是否在所有重大方面公允表达了公司的财务状况、经营成果和现金流量。根据审计标准的不同，财务报表审计分为通用目的财务报表审计和特殊目的财务报表审计。

① 通用目的财务报表审计，是指审计人员对按照通用目的财务报告编制基础编制的财务报告进行的审计。通用目的财务报告编制基础，是指旨在满足各类财务报告使用者共同的会计信息需求的财务报告编制基础。

不同国家或地区的通用财务报告编制基础可能存在差异。我国企业的财务报告通用编制基础为《企业会计准则》。美国企业需要遵循美国的公认会计准则（generally accepted accounting principles，GAAP）的要求进行会计处理，编制财务报告。跨国公司编制财务报表可能需要遵循国际财务报告准则（international financial reporting standards，IFRS）的要求。

除了上述编制基础之外，财务报表的编制主体还需遵循与会计事项相关的法律法规、司法判决和职业道德要求；准则制定机构发布的具有不同权威性的会计解释；准则制定机构针对新出现的会计问题发布的具有不同权威性的意见；得到广泛认可和普遍使用的一般惯例或行业惯例等。如果不同法律文件之间存在冲突，以具有更高权威性的文件为准。

② 特殊目的财务报表审计，是指审计人员对按照特殊目的财务报告编制基础编制的财务

报告进行的审计。特殊目的财务报告编制基础,是指旨在满足财务报告特定使用者财务信息需求的财务报告编制基础。

特殊目的财务报告编制基础分为公允列报的财务报告编制基础和严格遵循的财务报告编制基础。其中,严格遵循的财务报告编制基础,是指要求管理层和治理层(如适用)遵守其规定的财务报告编制基础。例如,纳税申报采用的计税核算基础;被审计单位为债权人编制的反映现金流量信息的现金收入和现金支出核算基础;监管机构为满足监管要求对财务报告做出的规定;合同条款(如债券契约、贷款协议或项目拨款合同)约定的财务报告编制基础等。如果选定的特殊目的财务报告编制基础是严格遵循的财务报告编制基础,管理层和治理层(如适用)必须遵守该编制基础的所有要求,不能采取变通措施。

2. 内部控制审计

(1)内部控制审计的概念

内部控制审计(internal control audit)是对内部控制设计和运行的有效性进行的审查和评价活动。

在会计师事务所接受委托进行的内部控制审计业务中,通常需要评价内部控制在某一时日是否有效,该时日被称为内部控制审计基准日。这并不意味着注册会计师只测试内部控制审计基准日这一天的内部控制,而是需要考察足够长一段时间的情况。注册会计师执行内部控制审计工作,应当获取充分、适当的证据,为发表内部控制审计意见提供合理保证。

注册会计师在执行证券市场上内部控制审计业务时,可以单独进行,但通常会采用整合审计法,即由同一家会计师事务所同时整合执行财务报表审计与内部控制审计程序,以提升审计的效率效果。这是因为两类审计在程序、方法等方面存在共同之处,可以共享很多基础工作。此外,在一项审计工作中发现的问题还可以为另一项审计工作提供线索和思路。

(2)内部控制审计和财务报表审计的比较

两类审计的主要共同点有:① 两类审计的最终目的均包括提升财务报表信息的可信赖程度、确保资产的安全、完整等内容;② 两者均为鉴证业务;③ 两类审计在对内部控制有效性评价时所采用的工作程序、工作方法基本一致。例如,两者均需要采用风险导向的审计理念,先确定重要风险领域,再确定所采用的测试程序;两者在评价中均会采用询问、检查、观察等方法和程序。

两类审计的主要区别有:① 两类审计的直接工作目标不同。财务报表审计的直接目标是提出关于财务报表信息质量的审计意见;内部控制审计旨在提出关于被审计单位内部控制的有效性的审计意见;② 两类审计对内部控制审查的要求不同。在财务报表审计中,需要确定哪些内部控制值得信赖;在内部控制审计中,不论是否值得信赖,均需审查;③ 财务报表审计审查的是历史财务信息,是对截至某个时点的财务状况和某段期间的经营成果和现金流量信息的再认定;内部控制审计是对某个基准日内部控制的审查,关注的侧重点在于这些内部控制是否能够在未来继续有效。

企业内部控制审计指引

3. 绩效审计

绩效审计(performance auditing)的目标是确定被审计单位责任方在运营组织的资源、实现组织目标的有效性程度。其中,"有效性"最初的含义是"2E",即经济性(economy)和效率性(efficiency),后来发展为"3E",加入了效果性(effectiveness)。时至今日,"有效性"一词的含义中追加了反映履行社会责任方面的环境(environment)和公平性(equity),

成为"5E"。在不同的绩效审计项目中,"绩效"所涵盖的具体内容、范畴可能存在较大差异。

在国家审计领域,绩效是指履行公共责任的情况。绩效审计是审计机关和审计人员,依照国家法律规定和认知的共同标准,审查责任方对公共资源配置是否合理、保护是否有效、利用是否科学性等。而公共资源则包括了自然资源和非自然资源、可再生资源与不可再生资源。

在内部审计领域,绩效审计属于经营管理审计范围,具体包括业绩审计、经济效益审计、项目审计等业务类型。对于盈利性的经济主体而言,绩效审计的重点在于是否实现了盈利目标。对非营利组织的绩效审计,则可能更加关注非财务方面的绩效。

1.3.3 审计的其他分类

为了更全面地认识审计,还可以从更多的角度对审计进行分类。

依据审计人员与被审计单位的关系不同,可将审计分为外部审计和内部审计。外部审计由被审计单位以外的审计主体进行,审计主体与被审计单位没有隶属关系,具有较强的独立性。国家审计和注册会计师审计属于外部审计。内部审计则是由单位内部的审计部门和人员进行,独立性较弱,审计关系的处理更为复杂。

依据审计的范围不同,可将审计分为全部审计、局部审计和专项审计。在注册会计师审计承接的业务中,审计的范围不同,遵循的审计执业规范要求也有所不同。

依据审计实施的时间不同,可将审计分为定期审计和不定期审计。上市公司年度财务报告审计是典型的定期审计。

依据被审计项目所处阶段的不同,可将审计分为事前审计、事中审计和事后审计。财务报表审计通常属于事后审计,即对已经发生的经济事项在财务报表中的反映是否符合财务报告编制基础进行检查与评价。在基建审计或固定资产投资审计中,对拟进行的工程建设在开工前进行的审计,属于事前审计;对工程建设进行的过程进行的审计,则属于事中审计。相对于事后审计,事前审计和事中审计可以提高审计的时效,及时防止问题的发生。但事前审计和事中审计有着更大的审计风险,为了保障审计质量,事前审计和事中审计需要建立更为完善的质量控制制度。

依据审计工作的组织形式不同,可将审计分为报送审计、就地审计、联合审计、巡回审计、驻在审计等。其中,报送审计,是指被审计单位将有关的资料送到审计主体所在办公地点接受检查。就地审计,是指审计人员到被审计单位执行审计程序、就地进行检查。根据审计目标、被审计对象发生重大错报的可能性大小,合理选择审计执行的地点,可以有效提高审计效率,更好地发挥监督作用。

审计还可以划分为突击审计和预告审计、强制审计和自愿审计等类别。

1.3.4 注册会计师财务报表审计的相关概念

财务报表审计是注册会计师审计的传统核心业务。以下几个概念与注册会计师财务报表审计直接相关。

1. 审计期望差距

注册会计师执行财务报表审计是为社会公众利益而服务,然而社会公众对注册会计师能够完成的工作可能期望过高。社会公众对审计工作的期望与目前审计职业界实际执行情况之间的差距称为审计期望差距。图1-4显示了审计期望差距的构成。

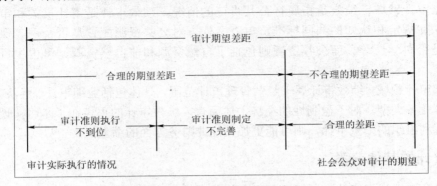

图1-4 审计期望差距的构成

社会公众对审计期望差距有的是合理的,有的则并不合理。合理的审计期望差距源自两种情形:审计准则执行不到位;审计准则制定不完善。为了提升审计的社会形象,发挥审计功能,审计界需要尽可能地减少这一部分差距。提升审计准则执行差距的措施包括:审计人员应当切实履行职业责任,严格按审计准则的要求进行审计;监管部门需要增强监管力度,提升监管的有效性;审计人员的违法行为必须承担与之相匹配的法律责任等。

社会公众对审计人员提供的保证程度,以及对审计人员工作方式和工作程序的误解,可能导致形成不合理的期望差距。社会公众可能会期望审计人员的审查工作能够发现审计客体所存在的全部错误和舞弊,然而财务报表审计在客观上存在固有的局限性,使得注册会计师的审计工作并不能完全地实现这一目标。这些固有限制源于以下几个方面。

(1) 财务报告的性质

被审计单位管理层编制财务报表的过程中需要做出大量判断。许多财务报表项目涉及主观决策或评估,还有较多财务报表项目的金额本身就存在一定的变动幅度,这种变动幅度不能通过实施追加审计程序来消除。

(2) 审计程序的性质

注册会计师获取审计证据的能力受到实务和法律上的限制。其一,管理层或其他人员可能有意或无意地不提供与财务报表编制相关的或注册会计师要求的全部信息。因此,即使实施了旨在保证获取所有相关信息的审计程序,审计人员也不能保证信息的完整性。其二,舞弊可能涉及精心策划和蓄意隐瞒。因此,用于收集审计证据的审计程序可能对于发现舞弊是无效的。其三,审计不是对涉嫌违法行为的官方调查。注册会计师没有被授予特定的法律权力,而这种权力对调查可能是必要的。

(3) 时间和成本的限制

虽然审计中的困难、时间或成本等事项本身不能作为审计人员省略不可替代的审计程序或满足于说服力不足的审计证据的正当理由,但是审计人员需在信息的可靠性和成本之间进行权衡。要求审计人员处理所有可能存在的信息是不切实际的,因此只能期望审计人员在合理的时间内以合理的成本对财务报表形成审计意见。

由于上述固有限制的存在,审计人员据以得出结论和形成审计意见的大多数审计证据是说服性的而非结论性的,财务报表审计只能提供合理保证,不能提供绝对保证。合理保证,是指注册会计师在财务报表审计中提供的一种高水平但非绝对的保证，审计人员在审计中应将审计业务风险降至审计业务环境下可接受的低水平，对审计后的财务报表提供高水平保证，即合理保证。

财务报表审计的其他定义

基于上述理解，财务报表审计可视为审计人员对财务报表是否不存在重大错报提供合理保证，以积极方式提出意见，增强除管理层之外的预期使用者对财务报表信赖程度的一项业务。

2. 风险导向审计

随着社会经济环境的变化和审计人员对审计活动本质认识的逐步加深，审计技术和方法的发展按历史进程大致可以划分三大阶段：账项导向审计阶段、制度导向审计（或系统导向审计）阶段、风险导向审计阶段。

账项导向审计（transaction-oriented audit）的技术和方法是围绕着会计账簿、财务报表的编制过程来进行的，通过详细审阅和核对反映经济事项的会计账簿上的数字，判断是否存在舞弊行为和技术性错误。账项导向审计的技术和方法适于评价简单的受托经济责任，是审计技术和方法发展的第一阶段，在审计技术和方法史上占据着十分重要的地位。

制度导向审计（system-oriented audit）的技术和方法强调对内部控制系统的评价。当评价结果表明内部控制系统可以依赖时，在审计的实质性测试阶段只抽取少量样本就可以得出审计结论。当评价结果认为内部控制系统不可靠时，才根据内部控制的具体情况扩大审查的范围。制度导向审计是审计发展的高一级阶段。制度导向审计中仍需运用账项导向审计的一些技术和方法。

时至今日，风险导向审计（risk-oriented audit）成为主流。风险导向审计继承和发展了账项导向审计和制度导向审计的经验，要求审计人员从对被审计单位外部环境、内部的经营管理进行全面的风险评估出发，积极采用分析性复核，制定与被审计单位实际情况相适应的多样化审计计划，以提升审计工作的效率性和效果性。风险导向审计是高风险社会的产物，是现代审计技术和方法发展的新阶段。

本章关键术语

委托代理关系	委托代理问题	信息不对称
道德风险	逆向选择	审计关系
注册会计师审计	国家审计	内部审计
审计主体	审计的委托（授权）人	审计客体
财务报表审计	绩效审计	内部控制审计
内部控制审计基准日	整合审计	风险导向审计
期望差距		

本 章 复 习

一、单项选择题

1. 以下关于财产委托代理问题的说法中，适当的是（　　）。
   A. 审计能够消除财产的委托代理问题
   B. 只有审计能够缓解财产的委托代理问题
   C. 审计活动的出现导致了财产委托代理问题的产生
   D. 审计能够缓解财产委托代理关系中的信息不对称问题

2. 下列各项中，仅属于政府审计的对象为（　　）。
   A. 政府部门的财政收支
   B. 被审计单位财务报表的公允性和合法性
   C. 委托人指定的被审计单位的财务收支及其有关的经营管理活动
   D. 被审计单位内部的经营管理活动、制度、政策等方面的遵循情况

3. 以下事项中，国家审计与注册会计师审计具有相似性的是（　　）。
   A. 审计的依据　　　　　　　　　B. 审计结论的运用
   C. 对内部审计的利用　　　　　　D. 审计委托关系

4. 目前，财务报表审计中通常采用的方法是（　　）。
   A. 账项基础审计　　　　　　　　B. 制度基础审计
   C. 系统基础审计　　　　　　　　D. 风险导向审计

5. 对被审计单位的经营成果和资金使用效果进行的审计，属于（　　）。
   A. 财政财务审计　　　　　　　　B. 经济效益审计
   C. 财经法纪审计　　　　　　　　D. 经济责任审计

6. 以下关于财务报表审计报告和财务报告的说法中，适当的是（　　）。
   A. 两者之间没有关联
   B. 两者的编制人不同
   C. 两者均反映了被审计单位的经济事项
   D. 两者的最终责任方均为被审计单位的管理层

7. 以下关于内部控制审计的说法中，适当的是（　　）。
   A. 所有公司均需接受内部控制审计
   B. 内部控制审计属于内部审计的范畴
   C. 内部控制审计属于注册会计师的专属业务
   D. 内部控制审计旨在提升被审计单位内部控制的有效性

8. 以下关于注册会计师审计、国家审计、内部审计的说法中，适当的是（　　）。
   A. 内部审计仅需维护所在组织的利益
   B. 注册会计师审计是维护社会公众利益的重要机制
   C. 上述三类审计彼此之间没有关联
   D. 上述三类审计均为强制性的监督机制

9. 在我国，通过了注册会计师全国统一考试的人员，可以立即申请成为中国注册会计师协会的（　　）。
   A. 执业会员　　　　　　　　　　　B. 非执业会员
   C. 团体会员　　　　　　　　　　　D. 名誉会员
10. 以下关于审计期望差距说法中，错误的是（　　）。
    A. 审计期望差距是一种客观事实
    B. 如果不能达到预期使用者的期望，则审计失去意义
    C. 注册会计师可以通过提升审计工作质量来缩小审计期望差距
    D. 审计职业界应了解社会公众的期望，并尽可能缩小审计期望差距

二、多项选择题

1. 一般地，审计关系人的构成有（　　）。
   A. 审计主体　　　B. 审计载体　　　C. 审计客体　　　D. 审计委托人
   E. 国家监管机构
2. 在不同的社会环境或历史发展阶段，注册会计师审计又被称为（　　）。
   A. 财务报表审计　　B. 独立审计　　C. 民间审计　　D. 社会审计
   E. 单位审计
3. 下列关于国家审计的说法中，适当的有（　　）。
   A. 国家审计具有强制执行力
   B. 国家审计费用由被审计单位支付
   C. 国家审计在工作中不考虑财务报表的信息质量
   D. 国家审计旨在缓解公共财产经营管理的委托代理问题
   E. 与注册会计师审计、内部审计相比，国家审计的独立性最强
4. 以下关于同一家公司的内部审计与注册会计师审计的说法中，适当的有（　　）。
   A. 前者是后者的工作基础
   B. 前者是后者审计对象的构成内容
   C. 两者在工作上具有一定程度的一致性
   D. 后者可以利用前者的工作
   E. 两者的工作均需遵循注册会计师执业准则
5. 下列各项文件中，可能成为财务报表审计标准的有（　　）。
   A. 企业会计准则　　　　　　　　　B. 企业内部控制规范
   C. 权威性的会计解释　　　　　　　D. 得到广泛认可和普遍使用的行业惯例
6. 下列有关资本市场财务报表审计关系人的说法中，适当的有（　　）。
   A. 审计三方面关系人分别是注册会计师、被审计单位责任方和财务报表预期使用者
   B. 财务报表的预期使用者是被审计单位的利益相关者
   C. 如果责任方和预期使用者来自同一被审计单位，则两者应当合并为同一方
   D. 财务报表预期使用者是一个宽泛的概念，并非特指某个人或某个法人单位
7. 以下关于我国注册会计师财务报表审计和内部控制审计的说法中，适当的有（　　）。
   A. 两类审计应由同一家会计师事务所完成
   B. 两类审计可由同一家会计师事务所完成

C. 两类审计所采用的审计方法具有一致性
D. 两类审计均应采用风险导向审计方法
8. 下列各项中，属于财务报表审计固有限制来源的有（   ）。
   A. 审计人员专业胜任能力不足
   B. 审计人员对风险的评估可能不恰当
   C. 审计人员获取审计证据的能力受到法律限制
   D. 被审计单位可能隐瞒信息
   E. 审计人员可能满足于说服力不足的审计证据
9. 下列各项中，属于特殊目的财务报表审计业务的有（   ）。
   A. 破产清算审计
   B. 所得税年度汇算清缴审计
   C. 对集团组成部分财务报表的审计
   D. 遵循收付实现制编制的财务报表审计
10. 以下关于审计方法发展阶段的说法中，适当的有（   ）。
    A. 账项导向审计以会计凭证和账簿的详细检查为特征
    B. 制度导向审计强调对内部控制有效性的评价
    C. 风险导向审计仅适用于财务报表审计
    D. 风险导向审计完全淘汰了账项导向和制度导向审计
    E. 风险导向审计以风险的识别、评估、应对为工作主线

三、问答题
1. 简述审计关系人的构成。
2. 简述审计的过程。
3. 审计可以如何分类？
4. 比较我国的国家审计和注册会计师审计。
5. 比较内部审计和注册会计师审计。
6. 比较财务报表审计和内部控制审计。
7. 简述风险导向审计的含义。

四、研究思考题
1. 如何理解信息不对称与审计产生必然性之间的关系？
2. 审计主体与审计客体之间保持独立关系为什么至关重要？
3. 审计在社会经济中可以发挥哪些作用？如何确保各项作用的发挥？
4. 会计师事务所的组织形式与审计质量的关系如何？
5. 如何理解注册会计师审计、国家审计和内部审计的关系？
6. 为什么更多的企业倾向于聘请同一家会计师事务所同时承担财务报表审计和内部控制审计？

五、案例分析题
1. 小张拟投资 100 万元购买股票。在网络上查看相关信息之后，小张发现上市公司有几千家，各家公司股票每日价格有涨有跌。朋友小王告诉他，可以查询上市公司公布的利润表，挑一家盈利最好的公司股票进行投资。经比较，小张发现 A 公司的每股盈余最高，于是准备

购买A公司的股票。此时，另一位朋友提醒他，最好再看看A公司公布的审计报告，看看注册会计师是怎样说的。小张查看A公司最近年度的审计报告后发现，该报告中列出A公司涉及多项法律诉讼，如果败诉，赔偿额可能达到公司净资产的20%。小张决定暂缓投资。果然，没过多久，A公司股票的价格就开始大跌。小张觉得非常庆幸。

要求：资料中所描述的是注册会计师的哪一类业务？该类业务具有什么特点？

2. 某国家审计项目组在审计某河流"水下抛石固基工程"的基建项目投资时，该项工程已经竣工，而施工方抛下去的石头由于水流冲刷、原有石基情况不明等原因，对抛石作业、专用资金使用等情况难以采用常规方法进行验证。针对这种情况，审计人员开创性地采用了"审山""审船""审老天"等方法进行审查。

①"审山"。例如，根据工程负责人提供的石料来源地，审计人员来到几十公里外的一个石料厂，结果发现这个石料厂并不是被审计资料中列示"供料"的那个石料厂，从而验证了"供料"的那个石料厂纯属虚构；又如，工程记录中显示石料从某个山上开采而来。审计人员找到了所称的那个山头，发现上面只有若干个小坑。随行专家测算，就是把那座小山全开采了，也凑不够工程耗用的×方石料。这就取得了证明工程虚假的基本审计证据。

②"审船"。工程记录中记载的石料"供应地"与工程现场相距几十公里，要把这些石料运过来，只能通过货船。审计人员于是把当地的货船全部统计一遍，它们总体的运输能力根本运输不了工程耗用的×方石料，更何况工程不可能调用当地全部的货船。

③"审老天"。审计人员从气象台调出工程期间的天气资料，比照工程负责人提供的作业日记——每天抛出的石料记录，查出在多个不具备工程作业条件的暴雨天气日子里，工程日记里却有"抛石料××方"的记录，显然是事后假造的记录。

审计人员通过不懈努力，最终取得了确凿的审计证据证实了该项工程严重造假的事实，最终追究了多个部门和人员的责任，其中30多个责任人被送进了监狱。

（根据国家审计署年度优秀案例资料改编）

要求：
（1）指出此案例所涉及的审计类型。
（2）结合此案例说明该类审计的特点和作用。

3. 《中华人民共和国国家审计准则》（2010）的第一条是："为了规范和指导审计机关和审计人员执行审计业务的行为，保证审计质量，防范审计风险，发挥审计保障国家经济和社会健康运行的'免疫系统'功能，根据《中华人民共和国审计法》《中华人民共和国审计法实施条例》和其他有关法律法规，制定本准则。"

要求：
（1）请解释"免疫系统"的含义。
（2）国家审计的"免疫系统"的功能应由哪些内容构成？

4. 自内部控制审计成为我国上市公司强制审计要求以来，多家上市公司因为各种原因被注册会计师指出存在重大内部控制缺陷。以下是一份内部控制审计报告：

内部控制审计报告

A股份有限公司全体股东：

按照《企业内部控制审计指引》及中国注册会计师执业准则的相关要求，我们审计了A公司×××1年12月31日的财务报告内部控制的有效性。

一、企业对内部控制的责任

按照《企业内部控制基本规范》《企业内部控制应用指引》《企业内部控制评价指引》的规定，建立健全和有效实施内部控制，并评价其有效性是A公司董事会的责任。

二、注册会计师的责任

我们的责任是在实施审计工作的基础上，对财务报表内部控制的有效性发表审计意见，并对注意到的非财务报告内部控制的重大缺陷进行披露。

三、内部控制的局限性

内部控制具有固有局限性，存在不能防止和发现错报的可能性。此外，由于情况的变化可能导致内部控制变得不恰当，或对控制政策和程序遵循的程度降低，根据内部控制审计结果推测未来内部控制的有效性具有一定风险。

四、导致否定意见的事项

重大缺陷是内部控制中存在的、可能导致不能及时防止或发现并纠正财务报表出现重大错报的一项控制缺陷或多项控制缺陷的组合。

A公司违反了《关于规范上市公司和关联方资金往来及上市公司对外担保若干问题的通知》的相关规定，未按照《公司法》《公司章程》及《关联交易管理制度》的相关规定就关联资金拆借行为履行董事会和股东大会等决策程序。A公司违反了《上市规则》、《上市公司信息披露管理办法》、《信息披露事务管理制度》的相关规定，未按要求对关联资金拆借事项及时履行信息披露。A公司的内部控制未能防止或及时发现并纠正上述违规行为，存在重大缺陷。截至×××1年12月31日，A公司尚未完成对上述重大缺陷的整改。

有效的内部控制能够为财务报告及相关信息的真实完整提供合理保证，而上述重大缺陷使A公司内部控制失去这一功能。

A公司管理层已识别出上述重大缺陷，并将其包含在企业内部控制评价报告中，上述缺陷在所有重大方面得到公允反映。在A公司×××1年财务报表中，我们已经考虑了上述重大缺陷对审计程序的性质、时间安排和范围的影响。本报告并未对我们在×××2年3月10日对A公司×××1年财务报表出具的审计报告产生影响。

五、财务报告内部控制审计意见

我们认为，由于存在上述重大缺陷及其对实现控制目标的影响，A公司于×××1年12月31日未能按照《企业内部控制基本规范》和相关规定在所有重大方面保持有效的财务报告内部控制。

××会计师事务所　　　　　　　　中国注册会计师：冯某
（特殊普通合伙）　　　　　　　　中国注册会计师：李某
中国·上海　　　　　　　　　　　×××2年3月10日

要求：

（1）案例中的内部控制审计报告显示了内部控制审计的哪些特点？

（2）怎样的内部控制缺陷能称得上是"重大缺陷"？举出其他例子说明。

（3）为了提升内部控制审计报告的信息含量，案例中列示的内部控制审计报告的形式和内容可以做出哪些改进？

推荐阅读

第 2 章

审计的发展

【学习目标】
学习本章以后，你应该能够：
▼ 掌握国外、中国的注册会计师行业发展的主要阶段及当前的发展状况；
▼ 了解国家审计发展的主要阶段及当前的发展状况；
▼ 了解内部审计发展的主要阶段及当前的发展状况。

【内容提要】
本章梳理了注册会计师审计、国家审计和内部审计的主要发展历史及当前发展状况。注册会计师审计产生于意大利合伙企业制度，形成于英国股份公司制的企业组织形式，发展于美国的资本市场，21世纪以来随着全球经济的繁荣得以进一步发展和完善。国家审计发展的历史悠久。内部审计随着经济主体规模扩大而产生、发展。我国审计行业在20世纪80年代开始得以重建，目前正处于持续快速发展时期。

2.1 注册会计师行业的发展

注册会计师行业是社会经济发展到一定阶段的产物，最初随着财产所有权与经营权的分离而逐步萌芽、产生，其后随着公司制的发展而发展。

2.1.1 国外注册会计师行业的产生与发展

1. 注册会计师行业的产生

在行业产生的早期阶段，注册会计师审计更多地被称为民间审计，因为那个时候并没有一个行业组织可以让审计人员注册。

16世纪意大利地中海沿岸的商业城市已经比较繁荣，商业经营规模不断扩大。单个业主为了筹集资金，开始合伙经营，于是出现了合伙企业。这不仅促进了商业经营规模的扩大，也产生了对注册会计师审计的最初需求。尽管当时合伙制企业的合伙人都是出资者，但有的合伙人不参与或不完全参与企业的经营，由此出现了财产所有权与经营权的分离。负责经营的合伙人有责任证明合伙契约得到了认真履行，以保证合伙企业的资源得以合理利用；其他合伙人则希望及时了解企业的经营情况。由此双方都希望有一个与任何一方均无利害关系的第三方对企业进行独立的检查评价，这就需要聘请会计专家来担任查账和公证的工作。这样，在 16 世纪意大利的商业城市中出现了一批具有良好的会计知识、专门从事这种查账和公证工作的专业人员，他们所进行的查账和公证活动是注册会计师审计的起源。随着这批专业人员人数的增多，他们于 1581 年在威尼斯创立了威尼斯会计协会。其后，米兰等城市的职业会计师也成立了类似的组织。

2. 注册会计师行业的形成

英国在创立和传播注册会计师审计行业的过程中发挥了重要的作用。18 世纪，英国的资本主义经济得到了迅速发展，生产的社会化程度大大提高，以所有权与经营权分离为特征的股份公司成为推动审计发展的驱动力。公司股东希望有外部的会计师来检查他们所雇用的管理人员是否存在贪污、盗窃和其他舞弊行为，于是英国出现了独立从事查账活动的会计师。他们受公司股东委托，对公司会计账目进行逐笔检查，目的是查错防弊，检查结果也只向公司股东报告。由于公司可以自主决定是否聘请独立会计师进行查账，所以此时的独立审计为任意审计。

证券市场的兴起和发展，使股份有限公司的所有权与经营权进一步分离，绝大多数股东已完全脱离了经营管理。他们出于自身的利益，非常关心公司的经营效果，以便做出是否继续持有、增加或处置公司股票的决定。证券市场上潜在的投资人同样十分关心公司的经营情况，以便决定是否购买公司的股票。同时，由于金融资本对产业资本的逐步渗透，债权人也非常重视公司的生产经营情况，以便做出是否继续贷款或者是否索回资金的决定。而公司的经营成果和财务状况，集中体现在公司提供的财务报表中。财务报表信息质量的重要性在客观上产生了对公司财务报表进行独立审计的强烈需求。在由任意审计向法定审计的过渡中，1721 年，英国的"南海公司"（the South Sea Company）案例是注册会计师审计行业发展的"催化剂"。

经典案例

南海公司

英国的南海公司案，对世界注册会计师审计发展具有里程碑式的影响。世界上许多审计理论工作者认为，查尔斯·斯奈尔是世界上第一位独立审计人员，他所撰写的查账报告，是世界上第一份独立审计报告；而英国南海公司的舞弊案例，也被列为世界上第一起比较正式的注册会计师审计案例。由此可见，该案例对注册会计师行业来说，具有举足轻重的影响。

英国南海公司案的发生导致公司制的发展受到严重的限制，然而当时的英国正处于工业革命的高潮时期。工业革命对英国乃至世界史而言，都是一个辉煌灿烂的时代，它使得英国由工场手工业转变成大工业占统治地位的国家。产业规模的膨胀，企业需要更多的资金扩大经营规模。对资金的集中需求，迫使英国政府重新认识公司制的经济意义。而南海公司事件同时也向社会公众揭示：建立在所有权与经营权相分离基础上的公司制度，可以引入一个了解、熟悉"会计语言"的第三者，站在公正、客观的立场，对反映所有者与经营者利益的财务报表进行独立的检查，通过提高会计信息的可靠性来协调、平衡所有者与经营者之间的经济责任关系。如果缺乏审计机制，就会像南海公司一样，使得经营者为所欲为，严重损害所有者利益，进而破坏整个社会经济秩序的稳定性。注册会计师审计存在的意义，正是在于维护整个社会经济秩序的稳定性。

一百多年后，英国议会终于废除了《泡沫公司取缔法》。1844 年，英国政府正式颁布了《公司法》（Company Act），规定股份公司必须设立监察人，负责审查公司的账目。1845 年，英国政府又对《公司法》进行了修订，规定股份公司的账目必须经董事以外的人员审计。于是，独立审计开始获得强制性地位。

此后，英国政府对一批精通会计业务、熟悉查账知识的独立会计师进行了资格确认，称之为"特许会计师"。1853 年，苏格兰爱丁堡创立了会计师的专业团体——爱丁堡会计师协会，次年获得皇家许可，它被认为是世界上第一个获得官方认可的会计师行业组织。1862 年，英国《公司法》又确定注册会计师为法定的破产清算人，进一步奠定了注册会计师审计的法律地位，对当时欧洲、美国及日本等产生了重要影响。从 1844 年到 20 世纪初，是注册会计师审计的正式形成时期。这一时期审计被称为英国式注册会计师审计，审计目的是查错防弊，保护企业资产的安全和完整；审计对象主要是会计账目；审计方法是对账簿记录进行逐笔的详细审查；审计报告的使用者主要是企业股东。

3. 20 世纪注册会计师行业的发展

20 世纪初，全球经济发展重心逐步由欧洲转向美国，美国的注册会计师审计得到了迅速发展。当时英国巨额资本开始流入美国，为了保护广大投资者和债权人的利益，英国的注册会计师远涉重洋到美国开展审计业务，同时美国本身也很快形成了自己的注册会计师队伍。这一时期，由于金融资本向产业资本渗透，银行主要依据企业资产负债表判断企业的信用情况，于是在美国产生了主要为贷款人及其他债权人服务的资产负债表审计，即信用审计，也称美国式注册会计师审计。

从 1929 年到 1933 年，资本主义世界经历了历史上最严重的经济危机，大批企业倒闭，投资者和债权人蒙受了巨大的经济损失。这在客观上促使企业利益相关者从只关心企业财务状况转变到更加关心企业盈利水平，产生了对企业损益表进行审计的客观要求。1933 年，美国《证券法》规定，在证券交易所上市的企业的财务报表必须接受注册会计师审计，向社会公众公布注册会计师出具的审计报告。这一时期的审计特点是：审计目的主要是通过对资产负债表数据的检查，判断企业信用状况或偿债能力；审计对象由会计账目扩大到资产负债表；审计方法则从详细审计转为抽样审计。

第二次世界大战以后至 20 世纪末，经济发达国家及多个发展中国家的商品经济、资本市场得到空前发展。在此期间，经济发达国家还通过各种渠道推动本国企业向海外拓展，跨国公司得到空前发展。国际资本的流动带动了注册会计师审计的跨国界发展，形成了一大批国际会计师事务所，并在竞争中不断合并重组，其中八家国际会计师事务所的收入逐渐拉开与其他会计师事务所收入的差距，被称为"八大"。至 20 世纪 80 年代末，"八大"合并为"六大"，90 年代又进一步合并为"五大"。

随着会计师事务所的发展，各个国家、地方的会计师职业团体的发展也十分迅速。在英国，多家行业协会经过不断合并，发展成四家会计师行业协会：苏格兰特许会计师协会（ICAS）、英格兰和威尔士特许会计师协会（ICAEW）、爱尔兰特许会计师协会（CAI）、特许公认会计师公会（ACCA）。其中，ACCA 于 1904 年成立。时至今日，ACCA 已成为世界上最大、最有影响力的专业会计师组织之一，也是在运作上国际化程度最高的会计师专业团体，目前已在世界上各主要国家设立了分部、办事处及联络处。在加拿大，2014年，原有的三家拥有百年历史的会计师团体：特许会计师协会（CICA）、管理会计师协会（CMA）和注册会计师协会（CGA），合并成加拿大唯一的会计师行业组织——加拿大特许专业会计师协会（Chartered Professional Accountants of Canada，CPA Canada）。在美国，1887年成立了美国公共会计师协会（American Association of Public Accountants，AAPA）。其后经过多次更名，于1957年改名为美国注册会计师协会（American Institute of Certified Public Accountants，AICPA）。

为了提升会计师的工作质量，各个国家纷纷制定行业规范、审计准则。1977年10月14日，国际会计师联合会（International Federation of Accountants，IFAC）在德国慕尼黑成立。IFAC的目标是通过提高全球会计行业的相关性、声誉和价值来服务于公众利益。

4. 21世纪以来注册会计师行业的发展

21世纪之初，美国及多个国家再次连续爆发多起重大财务舞弊案，各主要国家进一步加强了对注册会计师行业的重视。注册会计师行业进入发展的新阶段，业务范围不断扩大，参与经济管理的深度和广度不断加深、加宽。同时，伴随着企业和资本市场的国际化，行业准则逐步国际协同。

1）美国的SOX法案

在美国，安然事件、世通事件等案件影响尤为巨大，造成了严重的信任危机。为了改变这一局面，重建投资者的信心，2002年，美国政府迅速通过了SOX法案。

SOX法案（Sarbanes-Oxley Act）的全称是《公众公司会计改革和投资者保护法案》（Public Company Accounting Reform and Investor Protection Act）。它由美国参议院银行委员会主席萨班斯（Paul Sarbanes）和众议院金融服务委员会（Committee on Financial Services）主席奥克斯利（Mike Oxley）联合提出，因此又有SOX法案、萨班斯法案、萨班斯·奥克斯利法案等简称。SOX法案对美国《证券法（1933年）》《证券交易法（1934年）》做了大幅修订，在公司治理、风险管理、内部控制、会计职业监管、证券市场监管、责任追究等方面做出了许多新的规定。在注册会计师领域，SOX法案对行业监管、注册会计师审计的聘任程序、内部控制审计、非审计服务等诸多方面提出了多项要求，对注册会计师行业的发展是一次重大推动。

根据SOX法案的要求，美国成立了注册会计师行业的一个自律性组织：美国公众公司会计监督委员会（Public Company Accounting Oversight Board，PCAOB），接受美国证券交易委员会（SEC）监管。PCAOB由会员会计师事务所的注册会计师组成，开展公众公司审计业务的会计师事务所需要在PCAOB注册登记、接受执业质量检查。PCAOB有权制定或采纳注册会计师职业团体建议的审计与相关鉴证准则、质量准则及职业道德准则等。

2）"四大"会计师事务所

在这一阶段，大型国际性会计师事务所进一步发展，业务规模不断扩大。21世纪初安达信公司因安然舞弊案解散后，普华永道（PWC）、德勤（Deloitte）、安永（EY）、毕马威（KPMG）四家会计师事务所的全球营业收入长时间处于领先地位，被称为"四大"会计师事务所。

3）注册会计师行业准则的国际趋同

经典案例
安达信

21世纪以来，注册会计师行业国际准则的制定和推广工作取得了较好的进展。注册会计师领域的主要国际组织有国际会计师联合会（IFAC）、国际独立审计监管机构论坛（International Forum Of Independent Audit Regulators，IFIAR）等。其中，IFAC设立的国际标准制定委员会影响较大，其下设有4个委员会（见表2-1）。

表2-1 IFAC国际标准制定委员会的组成机构一览表

名称	工作主旨
国际审计和鉴证准则委员会 （The International Auditing and Assurance Standards Board，IAASB）	为审计、鉴证和质量管理制定高质量的国际准则，增强公众对行业的信心
国际会计教育委员会 （The International Accounting Education Standards Board，IAESB）	制定与技术胜任和专业技能、价值观、道德和态度等相关的职业会计教育准则
国际道德准则委员会 （The International Ethics Standards Board，IESBA）	为职业会计师制定高质量的、与国际接轨的道德准则，包括对审计师独立性的要求
国际公共部门会计准则委员会 （The International Public Sector Accounting Standards Board，IPSASB）	为世界各地的公共部门实体编制通用财务报告制定准则、指南和资源

自2003年起，IAASB发布了一系列新准则，至今已在4个方面形成了国际会计师准则体系：国际审计准则（international standards on auditing，ISAs）、国际鉴证业务准则（international standards on assurance engagements，ISAEs）、国际相关服务准则（international standards on related services，ISRSs）、国际质量控制准则（international standards on quality control，ISQCs）。

2.1.2　中国注册会计师行业的产生与发展

1. 1949年前的注册会计师行业

中国注册会计师审计的起步，源于辛亥革命以后工业化过程的开始，最早是跟随外国资本进入中国的国外会计师事务所在中国商业发达地区建立的分支机构。后来，一批爱国会计学者为了维护民族利益与尊严，积极倡导创建中国的注册会计师事业。1918年9月，北洋政府农商部颁布了中国第一部注册会计师法规《会计师暂行章程》，同年批准著名会计学家谢霖先生为中国的第一位注册会计师，他创办的正则会计师事务所是中国第一家会计师事务所。著名会计学家潘序伦先生随后创办了"潘序伦会计师事务所"（后改称"立信会计师事务所"），并在全国几个大城市开办分所和立信会计职业学校。1925年，"全国会计师公会"成立。1933年，"全国会计师协会"成立。然而，由于战乱，这一时期的注册会计师行业未能得到较好的发展。

2. 新中国成立后至20世纪末注册会计师行业的恢复和发展

在新中国成立初期，注册会计师在资本主义工商业的社会主义改造及建立社会经济中发挥了积极作用，为平抑物价、保证国家税收、争取国家财政经济状况好转做出了贡献。1957年，随着对资本主义工商业的社会主义改造的基本完成，我国开始实行高度集中的计划经济模式，注册会计师失去了服务对象，而且会计师事务所本身也是私有经济被列入改造对象，使得注册会计师行业悄然退出了经济舞台。

1978年，我国开始实行改革开放，商品经济得到认可，吸引外资成为推动经济发展和现代化建设的国策。随着外商来华投资，产生了界定新的经济关系、保护投资者利益的客观要求。1980年12月14日，财政部颁布了《中外合资经营企业所得税法》及相关的实施细则，规定外资企业财务报表需要注册会计师进行审计。9天后，财政部颁布《关于成立会计顾问处的暂行规定》。1981年1月1日，"上海会计师事务所"宣告成立。1986年，国务院发布《注册会计师条例》，注册会计师行业开始法制化。1988年，中国注册会计师协会（The Chinese Institute of Certified Public Accountants，CICPA）成立。

在随后的发展中，我国确立了以公有制为主导、多种经济成分共同发展的思想。1990年、1991年上海证券交易所和深圳证券交易所相继成立，证券市场成为中国市场经济体系的重要组成部分和资源配置的重要场所。国内不同所有制经济的发展和由此产生的更为复杂、多元化的经济关系，为注册会计师行业发展创造了越来越多的社会需求。1991年，我国举办了新中国成立后首次注册会计师全国性统考。

1993年10月，全国人大常委会通过了《中华人民共和国注册会计师法》。在国家法律、法规的规范下，注册会计师业务范围不断扩展，从最初的主要为"三资"企业提供查账、资本验证等服务，发展到为各类经济组织提供财务报表审计等鉴证业务、税务咨询、管理咨询及其他相关服务业务。1995年，财政部陆续发布了中国注册会计师独立审计系列准则。1996年，中国注册会计师协会加入亚太会计师联合会，1997年加入国际会计师联合会，我国注册会计师行业开始走上国际舞台。

3. 21世纪以来注册会计师行业的发展

2001年，我国加入世界贸易组织（WTO），为市场经济的发育和完善，以及中国经济更广泛地融入全球化进程提供了更多的挑战和机遇。中国经济在随后的10多年中飞速发展，在国际上的地位和影响迅速提高。与此相适应，会计师事务所也获得长足的发展，事务所的规模不断扩大，国内会计师事务所与国际"四大"会计师事务所的差距不断缩小。2019年，中国注册会计师协会有单位会员（会计师事务所）9 118家，个人会员超过26万人，其中注册会计师107 483人，非执业会员153 891人，中注协资深会员2 818人，名誉会员17人，全行业从业人员近40万人。

在注册会计师业务领域方向，中国注册会计师协会积极推进拓展新业务。其发布的《注册会计师业务指导目录》显示，目前，我国注册会计师的业务范围涵盖证券、期货、金融、保险、国有企业、外商投资企业、财政预算资金、非营利机构及其他组织的相关业务，涉及的业务类别包括财务报表审计、专项审计、其他鉴证业务，以及管理咨询、会计服务、税务咨询等相关服务。

4. 会计师事务所的发展

由于我国注册会计师制度于1980年才开始恢复重建，在当时国情之下，会计师事务所的建立主要依赖于政府政策的推动，形成具有中国特色的"挂靠制"，这一制度使我国短时间内建立起了一大批具有一定规模的会计师事务所。但在这种制度下，政府干预效果较明显，严重影响了我国会计师事务所的独立性，之后发生的震惊全国的"老三案"、"新三案"成为我国会

注册会计师业务示例

证券、期货相关业务——报表审计业务——上市公司年报业务

计师事务所"脱钩改制"的导火线。1999年,财政部关于印发《会计师(审计)事务所脱钩改制实施意见》的通知(财协字〔1999〕37号),要求会计师事务所在人员、财务、业务、名称等方面与所挂靠的单位脱钩。

脱钩改制基本完成之后,在国家政策支持之下,我国本土会计师事务所积极进行并购重组,以扩大经营规模,提高市场竞争能力,争取做大做强。为了引导会计师事务所坚持质量导向、树立风险意识、加强诚信建设,中国注册会计师协会从2003年开始,探索和完善会计师事务所发展水平的评价办法,按年度发布前百家会计师事务所的排名信息(见表2-2)。

表2-2 2020年度会计师事务所综合评价百家排名信息(部分)

会计师事务所名称	名次	得分	2020年度事务所本身业务收入/万元	注册会计师数量/人	执业超过5年且年龄在60周岁以下的注册会计师数量/人	与事务所统一经营的其他专业机构业务收入/万元	分所数量/家
普华永道中天会计师事务所(特殊普通合伙)	1	975.40	611 504.31	1 390	518	—	23
安永华明会计师事务所(特殊普通合伙)	2	947.30	476 008.91	1 645	535	—	20
德勤华永会计师事务所(特殊普通合伙)	3	914.88	397 858.75	1 239	424	—	14
毕马威华振会计师事务所(特殊普通合伙)	4	891.18	341 651.14	973	309	—	16
天健会计师事务所(特殊普通合伙)	5	888.80	305 051.87	1 846	763	89 657.11	14
立信会计师事务所(特殊普通合伙)	6	871.28	410 592.00	2 216	1 163	44 289.01	31
信永中和会计师事务所(特殊普通合伙)	7	849.10	237 451.85	1 739	997	79 912.29	23
大华会计师事务所(特殊普通合伙)	8	832.11	253 674.43	1 679	995	104 403.94	30
天职国际会计师事务所(特殊普通合伙)	9	821.75	222 772.53	1 254	593	117 515.97	24
容诚会计师事务所(特殊普通合伙)	10	815.20	187 578.73	1 018	424	20 291.89	15

资料来源:中注协:会计师事务所综合评价分析报告(2020)。

2.2 国家审计的发展

国家审计的历史渊源久远。从理论上看,国家建立以后,便有设立国家审计机制的必要性。但通常在建国之初,统治者不能及时认识到国家审计的功能,而是随着国家机构的逐步完善,国家审计才开始登上历史舞台。早在奴隶制国家里,就已经产生了国家审计。国家审计的萌芽在公元前的古埃及、古希腊和古罗马都有发现,但当时的审计方法比较原始,审计体系也尚未形成。在封建制国家中,国家审计功能获得认可,相关机制逐步完善。在工业革命之后,国家审计在社会经济政治发展中开始发挥重要作用。

2.2.1 国外国家审计的发展

古埃及的统治者为了维护其中央集权的君主专制制度的统治地位,已经认识到有必要配备一种官员,创设一种机构,负责对全国各机构和官吏是否忠实地履行受托事项、财政收支记录是否正确无误加以间接管理和监督,于是他们开始授权忠实可靠的亲信负责监督这些受托事项。当时,负责行使这种职权的官吏同时还负责财政监督、行政监督之类的事务,他们虽然不是专职的审计官,但是国家审计的萌芽。

在 2 000 多年前的古希腊雅典城邦,也有了最初的国家审计监督制度。按照规定,官员们在卸任时均必须在离职后 30 天以内报送自己登记的会计账册,只有在审计官员确认其中不存在任何工作差错和贪污、受贿行为时,才允许他们卸任离职。无论官职多高、职权多大,如果发现有徇私舞弊的行为,都要受到严厉的处罚。

在古罗马,国家的行政指挥中心是元老院。元老院在处理日常的财政事务时,有财务官和监督官协助工作。监督官实际上就是当时的审计官,审计是监察工作的一部分。

在 11、12 世纪,英王为了监督王室收支的管理情况,在财政部内部设置了审计监督部门。当时,财政部下设两大机构:一是上院,又叫收支监督局;二是下院,又叫收支局。收支监督局的监督权逐级向上负责,最后集中到英王一人之手。这是典型的封建制国家审计。在大革命之前的法国,法王拥有至高无上的权力。审计机关还拥有司法权,是法王监督经济、巩固其统治地位的有力工具。

17、18 世纪,随着经济的发展和资产阶级民主国家政权的建立和完善,国家审计有了进一步的发展。19 世纪末 20 世纪初,很多国家推出具有独立性和权威性的国家审计制度,拉开了现代化国家审计发展的序幕。

当前,许多国家设立了国家审计制度,不同国家的国家审计制度的隶属关系、职责权力等各有不同。有的国家将国家审计机关置于议会管理之下,由议会或国会授权,对政府及国有企事业单位的财政财务收支进行独立的审计监督。有的国家审计机关隶属立法部门,有的隶属司法部门,还有的则完全处于独立地位。

2.2.2 中国国家审计的发展

1. 清代及之前的国家审计

一般认为,中国古代国家审计在西周后期已开始建立,当时社会经济已有一定的发展,开始重视对国家及地方收支的审查。当时，皇朝内设有带审计性质的财政经济监督机构，在天子之下设天、地、春、夏、秋、冬六官，分管政令。其中天官（亦称大宰或冢宰），居百官之首，掌邦国之治，并总揽财政大权。在天官之下设有司会和小宰两官职。小宰的下属官员宰夫，负有"考其出入，而定刑赏"的职权。宰夫除审计以外，还负责监察业务，并不是独立意义上的国家审计官员，且其只是负责财政事务的小宰的下属官员，地位并不高。但宰夫独立于会计部门，与掌管会计工作的司会是相互独立的。从这点来看，宰夫具有独立性和权威性，甚至可以对司会进行审计监督。宰夫一职的出现，对后世审计机构建制具有深远影响，其后独立意义上的审计机构的建立和审计官员的出现，均与宰夫一职有着密切的联系。

春秋时期，出现了有关"上计制度"的比较明确的记载。上计，有向上汇总统计之意。上计制度要求地方官吏定期报告其政务，这些报告需要经过勾考、审核。秦、汉时期继承和发展了上计制度，并使审计与会计由合一逐渐分离。秦朝实行御史制度，中央设御史大夫辅佐皇帝，与丞相、太尉并立，合称"三公"。御史大夫掌管政治、经济监察事项，审计职能是其职务的一部分，主要是主持上计工作，即对全国的民政、财政经济收支进行审计。秦朝在全国36郡设监察御史，负责各郡、县的政治和财政监察工作，形成自上而下的监察系统；在各郡实行自下而上的定期呈报会计报告的上计制度。汉承秦制，在中央也设有御史大夫，掌管财政大权，并兼管上计之事。至西汉，上计制度已渐臻完善，制定了"上计律"。魏晋南北朝时期，国家审计的发展开始出现新的变化，曹魏设置了官署"比部曹"，承担之前由御史大夫承担的审计工作，审计工作走向独立。

隋唐时期，吏部负责文官的选拔考核，兼职进行经济政绩的审计。刑部设立了"比部"，"比"有比较、考核、审查的意思。比部是独立的审计组织，独立于财政部门之外，行使司法审计监察权，主管诏书、律令、勾检之事。勾检是审查、监督的意思，即审计。比部是专职审计机构。

北宋初期，为了加强对财经工作的控制，设置了盐铁（管工业、专卖收入等）、度支（管财政收支）、户部（管户口、赋税收入等）三司，三司各设一个附属机构"都磨勘司"，主管审计工作。宋太宗淳化三年（公元992年）设置"审计院"，负责审查有关案牍，稽核出纳给受。这是我国历史上第一个以"审计"命名的审计机构。但不久之后这个机构就被撤销了。

元明时期，国家审计虽有发展，但总体停滞不前。元朝取消比部，户部兼管会计报告的审核，独立的审计机构即告消亡。明初，比部曾一度恢复，但不久取消。后又规定都察院兼行稽查，取消了审计的独立性质。这样，审计就由一个专门的、独立的机构，倒退到户部的一个附属机构，成了由户部自己审自己。

清代审计制度在形式上已相对健全。一方面，在户部内设置内部审计机构或官吏；另一方面，将整个外部审计集中于监察机构都察院，开创了由监察系统总领审计机构的审计体制，形成了户部内部审计和都察院外部审计相结合的审计格局。在清末，清廷参照国外审计体制和宋代审计院机构命名，引进和改良设置了审计院，专掌审计事宜，并拟订《审计院官制草案》。尽管有关审计法规还没来得及实施，清朝专制政权就已经被推翻了，但这些法规的出现却标志着我国近代国家审计的产生。

2. 民国时期的国家审计

1912年，北洋军阀控制下的北京政府在国务院下设审计处；1914年，北洋政府将其提升为审计院，同年颁布了《审计法》。之后，国民党政府根据五权分立的政体，建立了专司监督、弹劾职能的独立监察机关，并于1918年改审计院为审计部，直属监察院，将审计机构置于监察系统。

1928年，国民党政府颁布了《审计法》及其实施细则，次年还颁布了《审计组织法》。民国时期国家审计的重要特点就是审计法规得到了空前的完善。一方面，它突破了历代将审计内容附于其他刑事法规之内的做法，公布了多项专门的审计法规；另一方面，当时所颁布的审计法规涉及审计的各个方面，建立了一个较完整的审计法规体系。这一时期还吸收了国外审计的经验，形成了一个比较严密的审计组织系统。但是，由于当时战争频发，所制定的审计制度形同虚设、有名无实。

1933年，中国共产党领导下的苏区中央人民委员会设立了中央审计委员会。1934年，中华苏维埃第二次全国代表大会通过的《中华苏维埃共和国中央苏维埃组织法》规定，中央审计委员会由中央执行委员会直接领导，将审计监督置于重要位置。其后，制定颁布了《中华苏维埃共和国中央政府执行委员会审计条例》。这些举措，对于节约财政支出、保障战争供给、维护革命纪律、树立廉洁作风等起到了积极的作用。

3. 新中国成立后的国家审计

新中国成立之初，在中央政府和地方政府的财政部门设置有审计机构。1950年10月，政务院颁布了《中央人民政府财政部设置财政检查机构办法》将原先审计机关的审计职权一并纳入财政检查机关。之后，随着全国财政部门监察机构的陆续设立，各级审计机构随即撤销。此后，在长达30多年的时间里，我国没有独立的国家审计机构，对财政经济的监督是由财政、银行、税务等部门通过其本身业务来进行的。

1983年中华人民共和国审计署正式成立，随后在县级以上地方人民政府设置了审计局（厅）。1985年8月颁布了《国务院关于审计工作的暂行规定》，1988年11月颁布了《中华人民共和国审计条例》，1994年8月颁布了《中华人民共和国审计法》。此后，《中央预算执行情况审计监督暂行办法》《中华人民共和国审计法实施条例》《中华人民共和国国家审计基本准则》等法律规范陆续颁布实施。

2003年，国家审计署推出审计结果公开制度。其后，国家审计署披露了牵涉很多重要部门存在管理问题的审计报告，所揭示的每一个问题在社会上均引起了轩然大波，人们用"国家审计风暴"一词来进行描述。

近年来，国家先后制定或修订《中华人民共和国审计法》《中华人民共和国审计法实施条例》《中华人民共和国国家审计准则》等法律或规范性文件。目前，我国国家审计的工作内容涵盖财政、金融、国有企业、资源环境、经济责任、涉外等领域，在促进增收节支、挽回经济损失、推动健全完善制度等方面发挥了突出作用，维护了人民利益，推动了依法行政，促进了廉政建设，中国特色社会主义审计监督制度得到持续完善。

2.3 内部审计的发展

由组织内部审计人员进行，旨在帮助组织实现设立目标的内部审计，其重要性随着组织规模的扩大而逐步提升。

2.3.1 国外内部审计的产生与发展

1. 古代内部审计

人类进入奴隶社会以后,财产私有制使得财产的所有权和经营权相分离,财产的所有者可能会委派自己信任的人员去对受托经营管理者进行经济监督,由此,古代的内部审计就出现了。在古罗马,奴隶主指派管家管理庄园,双方形成"委托代理关系",奴隶主继而有可能委派亲信去监督管家的经营活动。在公元前几个世纪,一些商人会对运往市场的粮食收据进行核实。这类活动被认为是内部审计的萌芽。

到了封建社会,内部审计得到进一步发展,出现了庄园审计、寺院审计、行会审计、银行审计等形式。封建社会内部审计的目的主要是查错防弊,审查一个组织内部经营管理代理人履行经济责任的情况。

2. 现代内部审计

现代内部审计是在工业化革命完成以后的大型企业建立、发展的背景下迅速发展起来的。随着企业内部结构和外部环境的复杂化,大型企业管理层层分离,高层管理者对于降低成本、提高经济效益的要求日益迫切,管理当局对内部审计日趋重视。20世纪40年代以后,内部审计迎来了发展的新阶段。

IIA 关于内部审计的定义

国际内部审计师协会 IIA 三线模型

经典案例

世通公司

1941年,维克多·布瑞克(Victor Z. Brink)出版了内部审计的第一本重要著作《内部审计——程序的性质、职能和方法》,它被认为是内部审计学诞生的标志。当年11月,国际内部审计师协会(Institute Of Internal Auditors,IIA)成立。该组织的成立,极大地推动了内部审计的发展。时至今日,IIA 已经有100多个国家的内部审计协会加入,个人会员则由最初成立时的24名发展到今天的20多万名。

自成立以来,IIA 发布了一系列内部审计领域的重要文件(内部审计的定义、标准、核心原则等)。其中,国际内部审计实务框架(international professional ractices framework,IPPF)、内部审计专业胜任能力框架(internal audit competency framework,IACF)、职业道德规范(code of ethics)等均为当前内部审计领域的行业权威性规范文件。

此外,IIA 负责组织国际注册内部审计师资格考试。考试内容包括内部审计在治理、风险和控制中的作用、内部审计业务经营分析,以及信息技术、经营管理技术等。考试内容反映了社会对内部审计师知识结构的要求,得到了社会的普遍认可。

2.3.2 中国内部审计的发展

中国的内部审计事业起步较晚,改革开放以后首先在中外合资企业建立。从1983年开始,政府推动在国有企事业单位建立内部审计。1985年,国务院颁布的《国务院关于审计工作的暂行规定》规定:由审计署承担对内部审计的管辖权。当年的12月,审计署首次颁布《关于内部审计工作的若干规定》。1987年,中国内部审计学会成立,并于次年加入国际内部审计师协会(IIA)。2002年,中国内部审计学会更名为中国内部审计协会(CIIA),这是我国内部审计职业化的开端。

2003—2009 年，CIIA 陆续发布了 1 个内部审计基本准则、1 个内部审计职业道德规范和 29 个内部审计具体准则。其间，从 2004 年开始，CIIA 开始发布内部审计实务指南，截至 2011 年陆续发布了 5 个内部审计实务指南。

从 2012 年开始，随着经济社会的发展，各类组织对内部审计的重视程度日益提高，内部审计迎来了新的发展机遇和挑战。相应地，对内部审计准则的内容也提出了新的要求。自 2013 年开始，CIIA 对原准则进行了全面、系统的修订。截至 2021 年底，CIIA 已发布的内部审计准则如表 2-3 所示。

表 2-3　中国内部审计准则目录

第 1101 号	内部审计基本准则
第 1201 号	内部审计人员职业道德规范
第 2101 号内部审计具体准则	审计计划
第 2102 号内部审计具体准则	审计通知书
第 2103 号内部审计具体准则	审计证据
第 2104 号内部审计具体准则	审计工作底稿
第 2105 号内部审计具体准则	结果沟通
第 2106 号内部审计具体准则	审计报告
第 2107 号内部审计具体准则	后续审计
第 2108 号内部审计具体准则	审计抽样
第 2109 号内部审计具体准则	分析程序
第 2201 号内部审计具体准则	内部控制审计
第 2202 号内部审计具体准则	绩效审计
第 2203 号内部审计具体准则	信息系统审计
第 2204 号内部审计具体准则	对舞弊行为进行检查和报告
第 2205 号内部审计具体准则	经济责任审计
第 2301 号内部审计具体准则	内部审计机构的管理
第 2302 号内部审计具体准则	与董事会或者最高管理层的关系
第 2303 号内部审计具体准则	内部审计与外部审计的协调
第 2304 号内部审计具体准则	利用外部专家服务
第 2305 号内部审计具体准则	人际关系
第 2306 号内部审计具体准则	内部审计质量控制
第 2307 号内部审计具体准则	评价外部审计工作质量
第 2308 号内部审计具体准则	审计档案工作
第 2309 号内部审计具体准则	内部审计业务外包管理

由于性质、行业要求、历史发展、经营管理特点、规模大小等各不相同，各类组织的内部审计在部门设置、授权职责、实际工作内容等方面存在较大差异。

本章关键术语

上计制度	比部	注册会计师审计
国家审计	内部审计	安达信
安然	世通	国际内部审计师协会
国际内部审计实务框架	中国注册会计师协会	审计署
中国内部审计协会		

本章复习

一、问答题

1. 简述国外注册会计师审计产生和发展的主要阶段及其主要特点。
2. 简述我国国家审计产生和发展的主要阶段。
3. 我国国家审计的相关法律制度规定有哪些？
4. 简述内部审计产生和发展的主要阶段。
5. 简述我国内部审计准则体系的构成。

二、研究思考题

1. 会计师事务所合并的原因有哪些？合并后会产生哪些经济效果？
2. 如何能够成为一家历史悠久的会计师事务所？
3. 国家审计与监察的关系如何？
4. 比较不同国家的国家审计的隶属关系。
5. 比较国外内部审计与中国内部审计发展历程的不同之处。

三、案例分析题

1. 深圳鹏城会计师事务所（简称"鹏城所"）最初由深圳审计师事务所发展而来。1997年脱钩改制后，鹏城所主要进行银行审计和国企审计。2001年，深圳当时最大的会计师事务所中天勤会计师事务所因银广夏造假事件倒闭，另外两家重要的会计师事务所深圳同人会计师事务所、华鹏会计师事务所也因造假被吊销执业资格。三家会计师事务所的解体使得大批注册会计师加入鹏城所，使鹏城所的业务规模得以迅速扩张。

2001—2004年，鹏城所的客户资源几乎包括了深圳所有的大型国企，并扩展到南方电网、大唐电信等大型央企。2004年，鹏城所受证监会的委托审计南方证券的破产清盘，使其品牌声誉达到了巅峰。2005年，随着股权分置改革的开展，鹏城所开始涉足证券审计领域。从2006年开始，鹏城所先后在北京、上海、广州、香港等地设立分所，证券审计业务规模得到迅猛发展。截至2010年，鹏城所审计的IPO客户有28家，位列全国第三，上市公司客户超过了100家。

2012年7月24日，鹏城所被国富浩华会计师事务所合并。2015年12月28日，鹏城所被注销。表 2-4 列示了鹏城所自 2008 年以来，受中国证监会处罚的情况。

表 2-4　鹏城所受中国证监会处罚的情况

处罚年度	涉案上市公司及其股票代码	处罚原因	对会计师事务所的处罚	对注册会计师的处罚
2008	金荔科技 600762	在审计 2002 年度、2003 年度财务报表过程中，未全面遵循审计准则、依照规定工作程序出具审计报告，致使出具的 2002 年和 2003 年审计报告中共包含四项虚假内容	警告，并罚款 10 万元	对两位注册会计师分别罚款 5 万元
2008	大唐电信 600198	在审计 2004 年度财务报表工作中，未勤勉尽责	罚款 30 万元	对两位注册会计师分别罚款 5 万元、3 万元
2010	聚友网络 000693	在审计 2001—2003 年年度报告有关应收账款和视讯业务收入函证时，未对回函实施其他有效替代性审计程序，对于收入确认过程中可能出现的重大差异和可能出现的舞弊行为没有进行关注，没有对函证过程进行谨慎全面的控制，导致未发现回函印章与真实印章不一致等情况	警告，并罚款 20 万元	对两位注册会计师分别罚款 5 万元
2013	绿大地 002200	IPO 审计中未勤勉尽责，未发现财务报表编造虚假资产、虚假业务收入，从而对 2004—2007 年报表出具无保留意见的审计报告，发表不恰当的审计意见	撤销证券服务业务许可，没收业务收入 60 万元，罚款 60 万元	警告 2 名注册会计师，并分别罚款 10 万元
2014	北生药业 600556	在审计 2004 年度报告时未勤勉尽责	警告	警告
2016	海联讯 300277	在审计首次公开发行股票并在创业板上市财务报表和 2011 年度财务报表过程中未勤勉尽责	—	警告 2 名注册会计师，并分别罚款 10 万元

要求：

（1）分析鹏城所在 10 年左右的时间内，业务规模迅速扩大的原因。

（2）分析鹏城所被注销的原因。

2. 1921 年，美国依据《预算和会计法》（*The Budget and Accounting Act*）成立了政府问责局（Government Accountability Office，GAO），将审计责任、会计和索赔职能从财政部门转移到了这个新机构。该法案使 GAO 独立于行政部门，并赋予其调查联邦资金使用情况的广泛授权。GAO 有权调查与公共资金使用有关的所有事项，并就如何提高政府支出的经济性、效率性、效果性提出建议。GAO 是属于联邦政府立法部门的一个机构，其领导人是美国总审计长（the comptroller general）。总审计长由美国总统在参议院的建议和同意下任命。

在《业绩与可靠性报告（2021 年）》（*Performance and Accountability Report，Fiscal year 2021*）中，GAO 列示了 2021 年度的主要工作绩效：

① 产生了约 662 亿美元的经济效益——GAO 所花费的每 1 美元收益约为 93 美元；

② 为政府的项目和运营改进做出了 1 239 项不能用美元来衡量的收益；

③ 报告了 36 个因欺诈、浪费、滥用和管理不善或面临生态风险而被确定为高风险的领域；

④ 为一系列的问题作证 67 次，涉及所有的主要联邦机构等。

要求：

（1）根据上述资料，总结 GAO 设置机制的主要特点。

（2）结合上述资料，收集国内外相关资料，分析国家审计机关的主要工作内容应当涵盖哪些领域。

3. 王兵为一家上市公司审计部的部长，为人正直，工作一向认真负责。最近，王兵接受公司董事会所属审计委员会的委派，执行一个工程审计项目。王兵带领审计项目组发现了该工程资金使用存在多处不合规的支出项目，而工程负责人推脱为行业惯例，不愿做过多解释。王兵将这些审计发现写入了审计报告，并汇报给公司总经理。公司总经理表示已经知悉相关情况，认为相关支出在合理范围之内，要求王兵不要在审计报告中列示相关问题。为此王兵十分烦恼，感到身居其位，思想压力远远大于业务压力。

要求：

（1）总结案例中公司内部审计部门的设置方式及特点。

（2）该审计部长是否应当在审计报告中列示上述问题？说明理由。

（3）收集有关资料，了解和比较当前我国企业内部审计部门的设置方式。

（4）可否选择更好的内部审计部门设置方式减轻或消除该审计部长的思想压力？

推荐阅读

第 3 章 注册会计师的法律责任

【学习目标】
学习本章以后，你应该能够：
- ▼ 理解注册会计师履行法律责任的意义；
- ▼ 了解注册会计师审计的法律环境；
- ▼ 掌握注册会计师承担法律责任的依据；
- ▼ 掌握财务报表审计业务中，被审计单位责任和注册会计师责任的划分。

【内容提要】

本章首先介绍了注册会计师行业所处的法律环境、法律责任的框架构成，概述了我国注册会计师承担法律责任的依据、原因及法律责任履行现状；随后介绍了我国注册会计师执业准则对财务报表审计中被审计单位和注册会计师责任的界定，包括对被审计单位经营失败和注册会计师审计失败概念的比较、对财务报表错报及违反法律法规行为所涉及的管理责任和审计责任的划分。

3.1 注册会计师的法律责任框架

法律责任是指因违反了法定义务或契约义务，或不当行使法律权利、权力所产生的，应由行为人承担的不利后果。注册会计师的法律责任是指注册会计师在履行职责的过程中，因违约、过失或者欺诈而导致委托人或利益相关人经济损失，由此而承担的法律后果。

注册会计师在社会上为不同性质的经济主体提供专业服务。各种专业服务的保证程度不同，承担的法律责任也存在较大差异。在注册会计师的核心业务中，审计的保证程度最高，相应需要承担的法律责任也最大。

案例引入

琼民源

3.1.1 注册会计师执业的法律责任

如果注册会计师工作失误或犯有欺诈行为，将会给客户或依赖注册会计师工作成果的第三者造成损失,严重的甚至导致经济秩序紊乱。注册会计师需要承担法律责任,使得他们在执业中必须保持应有的职业谨慎态度,不断提升自己的专业能力,保障执业质量。也正是由于注册会计师需要承担法律责任,社会才对注册会计师提供高质量专业服务形成了基本的信心和信赖。随着市场经济的不断发展,注册会计师承担法律责任的压力不断加大。

注册会计师法律责任的不断加大,首先源于经济主体的规模不断扩大、业务全球化及经营管理的错综复杂性,使财务报表反映的内容更加复杂,经济主体盈余管理的动机也越来越强,注册会计师面临的执业风险越来越高。其次是社会公众维权意识的增强,以投资者、债权人为主体的利益相关者的自我保护意识越来越明确和强烈。最后是法律制度体系的不断完善和执法力度的加大。政府监管部门为了维护市场的稳定,监管措施日益完善,处罚注册会计师的力度不断加大。

面临严峻的法律环境,对于注册会计师行业自律组织而言,应当持续完善执业规范准则、职业道德行为标准,增强行业自律的有效性。对于会计师事务所及其注册会计师而言,一方面应当更加谨慎地选择客户,严格落实执业准则、职业道德要求,不断提升执业效率、效果,改善执业质量;另一方面,采取聘请律师顾问、购买职业保险等手段降低法律风险,以寻求在严峻法律环境下的可持续发展。

3.1.2 注册会计师法律责任的内容构成

注册会计师可能承担的法律责任类别有民事责任、行政责任和刑事责任3种。

1. 民事责任

民事责任是对民事法律责任的简称,是指民事主体在民事活动中,因实施了民事违法行为,根据民法所承担的对其不利的民事法律后果或者基于法律特别规定而应承担的民事法律责任。民事责任是保障民事权利和民事义务实现的重要措施,是民事主体因违反民事义务所应承担的民事法律后果,它主要是一种民事救济手段,旨在使受害人被侵犯的权益得以恢复。

民事责任主要由缔约过失责任、违约责任、侵权责任构成。违约责任是基于违反合同产生的责任,而侵权责任是基于行为人没有履行法律上的规定或者认可的应尽的注意义务而产生的责任。侵权责任的构成要件通常有4项:损害事实的客观存在;行为的违法性;违法行为与损害事实之间的因果关系;行为人的过错。

注册会计师或会计师事务所因违反《民法典》(如合同)或不履行其他民事义务而造成侵害他人(国家、组织和个人)权益的行为,需要承担民事赔偿责任。民事责任主要包括对委托人的责任(违约责任)和对第三方(其他审计报告使用者)的责任,包括股东、银行、债权人、潜在投资者等(侵权责任)。

2. 行政责任

行政责任包括行政处罚和行政处分。从本质上讲,行政责任是一种职业责任。行政责任通常由政府或者经授权承担一定政府职能的主体实施处罚。注册会计师或会计师事务所在提供专业服务时,因违反注册会计师行业管制和管理的法律、法规或者规章,受到行业管理部门的处罚属于行政责任。

3. 刑事责任

刑事责任是指依据国家刑事法律规定,由国家司法机关依照刑事法律的规定追究并予以刑事制裁所承担的法律责任。刑事责任与行政责任的不同之处是:一是追究的违法行为不同。

追究行政责任的是一般违法行为，追究刑事责任的是犯罪行为；二是追究责任的机关不同。追究行政责任由国家特定的行政机关依照有关法律的规定决定，追究刑事责任只能由司法机关依照刑事法律的规定决定；三是承担法律责任的后果不同。追究刑事责任是最严厉的制裁，可以判处死刑，比追究行政责任严厉得多。

3.1.3 我国与注册会计师行业相关的法律规定

在我国，《民法典》《刑法》是规范注册会计师民事责任、刑事责任的基本依据，《注册会计师法》《公司法》《证券法》规范了注册会计师行业承担法律责任的基本原则。此外，与注册会计师行业相关的还有一系列法律规范、制度、条例、办法或司法解释等。

美国注册会计师的法律责任

1. 民事责任的主要规定

规范注册会计师民事责任的法律法规主要有《民法典》《公司法》《证券法》《注册会计师法》及相关规定。其中，《民法典》规定的是基本判责原则，在具体判案时，最高人民法院颁布的司法解释是具体定责的标准。

1)《民法典》的主要规定

一般规定有：民事主体依照法律规定或者按照当事人约定，履行民事义务，承担民事责任。关于侵权责任的主要规定有：行为人因过错侵害他人民事权利造成损害的，应当承担侵权责任。依照法律规定推定行为人有过错，其不能证明自己没有过错的，应当承担侵权责任。

2）最高人民法院的解释意见

我国在注册会计师民事责任方面的法制建设起步较晚。20 世纪末到 21 世纪之初，我国证券市场上爆发了若干重大公司舞弊案（如银广夏案、蓝田案），却因为缺少具体法律条款作为判责依据，法院无法接受投资者的诉讼请求。其后，最高法院开始着手制定相关法规，陆续发布了《关于审理证券市场因虚假陈述引发的民事赔偿案件的若干规定》(2003)、《关于审理涉及会计师事务所在审计活动中民事侵权赔偿案件的若干规定》(2007) 等一系列司法解释。2022 年，最高法院发布了新的规定，更新了证券市场上虚假陈述的认定、责任主体、损失认定等方面的条款。

最高人民法院关于审理证券市场虚假陈述侵权民事赔偿案件的若干规定（2022）

3）会计师事务所的组织形式与民事责任的承担

会计师事务所可以采取合伙制或有限责任制的组织形式。合伙制是由两个或两个以上合伙人共同拥有会计师事务所的组织形式。合伙制易于组建，开办费用较低。在普通合伙制下，合伙人对所有债务负有无限责任。如果采取有限责任制，会计师事务所以其全部资产承担清偿债务的责任，债权人也有权就事务所的全部财产要求清偿债务。但在事务所的资产不足以清偿全部债务时，债权人不得请求事务所的出资人承担超过其出资义务的责任。

近年来，我国注册会计师行业主管部门鼓励会计师事务所的组织形式采用合伙制，鼓励大中型会计师事务所采用特殊普通合伙制。特殊普通合伙制的组织形式适用于以专业知识和专门技能为客户提供有偿服务的专业服务机构。会计师事务所正是属于这一类专业服务机构。

在特殊普通合伙制下，一个合伙人或者数个合伙人在执业活动中因故意或者重大过失造成合伙企业债务的，应当承担无限责任或者无限连带责任，其他合伙人以其在合伙企业中的财产份额为限承担责任。合伙人在执业活动中非因故意或者重大过失造成的合伙企业债务及合伙企业的其他债务，由全体合伙人承担无限连带责任。

典型例题 3-1

红黄兰会计师事务所（特殊普通合伙）接受甲公司委托，审计公司的财务报告以便股票上市。事务所的合伙人张某和注册会计师李某在审计程序完成后出具了标准无保留意见的审计报告。甲公司的股票得以顺利上市。上市 6 个月后，甲公司在一桩法律诉讼案中败诉，为此需要支付巨额赔偿费。在审计期间，审计人员已得知此事，但当时甲公司的董事长和管理层认为，这场官司胜券在握，因而审计人员同意公司的建议，不在财务报表附注中披露这一信息。当甲公司需要赔偿巨款的消息公告后，公司股票暴跌，投资者认为该公司的财务报告未如实披露这条信息，会计师事务所应承担不可推却的责任，于是向法院提起民事诉讼，要求红黄兰会计师事务所赔偿投资损失。

要求：
（1）分析在该项审计业务中，注册会计师是否应当承担法律责任。
（2）如果投资者对会计师事务所提出民事诉讼，审计人员可以如何答辩？
（3）如果会计师事务所被判决需要赔偿投资者的损失，应当如何赔偿？

分析思路：
（1）注册会计师执行该项审计业务不妥当，应当承担法律责任。因为审计人员所获的证据来源缺乏独立性，未从独立的第三方，例如律师方面得到印证，因而不应当轻易得出审计结论，而且相关事项具有重要性，对公司未来财务影响重大。审计人员虽然执行了有关审计程序，但没有保持足够的职业谨慎，其审计行为存在瑕疵。

（2）如果投资者提出诉讼，审计人员可以从以下几个方面进行答辩：① 审计行为是否不当，需要由具有权威性的专业人士来判断。② 即便审计行为存在不当之处，与投资者的损失之间可能并不存在因果关系。③ 财务造假行为的主要责任方是甲公司，会计师事务所可能只是承担连带责任。

（3）如果审计不当行为被认定为合伙人张某的"故意或重大过失"所导致，则没有过错的其他合伙人以其在事务所中的财产份额为限承担责任，张某应当承担无限责任。如果张某存在"故意或重大过失"，则赔偿投资者的损失将由会计师事务所的全体合伙人承担。

2. 刑事责任的主要规定

我国规范注册会计师刑事责任的法律法规主要有《刑法》《公司法》《证券法》《注册会计师法》及相关规定。

在《刑法》中，与注册会计师行业相关的犯罪行为主要有两种：一种是提供虚假证明文件罪。承担资产评估、验资、验证、会计、审计、法律服务等职责的中介组织的人员故意提供虚假证明文件，情节严重的，处五年以下有期徒刑或者拘役，并处罚金。如果在此过程中，有索取他人财物或者非法收受他人财物行为，处五年以上十年以下有期徒刑，并处罚金。另一种是出具证明文件重大失实罪。如果前述人员，严重不负责任，出具的证明文件有重大失实，造成严重后果的，处三年以下有期徒刑或者拘役，并处或者单处罚金。

3. 行政责任的主要规定

我国规范注册会计师行政责任的法律法规主要有《公司法》《证券法》《注册会计师法》及相关规定。

《公司法》规定，对承担资产评估、验资或者验证的机构提供虚假材料、提供有重大遗漏的报告的，应由公司登记机关没收违法所得，处以罚款，并可以由有关主管部门依法责令该机构停业、吊销直接责任人员的资格证书，吊销营业执照。

《证券法》规定，会计师事务所、律师事务所及从事证券投资咨询、资产评估、资信评级、财务顾问、信息技术系统服务的证券服务机构，应当勤勉尽责、恪尽职守，按照相关业务规则为证券的交易及相关活动提供服务。从事证券投资咨询服务业务，应当经国务院证券监督管理机构核准；未经核准，不得为证券的交易及相关活动提供服务。从事其他证券服务业务，应当报国务院证券监督管理机构和国务院有关主管部门备案。违反规定的，由国务院证券监督管理机构责令改正，并处以罚款。

近年来，我国修订和制定了一系列的注册会计师行业相关规定。在《注册会计师法》《注册会计师协会会员执业违规行为惩戒办法》《注册会计师注册办法》《会计师事务所执业许可和监督管理办法》等文件中，规范了注册会计师的行政责任。

表 3-1 列示了一部分注册会计师的行政处罚案例。

表 3-1 我国注册会计师行政处罚典型案例

会计师事务所	处罚年度	处罚单位	处罚措施	相关事件
海南大正会计师事务所	1997	证监会	罚款人民币 30 万元；暂停会计师事务所从事证券、资产评估业务资格 6 个月；暂停相关人员从事证券业务资格 3 年	琼民源
成都蜀都会计师事务所	1998	证监会	没收会计师事务所非法所得 30 万元，罚款 60 万元；暂停会计师事务所从事证券资格 3 年；认定签字注册会计师为证券市场业务禁入者	成都红光
深圳中天勤会计师事务所	2001	财政部、证监会	吊销注册会计师执业资格；吊销会计师事务所执业资格；吊销会计师事务所证券、期货相关业务许可证	银广夏
郑州会计师事务所	2001	证监会、财政部	吊销会计师事务所证券、期货相关业务许可证；对两位注册会计师分别罚款 30 万元和 20 万元，并暂停其证券从业资格	郑百文
毕马威华振会计师事务所	2004	财政部	对会计师事务所通报批评	锦州港
普华永道中天会计师事务所	2004	财政部	对会计师事务所公开点名，要求整改	京东方
万隆会计师事务所有限公司	2009	证监会	对会计师事务所没收业务收入 50 万元，并处以 50 万元罚款；对 3 位注册会计师给予警告，并分别处以 10 万元罚款；对 1 位注册会计师给予警告，并处以 3 万元罚款	金荔科技
中准会计师事务所	2011	中注协	给予两位注册会计师通报批评；向会计师事务所发出《整改通知书》，责成加强质量控制体系建设，强化总所对分所的管理，限期进行整改	紫鑫药业

续表

会计师事务所	处罚年度	处罚单位	处罚措施	相关事件
深圳市鹏城会计师事务所有限公司	2013	证监会、财政部	没收会计师事务所业务收入60万元，并处以60万元罚款； 对两位注册会计师给予警告并分别处以10万元罚款； 撤销证券服务业务许可	绿大地
立信会计师事务所（特殊普通合伙）	2017	财政部	暂停承接新的证券业务并限期整改	2016年7月、2017年5月两次受到证监会的处罚
利安达会计师事务所（特殊普通合伙）	2017	证监会	没收会计师事务所业务收入150万元，并处以750万元罚款； 对两位注册会计师给予警告，并分别处以10万元罚款	九好集团
瑞华会计师事务所（特殊普通合伙）	2018	证监会	没收会计师事务所业务收入130万元，并处以390万元罚款； 对3位注册会计师给予警告，并分别处以10万元罚款	华泽钴镍
广东正中珠江会计师事务所（特殊普通合伙）	2021	证监会	对会计师事务所责令改正，没收业务收入1 425万元，并处以4 275万元罚款； 对3位注册会计师给予警告，并分别处以10万元罚款； 对1位注册会计师给予警告，并处以3万元罚款	康美药业
瑞华会计师事务所（特殊普通合伙）	2021	证监会陕西监管局	对会计师事务所责令改正，没收业务收入360万元，并处以360万元罚款； 对两位注册会计师给予警告，并分别处以3万元罚款	亚太实业

3.1.4 注册会计师承担法律责任的原因

法律责任的承担，通常是因为注册会计师在执业时没有保持应有的职业谨慎，并因此导致了对他人权益的损害。注册会计师在工作中的违约、过失或欺诈行为是导致注册会计师承担法律责任的原因。

1. 违约

违约（breach of contract）是指合同的一方或几方未能达到合同条款的要求。当违约给他人造成损失时，注册会计师应负违约责任。例如，会计师事务所未能在规定的时间提交审计报告或违反了与被审计单位订立的保密协议等。

2. 过失

过失（negligence）是指在一定的条件下，行为主体缺少应具有的合理的谨慎。评价注册会计师的过失，是以其他合格注册会计师在相同条件下可做到的谨慎为标准的。通常将过失按其程度不同分为普通过失和重大过失。

（1）普通过失

普通过失（ordinary negligence）通常是指没有严格保持职业上应有的合理谨慎。对注册会计师则是指没有完全遵循专业准则的要求。

(2) 重大过失

重大过失（gross negligence）是指连起码的职业谨慎都不保持，对业务和事务不加考虑。对注册会计师而言，则是指根本没有遵循专业准则或没有按专业准则的要求执行审计。

3. 欺诈

欺诈（fraud）又称注册会计师舞弊，是以欺骗或坑害他人为目的的一种故意的错误行为。具有不良动机是欺诈的主要特征，也是欺诈与过失的主要区别之一。在财务报表审计中，注册会计师欺诈就是为了达到欺骗他人的目的，故意出具虚假审计意见的审计报告。

一般地，在界定注册会计师和会计师事务所的行政责任时，关键是要取得注册会计师"明知"或"故意"的证据。如果找到注册会计师明知委托人存在错误与舞弊而隐瞒实情，故意做虚假陈述的证据，则属于"欺诈"；相反，则属于"过失"。

在确定注册会计师是否存在欺诈嫌疑时，注册会计师能否保持独立性和应有的职业道德水准至关重要。

经典案例

ESM 公司

对一些完全不遵循技术标准并造成重大后果，而又找不到注册会计师"明知"或"故意"的证据时，如果仍然将注册会计师的行政责任界定为"过失"而给予较轻的处罚，必然会给社会公众造成行业利己的印象，同时也不利于保护执业情况良好的会计师事务所的声誉。因此，对于过于重大的过失，应将其责任等同于欺诈，可称为"推定欺诈"或"涉嫌欺诈"，即指虽然找不到欺诈或坑害他人不良动机的证据，但却存在极端或异常的过失。

总之，注册会计师应当按照执业规范的要求审慎执业，保证执业质量，控制执业风险，否则，很可能承担相应的法律责任。

3.2 注册会计师在财务报表审计中的责任

由注册会计师职业组织制定的执业准则和职业道德准则，成为法庭和社会公众判断注册会计师具体审计行为是否适当的重要依据。财务报表审计涉及许多专业领域的知识，对于审计行为的规范要求，需要由专业人士确定。在判断注册会计师法律责任时，应与被审计单位责任相区分。

3.2.1 经营失败和审计失败

明确注册会计师财务报表审计责任首先需要区分经营失败和审计失败的概念。

1. 经营失败

企业的经营失败（business failure）是指企业未能满足投资者的预期。众所周知，资本投入或借给企业后，就面临某种程度的经营风险。所谓经营风险（business risk），是指企业由于经济或经营条件，如经济萧条、决策失误等，而无力归还借款或无法达到投资人期望收益的可能性。经营风险的极端情况即经营失败，其责任方是被审计单位的经营管理人员。

2. 审计失败

审计失败（audit failure）是指注册会计师出具了不恰当的审计意见。不恰当审计意见的出现，既可能源于注册会计师没有遵循执业准则或相关规则的规定，也可能源于被审计单位的财务造假行为过于隐蔽，审计人员虽然遵循了执业准则或相关规则的规定，仍然出具了不恰当的审计意见。审计风险（auditing risk）是指当财务报表存在重大错报时，注册会计师发表不恰当审计意见的可能性。财务报表审计是一种合理保证业务，审计风险不可能降为零。如果审计意见确实与实际情况不符，审计风险则转变为审计失败。

经营失败与审计失败是两个性质不同的概念，两者本身没有必然的关系。出现经营失败时，审计失败可能存在，也可能不存在。然而，当经营失败时，被审计单位的股东、债权人或其他利益相关者可能会把负责审计的注册会计师列为被告之一。因为经营失败意味着被审计单位破产或无力偿还债务，而遭到损失的利益相关者希望得到补偿。如果之前的审计意见未能完全公允地反映事实情况，被审计单位的利益相关者则可能要求审计人员为其不恰当的审计意见承担责任。由于会计师事务所往往具备一定的资金能力，结果导致会计师事务所容易成为被起诉的对象，这就是所谓的"深口袋现象"。

针对上述情况，注册会计师行业组织一直重视持续经营审计，要求注册会计师在审计过程中，关注被审计单位持续经营能力方面是否存在问题。如果存在可能导致被审计单位持续经营能力重大疑虑的事项或重大不确定性事项，注册会计师应当结合被审计单位已经和拟采取的各种措施，判断能否消除重大疑虑或重大不确定性，并根据不同的审计结论，出具不同意见类型的审计报告，以向财务报表使用者及时做出警示。

但是，注册会计师在审计过程中对公司持续经营状况的关注，以及根据审计结论出具不同类型的审计报告，并不意味着是对公司经营的担保。由于未来事项的发生与否、已经存在事项未来发展的可能性、管理层根据环境变化如何进行决策，都不是注册会计师可以预见或者控制的，因此被审计单位未来经营失败的责任只能由被审计单位经营管理者承担，注册会计师不能也不应该承担经营失败的责任。

3.2.2 对错报的责任

在财务报表审计中，注册会计师与被审计单位责任方对财务报表错报承担不同的责任。其中，注册会计师应当重点关注被审计单位由于舞弊导致重大错报的可能性，并进行恰当的应对。

1. 错报责任的划分

1）被审计单位责任方的责任

财务报表是由被审计单位管理层在治理层的监督下编制的。被审计单位的责任方包括管理层和治理层（如适用）。管理层，是指对被审计单位经营活动的执行负有经营管理责任的人员。在某些被审计单位，管理层包括部分或全部的治理层成员，如治理层中负有经营管理责任的人员，或参与日常经营管理的业主。治理层，是指对被审计单位战略方向及管理层履行经营管理责任负有监督责任的人员或组织。治理层的责任包括监督财务报告过程。在某些被审计单位，治理层可能包括管理层，如治理层中负有经营管理责任的人员或业主兼经理。

在财务报表审计中，被审计单位责任方应承担以下责任。

① 按照适用的财务报告编制基础编制财务报表，并使其实现公允反映（如适用）。管理层和治理层（如适用）在编制财务报表时需要：根据相关法律法规的规定确定适用的财务报告编制基础；根据适用的财务报告编制基础编制财务报表；在财务报表中对适用的财务报告编制基础做出恰当的说明。

② 设计、执行和维护必要的内部控制，以使财务报表不存在由于舞弊或错误导致的重大

错报。

③ 向注册会计师提供必要的工作条件,包括允许注册会计师接触与编制财务报表相关的所有信息（如记录、文件和其他事项）,向注册会计师提供审计所需的其他信息,允许注册会计师在获取审计证据时不受限制地接触其认为必要的内部人员和其他相关人员。

管理层和治理层（如适用）认可并理解其应当承担上述责任是注册会计师执行审计工作的前提,这些责任构成注册会计师按照审计准则的规定执行审计工作的基础。

2）注册会计师的责任

按照中国注册会计师审计准则的规定,对财务报表发表审计意见是注册会计师的责任。注册会计师需要关注财务报表中的重大错报,而没有责任去发现对财务报表整体不产生重大影响的错报。

财务报表编制和财务报表审计是财务信息生成链条上的不同环节,两者各司其职。财务报表审计并不减轻管理层或治理层的责任。被审计单位管理层对财务报表的公允、合法反映承担首要的责任,注册会计师只是对所发表的审计意见负责。当被审计单位公布的财务报表存在重大错报时,公司的管理层必须承担责任；在注册会计师未能在审计意见中指出存在重大错报的情况下,注册会计师是否需要承担法律责任,还需要根据注册会计师在审计过程中是否保持了应有的职业谨慎、是否遵循了审计准则的要求来确定。

2. 舞弊

1）舞弊的概念

财务报表的错报可能由于错误或舞弊所致。舞弊是一种故意行为。

被审计单位治理层和管理层对防止或发现舞弊负有主要责任。一般地,管理层舞弊导致的重大错报未被发现的风险,大于员工舞弊导致的重大错报未被发现的风险。

与财务报表审计相关的故意错报,包括编制虚假财务报告导致的错报和侵占资产导致的错报。

（1）编制虚假财务报告

被审计单位的管理层可能因为承受市场预期的压力,或追求以业绩为基础的个人报酬最大化,或为了降低利润以降低税负,或虚增利润以向外部融资等动因编制虚假财务报告,以欺骗财务报表使用者。其常用方式可能是：

① 对编制财务报表所依据的会计记录或支持性文件进行操纵,弄虚作假（包括伪造）或篡改；

② 在财务报表中错误表达或故意漏记事项、交易或其他重要信息；

③ 故意地错误使用与金额、分类或列报相关的会计原则。

编制虚假财务报告通常涉及管理层凌驾于内部控制之上,而这些内部控制从形式上看却似有效运行。

（2）侵占资产

侵占资产通常伴随着虚假或误导性的记录或文件。侵占资产的常用方式可能是：

① 贪污收到的款项。如侵占收到的应收账款或将与已注销账户相关的收款转移至个人银行账户；

② 盗窃实物资产或无形资产。如盗窃存货以自用或出售、盗窃废料以再销售、通过向被审计单位竞争者泄露技术资料与其串通以获取回报；

③ 使被审计单位对未收到的商品或未接受的劳务付款。如向虚构的供应商支付款项、供应商向采购人员提供回扣以作为其提高采购价格的回报、向虚构的员工支付工资;

④ 将被审计单位资产挪为私用。如将被审计单位的资产作为个人或关联方贷款的抵押等。

2) 舞弊风险因素

舞弊风险因素是指表明实施舞弊的动机或压力,或者为实施舞弊提供机会的事项或情况。在审计过程中,注册会计师应当评价被审计单位是否存在舞弊风险因素。

存在舞弊风险因素并不必然表明发生了舞弊,但在舞弊发生时通常存在舞弊风险因素,因此舞弊风险因素可能表明存在由于舞弊导致的重大错报风险。无论是编制虚假财务报告的舞弊还是侵占资产的舞弊,均涉及实施舞弊的动机或压力、机会及借口。例如,如果管理层为实现预期利润目标或财务结果而承受来自被审计单位内部或外部的压力,则可能存在编制虚假财务报告的动机或压力;如果被审计单位的人员可以凌驾于内部控制之上,如处于重要职位或知悉内部控制特定缺陷,则可能存在实施舞弊的机会;某些人员可能有能力为实施的舞弊行为寻找貌似合理的借口。

3) 注册会计师舞弊审计的工作要求

注册会计师应当在整个审计过程中保持职业怀疑,组织项目内部讨论,获取用于识别由于舞弊导致的重大错报风险所需的信息,评估、应对由于舞弊导致的重大错报风险。注册会计师对被审计单位的舞弊的审计目标如下。

① 识别和评估由于舞弊导致的财务报表重大错报风险。

② 通过设计和实施恰当的应对措施,针对评估的由于舞弊导致的重大错报风险,获取充分、适当的审计证据。

③ 恰当应对审计过程中识别出的舞弊或舞弊嫌疑。

如果由于舞弊或舞弊嫌疑导致出现错报,致使注册会计师遇到对其继续执行审计业务的能力产生怀疑的异常情形,注册会计师应当:

审计准则第1141号

① 确定适用于具体情况的职业责任和法律责任,包括是否需要向审计业务委托人或监管机构报告;

② 在相关法律法规允许的情况下,考虑是否需要解除业务约定。

3.2.3 对违反法律法规行为的责任

企业在生产经营活动过程中,必须遵守国家的有关法律法规。此处所称的法律法规,在财务报表审计中特指会计准则之外的法律法规。

1. 按对财务报表的影响不同对法律法规的分类

根据对财务报表影响的不同,法律法规可分为两类:一类为对财务报表数据产生直接影响的法律法规。某些法律法规的规定对财务报表有直接影响,决定财务报表中的金额和披露,如税收和企业年金方面的法律法规。另一类为对财务报表不产生直接影响的法律法规。这类法律法规规定了允许被审计单位开展经营活动的条件,但不会对财务报表产生直接影响,如劳动合同法、环境保护法等。如果被审计单位生产经营活动违反了这些法律法规,可能面临罚款、诉讼或其他对财务报表产生重大影响的后果。某些被审计单位属于高度管制的行业,如银行或化工企业等。而有些被审计单位仅受到通常与经营活动相关的法律法规的制约,如安全生产和公平就业等。因此，与被审计单位相关的各种法律法规，构成了注册会计师在财务报表审计中需要考虑的法律法规框架。

2. 被审计单位管理层的责任

被审计单位管理层对违反法律法规行为承担首要的责任。管理层的责任是在治理层的监督下，保证被审计单位按照法律法规的规定开展经营活动，包括遵守那些决定财务报表中的金额和披露的法律法规的规定。

管理层为了保证生产经营活动的合法性，需要建立一系列的制度。例如跟踪法律法规的变化，确保设计的经营程序符合法律法规的规定；建立和执行适当的内部控制；制定、公布和落实行为守则等。

3. 注册会计师的责任

注册会计师有责任识别由于违反法律法规导致的财务报表重大错报，但注册会计师没有责任防止被审计单位违反法律法规行为，也不能期望注册会计师发现所有的违反法律法规行为。

审计的固有限制决定了注册会计师在检查和报告公司违反法律法规行为方面的局限性。首先，许多法律法规主要与被审计单位经营活动相关，通常不影响财务报表，且不能被与财务报告相关的信息系统所获取；其次，违反法律法规可能涉及故意隐瞒的行为，如串通、伪造、故意漏记交易、管理层凌驾于控制之上或故意向注册会计师提供虚假陈述；最后，某行为是否违反法律法规，最终只能由法院或其他适当的监管机构认定。通常情况下，违反法律法规与财务报表反映的交易和事项越不相关，越难以被注册会计师关注或识别。

注册会计师在关注公司违反法律法规行为方面的具体责任如下：

① 针对通常对决定财务报表中的重大金额和披露有直接影响的法律法规的规定，获取被审计单位遵守这些规定的充分、适当的审计证据。

② 针对其他法律法规，注册会计师的责任仅限于实施特定的审计程序，以便识别可能对财务报表产生重大影响的违反这些法律法规的行为。

审计准则第1142号

③ 恰当应对在审计过程中识别出的或怀疑存在的违反法律法规行为。

典型例题 3-2

王某是一家民营上市公司的财务总监，在聘期五年结束之后，公司聘请了一家会计师事务所对其任期内的财务报表进行了审计。该会计师事务所出具了无保留意见的审计报告。不久，司法机关接到举报，有人反映王某任期内勾结财务主管与出纳，私设小金库，侵吞集体财产。为此，司法机关传讯了王某。而王某以审计报告为依据，提出："会计师事务所已经对我任期内的财务报表出具了标准审计报告，证明我没有经济问题，不信可以去问问注册会计师。"

要求：

（1）王某是否能以会计师事务所出具的无保留意见的审计报告为依据证明自己没有经济问题？

（2）如果你是签字注册会计师，你将如何回答这一问题？

参考答案：

（1）不能证明。

（2）签字注册会计师可以这样回答：无保留意见的审计报告不能起上述证明作用，因为被审计单位管理层的责任与注册会计师所承担的责任并不相同。

第一，对于被审计单位管理层而言，设计、实施和维护与财务报表编制相关的内部控制，以保证财务报表不存在由于舞弊或错误而导致的重大错报是其责任所在;而对于注册会计师而言,其对财务信息的责任在于需要关注财务报表中的重大错报,但没有责任去发现对财务报表整体不产生重大影响的错报。

第二,财务报表审计存在固有限制,只是一种合理保证。注册会计师即使完全遵循了执业准则进行审计,也不能保证发现所有的错误或者舞弊。并且,题中王某与财务主管、出纳勾结,使内部控制完全失效。

第三,注册会计师对财务报表进行审计,并非专为发现违法行为。如果委托人要求对可能存在的违法行为进行专门审计,注册会计师应当考虑审计风险,在确定自身能力能够承担业务的情况下,另行签订业务约定书。

4. 注册会计师针对违反法律法规行为的审计要求

1)注册会计师对违反法律法规行为的考虑

在了解被审计单位及其环境时,注册会计师应当总体了解下列事项:

① 适用于被审计单位及其所处行业或领域的法律法规框架;

② 被审计单位如何遵守这些法律法规框架。

注册会计师应当实施下列审计程序,以有助于识别可能对财务报表产生重大影响的违反其他法律法规的行为:

① 向管理层和治理层(如适用)询问被审计单位是否遵守了这些法律法规;

② 检查被审计单位与许可证颁发机构或监管机构的往来函件。

可能表明被审计单位存在违反法律法规行为的事项的有:

① 受到监管机构、政府部门的调查,或者支付罚金或受到处罚;

② 向未指明的服务付款,或向顾问、关联方、员工或政府雇员提供贷款;

③ 与被审计单位或所处行业正常支付水平或实际收到的服务相比,支付过多的销售佣金或代理费用;

④ 采购价格显著高于或低于市场价格;

⑤ 异常的现金支付,以银行本票向持票人付款的方式采购;

⑥ 与在"避税天堂"注册的公司存在异常交易;

⑦ 向货物或服务原产地以外的国家或地区付款;

⑧ 在没有适当的交易控制记录的情况下付款;

⑨ 现有的信息系统不能(因系统设计存在问题或因突发性故障)提供适当的审计轨迹或充分的证据;

⑩ 交易未经授权或记录不当;

⑪ 负面的媒体评论。

2)识别出或怀疑存在违反法律法规行为时实施的审计程序

如果注意到与识别出的或怀疑存在的违反法律法规行为相关的信息,注册会计师应当:了解违反法律法规行为的性质及其发生的环境;获取进一步的信息,以评价对财务报表可能产生的影响。

如果怀疑被审计单位存在违反法律法规行为,注册会计师应当就此与适当层级的管理层或治理层(如适用)进行讨论,除非法律法规禁止。如果管理层或治理层不能提供充分的信息，证明被审计单位遵守了法律法规，并且注册会计师根据判断认为怀疑存在的违反法律法规行为可能对财务报表产生重大影响，注册会计师应当考虑是否需要征询法律意见。如果针对怀疑存在的违反法律法规行为不能获取充分的信息，注册会计师应当评价缺乏充分、适当的审计证据对审计意见的影响。

注册会计师应当评价识别出的或怀疑存在的违反法律法规行为对审计的其他方面可能产生的影响，包括对注册会计师风险评估和被审计单位书面声明可靠性的影响，并采取适当措施。

3）对识别出的或怀疑存在的违反法律法规行为的报告

（1）与适当机构沟通或报告

除非治理层全部成员参与管理被审计单位，因而知悉注册会计师已沟通的、涉及识别出的或怀疑存在的违反法律法规行为的事项，注册会计师应当及时与治理层沟通审计过程中注意到的有关违反法律法规的重要事项（除非法律法规禁止）。

如果怀疑违反法律法规行为涉及管理层或治理层，注册会计师应当向被审计单位更高层级的机构（如有）通报，如审计委员会或监事会。

如果不存在更高层级的机构，或者注册会计师认为被审计单位可能不会对通报做出反应，或者注册会计师不能确定向谁报告，注册会计师应当考虑是否需要向外部监管机构（如有）报告或征询法律意见。

（2）确定对审计意见的影响

如果认为识别出的或怀疑存在的违反法律法规行为对财务报表具有重大影响，且未能在财务报表中得到充分反映，注册会计师应当按照相关准则的规定，发表保留意见或否定意见。

如果因管理层或治理层阻挠而无法获取充分、适当的审计证据，以评价是否存在或可能存在对财务报表产生重大影响的违反法律法规行为，注册会计师应当按照相关准则的规定，根据审计范围受到限制的程度，发表保留意见或无法表示意见。

如果由于审计范围受到管理层或治理层以外的其他方面的限制而无法确定被审计单位是否存在违反法律法规行为，注册会计师应当按照相关准则的规定，评价这一情况对审计意见的影响。

典型例题 3-3

注册会计师在对 A 公司 X 年度的财务报表进行审计时，怀疑 A 公司的财务主管存在挪用公款的行为，在年终结账时以虚假的会计分录入账。

要求：

（1）请描述注册会计师对上述挪用公款行为的审计责任。

（2）如果注册会计师获得了财务主管挪用公款行为的确凿证据，请说明注册会计师对此行为的报告责任。

参考答案：

（1）上述挪用公款的行为，如果导致了财务报表的错报，注册会计师应考虑错报金额的重要性，并进而考虑财务报表存在重大错报的风险。

（2）如果注册会计师获得了确凿证据证实上述挪用公款行为，注册会计师应考虑与更高层次管理层沟通，并获得更高层次管理层知悉此事的证据。

本章关键术语

法律责任	行政责任	民事责任
刑事责任	经营失败	审计失败
深口袋现象	舞弊	违约
过失	重大过失	欺诈
推定欺诈	合伙制	特殊普通合伙制

本章复习

一、单项选择题

1. 下列做法中，属于被审计单位的错误而并非舞弊的是（　　）。
   A. 隐瞒关联方交易
   B. 推迟记录在报告期内发生的业务
   C. 更改记账凭证，使之与原始凭证一致
   D. 更改原始凭证，使之与记账凭证一致

2. 注册会计师的财务报表审计责任是指（　　）。
   A. 对其出具的审计报告负责
   B. 对其出具的管理建议书负责
   C. 对所编制的工作底稿负责
   D. 对被审计单位财务报表负责

3. 会计师事务所给他人造成经济损失的，应予以赔偿，这表明会计师事务所要承担（　　）。
   A. 行政责任　　　B. 刑事责任　　　C. 民事责任　　　D. 道德责任

4. 如果未能在规定时间提交审计报告，会计师事务所应承担（　　）责任。
   A. 失职　　　　　B. 过失　　　　　C. 违约　　　　　D. 欺诈

5. 某注册会计师因违反执业准则和相关法律法规而受到财政部处罚，这表明注册会计师要承担（　　）。
   A. 行政责任　　　B. 刑事责任　　　C. 民事责任　　　D. 道德责任

6. 下列关于经营失败和审计失败关系的表述中，错误的是（　　）。
   A. 经营失败提升了审计风险
   B. 审计失败必然会导致经营失败
   C. 经营失败和审计失败的责任主体不同
   D. 经营失败会导致审计失败的可能性上升

7. 下列各项中，属于财务报表审计中相关人员舞弊借口的是（　　）。
   A. 高级管理人员频繁更换
   B. 管理层持有被审计单位10%的股份
   C. 管理层个人为被审计单位的债务提供了担保
   D. 管理层与注册会计师就某项会计处理存在异议
8. 以下关于注册会计师过失的说法中，错误的是（　　）。
   A. 过失是指注册会计师在一定条件下缺少应有的职业谨慎
   B. 普通过失是指注册会计师没有完全遵循专业准则的要求
   C. 重大过失是指注册会计师没有遵循执业准则的基本要求
   D. 注册会计师一旦出现过失就要承担赔偿损失的责任
9. 甲、乙、丙共同出资设立了一家特殊普通合伙制会计师事务所。因甲、乙在某次审计业务中故意出具不实审计报告，法院判决会计师事务所对当事人进行赔偿。根据我国合伙企业法律制度的规定，下列关于该赔偿责任承担的表述中，正确的是（　　）。
   A. 甲、乙、丙承担相同的赔偿责任
   B. 以该会计师事务所的全部财产为限承担责任
   C. 甲、乙、丙均以其在会计师事务所中的财产份额为限承担责任
   D. 甲、乙承担无限连带责任，丙以其在会计师事务所中的财产份额为限承担责任
10. 下列有关财务报表审计中对法律法规的考虑的说法中，错误的是（　　）。
    A. 注册会计师没有责任防止被审计单位违反法律法规
    B. 注册会计师有责任获取充分、适当的审计证据，以确定被审计单位是否存在违反法律法规的行为
    C. 确定一项行为是否违反法律法规，通常超出注册会计师的专业胜任能力
    D. 如果被审计单位存在对财务报表有重大影响的违反法律法规行为，且未能在财务报表中得到充分反映，注册会计师应发表保留意见或否定意见

二、多项选择题
1. 注册会计师承担法律责任的类别有（　　）。
   A. 行政责任　　　　B. 民事责任　　　　C. 刑事责任　　　　D. 违宪责任
   E. 国家赔偿责任
2. 在我国，有权对注册会计师的违法行为进行行政处罚的单位有（　　）。
   A. 注册会计师协会　　B. 财政部　　　　C. 证监会　　　　D. 审计署
3. 注册会计师审计A公司财务报表后出具了无保留审计意见。其后，A公司发现部分材料因保管措施不得当而被内部人盗走，因而指控注册会计师工作有过失。对此，注册会计师提出下列答辩理由，可能有效的有（　　）。
   A. 注册会计师的工作遵循了审计准则的要求
   B. 财务报表审计不是针对舞弊或违法行为的专门审计
   C. 防止发生和及时发现错误与舞弊，是被审计单位的责任
   D. 审计存在固有限制，并不能保证发现所有的错误和舞弊
   E. 与材料相关的审计工作由审计助理人员完成，与注册会计师本人无关
4. 被审计单位管理层对财务报表的责任包括（　　）。

A. 确保企业财务报表不存在任何错报
B. 选择适用的会计准则和相关的会计制度
C. 选择和运用适当的会计政策
D. 根据具体情况，做出合理的会计估计

5. 以下关于审计风险与审计失败的说法中，恰当的有（　　）。
   A. 如果注册会计师未能发现管理层的串通舞弊，则属于审计失败
   B. 审计失败很可能给注册会计师及其所在会计师事务所带来经济损失
   C. 审计风险始终存在，注册会计师无法绝对保证审计后的财务报表不存在重大错报
   D. 如果注册会计师在审计过程中未能保持应有的职业谨慎，则可能会导致审计失败

6. 以下各项中，属于管理层对财务信息做出虚假报告的有（　　）。
   A. 挪用现金资产
   B. 故意遗漏重要信息
   C. 操纵会计记录或相关文件记录
   D. 推迟确认报告期内发生的交易
   E. 根据新信息调整报表期末余额的估计数

7. 以下各项中，属于侵占资产舞弊行为的有（　　）。
   A. 将公有资产挪为私用
   B. 篡改与交易相关的记录
   C. 向虚构的员工支付工资
   D. 盗窃金额相对较小且不重要的资产
   E. 调整会计估计时使用的假设和判断

8. 被审计单位的下列情况中，属于舞弊风险因素中的动机或压力的有（　　）。
   A. 被审计单位某员工的家庭债务沉重
   B. 被审计单位的业务系统存在重大缺陷
   C. 被审计单位被证券交易所做出风险警示
   D. 证券分析师对被审计单位盈利做出了较高的预期

9. 如果发现被审计单位存在违反法律法规行为，注册会计师可以（　　）。
   A. 向监管机构报告
   B. 与被审计单位治理层沟通
   C. 直接向法院起诉被审计单位
   D. 在出具审计报告时考虑被审计单位违反法律法规行为的影响

10. 注册会计师在关注被审计单位违反法律法规行为方面的具体责任包括（　　）。
    A. 向社会公众披露所发现的违法行为
    B. 恰当应对在审计过程中识别出的或怀疑存在的违反法律法规行为
    C. 针对通常对决定财务报表中的重大金额和披露有直接影响的法律法规的规定，获取被审计单位遵守这些规定的充分、适当的审计证据
    D. 针对不直接影响财务报表中的重大金额和披露的法律法规，实施特定的审计程序，以有助于识别可能对财务报表产生重大影响的违反这些法律法规的行为

三、问答题

1. 注册会计师承担法律责任的种类有哪些?
2. 简述注册会计师承担法律责任的直接原因。
3. 举例说明被审计单位财务报表中错误和舞弊的表现形式。
4. 在财务报表审计中,被审计单位和注册会计师对财务报表的错报分别应承担哪些责任?
5. 在财务报表审计中,被审计单位和注册会计师对财务报表中的舞弊分别应承担哪些责任?
6. 在财务报表审计中,被审计单位和注册会计师对违反法律法规行为分别应承担哪些责任?
7. 为了识别被审计单位可能对财务报表产生重大影响的违反其他法律法规的行为,注册会计师应当实施哪些审计程序?
8. 采用特殊普通合伙制的会计师事务所中,如何界定赔偿责任?

四、研究思考题

1. 分析注册会计师承担法律责任的意义。
2. 分析经营失败和审计失败的关系。
3. 审计职业界是否应当在查找被审计单位舞弊中承担更多的责任?
4. 比较审计人员因不法行为导致的执业责任与医生的不当诊断所导致的执业责任。
5. 举例说明如何判别一项过失属于普通过失还是重大过失。
6. 是否应当鼓励大中型会计师事务所采用特殊普通合伙制的组织形式?
7. 近年来,我国注册会计师及会计师事务所已越来越多地涉及法律责任的承担问题。分析这一现象产生的社会原因。

五、案例分析题

1. A公司起诉红黄兰会计师事务所未能发现连续多年的盗用公款行为,因而犯有过失。红黄兰会计师事务所回答,事务所可能存在过失,但真正应该受到指责的是A公司。因为事务所曾一再建议A公司改善内部控制,但A公司置若罔闻。

要求:请分析,如果红黄兰会计师事务所犯有过失,它是否对A公司的损失承担责任。

2. 一位投资者认为:"会计师事务所完全没有必要存在!会计师事务所接受客户的委托以保证财务报表的合法性和公允性,而当财务报表出现错误,他们往往以各种理由进行推脱。如果他们真能恰当核对每一个项目,财务报表的错弊就不应该被忽略。如果他们认为被审计的公司财务状况不佳,那么他们还在按照正常会计处理方法编制的财务报告上签字纯粹是误导。"

要求:请分析以上说法你是否能接受,并说明理由。

3. C公司是我国的一家上市公司,现被查明其在上市资格申请过程中,通过虚开销售发票、任意改变会计政策等手段,人为制造上市前三年主营业务收入稳步增长、投资回报优厚等假象,获取了上市资格。而在该公司股票发行上市后不到一年的时间里,该公司即出现巨额亏损,给股东造成了重大经济损失。中国证监会对其存在的问题进行调查后,对C公司及负责财务报表审计的注册会计师给予了处罚。处罚后,数位投资者提出民事赔偿诉讼。

要求:请问在这起因虚假陈述引起的民事赔偿案中,注册会计师该如何答辩?

4. D公司是一家主营业务为造纸的国有控股公司,红黄兰会计师事务所承接了该公司财务报表审计业务。在审计过程中,审计人员发现了以下情况:

(1) D公司工业废水处理不符合环保部门的相关规定;
(2) D公司的总经理与其女婿共同注册了X公司。X公司与D公司生产、销售同一类产品。

要求：请就审计人员发现的以上事项，分析应当如何处理。

5. 注册会计师赵专负责审计上市公司 E 公司的年度财务报表。在被审计年度，E 公司管理层通过与开户银行串通编造虚假的银行进账单和银行对账单，虚构了一笔大额营业收入。赵专在实施了向银行函证等必要审计程序后，认为 E 公司当年度财务报表不存在重大错报，出具了无保留意见审计报告。

E 公司当年度已审计财务报表公布后，股民张老三购入了 E 公司股票。随后，E 公司财务舞弊曝光，并受到证券监管部门的处罚，其股票价格大幅下跌。为此，张老三向法院起诉赵专，要求其赔偿损失。赵专以其未与张老三构成合约关系为由，要求免于承担民事责任。

要求：

（1）为了支持诉讼请求，张老三应当向法院提出哪些理由或依据？

（2）指出赵专提出的免责理由是否正确，并简要说明理由。

（3）在哪些情形下，赵专可以免于承担民事责任？

6. 甲、乙、丙三位出资人共同投资设立丁有限责任公司（以下简称丁公司）。甲、乙出资人按照出资协议的约定按期缴纳了出资额，丙出资人通过与银行串通编造虚假的银行进账单，虚构了出资。红黄兰会计师事务所的分支机构接受委托对拟设立的丁公司的注册资本进行审验。

在审验过程中，注册会计师按照执业准则的要求，实施了检查文件记录、向银行函证等必要的程序，保持了应有的职业谨慎，但未能发现丙出资人的虚假出资情况。注册会计师在出具的验资报告中认为，各出资人已全部缴足出资额，并在验资报告的说明段中注明"本报告仅供工商登记使用"。丁公司注册登记半年后，丙出资人补足了虚构的出资额。一年后，乙出资人抽逃其全部出资额。两年后，丁公司因资金短缺和经营不善等导致资不抵债，无力偿付戊供应商的材料款。

戊供应商以红黄兰会计师事务所出具不实验资报告为由，向法院提起民事诉讼，要求红黄兰会计师事务所承担连带赔偿责任。红黄兰会计师事务所提出三项抗辩理由，要求免于承担民事责任：一是审验工作乃分支机构所为，与本会计师事务所无关；二是戊供应商与本会计师事务所及分支机构不存在合约关系，因而不是利害关系人；三是验资报告已经注明"仅供工商登记使用"，戊供应商因不当使用验资报告而遭受损失与本会计师事务所无关。

要求：

分析下列问题，并简要说明理由：

（1）戊供应商可以对哪些单位或个人提起民事诉讼？

（2）红黄兰会计师事务所提供的答辩理由是否成立？

（3）红黄兰会计师事务所是否可以免于承担民事责任？

推荐阅读

第 4 章 中国注册会计师职业规范

【学习目标】

学习本章以后，你应该能够：
- ▼ 掌握中国注册会计师职业规范的内容构成；
- ▼ 概述中国注册会计师执业准则体系的框架及其主要内容；
- ▼ 掌握中国注册会计师审计准则体系；
- ▼ 理解和掌握会计师事务所质量管理的主要要求；
- ▼ 理解和掌握中国注册会计师职业道德规范的主要内容。

【内容提要】

注册会计师职业规范包括技术规范、质量管理要求和职业道德规范。本章介绍了中国注册会计师职业规范的内容构成，其中重点介绍了中国注册会计师执业准则体系的构成、会计师事务所可执行的业务类别，会计师事务所质量管理要求，以及中国注册会计师职业道德规范的主要内容。

4.1 中国注册会计师执业准则体系

中国注册会计师协会（简称"中注协"）是中国注册会计师执业准则、相关规则的制定、监督、检查实施情况的机构。自成立以来，中注协一直重视执业规则的建设，规范注册会计师的执业行为，提高执业质量，以维护社会公众利益，促进社会主义市场经济的健康发展。

案例引入

Mekesson and Robbins 公司

4.1.1 中国注册会计师执业准则的制定过程

1991—1993 年，中注协先后发布了《注册会计师检查验证会计报表规则（试行）》等 7 个执业规则。1994—2003 年，中注协先后发布了 6 批独立审计准则，包括 1 个准则序言、1 个独立审计基本准则、28个独立审计具体准则和10个独立审计实务公告、5个执业规范指南，以及3个相关基本准则（职业道德基本准则、质量控制基本准则和后续教育基本准则），共计48个项目。

2004年以来，中注协根据审计环境的变化、国际审计准则的最新发展和注册会计师执业的需要，开始全面推进现代风险导向审计的理念和方法，对原有的行业准则体系进行修订和完善，自2006年开始陆续发布或持续更新发布执业准则，不仅适应了注册会计师行业执业的需要，还在很大程度上实现了国际协调。

4.1.2 中国注册会计师执业准则体系

中国注册会计师执业准则体系由执业准则、执业准则应用指南、审计准则问题解答构成。中国注册会计师执业准则是对注册会计师执行业务的目标和核心要求做出的规范。执业准则应用指南是对审计准则条款的进一步解释和说明。审计准则问题解答为注册会计师如何正确理解审计准则及应用指南、解决实务问题提供实务指导和提示。注册会计师在执行审计业务时，应将执业准则、执业准则应用指南与审计准则的问题解答一并掌握和执行。

1. 执业准则

中国注册会计师执业准则由注册会计师业务准则和会计师事务所质量管理准则构成。

注册会计师业务准则由鉴证业务准则和相关服务准则构成。鉴证业务准则分为两个层次：第一层次为鉴证业务基本准则，具有统领的作用；第二层次按照鉴证业务提供的保证程度和鉴证对象的不同，分为审计准则、审阅准则和其他鉴证业务准则。

相关服务准则用于规范注册会计师代编财务信息、执行商定程序、提供管理咨询、税务咨询和其他服务。

会计师事务所质量管理准则用于规范会计师事务所在执行各项业务时应当遵守的质量管理政策和程序，是对会计师事务所质量管理提出的制度要求。

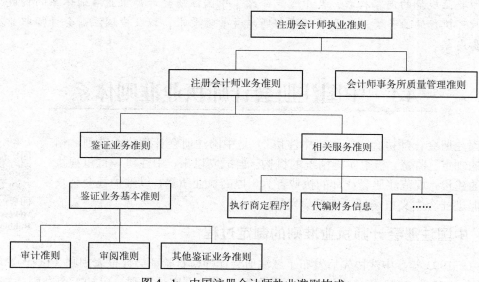

图4-1 中国注册会计师执业准则构成

中国注册会计师执业准则目录如表 4-1 所示。

表 4-1 中国注册会计师执业准则目录

序号	准则的名称
	中国注册会计师鉴证业务基本准则
中国注册会计师审计准则第 1101 号	注册会计师的总体目标和审计工作的基本要求
中国注册会计师审计准则第 1111 号	就审计业务约定条款达成一致意见
中国注册会计师审计准则第 1121 号	对财务报表审计实施的质量管理
中国注册会计师审计准则第 1131 号	审计工作底稿
中国注册会计师审计准则第 1141 号	财务报表审计中与舞弊相关的责任
中国注册会计师审计准则第 1142 号	财务报表审计中对法律法规的考虑
中国注册会计师审计准则第 1151 号	与治理层的沟通
中国注册会计师审计准则第 1152 号	向治理层和管理层通报内部控制缺陷
中国注册会计师审计准则第 1153 号	前任注册会计师和后任注册会计师的沟通
中国注册会计师审计准则第 1201 号	计划审计工作
中国注册会计师审计准则第 1211 号	重大错报风险的识别和评估
中国注册会计师审计准则第 1221 号	计划和执行审计工作时的重要性
中国注册会计师审计准则第 1231 号	针对评估的重大错报风险采取的应对措施
中国注册会计师审计准则第 1241 号	对被审计单位使用服务机构的考虑
中国注册会计师审计准则第 1251 号	评价审计过程中识别出的错报
中国注册会计师审计准则第 1301 号	审计证据
中国注册会计师审计准则第 1311 号	对存货、诉讼和索赔、分部信息等特定项目获取审计证据的具体考虑
中国注册会计师审计准则第 1312 号	函证
中国注册会计师审计准则第 1313 号	分析程序
中国注册会计师审计准则第 1314 号	审计抽样
中国注册会计师审计准则第 1321 号	会计估计和相关披露的审计
中国注册会计师审计准则第 1323 号	关联方
中国注册会计师审计准则第 1324 号	持续经营
中国注册会计师审计准则第 1331 号	首次审计业务涉及的期初余额
中国注册会计师审计准则第 1332 号	期后事项
中国注册会计师审计准则第 1341 号	书面声明
中国注册会计师审计准则第 1401 号	对集团财务报表审计的特殊考虑

续表

序号	准则的名称
中国注册会计师审计准则第 1411 号	利用内部审计人员的工作
中国注册会计师审计准则第 1421 号	利用专家的工作
中国注册会计师审计准则第 1501 号	对财务报表形成审计意见和出具审计报告
中国注册会计师审计准则第 1502 号	在审计报告中发表非无保留意见
中国注册会计师审计准则第 1503 号	在审计报告中增加强调事项段和其他事项段
中国注册会计师审计准则第 1504 号	在审计报告中沟通关键审计事项
中国注册会计师审计准则第 1511 号	比较信息：对应数据和比较财务报表
中国注册会计师审计准则第 1521 号	注册会计师对其他信息的责任
中国注册会计师审计准则第 1601 号	审计特殊目的财务报表的特殊考虑
中国注册会计师审计准则第 1602 号	验资
中国注册会计师审计准则第 1603 号	审计单一财务报表和财务报表特定要素的特殊考虑
中国注册会计师审计准则第 1604 号	对简要财务报表出具报告的业务
中国注册会计师审计准则第 1611 号	商业银行财务报表审计
中国注册会计师审计准则第 1612 号	银行间函证程序
中国注册会计师审计准则第 1613 号	与银行监管机构的关系
中国注册会计师审计准则第 1631 号	财务报表审计中对环境事项的考虑
中国注册会计师审计准则第 1632 号	衍生金融工具的审计
中国注册会计师审计准则第 1633 号	电子商务对财务报表审计的影响
中国注册会计师审阅准则第 2101 号	财务报表审阅
中国注册会计师其他鉴证业务准则第 3101 号	历史财务信息审计或审阅以外的鉴证业务
中国注册会计师其他鉴证业务准则第 3111 号	预测性财务信息的审核
中国注册会计师相关服务准则第 4101 号	对财务信息执行商定程序
中国注册会计师相关服务准则第 4111 号	代编财务信息
会计师事务所质量管理准则第 5101 号	业务质量管理
会计师事务所质量管理准则第 5102 号	项目质量复核

2. 执业准则应用指南

为了帮助正确理解和运用注册会计师执业准则，中注协在执业准则框架下，为每一项执业准则制定了相应的应用指南，与执业准则同步施行。应用指南是对注册会计师执业准则的细化、深化和具体化，为注册会计师如何正确理解和运用准则提供可操作性的指导意见。

3. 审计准则的问题解答

为了指导注册会计师更好地运用审计准则，解决审计实务问题，防范审计风险，自 2013 年起，中注协开始就行业存在的普遍问题，发布审计准则问题解答。问题解答从 4 个方面提供指导：一是对注册会计师难以理解或执行的准则条款做出进一步解释和说明；二是对注册会计师在执业实践中遇到的普遍性的复杂问题予以答复；三是对实务中舞弊风险较高的领域予以提示；四是对实务中存在的准则执行不到位的做法予以提示和纠正。目前已发布的问题解答见表 4–2。

表 4–2 中国注册会计师审计准则问题解答目录

序号	问题解答的名称
中国注册会计师审计准则问题解答第 1 号	职业怀疑
中国注册会计师审计准则问题解答第 2 号	函证
中国注册会计师审计准则问题解答第 3 号	存货监盘
中国注册会计师审计准则问题解答第 4 号	收入确认
中国注册会计师审计准则问题解答第 5 号	重大非常规交易
中国注册会计师审计准则问题解答第 6 号	关联方
中国注册会计师审计准则问题解答第 7 号	会计分录测试
中国注册会计师审计准则问题解答第 8 号	重要性及评价错报
中国注册会计师审计准则问题解答第 9 号	项目质量控制复核
中国注册会计师审计准则问题解答第 10 号	集团财务报表审计
中国注册会计师审计准则问题解答第 11 号	会计估计
中国注册会计师审计准则问题解答第 12 号	货币资金审计
中国注册会计师审计准则问题解答第 13 号	持续经营
中国注册会计师审计准则问题解答第 14 号	关键审计事项
中国注册会计师审计准则问题解答第 15 号	其他信息
中国注册会计师审计准则问题解答第 16 号	审计报告中的非无保留意见

4.1.3 会计师事务所的业务

会计师事务所的业务范围比较广泛，通常将其业务分为鉴证业务和相关服务。鉴证业务是指注册会计师对鉴证对象信息提出结论，以增强除责任方之外的预期使用者对鉴证对象信息信任程度的业务。鉴证对象信息是按照标准对鉴证对象进行评价和计量的结果，如责任方按照会计准则和相关会计制度（标准）对其财务状况、经营成果和现金流量（鉴证对象）进行确认、计量和列报（包括披露）而形成的财务报表（鉴证对象信息）。相关服务类业务又称非鉴证类业务，包括税务代理、代编财务信息、对财务信息执行商定程序等。

1. 历史财务信息审计业务、历史财务信息审阅业务和其他鉴证业务

历史财务信息的审计，是典型的合理保证类的鉴证业务。合理保证类鉴证业务的目标是注册会计师将鉴证业务风险降至该业务环境下可接受的低水平，以此作为以积极方式提出结论的基础。在历史财务信息审计中，要求注册会计师将审计风险降至可接受的低水平，对审计后的历史财务信息提供高水平保证（合理保证），在审计报告中对历史财务信息采用积极方式提出结论。

历史财务信息的审阅，是典型的有限保证类的鉴证业务。有限保证类鉴证业务的目标是注册会计师将鉴证业务风险降至该业务环境下可接受的水平，以此作为以消极方式提出结论的基础。在历史财务信息审阅中，要求注册会计师将审阅风险降至该业务环境下可接受的水平（高于历史财务信息审计中可接受的低水平），对审阅后的历史财务信息提供低于高水平的保证（有限保证），在审阅报告中对历史财务信息采用消极方式提出结论。

其他鉴证业务是除历史财务信息审计业务和历史财务信息审阅以外的其他鉴证业务，根据鉴证业务的性质和业务约定的要求，提供有限保证或合理保证。表4-3是历史财务信息审计业务和历史财务信息审阅业务的比较。

表4-3 历史财务信息审计业务和历史财务信息审阅业务的比较

业务类型	历史财务信息审计业务	历史财务信息审阅业务
目标	通过执行审计工作对财务报表的合法性和公允性发表意见	通过实施审阅，说明是否注意到某些事项，使其确信财务报表不具有合法性和公允性
对独立性的要求	同属鉴证业务，在执行审计、审阅业务时均必须具有形式上和实质上的独立性	
证据收集	● 通过一个不断修正的、系统化的执业过程，获取充分、适当的证据。证据收集程序包括检查、观察、询问、函证、重新计算、重新执行、分析程序等 ● 所需审计证据的数据相对较多，可接受的检查风险需控制在较低水平	● 通过一个不断修正的、系统化的执业过程，获取充分、适当的证据。证据收集程序受到有意识的限制，主要采用询问和分析程序 ● 所需审计证据的数据相对较少，可接受的检查风险相对较高
提供的保证程度	提供合理保证，保证水平较高	提供有限保证，低于审计业务的保证水平，但仍然是有意义的保证水平
结论的类型	无保留意见、保留意见、无法表示意见和否定意见	无保留结论、保留结论、否定结论和不提供任何保证
提出结论的方式	积极方式。例如我们认为，ABC公司财务报表在所有重大方面按照《企业会计准则》的规定编制，公允反映了ABC公司20××年12月31日的财务状况及20××年度的经营成果和现金流量	消极方式。例如，根据我们的审阅，我们没有注意到任何事项使我们相信，ABC公司财务报表没有按照《企业会计准则》的规定编制，未能在所有重大方面反映被审阅单位的财务状况、经营成果和现金流量

2. 基于责任方认定的业务和直接报告业务

区分基于责任方认定的业务和直接报告业务的关键，在于鉴证对象信息是否以责任方认定的形式为预期使用者所获取。

在基于责任方认定的鉴证业务中，责任方对鉴证对象进行评价或计量，鉴证对象信息以责任方认定的形式为预期使用者获取。例如在财务报表审计中，被审计单位管理层（责任方）对财务状况、经营成果和现金流量（鉴证对象）进行确认、计量和列报（评价或计量）而形成的财务报表（鉴证对象信息）即为责任方的认定，该财务报表可为预期报表使用者获取，

注册会计师针对财务报表出具审计报告。

基于责任方认定的鉴证业务，其逻辑顺序如图 4-2 所示。

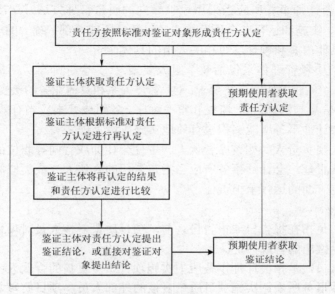

图 4-2　基于责任方认定的鉴证业务

在直接报告业务中，注册会计师直接对鉴证对象进行评价或计量，或者从责任方获取对鉴证对象评价或计量的认定，而该认定无法为预期使用者获取，预期使用者只能通过阅读鉴证报告获取鉴证对象信息。

3. 鉴证业务与相关服务

鉴证业务与相关服务业务之间的最大区别，在于前者会提供一定程度的保证，不论是合理保证还是有限保证，而后者不提供任何程度的保证。两者的主要区别见表 4-4。

表 4-4　鉴证业务与相关服务业务的比较

业务类型	鉴证业务 （以财务报表审计业务为例）	相关服务业务 （以代编财务信息业务为例）
业务关系人	注册会计师、责任方（管理层）、预期使用者	注册会计师、责任方
业务关注的焦点	财务信息的质量	财务信息的收集、分类和汇总
保证程度	提供合理保证	不提供任何程度的保证
独立性要求	要求实质上和形式上的独立	不对独立性提出要求，但如果不独立，应当在代编业务报告中说明这一事实
报告	书面形式报告，并在报告中提出鉴证结论	如果注册会计师的姓名与代编财务信息相关联，需要出具代编业务报告，不需提出鉴证结论

4.1.4　会计师事务所的质量管理

会计师事务所是注册会计师行业的执业主体，其执业质量是行业生存发展的生命线。会

鉴证业务基本准则

计师事务所持续高质量地执行业务是服务社会公众利益的内在要求。

1. 质量管理体系

会计师事务所应当采用风险导向的质量管理方法，运用内部控制理论，设计、实施和运行在全所范围内（包括分所或分部）统一的质量管理体系，明确质量管理体系的具体内容和领导层等相关人员的具体职责。

会计师事务所的质量管理体系包括 8 个组成要素：① 会计师事务所的风险评估程序；② 治理层和领导层；③ 相关职业道德要求；④ 客户关系和具体业务的接受与保持；⑤ 业务执行；⑥ 资源；⑦ 信息与沟通；⑧ 监控和整改程序。各组成要素应当有效衔接、互相支撑、协同运行，以保障会计师事务所能够积极有效地实施质量管理。

会计师事务所主要负责人（如首席合伙人、主任会计师或者同等职位的人员）应当对质量管理体系承担最终责任。会计师事务所应当指定专门的合伙人（或类似职位的人员）对质量管理体系及其特定方面的运行承担责任。

2. 项目质量复核

项目质量复核，是指在报告日或报告日之前，项目质量复核人员对项目组做出的重大判断及据此得出的结论做出的客观评价。

项目质量复核人员，是指会计师事务所中实施项目质量复核的合伙人或其他类似职位的人员，或者由会计师事务所委派实施项目质量复核的外部人员。项目质量复核人员应具备更高水平的专业技能、权威性、客观性等。项目质量复核人员不是项目组成员。项目组，是指执行某项业务的所有合伙人和员工，以及为该项业务实施程序的所有其他人员，但不包括外部专家，也不包括为项目组提供直接协助的内部审计人员。项目合伙人，是指会计师事务所中负责某项业务及其执行，并代表会计师事务所在出具的报告上签字的合伙人。

会计师事务所
质量管理准则

执行项目质量复核，并不改变项目合伙人对项目实施质量管理的责任。项目质量复核人员并不需要获取证据以支持项目的意见或结论，但是项目组在回应项目质量复核过程中提出的问题时可能获取进一步证据。项目质量复核人员负责就项目质量复核形成工作底稿。

4.2 中国注册会计师职业道德规范

案例引入

新大地 IPO 审计

社会公众对注册会计师职业服务信任的程度直接关系到注册会计师职业存在的必要性。为了规范职业活动、维护职业形象、注册会计师业界需要自觉建立并遵循职业道德规范。

所谓职业道德规范，是指某一职业组织以公约、守则等形式公布的，其会员自愿接受的职业行为标准。注册会计师职业道德是其职业品德、职业纪律、专业胜任能力和职业责任等的总称。

4.2.1 中国注册会计师职业道德规范的制定过程

为了规范中国注册会计师职业行为，提高职业道德水准，维护职业形象，中注协先后发布了一系列有关注册会计师职业道德要求的规范性文件，其中包括 1992 年 9 月发布的《中国注册会计师职业道德守则（试行）》、1996年12月发布的《中国注册会计师职业道德基本准则》、2002年6月发布的《中国注册会计师职业道德规范指导意见》，以及2009年发布的《中国注册会计师职业道德守则》和《中国注册会计师协会非执业会员职业道德守则》。

2020年，为了顺应经济社会发展对注册会计师诚信和职业道德水平的更高要求，规范中国注册会计师协会会员的职业行为，进一步提高职业道德水平，维护职业形象，保持与国际接轨，中注协再次全面修订了职业道德守则（见表4-5）。

表4-5 中国注册会计师职业道德守则目录（2020）

序 号	名 称
中国注册会计师职业道德守则第1号	职业道德基本原则
中国注册会计师职业道德守则第2号	职业道德概念框架
中国注册会计师职业道德守则第3号	提供专业服务的具体要求
中国注册会计师职业道德守则第4号	审计和审阅业务对独立性的要求
中国注册会计师职业道德守则第5号	其他鉴证业务对独立性的要求

此外，中注协还同时发布了修订后的《中国注册会计师协会非执业会员职业道德守则》。

4.2.2 职业道德基本原则

职业道德基本原则为注册会计师的行为确立道德标准。在计划和执行鉴证业务的过程中，保持职业怀疑与遵循职业道德基本原则是相互关联的。注册会计师应当遵循以下6项职业道德基本原则。

1. 诚信

诚信，是指正直、诚实守信。诚信是注册会计师行业存在和发展的基石，在职业道德基本原则中居于首要地位。

注册会计师如果认为业务报告、申报资料、沟通函件或其他方面的信息存在下列问题，则不得与这些有问题的信息发生关联：

① 含有虚假记载、误导性陈述；
② 含有缺乏充分根据的陈述或信息；
③ 存在遗漏或含糊其词的信息，而这种遗漏或含糊其词可能会产生误导。

注册会计师如果注意到已与有问题的信息发生关联，应当采取措施消除关联。例如，当怀疑某项陈述可能包含严重虚假或误导性内容时，应对不一致的信息实施进一步调查并寻求进一步审计证据，以便就具体情况下需要采取的恰当措施做出知情决策。

2. 客观公正

客观公正，是指公正处事，实事求是，不得由于偏见、利益冲突或他人的不当影响而损害自己的职业判断。如果存在对职业判断产生过度不当影响的情形，注册会计师不得从事与之相关的职业活动。

3. 独立性

独立性是鉴证业务的灵魂。会计师事务所在承接鉴证业务时，应当从会计师事务所整体层面和具体业务层面采取措施,以保持会计师事务所和项目团队的独立性。在执行鉴证业务时,注册会计师应当遵循独立性原则,不得因任何利害关系影响其客观公正。

4. 专业胜任能力和勤勉尽责

专业胜任能力和勤勉尽责原则要求注册会计师获取并保持应有的专业知识和技能,确保为客户提供具有专业水准的服务,并勤勉尽责、遵守适用的执业准则。

注册会计师应当:① 通过教育、培训和执业实践获取和保持专业胜任能力;② 持续了解并掌握当前法律、技术和实务的发展变化,将专业知识和技能始终保持在应有的水平。

在运用专业知识和技能时,注册会计师应当合理运用职业判断。注册会计师应当采取适当措施,确保在其授权下从事专业服务的人员得到应有的培训和督导。

在适当时,注册会计师应当使客户或专业服务的其他使用者了解专业服务的固有局限。

5. 保密

注册会计师应当遵循保密原则,对职业活动中获知的涉密信息保密。根据该原则,注册会计师应当遵守下列要求:

① 警觉无意中泄密的可能性,包括在社会交往中无意中泄密的可能性,特别要警觉无意中向关系密切的商业伙伴或近亲属泄密的可能性;

② 对所在会计师事务所内部的涉密信息保密;

③ 对职业活动中获知的涉及国家安全的信息保密;

④ 对拟承接的客户向其披露的涉密信息保密;

⑤ 在未经客户授权的情况下,不得向会计师事务所以外的第三方披露其所获知的涉密信息,除非法律法规或职业准则规定注册会计师在这种情况下有权利或义务进行披露;

⑥ 不得利用因职业关系而获知的涉密信息为自己或第三方谋取利益;

⑦ 不得在职业关系结束后利用或披露因该职业关系获知的涉密信息;

⑧ 采取适当措施,确保下级员工及为注册会计师提供建议和帮助的人员履行保密义务。

在终止与客户的关系后,注册会计师应当对以前职业活动中获知的涉密信息保密。如果变更工作单位或获得新客户,注册会计师可以利用以前的经验,但不得利用或披露以前职业活动中获知的涉密信息。

在某些情况下,保密原则是可以豁免的。在下列情况下,注册会计师可能会被要求披露涉密信息,或者披露涉密信息是适当的,不被视为违反保密原则:

① 法律法规要求披露,例如为法律诉讼准备文件或提供其他证据,或者向适当机构报告发现的违反法律法规行为;

② 法律法规允许披露,并取得了客户的授权;

③ 注册会计师有职业义务进行披露,且法律法规未予禁止。这类情形包括:接受注册会计师协会或监管机构的执业质量检查;答复注册会计师协会或监管机构的询问或调查;在法律诉讼、仲裁中维护自身的合法权益;遵守职业准则的要求,包括职业道德要求等。

在决定是否披露涉密信息时,注册会计师需要考虑的因素有:

① 客户同意披露的涉密信息,法律法规是否禁止披露;

② 如果客户同意注册会计师披露涉密信息,这种披露是否可能损害相关人的利益;

③ 是否已在可行的范围内了解和证实了所有相关信息,信息是否完整;

④ 信息披露的方式和对象,包括披露对象是否恰当;

⑤ 可能承担的法律责任和后果。

6. 良好职业行为

遵循良好职业行为原则要求注册会计师爱岗敬业，遵守相关法律法规，避免发生任何可能损害职业声誉的行为。注册会计师不得在明知的情况下，从事任何可能损害诚信原则、客观公正原则或良好职业声誉，从而可能违反职业道德基本原则的业务、职务或活动。如果一个理性且掌握充分信息的第三方很可能认为某种行为将对良好的职业声誉产生负面影响，则这种行为属于可能损害职业声誉的行为。

注册会计师在向公众传递信息及推介自己和工作时，应当客观、真实、得体，不得损害职业形象，不得夸大宣传提供的服务、拥有的资质或获得的经验，或贬低或无根据地比较他人的工作。

职业道德基本原则

4.2.3 职业道德概念框架

职业道德概念框架，是指解决职业道德问题的思路和方法（见图4-3）。注册会计师遇到的许多情形（如职业活动、利益和关系）都可能对职业道德基本原则产生不利影响，这时注册会计师需要评价不利影响的严重程度，并采取防范措施。

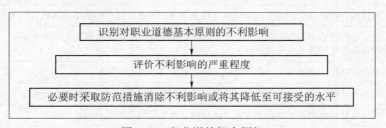

图4-3 职业道德概念框架

1. 识别不利影响

注册会计师应当识别对职业道德基本原则的不利影响。通常来说，一种情形可能产生多种不利影响，一种不利影响也可能影响多项职业道德基本原则。可能对职业道德基本原则产生不利影响的因素，可分为自身利益、自我评价、过度推介、密切关系和外在压力五大类。

因自身利益产生的不利影响，是指由于某项经济利益或其他利益可能不当影响注册会计师的判断或行为，而对职业道德基本原则产生的不利影响。

因自我评价产生的不利影响，是指注册会计师在执行当前业务的过程中，其判断需要依赖其本人或所在会计师事务所以往执行业务时做出的判断或得出的结论，而该注册会计师可能不恰当地评价这些以往的判断或结论，从而对职业道德基本原则产生的不利影响。

因过度推介产生的不利影响，是指注册会计师倾向客户的立场，导致该注册会计师的客观公正原则受到损害而产生的不利影响。

因密切关系产生的不利影响，是指注册会计师由于与客户存在长期或密切的关系，导致过于偏向客户的利益或过于认可客户的工作，从而对职业道德基本原则产生的不利影响。

因外在压力产生的不利影响，是指注册会计师迫于实际存在的或可感知到的压力，导致无法客观行事而对职业道德基本原则产生的不利影响。表4-6列示了产生各类不利影响的因素及情形示例。

表4-6 对注册会计师履行职业道德基本原则产生不利影响的因素和情形示例

不利因素	示 例
自身利益	注册会计师在客户中拥有直接经济利益
	会计师事务所的收入过分依赖某一客户
	会计师事务所以较低的报价获得新业务,而该报价过低,可能导致注册会计师难以按照适用的职业准则要求执行业务
	注册会计师与客户之间存在密切的商业关系
	注册会计师能够接触到涉密信息,而该涉密信息可能被用于谋取个人私利
自我评价	注册会计师在评价所在会计师事务所以往提供的专业服务时,发现了重大错误
	注册会计师在对客户提供财务系统的设计或实施服务后,又对该系统的运行有效性出具鉴证报告
	注册会计师为客户编制用于生成有关记录的原始数据,而这些记录是鉴证业务的对象
过度推介	注册会计师推介客户的产品、股份或其他利益
	当客户与第三方发生诉讼或纠纷时,注册会计师为该客户辩护
	注册会计师站在客户的立场上影响某项法律法规的制定
密切关系	审计项目团队成员的主要近亲属或其他近亲属担任审计客户的董事或高级管理人员
	鉴证客户的董事、高级管理人员或所处职位能够对鉴证对象施加重大影响的员工,最近曾担任注册会计师所在会计师事务所的项目合伙人
	审计项目团队成员与审计客户之间长期存在业务关系
外在压力	注册会计师因对专业事项持有不同意见而受到客户解除业务关系或被会计师事务所解雇的威胁
	由于客户对所沟通的事项更专业,注册会计师面临服从该客户判断的压力
	注册会计师被告知,除非其同意审计客户某项不恰当的会计处理,否则计划中的晋升将受到影响
	注册会计师接受了客户赠予的重要礼品,并被威胁将公开其收受礼品的事情

2. 评价不利影响的严重程度

如果识别出对职业道德基本原则的不利影响,注册会计师应当评价该不利影响的严重程度是否处于可接受的水平。可接受的水平,是指注册会计师针对识别出的不利影响实施理性且掌握充分信息的第三方测试之后,很可能得出其行为并未违反职业道德基本原则的结论时,该不利影响的严重程度所处的水平。

在评价不利影响的严重程度时,注册会计师应当从性质和数量两个方面予以考虑,如果存在多项不利影响,应当将多项不利影响组合起来一并考虑。注册会计师对不利影响严重程度的评价还受到专业服务性质和范围的影响。与客户、会计师事务所及其经营环境相关的条件、政策和程序也可能是与评价不利影响严重程度相关的因素。例如,公司治理方面的要求;注册会计师职业所必需的教育、培训和经验要求;有效的投诉举报系统;关于注册会计师有义务报告违反职业道德行为的明确规定;行业或监管机构的监控和惩戒程序等。

如果注册会计师知悉新信息或者事实和情况发生变化,而这种新信息或者变化可能影响对是否已消除不利影响或降低至可接受的水平的判断,注册会计师应当重新评价该不利影响的严重程度,并予以应对。例如,专业服务的范围扩大;客户成功上市或收购另一业务单位;

会计师事务所与另一会计师事务所合并；会计师事务所受两家客户共同委托，而两家客户之间发生纠纷；注册会计师的私人关系或其主要近亲属发生变动等。

3. 采取防范措施

如果注册会计师确定识别出的不利影响超出可接受的水平，应当采取防范措施以消除该不利影响或将其降低至可接受的水平，例如：

① 消除产生不利影响的情形，包括利益或关系；
② 采取可行并有能力采取的防范措施将不利影响降至可接受的水平；
③ 拒绝或终止特定的职业活动。

防范措施可能是单项行动，也可能是一系列行动。防范措施随事实和情况的不同而有所不同。例如，向已承接的项目分配更多时间和有胜任能力的人员，可能能够应对因自身利益产生的不利影响；由项目组以外的适当复核人员复核已执行的工作或在必要时提供建议，可能能够应对因自我评价产生的不利影响；由其他会计师事务所执行或重新执行业务的某些部分，可能能够应对因各类因素产生的不利影响等。

职业道德概念框架

4.2.4 提供专业服务的具体要求

在提供专业服务的过程中，可能存在许多对职业道德基本原则产生不利影响的情形。

1. 利益冲突

1）利益冲突的情形

利益冲突有两种情形：一种是注册会计师为两个或多个在某一特定事项中存在利益冲突的客户提供与该特定事项相关的专业服务。例如，同时为两方提供某项资产的估值服务，而这两方针对该资产处于对立状态。另一种是注册会计师在某一特定事项中的利益，与注册会计师针对该事项提供专业服务的客户的利益，二者之间存在冲突。例如，建议客户投资一家企业，而注册会计师的主要近亲属在该企业拥有经济利益。

2）不利影响及防范措施

一般来说，注册会计师提供的专业服务与产生利益冲突的事项之间关系越直接，不利影响的严重程度越有可能超出可接受的水平。相关的防范措施有：由不同的项目组分别提供服务，并且这些项目组已被明确要求遵守涉及保密性的政策和程序；由未参与提供服务或不受利益冲突影响的适当人员复核已执行的工作，以评估关键判断和结论是否适当。

3）披露与同意

在应对因利益冲突产生的不利影响时，注册会计师应当根据利益冲突的性质和严重程度，运用职业判断确定是否有必要向客户具体披露利益冲突的情况，并获取客户明确同意其可以承接或继续提供专业服务。当存在利益冲突时，通常必要的披露和同意是：向受利益冲突影响的客户披露利益冲突的性质及所产生的不利影响是如何应对的；当采取防范措施应对不利影响时，由受影响的客户同意注册会计师继续提供该专业服务。

如果注册会计师确定有必要从客户处获取明确同意，而客户拒绝，注册会计师应当采取下列措施之一：① 终止或拒绝提供可能产生利益冲突的专业服务；② 终止相关关系或处置相关利益，以消除不利影响或将其降低至可接受的水平。

4）保密原则的遵循

注册会计师在进行利益冲突事项披露或在会计师事务所、网络内部分享相关信息及寻求第三方指导时，应当对可能违反保密原则的情况保持警觉。如果为获取客户的明确同意而进行的披露会违反保密原则，因而无法获取此类同意，会计师事务所仅应当在下列情况下承接或保持相关业务：

① 会计师事务所并未倾向某一客户的立场，因而并未与另一客户处于对立的位置；
② 已采取特定措施，防止分别向两家客户提供服务的项目组之间泄露涉密信息；
③ 会计师事务所相信，如果限制会计师事务所提供该项专业服务将会给客户或其他相关第三方造成较严重的不利后果，理性且掌握充分信息的第三方很可能认为会计师事务所承接或保持该业务是恰当的。

2. 专业服务委托

专业服务委托涉及客户关系和业务的承接、专业服务委托的变更、客户关系和业务的保持等情形。

在承接客户关系和业务时，一方面，如果注册会计师知悉客户存在某些问题（如涉嫌违反法律法规、缺乏诚信、存在可疑的财务报告问题、存在其他违反职业道德的行为，或者客户的所有者、管理层或其从事的活动存在一些可疑事项），可能对诚信、良好职业行为原则产生不利影响；另一方面，如果项目组不具备或不能获得恰当执行业务所必需的胜任能力，将因自身利益对专业胜任能力和勤勉尽责原则产生不利影响。

在变更专业服务委托情形下，注册会计师需要确定是否有理由拒绝承接。专业服务委托变更的例子有：潜在客户要求其取代另一注册会计师；以投标方式接替另一注册会计师执行的业务；执行某些工作作为对另一注册会计师工作的补充。拒绝承接业务可能有多种原因，如无法采取防范措施以应对因某些事实和情况产生的不利影响。

在连续业务中，注册会计师应当定期评价是否继续保持该业务。在承接某项业务之后，注册会计师可能发现对职业道德基本原则的潜在不利影响，这种不利影响如果在承接之前知悉，将会导致注册会计师拒绝承接该项业务。例如，注册会计师可能发现客户实施不当的盈余管理或者资产负债表中的估值不当，这些事项可能因自身利益对诚信原则产生不利影响。

3. 第二意见

注册会计师可能被要求就某实体或以其名义运用相关准则处理特定交易或事项的情况提供第二意见，而这一实体并非注册会计师的现有客户。向非现有客户提供第二意见可能因自身利益或其他原因对职业道德基本原则产生不利影响。例如，如果第二意见不是以前任或现任注册会计师所获得的相同事实为基础或依据的证据不充分，可能因自身利益对专业胜任能力和勤勉尽责原则产生不利影响。

可能能够应对此类因自身利益产生的不利影响的防范措施如下。

① 征得客户同意与现任或前任注册会计师沟通。如果要求提供第二意见的实体不允许与现任或前任注册会计师沟通，注册会计师应当决定是否提供第二意见。
② 在与客户沟通中说明注册会计师发表专业意见的局限性。
③ 向现任或前任注册会计师提供第二意见的副本。

4. 收费

1）收费报价水平

如果报价水平过低，以致注册会计师难以按照适用的职业准则执行业务，则可能因自身利益对专业胜任能力和勤勉尽责原则产生不利影响。会计师事务所在确定收费水平时应当考虑的因素有：① 专业服务所需的知识和技能；② 所需专业人员的水平和经验；③ 各级别专业人员提供服务所需的时间；④ 提供专业服务所需承担的责任。在专业服务得到良好的计划、监督及管理的前提下，收费通常以每个专业人员适当的小时收费标准或日收费标准为基础计算。

2）或有收费

或有收费是指收费与否或收费多少取决于交易的结果或所执行工作的结果。除非法律法规允许，注册会计师不得以或有收费方式提供鉴证服务。如果一项收费是由法院或政府有关部门规定的，则该项收费不视为或有收费。

尽管某些非鉴证服务可以采用或有收费的形式，或有收费仍然可能对职业道德基本原则产生不利影响，特别是在某些情况下可能因自身利益对客观公正原则产生不利影响。评价或有收费对职业道德基本原则产生不利影响的严重程度时，需要考虑的因素有：① 业务的性质；② 可能的收费金额区间；③ 确定收费的基础；④ 向报告的预期使用者披露注册会计师所执行的工作及收费的基础；⑤ 会计师事务所的质量管理政策和程序；⑥ 是否由独立第三方复核交易和提供服务的结果；⑦ 收费水平是否已由独立第三方（如监管部门）做出规定。

可能能够应对上述因自身利益产生的不利影响的防范措施有：① 由未参与提供非鉴证服务的适当复核人员复核注册会计师已执行的工作；② 预先就收费的基础与客户达成书面协议。

3）介绍费或佣金

注册会计师不得收取与客户相关的介绍费或佣金，也不得向客户或其他方支付业务介绍费，否则将因自身利益对客观公正、专业胜任能力和勤勉尽责原则产生非常严重的不利影响，导致没有防范措施能够消除不利影响或将其降低至可接受的水平。

5. 利益诱惑（包括礼品和款待）

利益诱惑是指影响其他人员行为的物质、事件或行为，如礼品、款待、娱乐活动、捐助、意图建立友好关系、工作岗位或其他商业机会、特殊待遇、权利或优先权等。利益诱惑分为意图不当影响行为的利益诱惑和无不当影响行为意图的利益诱惑。

1）意图不当影响行为的利益诱惑

如果某项利益诱惑导致某人以违反道德的方式行事，则被视为不当影响该人员的行为。注册会计师不得提供或授意他人提供任何意图不当影响行为的利益诱惑。如果接受了这类利益诱惑，注册会计师将违反诚信原则。

在确定利益诱惑是否存在或被认为存在不当影响行为的意图时，注册会计师需要运用职业判断，考虑下列因素：

① 利益诱惑的性质、频繁程度、价值和累计影响；
② 提供利益诱惑的时间，这一因素需要结合该利益诱惑可能影响的行动或决策来考虑；
③ 利益诱惑是否符合具体情形下的惯例或习俗；
④ 利益诱惑是否从属于专业服务；
⑤ 所提供的利益诱惑是仅限于个别接受方还是可以提供给更为广泛的群体；
⑥ 提供或接受利益诱惑的人员在会计师事务所或客户中担任的角色和职位；
⑦ 注册会计师是否知悉或有理由相信接受该利益诱惑将违反客户的政策和程序；
⑧ 提供利益诱惑的透明程度；

⑨ 该利益诱惑是否由接受方要求或索取；
⑩ 利益诱惑提供方以往的行为或声誉。

如果注册会计师知悉被提供的利益诱惑存在或被认为存在不当影响行为的意图，那么即使拒绝接受，仍可能对职业道德基本原则产生不利影响。在此情形下，注册会计师可以采取的防范措施有：① 就该利益诱惑的情况告知会计师事务所的高级管理层或客户治理层；② 调整或终止与客户之间的业务关系。

2）无不当影响行为意图的利益诱惑

无不当影响行为意图的利益诱惑也可能对职业道德基本原则产生不利影响。例如，注册会计师经常邀请现有客户或潜在客户参加娱乐活动或观看体育赛事等，可能因密切关系产生不利影响。因此，对此类利益诱惑，注册会计师仍需运用职业道德概念框架识别、评价和应对可能因该利益诱惑产生的不利影响。如果评价后认为不利影响处于不可接受的水平，注册会计师可以采取消除不利影响的防范措施。例如，拒绝接受或不提供利益诱惑；也可以采取将不利影响降低至可接受的水平的防范措施，如支付与所接受利益诱惑（如款待）同等价值的价款。

如果存在注册会计师的主要近亲属或其他近亲属向现有客户或潜在客户提供利益诱惑，或者现有客户或潜在客户向注册会计师的主要近亲属或其他近亲属提供利益诱惑情形，注册会计师应保持警觉，采取适当的应对措施。

6. 保管客户资产

保管客户资产可能因自身利益或其他原因而对客观公正、良好职业行为原则产生不利影响。因此，注册会计师不得提供保管客户资金或其他资产的服务，除非法律法规允许或要求，并且符合下列要求：

① 遵守所有与保管资产和履行报告义务相关的法律法规；
② 将客户资金或其他资产与其个人或会计师事务所的资产分开；
③ 仅按照预定用途使用客户资金或其他资产；
④ 随时准备向相关人员报告资产状况及产生的收入、红利或利得。

7. 应对违反法律法规行为

注册会计师在向客户提供专业服务的过程中，可能遇到、知悉或怀疑客户存在违反或涉嫌违反法律法规的行为。例如，舞弊、腐败和贿赂；国家安全、洗钱和犯罪所得；证券市场和交易；银行业务、其他金融产品和服务；信息安全；税务、社会保障；环境保护；公共健康与安全等。这些行为可能给客户带来罚款、诉讼或其他后果，从而可能对财务报表产生重大影响。更重要的是，违反法律法规行为可能对投资者、债权人、员工或社会公众造成实质性损害，从而可能损害更广泛的公众利益。

当注册会计师知悉或怀疑存在这种违反或涉嫌违反法律法规的行为时，可能因自身利益或外在压力对诚信和良好职业行为原则产生不利影响。注册会计师应当运用职业道德概念框架识别、评价和应对此类不利影响。注册会计师应对违反法律法规或涉嫌违反法律法规行为的目标是：

① 遵循诚信和良好职业行为原则；
② 通过提醒客户的管理层或治理层（如适用），使其能够纠正违反法律法规或涉嫌违反法律法规行为或减轻其可能造成的后果，或者阻止尚未发生的违反法律法规行为；

③ 采取有助于维护公众利益的进一步措施。

4.2.5　审计和审阅业务对独立性的要求

注册会计师在执行审计和审阅业务时，应当遵守相同的独立性要求。

1. 相关概念

1）独立性

独立性包括实质上的独立性和形式上的独立性。实质上的独立性是一种内心状态，使得注册会计师在提出结论时不受损害职业判断的因素影响，诚信行事，遵循客观公正原则，保持职业怀疑。形式上的独立性是一种外在表现，使得一个理性且掌握充分信息的第三方，在权衡所有相关事实和情况后，认为会计师事务所或审计项目团队成员没有损害诚信原则、客观公正原则或职业怀疑。

2）公众利益实体

公众利益实体包括：① 上市实体，指其股份、股票或债券在法律法规认可的证券交易所报价或挂牌，或在法律法规认可的证券交易所或其他类似机构的监管下进行交易的实体；② 法律法规界定的公众利益实体；③ 法律法规规定按照上市实体审计独立性的要求接受审计的实体。此外，如果公众利益实体以外的其他实体拥有数量众多且分布广泛的利益相关者，注册会计师应当考虑是否将其作为公众利益实体对待。

3）关联实体

在审计客户不是上市实体的情况下，审计客户仅包括该客户直接或间接控制的关联实体。如果认为存在涉及其他关联实体的关系或情形，且与评价会计师事务所独立性相关，审计项目团队在识别、评价对独立性的不利影响及采取防范措施时，应当将该其他关联实体包括在内。在审计客户是上市实体的情况下，审计客户包括该客户的所有关联实体。

4）保持独立性的期间

注册会计师应当在业务期间和财务报表涵盖的期间独立于审计客户。业务期间自审计项目组开始执行审计业务之日起，至出具审计报告之日止。如果审计业务具有连续性，业务期间结束日应以其中一方通知解除业务关系或出具最终审计报告二者时间孰晚为准。

5）网络与网络事务所

网络，是指由多个实体组成，旨在通过合作实现下列一个或多个目的的联合体：
① 共享收益、分担成本；
② 共享所有权、控制权或管理权；
③ 执行统一的质量管理政策和程序；
④ 执行同一经营战略；
⑤ 使用同一品牌；
⑥ 共享重要的专业资源。

其中，专业资源包括：能够使各会计师事务所或实体之间交流诸如客户资料、收费安排和时间记录等信息的共享系统；合伙人和员工；技术部门，负责就鉴证业务中的技术或行业特定问题、交易或事项提供咨询；审计方法或审计手册；培训课程和设施等。

网络事务所，对于某会计师事务所来说，是指该会计师事务所所在网络中的其他会计师事务所或实体。如果会计师事务所属于某一网络，应当与网络事务所的审计客户保持独立。

6）合并与收购

如果由于合并或收购，某一实体成为审计客户的关联实体，会计师事务所与该关联实体以往和目前存在的利益或关系可能对独立性产生不利影响，并影响该会计师事务所继续执行审计业务的能力。在此情形下，会计师事务所应当在合并或收购生效日前采取必要措施终止目前存在的被禁止的利益或关系。

如果会计师事务所无法在合并或收购生效日前合理终止目前存在的被禁止的利益或关系，则会计师事务所应当评价因该利益或关系产生的不利影响的严重程度，并与治理层沟通在合并或收购生效日前不能终止利益或关系的原因，以及对由此产生不利影响严重程度的评价结果。如果在与治理层沟通后，治理层要求会计师事务所继续执行审计业务，会计师事务所只有在同时满足下列条件时，才能同意这一要求：

① 在合并或收购生效日起的 6 个月内，尽快终止该利益或关系；
② 存在该利益或关系的人员不作为审计项目组成员，也不负责项目质量复核；
③ 采取适当的过渡性措施，如由其他会计师事务所再次执行项目质量复核等，并就此与治理层沟通。

2. 收费

1）收费结构

收费结构不合理，可能因自身利益或外在压力产生不利影响。这类情形分为两类：一类是会计师事务所从某一审计客户收取的全部费用占其收费总额的比重很大；另一类是从某一审计客户收取的全部费用占某一合伙人从所有客户收取的费用总额比重很大，或占会计师事务所某一分部收取的费用总额比重很大。

如果对审计客户财务报表发表意见的会计师事务所连续两年从某一属于公众利益实体的审计客户及其关联实体收取的全部费用，占其从所有客户收取的全部费用的比重超过 15%，会计师事务所应当向审计客户治理层披露这一事实，并沟通选择采取发表审计意见前复核或发表审计意见后复核的防范措施，以将不利影响降低至可接受的水平。

发表审计意见前复核是指在对第二年度财务报表发表审计意见之前，由其他会计师事务所对该业务再次实施项目质量复核，或由其他专业机构实施相当于项目质量复核的复核。发表审计意见后复核是指在对第二年度财务报表发表审计意见之后、对第三年度财务报表发表审计意见之前，由其他会计师事务所对第二年度的审计工作再次实施项目质量复核，或由其他专业机构实施相当于项目质量复核的复核。

2）逾期收费

如果审计客户长期未支付应付的费用，尤其是相当部分的费用在出具下一年度审计报告前仍未支付，可能因自身利益产生不利影响。相关的防范措施可能包括：收取逾期的部分款项；由未参与执行审计业务的适当复核人员复核已执行的工作。如果相当部分的费用长期逾期，会计师事务所应当确定：逾期收费是否可能被视同向客户提供贷款；会计师事务所是否继续接受委托或继续执行审计业务。

3）或有收费

会计师事务所在执行审计业务时，以直接或间接形式取得或有收费，将因自身利益产生非常严重的不利影响，导致没有防范措施能够将其降低至可接受的水平。会计师事务所不得采用这种收费安排。

会计师事务所在向审计客户提供非鉴证服务时，如果以直接或间接形式取得或有收费，也可能因自身利益产生不利影响。如果对自身利益产生非常严重的不利影响，导致没有防范措施能够将其降低至可接受的水平，会计师事务所不得采用这种收费安排。例如，非鉴证服务的或有收费由对财务报表发表审计意见的会计师事务所取得，并且对其影响重大或预期影响重大。

3. 薪酬和业绩评价政策

如果某一审计项目团队成员的薪酬或业绩评价与其向审计客户推销的非鉴证服务挂钩，将因自身利益产生不利影响。可以采用的防范措施有：修改该成员的薪酬计划或业绩评价程序；将该成员调离审计项目团队。此外，由审计项目团队以外的适当复核人员复核该审计项目团队成员已执行的工作，可能能够将自身利益产生的不利影响降低至可接受的水平。

4. 礼品和款待

会计师事务所或审计项目团队成员接受审计客户的礼品或款待，可能因自身利益、密切关系或外在压力对独立性产生不利影响。会计师事务所或审计项目团队成员不得接受礼品。

会计师事务所或审计项目团队成员应当评价接受款待产生不利影响的严重程度，并在必要时采取防范措施消除不利影响或将其降低至可接受的水平。如果款待超出业务活动中的正常往来，会计师事务所或审计项目团队成员应当拒绝接受。注册会计师应当考虑款待是否具有不当影响注册会计师行为的意图，如果具有该意图，即使其从性质和金额上来说均明显不重要，会计师事务所或审计项目团队成员也不得接受该款待。

5. 诉讼或诉讼威胁

如果会计师事务所或审计项目团队成员与审计客户发生诉讼或很可能发生诉讼，将因自身利益和外在压力产生不利影响。

会计师事务所和客户管理层由于诉讼或诉讼威胁而处于对立地位，将影响管理层提供信息的意愿，从而因自身利益和外在压力产生不利影响。相关的防范措施可能包括：

① 如果诉讼涉及某一审计项目团队成员，将该成员调离审计项目团队可能能够消除不利影响；

② 由适当复核人员复核已执行的工作，可能能够将不利影响降低至可接受的水平。

6. 经济利益

在审计客户中拥有经济利益，可能因自身利益产生不利影响。不利影响存在与否及其严重程度主要取决于下列因素：

① 拥有经济利益人员的角色。

② 经济利益是直接的还是间接的。确定经济利益是直接的还是间接的，取决于受益人能否控制投资工具或具有影响投资决策的能力。如果受益人能够控制投资工具或具有影响投资决策的能力，应界定为直接经济利益。如果受益人不能控制投资工具且不具有影响投资决策的能力，应界定为间接经济利益。

③ 经济利益的重要程度。在确定经济利益对于某个人来说的重要程度时，可能需要将该个人及其主要近亲属的净资产总额合并考虑。

7. 贷款和担保

涉及审计客户的贷款或贷款担保可能因自身利益对独立性产生不利影响。会计师事务所、审计项目团队成员或其主要近亲属不得从不属于银行或类似金融机构的审计客户取得贷款，或由此类审计客户提供贷款担保。会计师事务所、审计项目团队成员或其主要近亲属也不得向审计客户提供贷款或担保。

按照正常的程序、条款和条件，会计师事务所、审计项目团队成员或其主要近亲属可以从银行或类似金融机构等审计客户取得贷款，或获得贷款担保。但如果该贷款对审计客户或取得贷款的会计师事务所是重要的，也可能因自身利益对独立性产生不利影响。

8. 商业关系

会计师事务所、审计项目团队成员不得与审计客户或其高级管理人员建立密切的商业关系。例如，与客户或其控股股东、董事、高级管理人员或其他为该客户执行高级管理活动的人员共同开办企业；按照协议，将会计师事务所的产品或服务与客户的产品或服务结合在一起，并以双方名义捆绑销售；按照协议，会计师事务所销售或推广客户的产品或服务，或者客户销售或推广会计师事务所的产品或服务等。

如果会计师事务所、审计项目团队成员或其主要近亲属与审计客户或其高级管理人员之间存在密切的商业关系，可能因自身利益或外在压力对独立性产生不利影响。

如果会计师事务所存在此类商业关系，应当予以终止。如果此类商业关系涉及审计项目团队成员，会计师事务所应当将该成员调离审计项目团队。如果审计项目团队成员的主要近亲属与审计客户或其高级管理人员存在密切的商业关系，注册会计师应当评价不利影响的严重程度，并在必要时采取防范措施消除不利影响或将其降低至可接受的水平。特殊情况下，如投资项目不重要且不能控制；购买商品或服务的程序正常，属于公平交易，且性质普通、金额较小等情形，则可能不会对独立性产生不利影响。

9. 家庭和私人关系

如果审计项目团队成员与审计客户的董事、高级管理人员或某类员工（取决于该员工在审计客户中担任的角色）存在家庭或私人关系，可能因自身利益、密切关系或外在压力对独立性产生不利影响。审计项目团队，是指所有审计项目组成员和会计师事务所中能够直接影响审计业务结果的其他人员，以及网络事务所中能够直接影响审计业务结果的所有人员。

不利影响存在与否及其严重程度主要取决于下列因素：① 该成员在审计项目团队中的角色；② 家庭成员或相关人员在客户中的职位及关系的密切程度。

项目团队成员的家庭成员分为主要近亲属和其他近亲属。

会计师事务所中审计项目团队以外的合伙人或员工，与审计客户的董事、高级管理人员或特定员工之间存在家庭或私人关系，可能因自身利益、密切关系或外在压力对独立性产生不利影响。会计师事务所合伙人或员工在知悉此类关系后，应当按照会计师事务所的政策和程序进行咨询。

10. 审计项目团队成员最近曾担任审计客户的董事、高级管理人员或特定员工

如果审计项目团队成员最近曾担任审计客户的董事、高级管理人员或特定员工，可能因自身利益、自我评价或密切关系对独立性产生不利影响。

如果上述情形存在于审计报告涵盖的期间，将产生非常严重的不利影响，导致没有防范措施能够将其降低至可接受的水平。会计师事务所不得将此类人员分派到审计项目团队。如果上述情形存在于审计报告涵盖的期间之前，则可能因自身利益、自我评价或密切关系对独立性产生不利影响。

11. 兼任审计客户的董事或高级管理人员

如果会计师事务所的合伙人或员工兼任审计客户的董事或高级管理人员，将因自我评价和自身利益产生非常严重的不利影响，导致没有防范措施能够将其降低至可接受的水平。会计师事务所的合伙人或员工不得兼任审计客户的董事或高级管理人员。

12. 与审计客户发生雇佣关系

如果审计客户的董事、高级管理人员或特定员工，曾经是审计项目团队的成员或会计师事务所的合伙人，可能因密切关系或外在压力产生不利影响。如果存在此类情形，会计师事务所可能采取的防范措施包括：确保这些人员与会计师事务所之间不再保持重要交往；修改审计计划；向审计项目团队分派与该人员相比经验更加丰富的人员；由适当复核人员复核前任审计项目团队成员已执行的工作等。

如果审计项目团队某一成员参与审计业务，当知道自己在未来某一时间将要或有可能加入审计客户时，将因自身利益对独立性产生不利影响。在此类情形下，该审计项目团队成员在与审计客户协商受雇于该客户时，应当向会计师事务所报告。会计师事务所在评价不利影响的严重程度后，决定是否采取将该成员调离审计项目团队或由适当复核人员复核该成员在审计项目团队中做出的重大判断等防范措施。

13. 临时借出员工

如果会计师事务所向审计客户借出员工，可能因自我评价、过度推介或密切关系产生不利影响。如果会计师事务所要向审计客户借出员工，需同时满足 3 个条件：① 仅在短期内向客户借出员工；② 借出的员工不参与被禁止提供的非鉴证服务；③ 该员工不承担审计客户的管理层职责，且审计客户负责指导和监督该员工的活动。

14. 与审计客户长期存在业务关系

1）一般规定

如果会计师事务所与某一审计客户长期存在业务关系，并委派同一名合伙人或员工执行某一审计客户的审计业务，将因密切关系和自身利益对独立性产生不利影响。相关的防范措施可能包括：

① 将与审计客户长期存在业务关系的人员轮换出审计项目团队，可能消除不利影响。

② 变更与审计客户长期存在业务关系的人员在审计项目团队中担任的角色或其所实施任务的性质和范围，可能将不利影响降低至可接受的水平。

③ 由审计项目团队以外的适当复核人员复核与审计客户长期存在业务关系的人员所执行的工作，可能将不利影响降低至可接受的水平。

④ 定期对该业务实施独立的内部或外部质量复核，可能将不利影响降低至可接受的水平。

2）与公众利益实体审计相关的主要规定

（1）会计师事务所连续执业时间

如果会计师事务所为某一公众利益实体审计客户连续执行审计业务的时间达到 10 年或以上，会计师事务所应当在事务所层面采取防范措施。例如，扩大审计项目团队成员轮换的范围。

（2）关键审计合伙人的任职期

关键审计合伙人是指项目合伙人、项目质量复核人员，以及审计项目组中负责对财务报表审计所涉及的重大事项做出关键决策或判断的其他审计合伙人。其他审计合伙人还可能包括负责审计重要子公司或分支机构的合伙人。

如果审计客户属于公众利益实体，会计师事务所任何人员担任关键审计合伙人的累计时间不得超过 5 年。注册会计师担任这些职务的时间应当累计计算，除非该人员不再担任关键审计合伙人的期间达到最短时间要求，否则累计期间不得清零并重新计算。最短时间要求应当是一个连续的期间，至少等于该人员所适用的冷却期。在任期内，如果某人员继担任项目合伙人之后立即或短时间内担任项目质量复核人员，可能因自我评价对客观公正原则产生不利影响，该人员不得在 2 年内担任该审计业务的项目质量复核人员。

如果在审计客户成为公众利益实体之前，该合伙人作为关键审计合伙人已为该客户服务的时间不超过 3 年，则该人员还可以为该客户继续提供服务的年限为 5 年减去已经服务的年限。如果在审计客户成为公众利益实体之前，该合伙人作为关键审计合伙人已为该客户服务 4 年或更长的时间，在取得客户治理层同意的前提下，该合伙人最多还可以继续服务两年。如果审计客户是首次公开发行证券的公司，关键审计合伙人在该公司上市后连续执行审计业务的期限，不得超过两个完整会计年度。

（3）关键审计合伙人的冷却期

如果某人员担任项目合伙人或其他签字注册会计师累计达到 5 年，冷却期应当为连续 5 年。如果某人员担任项目质量复核人员累计达到 5 年，冷却期应当为连续 3 年。如果某人员担任其他关键审计合伙人累计达到 5 年，冷却期应当为连续两年。

如果某人员相继担任多项关键审计合伙人职责，则：① 担任项目合伙人累计达到 3 年或以上，冷却期应当为连续 5 年；② 担任项目质量复核人员累计达到 3 年或以上，冷却期应为连续 3 年；③ 担任项目合伙人和项目质量复核人员累计达到 3 年或以上，但累计担任项目合伙人未达到 3 年，冷却期应当为连续 3 年；④ 担任多项关键审计合伙人职责，并且不符合上述各项情况，冷却期应当为连续两年。

15. 为审计客户提供非鉴证服务

会计师事务所可能向其审计客户提供与其技能和专长相符的非鉴证服务。例如，承担管理层职责、会计和记账服务、行政事务性服务、评估服务、税务服务、内部审计服务、信息技术系统服务、诉讼支持服务、法律服务、招聘服务、公司财务服务等。

向审计客户提供非鉴证服务，可能对多项职业道德基本原则产生不利影响。在评价不利影响存在与否及其严重程度时，注册会计师通常需要考虑下列因素：

① 非鉴证服务的性质、范围和目的；

② 审计业务对该非鉴证服务结果的依赖程度；

③ 与提供该非鉴证服务相关的法律和监管环境；

④ 非鉴证服务的结果是否影响会计师事务所将发表意见的财务报表中的相关事项，如果影响，影响的程度及在确定这些事项的金额或会计处理方法时涉及的主观程度；

⑤ 客户管理层和员工在该非鉴证服务方面的专长水平；

⑥ 客户针对重大判断事项的参与程度；

⑦ 非鉴证服务对与客户会计记录、财务报表、财务报告内部控制相关的系统所产生影响的性质和程度（如有）；

⑧ 客户是否属于公众利益实体，如果客户属于公众利益实体，通常认为会产生更为严重的不利影响。

审计和审阅业务对独立性的要求

第4章 中国注册会计师职业规范

典型例题 4-1

上市公司甲公司是红黄兰会计师事务所的常年审计客户。A咨询公司和红黄兰会计师事务所处于同一网络。审计项目组在甲公司20×1年度财务报表审计中遇到下列事项：

（1）项目合伙人的妻子在甲公司担任人事部经理并持有该公司股票期权1万股，该期权自20×2年1月1日起可以行权。项目合伙人的妻子于20×2年1月2日行权后立即处置了该股票。

（2）注册会计师钱一曾担任甲公司20×0年度财务报表审计的项目质量控制复核人，于20×1年5月退休，之后未与红黄兰会计师事务所保持交往。20×2年1月1日，钱一受聘担任甲公司的独立董事。

（3）A咨询公司的合伙人钱四的丈夫于20×1年7月加入甲公司并担任培训部经理。钱四没有为甲公司提供任何服务。

（4）甲公司聘请系统实施服务商提供财务系统的优化设计和实施服务，聘请A咨询公司负责执行系统用户权限测试。系统实施服务商与红黄兰会计师事务所不属于同一网络。

（5）甲公司内部审计部计划对新并购的子公司执行内部控制审计。因缺乏人手，甲公司聘请A咨询公司协助执行该项工作，但A咨询公司不参与制订内审计划或管理层决策。

（6）乙公司是甲公司的子公司，从事小额贷款业务。20×1年12月，乙公司和红黄兰会计师事务所联合对外发布行业研究报告，对该行业现状与前景进行分析，并介绍了乙公司的业务。

要求：

分别针对上述各事项，逐项指出是否可能存在违反中国注册会计师职业道德守则有关独立性规定的情况，并简要说明理由。

参考答案：

事项序号	是否违反	简要理由
（1）	违反	项目合伙人的妻子不得以任何形式拥有被审计单位的直接经济利益，否则将因自身利益对独立性产生不利影响
（2）	违反	已退休注册会计师在被审计财务报表发布前就担任被审计单位的独立董事，将因密切关系对独立性产生不利影响
（3）	不违反	咨询公司的合伙人不是审计项目组成员，且其丈夫的职位对所审计财务报表的编制不能施加重大影响
（4）	违反	为被审计单位进行用户权限测试属于财务系统实施服务，且涉及承担管理层职责，将因自我评价对独立性产生不利影响
（5）	违反	该内部审计服务涉及与财务报告相关的内部控制，将因自我评价对独立性产生不利影响
（6）	违反	联合对外发布行业研究报告，并介绍对方公司的业务，将因过度推介对独立性产生不利影响

4.2.6 非执业会员的职业道德要求

非执业会员在从事专业服务时,应当遵守中注协发布的非执业会员的职业道德要求,履行相应的社会责任,维护公众利益。如果在会计师事务所工作,非执业会员在向客户提供审计和审阅服务、其他鉴证服务及相关服务时,应当遵守中国注册会计师职业道德相关的规定。如果在其他工作单位,非执业会员有责任促进所在单位实现其合法的目标。

非执业会员应当遵循的职业道德基本原则有:诚信、客观公正、专业胜任能力和勤勉尽责、保密、良好职业行为。

如果发现存在可能违反职业道德基本原则的情形,非执业会员应当评价其对职业道德基本原则的不利影响。可能对非执业会员职业道德基本原则产生不利影响的因素包括自身利益、自我评价、过度推介、密切关系和外在压力(见表4-7)。

表4-7 对非执业会员履行职业道德基本原则产生不利影响的因素和情形

不利因素	示例
自身利益	非执业会员在工作单位中拥有经济利益,或者接受工作单位的贷款或担保
	非执业会员参与工作单位的激励性薪酬计划
	非执业会员有能力将工作单位资产挪为私用
	非执业会员接受工作单位供应商提供的礼品或款待
自我评价	非执业会员负责设计和运行工作单位的内部控制,又对其设计和运行情况进行评价
	非执业会员负责工作单位的会计处理,同时又执行内部审计工作
	非执业会员对收购决策进行可行性研究后,又确定该项企业合并的会计处理方法
过度推介	非执业会员以虚假或误导性的方式宣传工作单位的形象或立场
	非执业会员以虚假或误导性的方式推介工作单位的股份、产品或服务
	非执业会员有机会操纵招股说明书上的信息以帮助工作单位融资
密切关系	非执业会员负责工作单位的财务报告,而在同一单位工作的近亲属可以做出影响财务报告的决策
	非执业会员与工作单位中能够影响经营决策的人员长期存在业务交往
	非执业会员接受可能影响其客观公正的礼品或款待
外在压力	当工作单位与非执业会员或其近亲属在会计政策的选择和运用等方面存在分歧时,非执业会员或近亲属受到解聘或更换职位的威胁
	上级主管试图影响非执业会员的决策过程

非执业会员应当从所从事职业活动的性质和范围,以及所在工作单位的工作环境和经营环境两个方面评价不利影响的严重程度。其中,与所在工作单位的工作环境和经营环境有关的例子包括:

① 领导层强调道德行为的重要性,并期望员工以符合道德标准的方式行事;
② 制定政策和程序,授权并鼓励员工就其关心的道德问题与高级管理人员沟通,而不必担心受到惩罚;
③ 制定政策和程序用于监控员工绩效的质量;

第 4 章 中国注册会计师职业规范

④ 建立工作单位的组织监督体系或其他监督结构及强有力的内部控制；

⑤ 招聘程序强调雇用高素质、具有胜任能力人员的重要性；

⑥ 向所有员工及时传达工作单位的政策、程序及其变化情况，并就这些政策和程序提供适当的培训和教育；

⑦ 制定与职业道德和行为守则相关的政策。

在评价不利影响的严重程度时，非执业会员还应当从性质和数量两个方面予以考虑。如果认为对职业道德基本原则的不利影响超出可接受的水平，非执业会员应当确定是否能够采取防范措施消除不利影响或将其降低至可接受的水平。在极其特殊的情况下，如果非执业会员无法采取防范措施消除不利影响或将其降低至可接受的水平，可能需要考虑向工作单位提出辞职。

非执业会员职业道德守则

本章关键术语

执业准则	鉴证	审计
审阅	相关服务	业务质量管理
项目质量复核	注册会计师	非执业会员
职业道德	专业服务委托	独立性
不利影响	公众利益实体	关联实体
网络和网络事务所	项目组	关键审计合伙人
长期业务关系	冷却期	第二意见
利益诱惑	利益冲突	收费

本章复习

一、单项选择题

1. 我国注册会计师鉴证业务准则体系不包括（　　）。
   A. 中国注册会计师审计准则　　B. 中国注册会计师其他鉴证业务准则
   C. 中国注册会计师审阅准则　　D. 相关服务准则

2. 下列各项有关注册会计师可能执行的业务中，提供有限保证的是（　　）。
   A. 财务报表审计　　B. 财务报表审阅
   C. 代编财务信息　　D. 盈利预测审核

3. 下列关于注册会计师的基于责任方认定业务和直接报告业务的说法中，错误的是（　　）。
   A. 在直接报告业务中，责任方认定不应当存在
   B. 在直接报告业务中，预期使用者无法获取责任方关于鉴证对象的认定
   C. 在基于责任方认定业务中，责任方需要对鉴证对象做出认定

D. 在基于责任方认定业务中，预期使用者可以直接获取鉴证对象信息
4. 下列关于会计师事务所业务质量管理的说法中，适当的是（　　）。
   A. 会计师事务所业务质量管理准则同时适用于鉴证业务和相关服务
   B. 会计师事务所的项目经理对业务质量管理承担最终领导责任
   C. 会计师事务所业务质量管理准则是每位注册会计师都必须遵守的技术标准
   D. 会计师事务所业务质量管理准则从业务层面规范了注册会计师执行业务的行为
5. 在财务报表审计中，项目合伙人一定是（　　）。
   A. 关键审计合伙人　　　　　　　　　B. 项目质量复核人员
   C. 会计师事务所的负责人　　　　　　D. 会计师事务所的法人代表
6. 在承接业务时，无根据地贬低其他会计师事务所的行为违反了（　　）职业道德基本原则。
   A. 诚信　　　　　B. 客观公正　　　　　C. 保密　　　　　D. 良好职业行为
7. 下列各项中，对注册会计师职业道德基本原则产生的不利影响严重程度最低的是（　　）。
   A. 审计项目组的一位普通成员持有客户价值5 000元股票
   B. 审计项目组的一位普通成员的子女持有客户价值5 000元股票
   C. 审计项目组的一位普通成员的爷爷持有客户价值5 000元股票
   D. 审计项目组的项目合伙人的爷爷持有客户价值5 000元股票
8. 以下情形中，不属于网络事务所的是（　　）。
   A. 甲会计师事务所与乙财务咨询公司共享所有权和控制权
   B. 甲与乙两家会计师事务所通过合作，共享收益、共担成本
   C. 甲与乙两家会计师事务所通过合作共享统一的质量控制政策和程序
   D. 甲与乙两家会计师事务所合作共同编制审计手册，并各自分担相应成本
9. 如果某人担任某公众利益公司审计项目的签字注册会计师累计达到5年，则冷却期至少为（　　）。
   A. 2年　　　　　B. 3年　　　　　C. 5年　　　　　D. 10年
10. 如果在出具审计报告之前，会计师事务所仍未收到审计客户以前年度应付的费用，则对注册会计师履行职业道德基本原则产生不利影响的因素是（　　）。
    A. 自身利益　　　B. 自我评价　　　C. 密切关系　　　D. 外在压力

二、多项选择题

1. 下列各项中，属于注册会计师鉴证业务的有（　　）。
   A. 年报审计　　　　　　　　　　　B. 内部控制审计
   C. 管理咨询　　　　　　　　　　　D. 高新技术企业认定专项审计
   E. 验资
2. 下列有关注册会计师执行的业务提供的保证程度的说法中，适当的有（　　）。
   A. 鉴证业务提供高水平保证　　　　　B. 财务报表审阅提供有限保证
   C. 财务报表审计提供合理保证　　　　D. 其他鉴证业务提供高水平保证
   E. 代编财务信息提供低水平保证
3. 下列关于财务报表审计和财务报表审阅的区别的说法中，适当的有（　　）。

A. 前者所需审计证据的数量通常多于后者
B. 前者的独立性要求高于后者
C. 前者提供的保证水平高于后者
D. 两者做出结论的类型不同
E. 两者提出结论的方式不同

4. 以下人员中，属于会计师事务所某项业务的项目组成员的有（　　）。
   A. 项目合伙人　　　　　　　　　　B. 执行项目工作程序的员工
   C. 项目质量复核人员　　　　　　　D. 项目组聘请的外部专家
   E. 为项目组提供直接协助的客户的内部审计人员

5. 以下人员中，属于财务报表审计中的关键审计合伙人的有（　　）。
   A. 项目负责人
   B. 项目质量复核人员
   C. 项目组外聘的重要专家
   D. 项目组中负责对重大事项做出关键决策或判断的合伙人

6. 下列各项中，属于中国注册会计师协会非执行会员职业道德基本原则的有（　　）。
   A. 维护社会公众利益　　　　　　　B. 客观公正
   C. 独立性　　　　　　　　　　　　D. 良好职业行为
   E. 保密

7. 下列事项中，通常被认为会对注册会计师履行职业道德基本原则产生不利影响的有（　　）。
   A. 注册会计师的哥哥是鉴证客户的董事
   B. 注册会计师担任鉴证客户常年会计顾问
   C. 注册会计师一年前曾在鉴证客户任财务总监
   D. 注册会计师的校友在鉴证客户有较小金额的投资
   E. 注册会计师与鉴证客户的总经理共同投资了一家公司

8. 注册会计师在评价鉴证业务独立性受到的不利影响的严重程度时，应当从（　　）两个方面予以考虑。
   A. 性质上的影响　　B. 实质上独立　　C. 数量上的影响　　D. 形式上的独立

9. 下列人员中，属于会计师事务所审计项目团队成员的有（　　）。
   A. 所有的审计项目组成员
   B. 会计师事务所中对审计业务实施质量管理的人员
   C. 会计师事务所中为执行审计业务提供技术或行业特定问题、交易或事项咨询的人员
   D. 会计师事务所中对审计项目合伙人提出薪酬建议，以及进行直接指导、管理或监督的人员
   E. 网络事务所中能够直接影响审计业务结果的所有人员

10. 以下情形下，可能对注册会计师履行职业道德基本原则产生过度推介的不利影响的有（　　）。
    A. 推介某一客户的产品　　　　　　B. 为客户承担诉讼辩护人
    C. 对客户财务报表发表审计意见　　D. 审阅本所代编的财务报表

E. 站在客户的立场上影响某项法律法规的制定

三、问答题

1. 简述我国注册会计师执业准则体系的框架及内容。
2. 鉴证业务可以如何分类？
3. 简述会计师事务所可承担业务类别。
4. 简述会计师事务所质量管理体系的构成要素。
5. 简述我国注册会计师职业道德守则的构成。
6. 简述注册会计师职业道德的基本原则。
7. 对注册会计师职业道德基本原则产生不利影响的因素有哪些？分别举例说明。
8. 如何理解注册会计师的"保密责任"？
9. 举例说明会计师事务所在接受专业服务委托时需要关注的情形。
10. 举例说明影响注册会计师独立性的事项。
11. 对中国注册会计师协会非执业会员履行职业道德基本原则产生不利影响的因素有哪些？分别举例说明。

四、研究思考题

1. 分析制定和完善注册会计师执业准则的意义。
2. 注册会计师为什么应当保持较高的职业道德水平？

五、案例分析题

1. 某日报刊载了一家合作会计师事务所的开业启示，其中的部分内容为："本所是在国家工商行政管理局登记注册的全国第一家中外合作会计师事务所，值此隆重开业之际，谨向多年来与我公司合作并给予支持的国内外各界朋友致意深切的致意，并愿意竭诚为各界人事、各国客商提供会计、审计、企业咨询、税务等方面世界一流的专业服务。"

要求：请分析这则开业启示是否有悖于我国注册会计师职业道德基本原则的要求。

2. 注册会计师赵专在对 B 公司年度财务报表审计时，发现一张装修发票上的金额与原合同规定金额有出入，发票金额比合同金额少了 50 000 元。B 公司接到发票后未曾发现与合同有误，并将款项付讫。以后，该装修公司亦未继续来讨账。

要求：假定今后该装修公司也请赵专审核他们的财务报表，赵专是否应当建议该装修公司去 B 公司催讨这一差额款？简要说明理由。

3. 红黄兰会计师事务所通过招投标程序接受委托，负责审计上市公司 C 公司年度财务报表。在招投标阶段和审计过程中，事务所遇到下列与职业道德有关的事项。

① 应邀投标时，事务所在其投标书中说明，如果中标，需与前任注册会计师沟通后，才能与 C 公司签订审计业务约定书。

② 签订审计业务约定书时，事务所根据有关部门的要求，与 C 公司商定按六折收取审计费用，据此，审计项目组计划相应缩小审计范围，并就此事与 C 公司治理层达成一致意见。

③ 签订审计业务约定书后，事务所发现 C 公司与本所另一常年审计客户 D 公司存在直接竞争关系。为了防止产生不必要的误解，事务所未将这一情况告知 C 公司和 D 公司。

④ 审计开始前，应 C 公司要求，事务所指派一名审计项目组以外的员工根据 C 公司编制的试算平衡表编制年度财务报表。

⑤ 在审计过程中，适逢 C 公司招聘高级管理人员，注册会计师应 C 公司的要求对可能

录用人员的证明文件进行检查,并就是否录用形成书面意见。

⑥ 在审计过程中,注册会计师应C公司要求协助制定公司财务战略。

要求:针对上述事项,分别指出事务所及其注册会计师是否违反了中国注册会计师职业道德守则,并简要说明理由。

4.F银行是红黄兰会计师事务所的常年审计客户。XYZ咨询公司是红黄兰会计师事务所的网络事务所。事务所在对F银行20×2年度财务报表执行审计的过程中遇到以下情况。

① 注册会计师钱一担任F银行20×2年度财务报表审计项目合伙人,其于20×2年10月按正常商业条件在F银行开立账户,并购买10 000元F银行公开发行的三个月期非保本浮动收益型人民币理财产品。该理财产品主要投资于各类债券基金。

② 钱二于20×2年6月30日从事务所辞职,并于20×2年末加入F银行下属某分行担任财务负责人。钱二是F银行20×1年度审计报告的签字注册会计师。

③ G保险公司与F银行均为M集团公司的重要子公司。G保险公司于20×2年2月聘请XYZ咨询公司为其提供与财务会计系统相关的内部审计服务,并由G保险公司承担管理层职责。G保险公司及M集团公司均不是事务所的审计客户。

④ XYZ咨询公司合伙人钱三的父亲持有F银行少量股票,截止到20×2年12月31日,这些股票市值为6 000元。合伙人钱三自20×1年起为F银行下属某分行提供企业所得税申报服务,但在服务过程中不承担管理层职责。

⑤ F银行持有上市公司H公司3%的股份,对H公司不具有重大影响。该项投资对F银行也不重大。F银行20×2年度审计项目经理钱四于20×2年12月购买500股H公司股票。截止到20×2年12月31日,这些股票市值为3 000元。

⑥ F银行于20×2年初收购J银行,为了将两个银行的财务信息系统进行整合,聘请了XYZ咨询公司重新设计财务信息系统。

要求:针对上述各项,逐项指出是否存在违反中国注册会计师职业道德守则的情况,并简要说明理由。

推荐阅读

第 2 篇
财务报表审计原理

第 5 章 财务报表审计目标和审计过程

【学习目标】

学习本章后，你应该能够：
- ▼ 理解注册会计师财务报表审计的目标；
- ▼ 掌握被审计单位对财务报表的认定与审计具体目标的关系；
- ▼ 了解财务报表审计过程。

【内容提要】

财务报表审计目标是在一定历史环境下，人们通过审计实践活动所期望达到的境地或最终结果。它分为总体目标和具体目标两个层次。被审计单位的认定分为交易与事项及相关披露、账户余额及相关披露的认定两大类别。在理清认定的基础上，确定具体审计目标，进而设计和实施相应的审计程序，获取审计证据，以实现审计总体目标，这是财务报表审计的逻辑过程。为了实现审计目标，注册会计师需要将整个审计过程划分为初步业务、审计计划、风险评估、风险应对、完成审计过程、编制审计报告等阶段，在不同阶段完成不同的工作任务。

5.1 财务报表审计目标

5.1.1 财务报表审计目标的变化

财务报表审计目标是在一定历史环境下，人们通过审计实践活动所期望达到的境地或最终结果。从内容发展来说，财务报表审计目标主要经历了查错防弊、确认财务状况、财务报表公允性和合法性的再认定三大阶段。

在详细审计阶段，财务报表审计目标主要是查错防弊。审计的功能主要是防护性、判定有无技术错误和舞弊行为。

20 世纪初至 30 年代，财务报表审计开始转变为以判断财务状况为主要审计目标。在此阶段，查错防弊目标依然存在，但已退居第二位。财务报表审计的功能从防护性发展到公证性，主要关注于对资产负债表各个项目期末余额的可靠性和真实性的审查，以确定被审计单位的偿债能力，判断其信用状况，债权人的需求成为财务报表审计的重点考虑对象。

财务报表审计发展至今，审计目标涵盖了财务报表信息全部构成内容的公允性和合法性的再认定。其服务对象包括了各类利益相关者，不论是现实的还是潜在的。站在利益相关者的角度，对财务报表的可信赖程度发表审计意见，是现阶段财务报表审计的目标。财务报表审计目标分为财务报表审计的总体目标和具体目标两个层次。

5.1.2 财务报表审计的总体目标

在执行财务报表审计工作时，注册会计师的总体目标如下。

① 对财务报表整体是否不存在由于舞弊或错误导致的重大错报获取合理保证，使得注册会计师能够对财务报表是否在所有重大方面按照适用的财务报告编制基础编制发表审计意见。

② 按照审计准则的规定，根据审计结果对财务报表出具审计报告，并与管理层和治理层沟通。

财务报表审计的总体目标对注册会计师的审计工作发挥着导向作用，它界定了注册会计师的责任范围，直接影响注册会计师计划和实施审计程序的性质、时间和范围，决定了注册会计师如何发表审计意见。例如，财务报表审计目标是对财务报表整体发表审计意见，注册会计师可以关注与财务报表编制和审计有关的内部控制，而不对内部控制本身发表鉴证意见。同样，注册会计师也可以关注被审计单位的违反法规行为，这些行为影响到财务报表，而不是对被审计单位是否存在违反法规行为提供鉴证。

审计准则第 1101 号

5.1.3 被审计单位的认定和财务报表审计的具体目标

1. 被审计单位的认定

1）被审计单位的认定的含义

被审计单位的认定，是指被审计单位针对财务报表要素的确认、计量和列报（包括披露）作出的一系列明确或暗含的意思表达。被审计单位的认定方式有明示性的认定和暗示性的认定两种。例如，某上市公司对外公布的资产负债表中列示的"存货"如下。

流动资产：

存货：5 000 000 元

则该存货项目的列示，意味着被审计单位的管理层做出了以下明确认定：存货是存在的；存货的正确余额是 5 000 000 元。同时，被审计单位管理层对存货项目也做出了以下暗含性的认定：所有应报告的存货，均已包括在内；所有被报告的存货都归被审计单位所有，等等。

假如上述认定中的任何一项有错误，那么财务报表就可能存在错报。

被审计单位对财务报表中的各个会计要素，包括资产、负债、所有者权益、收入和费用，以及这些会计要素中的每个项目都做了相应的认定。这些认定，从性质上可分为两大类：① 所审计期间各类交易、事项及相关披露的认定；② 期末账户余额及相关披露的认定。

2）所审计期间各类交易、事项及相关披露的认定

关于所审计期间各类交易、事项及相关披露的认定通常分为下列类别。

① 发生：记录或披露的交易和事项已发生，且这些交易和事项与被审计单位有关。

② 完整性：所有应当记录的交易和事项均已记录，所有应当包括在财务报表中的相关披露均已包括。

③ 准确性：与交易和事项有关的金额及其他数据已恰当记录，相关披露已得到恰当计量和描述。

④ 截止：交易和事项已记录于正确的会计期间。

⑤ 分类：交易和事项已记录于恰当的账户。

⑥ 列报：交易和事项已被恰当地汇总或分解且表述清楚，相关披露在适用的财务报告编制基础下是相关的、可理解的。

3）期末账户余额及相关披露的认定

关于期末账户余额及相关披露的认定通常分为下列类别。

① 存在：记录的资产、负债和所有者权益是存在的。

② 权利和义务：记录的资产由被审计单位拥有或控制，记录的负债是被审计单位应当履行的偿还义务。

③ 完整性：所有应当记录的资产、负债和所有者权益均已记录，所有应当包括在财务报表中的相关披露均已包括。

④ 准确性、计价和分摊：资产、负债和所有者权益以恰当的金额包括在财务报表中，与之相关的计价或分摊调整已恰当记录，相关披露已得到恰当计量和描述。

⑤ 分类：资产、负债和所有者权益已记录于恰当的账户。

⑥ 列报：资产、负债和所有者权益已被恰当地汇总或分解且表述清楚，相关披露在适用的财务报告编制基础下是相关的、可理解的。

2. 被审计单位的认定和财务报表审计的关系

保证财务报表公允、合法地反映被审计单位的财务状况、经营情况和现金流量等是被审计单位管理层的责任。当管理层声明财务报表已按照适用的财务报告编制基础进行编制，在所有重大方面做出公允反映时，就意味着管理层对财务报表各组成要素的确认、计量、列报及相关的披露做出了认定。注册会计师的职责就在于确定被审计单位管理层对其财务报表的认定是否恰当，即财务报表审计是对被审计单位管理层对其财务报表认定的再认定。

被审计单位的认定与财务报表审计的关系如图5-1所示。

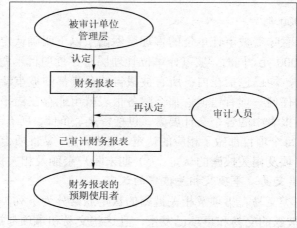

图5-1 被审计单位的认定与财务报表审计的关系

3. 具体审计目标

被审计单位管理层的认定与具体审计目标密切相关。注册会计师了解了认定，就很容易确定每个项目的具体审计目标，作为评估重大错报风险及设计和实施进一步审计程序的基础。

1) 与各类交易、事项及相关披露相关的审计目标

① 发生：由发生认定推导的审计目标是确认已记录的交易是真实的。例如，如果没有发生销售交易，但在销售日记账中记录了一笔销售，则违反了该目标。

"发生"认定所要解决的问题是管理层是否把那些不曾发生的项目列入财务报表，并不涉及所报告的金额是否正确。它主要与财务报表组成要素的高估（也称"夸大错误"）有关。

② 完整性：由完整性认定推导的审计目标是确认已发生的交易确实已经记录。例如，如果发生了销售交易，但没有在销售明细账和总账中记录，则违反了该目标。

发生和完整性两者强调的是相反的关注点。发生目标针对潜在的高估，而完整性目标是针对漏记交易，"完整性"认定主要与财务报表的组成要素的低估（也称"缩小错误"）有关。

③ 准确性：由准确性认定推导的审计目标是确认已记录的交易是按正确金额反映的。例如，如果在销售交易中，发出商品的数量与账单上的数量不符，或是开账单时使用了错误的销售价格，或是账单中的乘积或加总有误，或是在销售明细账中记录了错误的金额，则违反了该目标。

准确性与发生、完整性之间存在区别。例如，若已记录的销售交易是不应当记录的（如发出的商品是寄销商品），则即使发票金额是准确计算的，仍违反了发生目标。再如，若已入账的销售交易是对正确发出商品的记录，但金额计算错误，则违反了准确性目标，但没有违反发生目标。在完整性与准确性之间也存在同样的关系。

④ 截止：由截止认定推导的审计目标是确认接近于资产负债表日的交易记录于恰当的期间。例如，如果本期交易推到下期，或下期交易提到本期，均违反了截止目标。

⑤ 分类：由分类认定推导的审计目标是确认被审计单位记录的交易经过适当分类。例如，如果将现销记录为赊销，或将出售经营性固定资产所得的收入记录为营业收入，则导致交易分类的错误，违反了分类的目标。

⑥ 列报：由列报认定推导的审计目标是确认被审计单位的交易和事项已被恰当地汇总或分解且表述清楚，相关披露在适用的财务报告编制基础下是相关的、可理解的。

表 5-1 是对各类交易和事项的认定与具体审计目标的关系示例。

表 5-1 各类交易和事项的认定与具体审计目标的关系示例

认定类别	具体审计目标示例
发生	确认在收入明细账或总账中是否记录了没有发生的销售交易
完整性	确认发生了销售交易，在收入的明细账或总账中是否记录
准确性	确认已确定的交易事项是否按正确金额反映
截止	确认本期发生的销售交易是否在本期记录；本期交易是否推迟到下期，或下期交易是否提前到本期
分类	确认出售经营性固定资产的收入是否记录为营业收入
列报	根据公允价值变动损益科目本期累计发生额填列，如果累计发生额在借方，应当以"-"加以列示，表示公允价值变动损失

2）与期末账户余额及相关披露相关的审计目标

① 存在：由存在认定推导的审计目标是确认记录的金额确实存在。例如，如果不存在某顾客的应收账款，在应收账款明细表中却列入了对该顾客的应收账款，则违反了存在性目标。

② 权利和义务：由权利和义务认定推导的审计目标是确认资产归属于被审计单位，负债属于被审计单位的义务。例如，将他人寄售商品列入被审计单位的存货中，违反了权利目标；将不属于被审计单位的债务记入账内，违反了义务目标。

③ 完整性：由完整性认定推导的审计目标是确认已存在的金额均已记录。例如，如果存在某顾客的应收账款，在应收账款明细表中却没有列入对该顾客的应收账款，则违反了完整性目标。

④ 准确性、计价和分摊：资产、负债和所有者权益以恰当的金额包括在财务报表中，与之相关的计价或分摊调整已恰当记录，相关披露已得到恰当计量和描述。

⑤ 分类：资产、负债和所有者权益已记录于恰当的账户。

⑥ 列报：资产、负债和所有者权益已被恰当地汇总或分解且表述清楚，相关披露适用的财务报告编制基础是相关的、可理解的。

表5-2是期末账户余额的认定与具体审计目标的关系示例。

表5-2 期末账户余额的认定与具体审计目标的关系示例

认定类别	具体审计目标示例
存在	确认在应收账款有关的记录中是否列入了不存在的应收账款
权利和义务	确认是否将不属于被审计单位的债务计入账内
完整性	确认存在某客户的应收账款，在应收账款有关的记录中是否未列入应收账款
准确性、计价和分摊	确认存货余额采用了正确的计价方法，是否计提了充足的存货跌价准备，以及账面存货量与实际数量是否相符等
分类	确认属于资本化的支出是否被计入固定资产等账户中
列报	确认是否将快到期的长期借款列示在流动负债的"一年内到期的非流动负债"项目中

5.1.4 被审计单位的认定、审计目标与审计工作的关系

在财务报表审计过程中，注册会计师首先是根据总体审计目标和被审计单位的认定确定具体审计目标，然后根据具体审计目标的要求，设计和实施相应的审计程序，以获取充分、适当的审计证据，进而确定被审计单位的认定是否适当（见图5-2）。

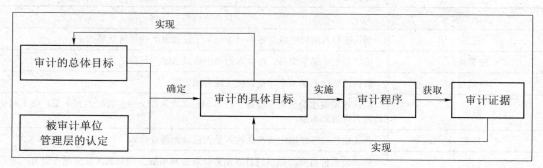

图5-2 被审计单位的认定与审计工作的关系

典型例题 5-1

被审计单位的资产负债表中"交易性金融资产"项目的余额为 230 万元。则其意味着被审计单位管理层对该项目做出了哪些认定？注册会计师应为该项目设置哪些具体审计目标？对各项具体审计目标，请分别列出至少一项相应的审计程序。

参考答案：

被审计单位的认定	具体审计目标	相应的审计程序
存在	记录的交易性金融资产是存在的	获取股票、债券、基金等账户对账单，与明细账余额核对
权利和义务	记录的交易性金融资产由被审计单位拥有或控制	查阅在外保管的交易性金融资产有关保管的文件，必要时可向保管人函证，复核并记录函证结果
完整性	所有应当记录的交易性金融资产均已记录，所有应当包括在财务报表中的相关披露均已包括	取得有关账户流水单，对照检查账面记录是否完整
准确性、计价和分摊	交易性金融资产以恰当的金额包括在财务报表中，与之相关的计价调整已恰当记录，相关披露已得到恰当计量和描述	复核交易性金融资产计价方法，检查其是否按公允价值计量，前后期是否一致
分类	交易性金融资产已记录于恰当的账户	询问管理层对于划分为交易性金融资产的意图及实际实施情况
列报	交易性金融资产已被恰当地汇总或分解且表述清楚，相关披露在适用的财务报告编制基础下是相关的、可理解的。	检查交易性金融资产是否已按照《企业会计准则》的规定在财务报表中做出恰当列报

5.2 财务报表的审计过程

确定审计目标后，注册会计师就可以开始收集审计证据，以实现审计目标。审计证据的收集是在审计过程中实现的，审计目标的实现与审计过程密切相关。

审计是在审计目标的指引下，通过承接审计业务，制订、执行审计计划，有组织地采用科学的程序收集和评价审计证据，完成审计工作，提交审计报告的一个系统化的过程。

财务报表审计过程可分为接受业务委托、计划审计工作、实施风险评估程序、实施风险应对措施、完成审计工作和编制审计报告几个阶段，如图 5-3 所示。

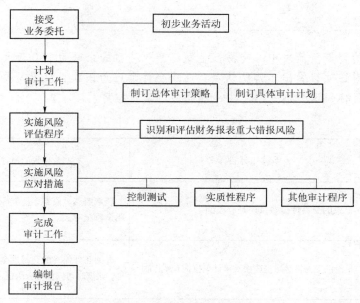

图 5-3　财务报表审计过程

5.2.1　接受业务委托

接受业务委托是财务报表审计过程的起点。会计师事务所应当按照执业准则的规定，谨慎决策是否接受或保持某客户关系和具体审计业务。会计师事务所执行客户接受与保持的程序，旨在识别和评估会计师事务所面临的风险。例如，如果注册会计师发现潜在客户正面临财务困难，或者发现现有客户在之前的业务中做出虚假陈述，那么可以认为接受或保持该客户的风险非常高，甚至是不可接受的。会计师事务所除考虑客户施加的风险外，还需要复核执行业务的能力，如当工作需要时能否获得合适的具有相应资格的员工、能否获得专业化协助、是否存在任何利益冲突、能否对客户保持独立性等。

注册会计师需要做出的最重要的决策之一就是是否接受和保持客户。一项低质量的决策会导致不能准确确定计酬的时间或未被支付的费用，增加项目合伙人和员工的额外压力，使会计师事务所声誉遭受损失，或者涉及潜在的诉讼。

一旦决定接受业务委托，注册会计师应当与客户就审计约定条款达成一致意见。对于连续审计，注册会计师应考虑是否需要根据具体情况修改业务约定条款，以及是否需要提醒客户注意现有的业务约定书。

5.2.2　计划审计工作

审计计划是指注册会计师为了完成各项审计业务，达到预期审计目标，在具体执行审计程序之前编制的工作计划。

对于任何一项审计工作，为了如期实现审计目标，注册会计师必须在具体执行审计程序之前，制订科学、合理的计划。科学、合理的计划可以帮助注册会计师有的放矢地去审查、取证，形成正确的审计结论，从而实现审计目标。审计计划工作可以有效地利用审计资源，保持合理的审计成本，提高审计工作的效率。审计计划工作也可以避免与被审计单位之间发生误解。

5.2.3 实施风险评估程序

风险评估程序是指注册会计师为了识别和评估财务报表层次和认定层次的重大错报风险（无论该错报是由于舞弊导致还是由于错误导致）而实施的审计程序。注册会计师必须实施风险评估程序，以此作为评估财务报表层次和认定层次重大错报风险的基础。

风险评估程序本身并不足以为发表审计意见提供充分、适当的审计证据，注册会计师还应当实施进一步审计程序，包括实施控制测试和实质性程序。

5.2.4 实施风险应对措施

在实施风险评估程序之后，注册会计师应当根据风险评估的结果，设计和实施控制测试、实质性程序和其他测试程序，以将审计风险降至可接受的低水平。

1. 控制测试

控制测试是指用于评价内部控制在防止或发现并纠正认定层次重大错报方面的运行有效性的审计程序。控制测试需得出支持或修正重大错报风险的评估结果的结论，据以确定如何设计和实施实质性程序。

注册会计师执行控制测试以获取内部控制运行有效性的审计证据。比如，假定被审计单位的相关内部管理制度规定，"现金应每天如数送存银行"，那么注册会计师可通过观察实际送存过程和检查有效的存款单据，测试该项控制的有效性。尽管大多数的财务报表审计都执行控制测试，但并不一定每次财务报表审计都必须执行这类程序。

2. 实质性程序

实质性程序是指用于发现认定层次重大错报的审计程序，包括对各类交易、账户余额和披露的细节测试及实质性分析程序。实质性分析程序通常更适用于在一段时期内存在可预期关系的大量交易。注册会计师针对评估的重大错报风险实施实质性程序，目的在于发现认定层次的重大错报。由于内部控制存在固有局限性，无论评估的重大错报风险结果如何，注册会计师均应当针对所有重大的各类交易、账户余额、列报实施实质性程序，以获取充分、适当的审计证据。

风险评估程序、控制测试、实质性程序之间的比较如表 5-3 所示。

表 5-3 三类审计程序的比较

审计测试程序的类别	目的	对其他程序的影响	性质
风险评估程序	评估重大错报风险	设计和实施进一步的审计程序	每次财务报表审计必须执行
控制测试	测试内部控制运行有效性，支持或修正重大错报风险的评估结果	确定实质性程序的性质、时间和范围	每次财务报表审计可选择执行
实质性程序	确定是否存在重大错报	—	每次财务报表审计必须执行

5.2.5 完成审计工作和编制审计报告

注册会计师实施控制测试和实质性程序以后，进入整个审计过程的最后阶段，即根据所获取的各种证据，运用专业判断，形成适当的审计意见，出具审计报告。

本阶段的主要工作如下。

① 完成与财务报表披露有关的审计取证工作，包括关联方、持续经营能力、期后事项、或有事项、比较数据、其他信息等，获取关键时点的审计证据。

② 进行审计证据的汇总分析、完成相应的业务质量复核程序，确保审计工作遵循了审计准则的要求。

③ 编制审计差异调整表，形成审计的判断。

④ 做出审计报告意见类型及措辞的决策，完成与被审计单位的必要沟通。

⑤ 编制并报送审计报告、完成审计工作。

本章关键术语

审计总体目标	具体审计目标	被审计单位的认定
交易、事项	期末账户余额	发生
完整性	准确性	截止
分类	列报	存在
权利和义务	准确性、计价和分摊	审计过程

本 章 复 习

一、单项选择题

1. 针对审计项目具体内容确定的审计目的是（　　）。
   A. 专门审计目标　　B. 特殊审计目标　　C. 具体审计目标　　D. 一般审计目标

2. 下列各项认定中，与所审计期间各类交易和事项及相关披露和期末账户余额及相关披露均相关的是（　　）。
   A. 发生　　　　　　B. 截止　　　　　　C. 准确性　　　　　　D. 完整性

3. 下列各项认定中，与利润表组成项目无关的是（　　）。
   A. 完整性　　　　　B. 分类　　　　　　C. 权利和义务　　　　D. 发生

4. 下列与应收账款有关的认定，通过实施函证程序，注册会计师认为最可能证实的是（　　）。
   A. 准确性、计价和分摊　　　　　　　　B. 分类
   C. 存在　　　　　　　　　　　　　　　D. 完整性

5. 如果被审计单位将20×1年12月发生的营业收入记入了20×2年1月的会计账簿，

则其违反的认定类别是（　　）。

  A. 发生　　　　　　B. 准确性　　　　　　C. 截止　　　　　　D. 分类

 6. 如果被审计单位未将当年已经达到预定可使用状态的在建工程转入固定资产，则其在"在建工程"项目上违反的认定类别是（　　）。

  A. 存在　　　　　　　　　　　　B. 完整性
  C. 权利与义务　　　　　　　　　D. 准确性、计价与分摊

 7. 询问销售人员是否存在过时或周转缓慢的存货，最可能证实的认定是（　　）。

  A. 存在　　　　　　　　　　　　B. 完整性
  C. 准确性　　　　　　　　　　　D. 准确性、计价和分摊

 8. 在对预计负债完整性认定进行审计时，通常不能提供相关审计证据的审计程序是（　　）。

  A. 分析律师费用的异常变动　　　　B. 检查董事会会议纪要
  C. 向往来银行进行询证　　　　　　D. 从预计负债明细账追查至记账凭证

 9. 为了确定被审计单位营业收入的发生认定是否存在重大错报，下列审计程序中通常最有效的是（　　）。

  A. 从发运凭证追查至营业收入明细账　　B. 从营业收入明细账追查至发运凭证
  C. 从发运凭证追查至销售发票　　　　　D. 从营业收入明细账追查至银行对账单

 10. 下列各项中，为获取审计证据，所描述的审计程序与所要达到的审计目标几乎无关的是（　　）。

  A. 对应收账款进行函证以确定应收账款是否存在
  B. 复核银行存款余额调节表，以确定银行存款余额的准确性
  C. 检查外购固定资产的采购发票和采购合同以确定资产的所有权
  D. 核对材料入库单编号的完整性，以确定材料成本计价的准确性

二、多项选择题

 1. 下列被审计单位的认定中，仅与各类交易、事项及相关披露相关的有（　　）。

  A. 发生　　　　　　　　　　　　B. 准确性、计价和分摊
  C. 准确性　　　　　　　　　　　D. 截止

 2. 在审计上市公司年度财务报表时，通常情况下，注册会计师应将"完整性"作为重点认定的财务报表项目有（　　）。

  A. 预付账款　　　　　　　　　　B. 短期借款
  C. 应付账款　　　　　　　　　　D. 应收账款

 3. 下列各项中，与应收账款"准确性、计价和分摊"认定相关的审计程序有（　　）。

  A. 应收账款均已记录
  B. 应收账款确实为被审计单位拥有
  C. 应收账款总账与明细账保持了一致性
  D. 计提和冲销的坏账准备金额是适当的

 4. 以下（　　）认定出现错误，可能导致被审计单位相关报表项目出现高估错报。

  A. 发生　　　　　B. 分类　　　　　C. 截止　　　　　D. 完整性
  E. 准确性

5. 被审计单位将以往由客户承担的50%运费的惯例改为向客户提供免费运输后，其当年发生的运输费用占当年实现营业收入的比例反而比上年有所下降。这可能意味着该公司存在错报的认定有（   ）。
    A. 营业收入的完整性 B. 营业收入的发生
    C. 营业费用的完整性 D. 营业费用的发生
6. 以下审计程序中，与银行存款的"存在"认定的确认相关的有（   ）。
    A. 检查银行存单 B. 检查银行对账单
    C. 函证银行存款余额 D. 分析银行存款余额的合理性
7. 如果注册会计师怀疑被审计单位存在确认并记录销售后不结转成本的现象，则可能存在错报的认定有（   ）。
    A. 营业成本的完整性 B. 存货的存在
    C. 营业成本的准确性 D. 存货的完整性
8. 如果被审计单位未对正在使用的生产设备计提折旧，则可能存在错报的认定有（   ）。
    A. 固定资产的准确性、计价和分摊
    B. 存货的准确性、计价和分摊
    C. 营业成本的准确性
    D. 资产减值损失的准确性
9. 如果被审计单位20×2年度与20×1年度相比，营业收入增加20%，营业成本增加10%，销售费用减少8%。则可能存在错报风险的认定有（   ）。
    A. 营业收入的完整性认定 B. 营业成本的完整性认定
    C. 销售费用的完整性认定 D. 营业收入的发生认定
10. 下列各项审计程序中，通常可用于证实营业收入发生认定的有（   ）。
    A. 对应收账款余额实施函证
    B. 检查销售发票是否连续编号
    C. 检查营业收入明细账的借方发生额
    D. 检查营业收入明细账的贷方发生额

三、问答题
1. 财务报表审计的总体目标是什么？
2. 简述财务报表审计的工作过程。
3. 被审计单位管理层关于所审计期间各类交易、事项及相关披露的认定可分为哪些类别？分别举例说明。
4. 被审计单位管理层关于期末账户余额及相关披露的认定可分为哪些类别？分别举例说明。

四、研究思考题
1. 财务报表审计的总体目标为什么会不断变化？影响审计总体目标变化的因素有哪些？
2. 如何理解被审计单位管理层的认定、审计总体目标、具体审计目标、审计程序之间的关系？

第5章 财务报表审计目标和审计过程

五、案例分析题

1. 任选某一财务报表项目，分析被审计单位管理层对该项目做出的认定有哪些？相应地，与之相关的具体审计目标有哪些？对各项具体审计目标，注册会计师可实施哪些审计程序予以证实？

2. 假定可供注册会计师选择的存货审计程序如下：
   ① 检查现行销售价目表；
   ② 审阅财务报表；
   ③ 在监盘存货时，选择一定样本，确定其是否包括在盘点表内；
   ④ 选择一定样本量的存货会计记录，检查支持记录的购货合同和发票；
   ⑤ 在监盘存货时，选择盘点表内一定样本量的存货记录，确定存货是否在库；
   ⑥ 测试直接人工费用的合理性。

   要求：请指出上述各项审计程序分别可实现的审计目标。

3. 假设注册会计师在财务报表审计中发现被审计单位存在下列事项，请分别分析与各事项最相关的被审计单位认定的类别及其名称，将答案填写在下表相关的表格中。

	财务报表审计过程中发现的事项	相关认定的类别	相关认定的名称
1	本期交易推迟至下期记账，或者将下期应当记录的交易提前到本期记录		
2	期末少计提累计折旧		
3	在销售明细账中记录了并没有发生的一笔销售业务		
4	不存在某顾客，在应收账款明细表中却列入了对该顾客的应收账款		
5	财务报表附注没有分别对原材料、在产品和产成品等存货成本核算方法做恰当的说明		
6	将不属于被审计单位的债务记入账内		
7	将出售某经营性固定资产所得的收入记录为营业收入		
8	没有将一年内到期的长期负债列为一年内到期的非流动负债		
9	发生了一项销售交易，但没有在销售明细账和总账中记录		
10	没有在财务报表中充分披露关联方和关联交易		

第 6 章 初步业务活动与审计计划

【学习目标】

学习本章以后,你应该能够:
- ▼ 掌握初步业务活动的目的和内容;
- ▼ 了解审计业务约定书的基本内容;
- ▼ 掌握总体审计策略和具体审计计划的基本内容;
- ▼ 了解集团审计的特殊考虑;
- ▼ 掌握审计风险的概念、构成要素及构成要素的相互关系;
- ▼ 掌握审计重要性的概念及其应用。

【内容提要】

初步业务活动是注册会计师财务报表审计过程的第一个阶段。在会计师事务所与被审计单位签订审计业务约定书之后,注册会计师就开始编制审计计划。审计计划,有助于注册会计师顺利地实施和完成审计工作,并控制审计风险。如果是集团财务报表审计,审计计划需要考虑对组成部分及合并过程的审计安排。审计风险和审计重要性是两个重要的概念,它们是决定风险评估程序和进一步审计程序的性质、时间和范围,以及做出评价结论的依据。

6.1 初步业务活动

6.1.1 初步业务活动的目的和内容

1. 初步业务活动的目的

在每期业务开始之前,注册会计师需要开展初步业务活动,以便为计划审计工作做准备。初步业务活动有助于注册会计师识别和评价可能对在项目层面管理和实现业务的高质量产生负面影响的事项或情况。初步业务活动的主要目的有:

① 保持执行业务所需的独立性和能力;

② 确定不存在因管理层诚信问题而可能影响注册会计师保持该项业务的意愿的事项；
③ 确定与被审计单位之间不存在对业务约定条款的误解。

2. 初步业务活动的内容

初步业务活动的内容分为以下 3 类。

① 针对客户关系和审计业务的接受与保持，实施相应的质量管理程序。会计师事务所应当针对客户关系和具体业务的接受与保持设定质量目标。项目合伙人应当确定会计师事务所就客户关系和审计业务的接受与保持制定的政策和程序已得到遵守，并且得出的相关结论是适当的。

② 评价遵守相关职业道德要求的情况。这项活动非常重要。评价职业道德的工作贯穿审计业务的全过程，这项活动也需要安排在其他审计工作之前，以确保注册会计师已具备执行业务所需要的独立性和专业胜任能力。

③ 就审计业务约定条款与被审计单位达成一致意见。在做出接受或保持客户关系及具体审计业务的决策后，注册会计师应当在审计业务开始前，与被审计单位就审计业务约定条款达成一致意见，签订或修改审计业务约定书，以避免双方对审计业务的理解产生分歧。

6.1.2 审计的前提条件

审计的前提条件，是指管理层在编制财务报表时采用可接受的财务报告编制基础，以及管理层对注册会计师执行审计工作的前提的认同。

1. 财务报告编制基础的可接受性

注册会计师应当确定管理层在编制财务报表时采用的财务报告编制基础是否是可接受的。在确定编制财务报表所采用的财务报告编制基础的可接受性时，注册会计师需要考虑下列相关因素。

① 被审计单位的性质。例如，被审计单位是商业企业、公共部门实体还是非营利组织。
② 财务报表的目的。例如，编制财务报表是用于满足广大财务报表使用者共同的财务信息需求，还是用于满足财务报表特定使用者的财务信息需求。
③ 财务报表的性质。例如，财务报表是整套财务报表还是单一财务报表。
④ 法律法规是否规定了适用的财务报告编制基础。

2. 就管理层的责任达成一致意见

注册会计师应当就管理层认可并理解其责任与管理层达成一致意见。管理层的责任包括：
① 按照适用的财务报告编制基础编制财务报表，并使其实现公允反映（如适用）；
② 设计、执行和维护必要的内部控制，以使财务报表不存在由于舞弊或错误导致的重大错报；
③ 向注册会计师提供必要的工作条件。

6.1.3 审计业务约定书

注册会计师应当在审计业务开始前，与被审计单位就审计业务约定条款达成一致意见，并签订审计业务约定书，以避免双方对审计业务的理解产生分歧。签署审计业务约定书的目的是明确约定双方的责任与义务，促使双方遵守约定事项、加强合作，以保护会计师事务所与委托人的利益。

1. 审计业务约定书的概念与作用

（1）审计业务约定书的概念

审计业务约定书是指会计师事务所与被审计单位签订的，用以记录和确认审计业务的委托与受托关系、审计目标和范围、双方的责任及报告的格式等事项的书面协议。会计师事务所承接任何审计业务，都应与被审计单位签订审计业务约定书。

（2）审计业务约定书的作用

审计业务约定书具有经济合同的性质，一经约定双方签字认可，即成为会计师事务所与委托人之间在法律上生效的契约，具有法定约束力。

审计业务约定书有以下几个方面的作用。

① 审计业务约定书可以增进会计师事务所与委托人之间的了解，尤其使被审计单位了解注册会计师的审计责任及需要提供的合作。

② 审计业务约定书可作为委托人鉴定审计业务完成情况及会计师事务所检查委托人约定义务履行情况的依据。

③ 如果出现法律诉讼，审计业务约定书是确定会计师和委托人双方应负责任的重要证据。

2. 审计业务约定书的基本内容

审计业务约定书的具体内容可能因被审计单位的不同而存在差异，审计业务约定书的内容包括下列主要方面。

① 财务报表审计的目标与范围。

② 注册会计师的责任。

③ 管理层的责任。

④ 用于编制财务报表所适用的财务报告编制基础。

⑤ 提及注册会计师拟出具的审计报告的预期形式和内容，以及对在特定情况下出具的审计报告可能不同于预期形式和内容的说明。

⑥ 详细说明审计工作的范围，包括提及适用的法律法规、审计准则，以及注册会计师协会发布的职业道德守则和其他公告。

⑦ 对审计业务结果的其他沟通形式。

⑧ 在审计报告中沟通关键审计事项的要求（如适用）。

⑨ 说明由于审计和内部控制的固有限制，即使审计工作按照审计准则的规定得到恰当的计划和执行，仍不可避免存在某些重大错报未被发现的风险。

⑩ 计划和执行审计工作的安排，包括审计项目组的构成。

⑪ 预期管理层将提供书面声明。

⑫ 预期管理层将允许注册会计师接触管理层知悉的与财务报表编制相关的所有信息。

⑬ 管理层同意向注册会计师及时提供财务报表草稿和其他信息，以使注册会计师能够按照预定的时间表完成审计工作。

⑭ 管理层同意告知注册会计师在审计报告日至财务报表报出日之间注意到的可能影响财务报表的事实。

⑮ 收费的计算基础和收费安排。

⑯ 管理层确认收到审计业务约定书并同意其中的条款。

如果情况需要，审计业务约定书还可列明：在某些方面对利用其他注册会计师和专家工作的安排；对审计涉及的内部审计人员和被审计单位其他员工工作的安排；在首次审计的情况下，与前任注册会计师（如存在）沟通的安排；提及或描述在法律法规或相关职业道德要求下，注册会计师向被审计单位之外的适当机构报告识别出的或怀疑存在的违反法律法规行为的责任；说明对注册会计师责任可能存在的限制；注册会计师与被审计单位之间需要达成进一步协议的事项；向其他机构或人员提供审计工作底稿的义务。此外，审计业务约定书还会包括一般合同中通常应当包括的签约双方的信息、违约责任、解决争议的安排等。

审计准则第 1111 号

6.2　总体审计策略和具体审计计划

审计计划，是指注册会计师为了完成审计业务，达到预期的审计目标，在具体执行审计程序之前编制的工作计划。项目负责人通过编制和实施审计计划，可以对审计工作进行统筹安排，关注重要审计领域，及时发现和解决潜在问题，确保以合理的审计成本收集审计证据，得出审计结论，提高审计工作的效率和效果。同时，注册会计师还可以与被审计单位沟通审计计划，一方面避免与被审计单位之间发生误解，另一方面还能使被审计单位及时提供资料和必要的协助。

6.2.1　审计计划的两个层次

审计计划分为总体审计策略和具体审计计划两个层次。图 6-1 列示了审计计划的两个层次。

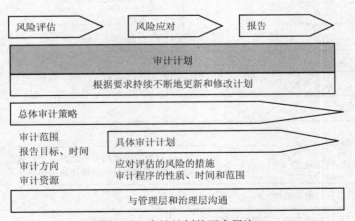

图 6-1　审计计划的两个层次

由于未预期事项的存在、条件的变化或通过实施审计程序获取的审计证据等原因，注册会计师可能需要基于修正后的风险评估结果，对总体审计策略和具体审计计划及相应的进一步审计程序的性质、时间安排和范围做出修改。

6.2.2 总体审计策略

注册会计师应当为审计工作制定总体审计策略。总体审计策略应确定审计范围、时间安排和方向,并指导具体审计计划的制订。

审计准则第 1201 号

1. 制定总体审计策略时的考虑事项

在制定总体审计策略时,注册会计师通常应当主要考虑以下事项。

① 业务特点。包括:编制拟审计的财务信息所依据的财务报告编制基础;特定行业的报告要求;母公司和集团组成部分之间存在的控制关系的性质;信息技术对审计程序的影响等。

② 报告目标、审计的时间安排和沟通的性质。包括:被审计单位对外报告的时间表,包括中间阶段和最终阶段;与管理层和治理层举行会谈,讨论审计工作的性质、时间安排和范围等。

③ 重要因素、初步业务活动和从其他业务获得的经验。包括:重要性的确定;初步识别的可能存在较高重大错报风险的领域;评估的财务报表层次的重大错报风险对指导、监督和复核的影响;以前审计中对内部控制运行有效性评价的结果等。

④ 资源的性质、时间安排和范围。包括:分配给项目组或项目组能够获取的人力资源、技术资源和知识资源;项目预算等。

2. 总体审计策略的工作底稿

总体审计策略的工作底稿是对注册会计师在项目层面管理业务质量时做出的关键决策的记录,也是与项目组沟通重大事项的一种方式。表 6-1 是总体审计策略的一个参考格式。

表 6-1 总体审计策略参考格式

被审计单位:_____ 索引号:_____
项目:_____ 财务报表截止日/期间:_____
编制:_____ 复核:_____
日期:_____ 日期:_____

1. 审计范围

报告要求	
适用的会计准则或制度	
适用的审计准则	
与财务报告相关的行业特别规定	如监管机构发布的有关信息披露法规、特定行业主管部门发布的与财务报告相关的法规等
需审计的集团内组成部分的数量及所在地点	
需要阅读的含有已审计财务报表的文件中的其他信息	如上市公司年报
制定审计策略需考虑的其他事项	如单独出具报告的子公司范围等

2. 审计时间安排

(1) 对外报告时间安排:_____

(2) 执行审计时间安排

执行审计时间安排	时间
1. 期中审计	
……	
2. 期末审计	
……	

（3）沟通的时间安排

所需沟通	时间
与管理层及治理层的会议	
项目组会议（包括预备会和总结会）	
与专家或有关人士的沟通	
与前任注册会计师沟通	
……	

3. 影响审计业务的重要因素

（1）重要性

确定的重要性水平	索引号
财务报表整体重要性	
特定类别的重要性（如适用）	
实际执行的重要性	
明显微小错报	

（2）可能存在较高重大错报风险的领域

可能存在较高重大错报风险的领域	索引号

(3) 重要的组成部分

重要组成部分	索引号

(4) 重要交易、账户余额和披露及相关认定

重要交易、账户余额和披露及相关认定	索引号

4. 人员安排

(1) 项目组主要成员

职位	姓名	主要职责

(2) 项目质量复核人员

职位	姓名	主要职责

5. 对专家或有关人士工作的利用

(1) 对内部审计工作的利用

主要报表项目	拟利用的内部审计工作	索引号

第 6 章 初步业务活动与审计计划

（2）对其他注册会计师工作的利用

其他注册会计师姓名	利用其工作范围及程度	索引号

（3）对专家工作的利用

主要报表项目	专家姓名	主要职责及工作范围	利用专家工作的原因	索引号

（4）对被审计单位使用服务机构的考虑

主要报表项目	服务机构名称	服务机构提供的服务及其注册会计师出具的审计报告意见及日期	索引号

6. 其他事项

3. 集团财务报表审计的特殊考虑

在财务报表审计实务中，被审计单位可能并非为单一实体，而是由不同组成部分构成。注册会计师的审计对象可能是母公司报表或合并报表。在这种情况下，注册会计师需要考虑集团项目组和组成部分注册会计师之间责任的划分及工作的配合、对报表合并过程的审计、重要性的概念在集团审计中的运用等问题。

1）集团和集团审计

集团是由至少一个以上组成部分构成的整体。集团财务报表是包括所有组成部分财务信息的财务报表。对集团财务报表进行的审计简称为集团审计。

集团项目组,是指参与集团审计的,包括集团项目合伙人在内的所有合伙人和员工。集团项目组负责制定集团总体审计策略,与组成部分注册会计师沟通,针对合并过程执行相关工作,并评价根据审计证据得出的结论,作为形成集团财务报表审计意见的基础。组成部分注册会计师,是指基于集团审计目的,按照集团项目组的要求,对组成部分财务信息执行相关工作的注册会计师。

集团项目合伙人负责指导、监督和执行集团审计业务,并确定出具的审计报告是否适合具体情况。除非法律法规另有规定,集团审计意见、审计报告不应提及组成部分注册会计师。

2)针对组成部分评估的风险采取的应对措施

对于组成部分财务信息,集团项目组应当确定由其亲自执行或由组成部分注册会计师代为执行的相关工作的类型。集团项目组还应当确定参与组成部分注册会计师工作的性质、时间安排和范围。对不同组成部分的审计应对措施如表 6–2 所示。

表 6–2 集团审计中对不同组成部分的审计应对措施

组成部分	审计应对措施
具有财务重大性的单个组成部分	集团项目组或代表集团项目组的组成部分注册会计师应当运用该组成部分的重要性,对组成部分财务信息实施审计 如果组成部分注册会计师对重要组成部分财务信息执行审计,集团项目组应当参与组成部分注册会计师实施的风险评估程序,以识别导致集团财务报表发生重大错报的特别风险 如果在由组成部分注册会计师执行相关工作的组成部分内,识别出导致集团财务报表发生重大错报的特别风险,集团项目组应当评价针对识别出的特别风险拟实施的进一步审计程序的恰当性。根据对组成部分注册会计师的了解,集团项目组应当确定是否有必要参与进一步审计程序
对由于其特定性质或情况,可能存在导致集团财务报表发生重大错报的特别风险的重要组成部分	集团项目组或代表集团项目组的组成部分注册会计师应当执行下列一项或多项工作:① 运用组成部分重要性对组成部分财务信息实施审计;② 针对与可能导致集团财务报表发生重大错报的特别风险相关的一个或多个账户余额、一类或多类交易或披露事项实施审计;③ 针对可能导致集团财务报表发生重大错报的特别风险实施特定的审计程序
不重要	集团项目组应当在集团层面实施分析程序

3)对合并过程的审计责任

在集团审计中,集团项目组应当了解集团层面的控制和合并过程,包括集团管理层向组成部分下达的指令。如果对合并过程执行工作的性质、时间安排和范围基于预期集团层面控制有效运行,或者仅实施实质性程序不能提供认定层次的充分、适当的审计证据,集团项目组应当亲自测试或要求组成部分注册会计师代为测试集团层面控制运行的有效性。

审计准则第 1401 号

集团项目组应当针对合并过程设计和实施进一步审计程序,以应对评估的、由合并过程导致的集团财务报表发生重大错报的风险。设计和实施的进一步审计程序应当包括:

① 评价所有组成部分是否均已包括在集团财务报表中;

② 合并调整和重分类事项的适当性、完整性和准确性,并评价是否存在舞弊风险因素或可能存在管理层偏向的迹象。

典型例题 6-1

红黄兰会计师事务所负责 Z 集团公司的财务报表审计。Z 集团公司拥有 A、B、C、D 四家下属子公司。各家子公司的情况及审计人员拟实施的审计计划如下。

① A 公司资产占 Z 集团公司总资产的 50%,净利润占集团公司净利润总额的 40%。审计人员认为 A 公司对集团公司具有财务重大性,确定 A 公司为重要组成部分,并计划由集团项目组运用集团重要性审计 A 公司的财务信息。

② B 公司资产占 Z 集团公司总资产的 10%,净利润占集团公司净利润总额的 30%。审计人员认为 B 公司对集团公司具有财务重大性,确定 B 公司为重要组成部分,并计划由组成部分注册会计师审计 B 公司的财务信息。因该组成部分注册会计师专业水平较高,集团项目组不参与其审计工作,拟信赖其审计结论。

③ C 公司为 Z 集团公司的内部资金清算中心,资产占 Z 集团公司总资产的 2%,净利润占集团公司净利润总额的 5%。审计人员认为 C 公司对集团公司不具有财务重大性,但仍将 C 公司确定为重要组成部分,并要求组成部分注册会计师针对集团内部资金运转实施特定的审计程序。

④ D 公司为 Z 集团公司新投资设立的一个工厂,尚未开始生产经营,资产占 Z 集团公司总资产的 2%。审计人员认为 D 公司不具有财务重大性,将其确定为不重要的组成部分,决定不再执行任何审计程序。

要求: 假定不考虑其他情况,针对上述各项,分别指出审计人员的做法是否恰当。如果认为不恰当,简要说明理由。

参考答案:

事项序号	是否恰当	简要理由
①	不恰当	对于重要组成部分,应当运用该组成部分的重要性,对组成部分财务信息实施审计
②	不恰当	对于重要组成部分,如果由组成部分注册会计师实施审计,集团项目组应当参与组成部分注册会计师实施的风险评估程序,以识别导致集团财务报表发生重大错报的特别风险
③	恰当	—
④	不恰当	对于不重要的组成部分,集团项目组应当在集团层面实施分析程序

6.2.3 具体审计计划

总体审计策略一经制定,注册会计师就可以针对总体审计策略中的各个事项制订具体审计计划,并考虑通过有效利用审计资源实现审计目标。具体审计计划比总体审计策略更加详细,其内容包括:

① 计划对项目组成员实施指导、监督并复核其工作的性质、时间安排和范围;

② 按照审计准则的规定,计划实施的风险评估程序的性质、时间安排和范围;在认定层次计划实施的进一步审计程序的性质、时间安排和范围;计划实施的其他审计程序。

表 6-3 是实质性测试具体审计计划的一个通用工作底稿的格式示例。

表 6-3　具体审计计划示例

××项目实质性程序计划表

被审计单位：＿＿＿＿＿＿＿＿＿＿＿　　　索引号：＿＿＿＿＿＿＿＿＿＿＿
项目：＿＿＿＿＿＿＿＿＿＿＿＿＿＿　　　财务报表截止日/期间：＿＿＿＿＿＿
编制：＿＿＿＿＿＿＿＿＿＿＿＿＿＿　　　复核：＿＿＿＿＿＿＿＿＿＿＿＿
日期：＿＿＿＿＿＿＿＿＿＿＿＿＿＿　　　日期：＿＿＿＿＿＿＿＿＿＿＿＿

项目	财务报表认定				
	存在或发生	……	……	……	列报
评估的重大错报风险水平					
需从控制测试获取的保证程度					
需从实质性程序获取的保证程度					
计划实施的实质性程序	索引号	执行人			
1.					
2.					
3.					
……					

6.3　审计风险

现代审计是风险导向审计。将重大错报风险作为审计风险的一个重要构成要素进行评估，是对审计风险观念、范围的扩大与延伸，是传统风险基础审计的继承和发展。

6.3.1　审计风险的概念

审计风险是指财务报表存在重大错报时注册会计师发表不恰当审计意见的可能性。在注册会计师的审计准则中，审计风险不包括财务报表不存在重大错报，而注册会计师发表的审计意见认为财务报表存在重大错报的风险。此外，审计准则中所称的审计风险仅仅是一个与审计过程相关的技术术语，并不是指注册会计师的业务风险，如因诉讼、负面宣传或其他与财务报表审计相关的事项而导致损失的可能性。

会计师事务所确定的可接受审计风险的水平，通常是由其对审计风险的态度、审计失败对会计师事务所可能造成损失的大小等因素决定的。

6.3.2　审计风险的组成要素及其相互关系

审计风险由重大错报风险和检查风险组成。

1. 重大错报风险

重大错报风险是指财务报表在审计前存在重大错报的可能性。重大错报风险与被审计单位的风险相关,且独立存在于财务报表的审计中。在设计审计程序以确定财务报表整体是否存在重大错报时,注册会计师应当从财务报表层次和各类交易、账户余额和披露认定层次方面考虑重大错报风险。

1) 两个层次的重大错报风险

财务报表层次重大错报风险是指与财务报表整体广泛相关,并潜在地影响多项认定的风险。财务报表层次重大错报风险可能增加认定层次重大错报风险。此类风险通常与控制环境有关,但也可能与其他因素有关,如经济萧条。此类风险难以界定于某类交易、账户余额和披露的具体认定,可能与舞弊引起的风险特别相关。

认定层次的重大错报风险与特定的某类交易、账户余额和披露的认定相关。识别认定层次的重大错报风险有助于注册会计师确定认定层次上实施的进一步审计程序的性质、时间安排和范围。注册会计师应当在各类交易、账户余额和披露认定层次获取审计证据,以便能够在审计工作完成时,以可接受的低审计风险水平对财务报表整体发表审计意见。

2) 固有风险和控制风险

认定层次的重大错报风险又可以进一步细分为固有风险和控制风险。

固有风险是指在考虑相关控制之前,某类交易、账户余额或披露的某一认定易于发生错报(该错报单独或连同其他错报可能是重大的)的可能性。

某些类别的交易、账户余额和披露及其认定,固有风险较高。例如,复杂的计算比简单计算更可能出错;受重大计量不确定性影响的会计估计发生错报的可能性较大。产生经营风险的外部因素也可能影响固有风险,比如技术进步可能导致某项产品陈旧,进而导致存货易于发生高估的错报。被审计单位及其环境中的某些因素还可能与多个甚至所有类别的交易、账户余额和披露有关,进而影响多个认定的固有风险。

控制风险是指某类交易、账户余额或披露的某一认定发生错报,该错报单独或连同其他错报是重大的,但没有被内部控制及时防止或发现并纠正的可能性。控制风险取决于与财务报表编制有关的内部控制的设计和运行的有效性。

2. 检查风险

检查风险是指如果存在某一错报,该错报单独或连同其他错报可能是重大的,注册会计师为了将审计风险降至可接受的低水平而实施程序后没有发现这种错报的风险。检查风险取决于审计程序设计的合理性和执行的有效性。抽样测试的固有限制或是注册会计师选择了不恰当的审计程序、审计过程执行不当等原因,使检查风险不可能降为零。

3. 检查风险与重大错报风险的关系

在既定的审计风险水平下,可接受的检查风险水平与认定层次重大错报风险的评估结果呈反向关系。评估的重大错报风险越高,可接受的检查风险越低;评估的重大错报风险越低,可接受的检查风险越高。检查风险与重大错报风险的反向关系用数学公式表示如下。

$$审计风险 = 重大错报风险 \times 检查风险$$

$$检查风险 = \frac{审计风险}{重大错报风险}$$

审计风险取决于重大错报风险和检查风险。在审计风险模型中,重大错报风险是企业的风险,不受注册会计师的控制。注册会计师只能通过实施风险评估程序来正确评估重大错报风险,并根据两个层次的重大错报风险评估结果设计和实施进一步审计程序,以控制检查风险。

审计风险的构成要素及其关系如图6-2所示。

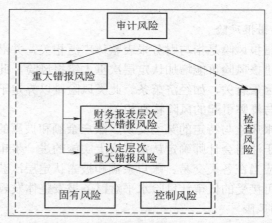

图6-2 审计风险的构成要素及其关系示意图

6.4 审计的重要性

6.4.1 确定重要性的意义

注册会计师确定重要性的意义如下。

案例引入

DY公司

（1）对重要性概念的运用贯穿于审计的全过程

注册会计师需要在整个审计过程中运用重要性概念,尤其是在下列重要审计环节：① 识别和评估重大错报风险；② 确定进一步审计程序的性质、时间和范围；③ 评价未更正错报对财务报表和形成审计意见的影响。

（2）重要性、审计风险和审计证据三者密切相关

重要性与审计风险、审计证据这两个概念之间存在反向关系。重要性水平越低,审计风险越高,需要更多的审计证据。注册会计师在确定重要性时应当考虑这种反向关系。如果确定的重要性水平过低,相应的审计风险偏高,审计时就需要扩大审计程序的范围或追加审计程序,获取更多的审计证据以得出结论,而实际上可能并没有必要,浪费时间和人力,降低了审计效率。反之,则可能因未保持应有的职业谨慎,得出错误的审计结论。

6.4.2 重要性概念的理解

关于财务报表审计的重要性,可从以下方面进行理解。

① 如果合理预期错报（包括漏报）单独或汇总起来可能影响财务报表使用者依据财务报表做出的经济决策,则通常认为错报是重大的。

② 对重要性的判断是根据具体环境做出的,并受错报的金额或性质的影响,或受两者共同作用的影响。

③ 判断某事项对财务报表使用者是否重大，是在考虑财务报表使用者整体共同的财务信息需求的基础上做出的。由于不同财务报表使用者对财务信息的需求可能差异很大，因此不考虑错报对个别财务报表使用者可能产生的影响。

注册会计师在计划审计工作时，需要确定重要性和实际执行的重要性。其后在审计过程中，如果获知了某项新的信息，可能修改原先确定的重要性。

6.4.3 计划审计工作时对重要性的判断

确定重要性有赖于注册会计师的职业判断。注册会计师在判断确定重要性时，应当从性质和金额两方面考虑。

1. 性质上的考虑

在许多情况下，某项错报从金额方面看并不重要，但从其性质方面考虑，却可能是重要的。注册会计师在判定错报的性质是否重要时，需要考虑的情况如下。

① 舞弊与违法行为的错报。舞弊与违法行为反映了管理层或其他人员存在诚实和可信度方面的问题。对于财务报表使用者而言，蓄意错报比相同金额的笔误更重要。

② 可能引起履行合同义务的错报。比如，某项错报使得企业的营运资金增加了几百元，从数量上看并不重要，但这项错报使营运资金从低于贷款合同规定的营运资金数变为稍稍高于贷款合同规定的营运资金数，这就影响了贷款合同所规定的义务，所以是重要的。

③ 影响收益趋势的错报。在其他情况下认为金额不大的错报，如果影响到收益变动的趋势，应引起注意。例如，某项错报使收益每年递增2%的趋势变为本年收益下降2%，或使亏损变为盈利等，就具有重要性。

④ 不期望出现的错报。一般情况下，如果发现现金和实收资本账户存在错报，就应当引起高度重视。

小金额错报的累计，可能会对财务报表产生重大影响，注册会计师对此应当予以关注。单独来看，一笔小金额的错报无论是在性质上还是在数量上都是不重要的。但财务报表是一个整体，如果企业每个星期均出现同样的小金额错报，原本几百元的错报全年累计起来，就有可能成为上万元的错报。企业许多账户或交易均存在小金额的错报，所有账户或交易累计起来，就有可能变成大金额的错报。在这种情况下，必然会对财务报表产生重大影响。所以，注册会计师应当对此予以充分的关注。

2. 金额上的考虑

一般来说，金额越大的错报越重要。在制定总体审计策略时，注册会计师应当确定财务报表整体的重要性，也可根据被审计单位的特定情况，为特定类别的交易、账户余额或披露确定重要性水平。

1) 财务报表整体的重要性水平

由于财务报表审计的目的是对财务报表的合法性、公允性发表意见，因此注册会计师必须考虑财务报表层次的重要性，只有这样，才能得出财务报表是否公允的整体性结论。

注册会计师在制定总体审计策略时，应当确定财务报表整体的重要性。注册会计师通常先选定一个基准，再乘以某一百分比作为财务报表整体的重要性。

（1）选择适当的基准

注册会计师应当合理选用重要性水平的判断基准。在选择基准时，注册会计师需要考虑的因素包括：

① 财务报表要素（如资产、负债、所有者权益、收入和费用）；

② 是否存在特定会计主体的财务报表使用者特别关注的项目（如为了评价财务业绩，使用者可能更关注利润、收入或净资产）；

③ 被审计单位的性质、所处的生命周期阶段及所处行业和经济环境；

④ 被审计单位的所有权结构和融资方式（例如，如果被审计单位仅通过债务而非权益进行融资，财务报表使用者可能更关注资产及资产的索偿权，而非被审计单位的收益）；

⑤ 基准的相对波动性。

适当的基准取决于被审计单位的具体情况。表 6-4 列示了财务报表审计实务中可能选择的基准。

表 6-4 财务报表审计实务中可能选择的基准

被审计单位的情况	可能选择的基准
被审计单位的盈利水平稳定	经常性业务的税前利润
被审计单位近年来经营状况大幅度波动，盈利和亏损交替发生，或者由正常盈利变为微利或微亏，或者本年度税前利润因情况变化而出现意外增加或减少	过去 3~5 年经常性业务的平均税前利润或亏损（取绝对值），或其他基准，如营业收入
被审计单位为新设企业，处于开办期，尚未开始经营，目前正在建造厂房及购买机器设备	总资产
被审计单位处于新兴行业，目前侧重于抢占市场份额、扩大单位的知名度和影响力	营业收入
被审计单位为某开放式基金，致力于优化投资组合提高基金净值、为基金持有人创造投资价值	净资产
被审计单位为某国际企业集团设立的研发中心，主要为集团下属各企业提供研发服务，并以成本加成的方式向相关企业收取费用	成本与营业费用总额
被审计单位为公益性质的基金会	捐赠收入或捐赠支出总额

此外，合理选用判断基准还应考虑以下几个方面。

① 当被审计单位净利润接近零时，不应将净利润作为重要性水平的判断基础。

② 当被审计单位净利润波动幅度较大时，不应将当年的净利润作为重要性水平的判断基础，而可以选择近几年的平均净利润。

③ 当被审计单位属于劳动密集型企业时，不应将资产总额、净资产作为重要性水平的判断基础。

（2）选择适当的百分比

确定重要性时所选择的百分比，需要符合具体情况，且与所选择的判断基准相关。例如，判断基础为总资产时，所选定的百分比，通常应比判断基准为股东权益时所选择的百分比要高。影响百分比选择的其他因素还可能是：

① 被审计单位是否为上市公司或公众利益实体；

② 财务报表是否分发给广大范围的使用者；

③ 被审计单位是否由集团内部关联方提供融资或是否有大额对外融资，

延伸阅读

某会计师事务所判断重要性的方法

如债券或银行贷款;

④ 财务报表使用者是否对基准数据特别敏感,如特殊目的财务报表的使用者。

2) 特定类别的交易、账户余额或披露的重要性水平

注册会计师根据被审计单位的特定情况,如果存在一个或多个特定类别的交易、账户余额或披露,其发生的错报金额虽然低于财务报表整体的重要性,但合理预期可能影响财务报表使用者依据财务报表做出的经济决策,注册会计师还应当确定适用于这些交易、账户余额或披露的一个或多个重要性水平。在判断是否存在上述情况时,注册会计师需要考虑的因素如下。

① 法律法规或适用的财务报告编制基础是否影响财务报表使用者对特定项目计量或披露的预期,如关联方交易、管理层和治理层的薪酬及对具有较高估计不确定性的公允价值会计估计的敏感性分析。

② 与被审计单位所处行业相关的关键性披露,如制药企业的研究与开发成本。

③ 财务报表使用者是否特别关注财务报表中单独披露的业务的特定方面,如关于分部或重大企业合并的披露。

6.4.4 计划审计工作时对实际执行的重要性的判断

实际执行的重要性,是指注册会计师确定的低于财务报表整体的重要性的一个或多个金额,旨在将未更正和未发现错报的汇总数超过财务报表整体的重要性的可能性降至适当的低水平。如果适用,实际执行的重要性还指注册会计师确定的低于特定类别的交易、账户余额或披露的重要性水平的一个或多个金额。

确定实际执行的重要性时,注册会计师需要综合考虑对被审计单位的了解,根据前期审计情况进行职业判断。实际执行的重要性直接影响注册会计师的审计工作量及需要获取的审计证据。对于审计风险较高的审计项目,需要确定较低的实际执行的重要性。通常而言,实际执行的重要性通常为财务报表整体重要性的 50%~75%。

如果存在下列情况,注册会计师可能考虑选择较低的百分比来确定实际执行的重要性:
① 首次接受委托的审计项目;
② 连续审计项目,以前年度审计调整较多;
③ 项目总体风险较高,如处于高风险行业、管理层能力欠缺、面临较大市场竞争压力或业绩压力等;
④ 存在或预期存在值得关注的内部控制缺陷。

如果存在下列情况,注册会计师可能考虑选择较高的百分比来确定实际执行的重要性:
① 连续审计项目,以前年度审计调整较少;
② 项目总体风险为低到中等,如处于非高风险行业、管理层有足够能力、面临较低的业绩压力等;
③ 以前期间的审计经验表明内部控制运行有效。

6.4.5 重要性与对错报的评价

1. 错报的定义

错报,是指某一财务报表项目的金额、分类或列报,与按照适用的财务报告编制基础应

当列示的金额、分类或列报之间存在的差异。错报可能是由于错误或舞弊导致的。

除了舞弊导致错报，错报还可能由下列事项导致：

① 收集或处理用于编制财务报表的数据时出现错误；

② 遗漏某项金额或披露；

③ 由于疏忽或明显误解有关事实导致做出不正确的会计估计；

④ 注册会计师认为管理层对会计估计做出不合理的判断或对会计政策做出不恰当的选择和运用；

⑤ 信息的分类、汇总或分解不恰当。

2. 明显微小错报

注册会计师可能将低于某一金额的错报界定为明显微小的错报。注册会计师认为明显微小错报的汇总数明显不会对财务报表产生重大影响，因此不需要累积这类错报。

"明显微小错报"不等同于"不重大错报"。与注册会计师确定的重要性的数量级相比，明显微小错报的数量级更小。明显微小错报可能是财务报表整体重要性水平的5%，一般不超过财务报表整体重要性的10%。这些明显微小错报，无论单独或者汇总起来，无论从规模、性质或者从其发生的环境来看都是明显微不足道的。如果不确定一个或多个错报是否明显微小，就不能认为这些错报是明显微小的。

3. 累积识别出的错报

注册会计师应当累积审计过程中识别出的错报，除非错报明显微小。累积的错报可分为以下3类。

（1）事实错报

事实错报是毋庸置疑的错报。这类错报产生于被审计单位收集和处理数据的错误，对事实的忽略或误解，或故意舞弊行为。

（2）判断错报

由于注册会计师认为管理层对会计估计做出不合理的判断或不恰当地选择和运用会计政策而导致的差异。这类错报产生了以下两种情况：

① 管理层和注册会计师对会计估计值的判断差异，如由于包含在财务报表中的管理层做出的估计值超出了注册会计师确定的一个合理范围，导致出现判断差异；

② 管理层和注册会计师对选择和运用会计政策的判断差异，由于注册会计师认为管理层选用会计政策造成错报，管理层却认为选用会计政策适当，导致出现判断差异。

（3）推断错报

注册会计师对总体存在的错报做出的最佳估计数，涉及根据在审计样本中识别出的错报来推断总体的错报。

除非法律法规禁止，注册会计师应当及时将审计过程中累积的所有错报与适当层级的管理层进行沟通。注册会计师还应当要求管理层更正这些错报。如果管理层拒绝更正沟通的部分或全部错报，注册会计师应当了解管理层不更正错报的理由，并在评价财务报表整体是否不存在重大错报时考虑该理由。

4. 评价未更正错报的影响

未更正错报，是指注册会计师在审计过程中累积的且被审计单位未予更正的错报。在评价未更正错报的影响之前，注册会计师应当根据被审计单位的实际财务结果确认重新评估之前确定的重要性是否仍然适当。

审计准则第 1221、1251 号

注册会计师应当确定未更正错报单独或汇总起来是否重大。在确定时，注册会计师应当考虑：相对特定类别的交易、账户余额或披露及财务报表整体而言，错报的金额和性质及错报发生的特定环境；与以前期间相关的未更正错报对相关类别的交易、账户余额或披露及财务报表整体的影响。

典型例题 6-2

上市公司甲公司是红黄兰会计师事务所的常年审计客户。在审计人员编制 20×2 年财务报表审计的工作底稿中，与确定重要性和错报评估相关的部分内容摘录如下。

金额单位：万元

项目	20×2 年	20×1 年	备注
营业收入	16 000（未审数）	15 000（已审数）	20×2 年，竞争对手推出新产品抢占市场，甲公司通过降价和增加广告投放促销
税前利润	50（未审数）	2 000（已审数）	20×2 年，降价及销售费用的增长导致甲公司的盈利大幅下降
财务报表整体重要性	80	100	
实际执行的重要性	60	75	
明显微小错报的临界值	0	5	

其他相关资料如下。

① 20×1 年度，财务报表整体重要性以税前利润的 5%计算。20×2 年，由于甲公司处于盈亏临界点，注册会计师以过去三年税前利润的平均值作为基准确定财务报表整体的重要性。

② 由于 20×1 年度审计中提出的多项审计调整建议金额均不重大，注册会计师确定 20×2 年度实际执行的重要性为财务报表整体重要性的 75%，与 20×1 年度保持一致。

③ 20×2 年，甲公司治理层提出希望知悉审计过程中发现的所有错报。因此，注册会计师确定 20×2 年度明显微小错报的临界值为 0。

④ 甲公司 20×2 年末非流动负债余额中包括一年内到期的长期借款 2 500 万元，占非流动负债总额的 50%。注册会计师认为，该错报对利润表没有影响，不属于重大错报，同意管理层不予调整。

⑤ 注册会计师仅发现一笔影响利润表的错报，即管理费用少计 60 万元。注册会计师认为，该错报金额小于财务报表整体的重要性，不属于重大错报，同意管理层不予调整。

要求： 假定不考虑其他条件，针对上述各项，分别指出注册会计师的做法是否恰当。如果认为不恰当，简要说明理由。

参考答案：

事项序号	是否恰当	简要理由
①	恰当	—
②	不恰当	20×1 年度有多项审计调整，且甲公司在 20×2 年面临较大的市场压力，显示项目总体风险较高，将实际执行的重要性确定为财务报表整体重要性的 75%不恰当
③	恰当	—
④	不恰当	该分类错报对其所影响的账户重大，很可能影响关键财务指标（如营运资金），应作为重大错报
⑤	不恰当	该错报虽然小于财务报表整体的重要性，但会使甲公司税前利润由盈利转为亏损，属于重大错报

本章关键术语

初步业务活动	总体审计策略	具体审计计划
审计业务约定书	审计风险	重大错报风险
固有风险	控制风险	检查风险
集团审计	重要性	实际执行的重要性
错报	明显微小错报	未更正错报

本章复习

一、单项选择题

1. 以下各项中，不属于注册会计师开展初步业务活动目的的是（　　）。
   A. 确定是否能够合理运用风险评估和应对程序
   B. 确定与被审计单位不存在对业务约定条款的误解
   C. 确定自身是否具备执行业务所需要的独立性和专业胜任能力
   D. 确定不存在影响注册会计师接受或保持该项业务意愿的情况

2. 下列关于审计计划的说法中，适当的是（　　）。
   A. 审计计划一经确定，应严格执行，不得修改
   B. 总体审计策略是制订具体审计计划的基础
   C. 具体审计计划需要对总体审计策略中确定的重要性水平进行分解
   D. 总体审计策略在具体审计计划之前，执行完前一项才可以执行后一项

3. 下列关于审计业务约定书的说法中，适当的是（　　）。
   A. 在审计业务结束时，审计业务约定书也随之失效
   B. 审计业务约定书是被审计单位与注册会计师签订的经济合同

C. 审计业务约定书具有法律效力，对签约各方具有法定约束力

D. 审计业务约定书的内容是法定的，不会因被审计单位的不同而不同

4. 在财务报表审计中，审计风险取决于重大错报风险和检查风险。下列表述中，适当的是（　　）。

　　A. 在既定的审计风险水平下，注册会计师应当实施审计程序，将重大错报风险降至可接受的低水平

　　B. 注册会计师应当合理设计审计程序的性质、时间和范围，并有效执行审计程序，以消除检查风险

　　C. 注册会计师应当合理设计审计程序的性质、时间和范围，并有效执行审计程序，以控制重大错报风险

　　D. 注册会计师应当获得充分、适当的审计证据，以便在完成审计工作时，能够以可接受的低审计风险对财务报表整体发表意见

5. 下列与重大错报风险相关的表述中，适当的是（　　）。

　　A. 重大错报风险独立于财务报表审计而存在

　　B. 重大错报风险是因错误使用审计程序产生的

　　C. 重大错报风险可以细分为固有风险和控制风险

　　D. 重大错报风险可以通过合理实施审计程序予以控制

6. 当可接受的检查风险降低时，注册会计师可能采取的措施是（　　）。

　　A. 扩大审计测试的范围

　　B. 降低评估的固有风险

　　C. 降低评估的控制风险

　　D. 降低评估的重大错报风险

7. 对于一家盈利比较稳定的被审计单位而言，下列各项中，通常最适宜作为重要性水平确定基准的是（　　）。

　　A. 总资产　　　　　　　　　　B. 净资产

　　C. 营业收入　　　　　　　　　D. 经营性业务的税前利润

8. 下列各项中，通常不宜作为确定重要性水平的基准的是（　　）。

　　A. 总资产、净资产　　　　　　B. 销售收入、费用总额

　　C. 毛利、净利润　　　　　　　D. 流动资产、流动负债

9. 重要性和审计风险的关系是（　　）。

　　A. 正向关系　　　　　　　　　B. 反向关系

　　C. 没有关系　　　　　　　　　D. 有时呈正向关系，有时呈反向关系

10. 在集团审计中，集团项目组的责任不包括（　　）。

　　A. 制定集团总体审计策略

　　B. 确定集团财务报表的重要性

　　C. 针对合并过程执行相关工作

　　D. 为组成部分注册会计师制订具体审计计划

二、多项选择题

1. 在财务报表审计中，具体审计计划的内容包括（　　）。

A. 对项目组成员构成的安排
B. 对拟实施审计程序的安排
C. 财务报表重要性、重要项目的确定
D. 对项目组成员实施指导、监督并复核的安排
E. 拟实施的进一步审计程序和其他审计程序的安排

2. 下列有关审计风险的说法中，适当的有（　　）。
A. 审计风险应当被控制在较低水平
B. 可以通过降低检查风险降低审计风险
C. 可以通过调整重要性水平降低审计风险
D. 可以通过降低重大错报风险降低审计风险

3. 注册会计师需要根据（　　）来确定可接受的检查风险。
A. 面临的审计风险　　　　　　　　B. 可接受的审计风险
C. 评估的重大错报风险　　　　　　D. 可接受的重大错报风险

4. 以下关于检查风险的说法中，正确的有（　　）。
A. 检查风险水平取决于进一步审计程序的计划和实施情况
B. 可接受的检查风险水平取决于可接受的审计风险和评估的重大错报风险
C. 注册会计师只能通过降低检查风险将面临的审计风险降低至可接受水平
D. 能否将重要账户的检查风险降低至可接受水平，将影响审计意见的类型

5. 下列情形中，可能需要在审计过程中修改财务报表整体的重要性的有（　　）。
A. 注册会计师获取了新的信息
B. 被审计单位更换了董事长
C. 对被审计单位及其经营情况有了新的了解
D. 累积错报的汇总数接近财务报表整体的重要性

6. 注册会计师在确定实际执行的重要性时，需要考虑的因素有（　　）。
A. 财务报表整体的重要性
B. 对被审计单位情况的了解
C. 被审计单位管理层和治理层的期望值
D. 前期审计工作中识别出的错报的性质和范围

7. 下列情形中，注册会计师应当确定较低的实际执行的重要性的有（　　）。
A. 首次接受委托的审计项目
B. 注意到被审计单位内控运行良好
C. 被审计单位上期审计中被发现存在多处错报
D. 被审计单位管理层面临的业绩压力较小

8. 下列各项中，属于事实错报的有（　　）。
A. 故意舞弊行为
B. 通过实质性分析程序推断得出的会计错报
C. 对事实的误解
D. 由样本估计的总体的错报减去已识别的错报

9. 下列关于明显微小错报的说法中，错误的有（　　）。

A. 明显微小错报不需要累积
B. 明显微小错报指金额明显很小的错报
C. 如果不能确定某项错报是否明显微小，则应认为该项错报属于明显微小
D. 明显微小错报，是指从规模、性质或其发生环境来看均明显的微不足道

10. 在评价未更正错报的影响时，下列说法中适当的有（　　）。
A. 注册会计师应当建议被审计单位更正未更正错报
B. 未更正错报的金额不得超过明显微小错报的临界值
C. 注册会计师应当从金额和性质两方面确定未更正错报是否重大
D. 注册会计师应当考虑与以前期间相关的未更正错报对财务报表的影响

三、问答题

1. 什么是初步业务活动？初步业务活动的目的和内容有哪些？
2. 什么是审计业务约定书？其作用和内容有哪些？
3. 什么是总体审计策略？什么是具体审计计划？分别包括什么内容？
4. 集团审计中需要关注哪些特殊问题？
5. 简述审计风险模型的构成。
6. 如何理解重要性的概念？
7. 什么是错报？如何评价审计过程中识别出的错报？

四、研究思考题

1. 如何理解重大错报风险、检查风险和审计程序之间的关系？
2. 分析财务报表层次重大错报风险和认定层次重大错报风险之间的关系，并举例说明。
3. 如何理解审计风险、重要性与审计证据的关系？

五、案例分析题

1. 注册会计师对A公司财务报表进行审计。该公司未经审计的有关财务报表项目金额如下。

单位：元

资产总额	净资产	主营业务收入	净利润
9 500 000	3 100 000	20 000 000	20

要求：假设在以资产总额、净资产（股东权益）、主营业务收入和净利润作为判断基础的情况下，分别对应的百分比为0.3%、1%、0.5%和10%。
（1）假设无其他相关信息，请分析确定A公司财务报表整体的重要性水平。
（2）如果A公司属于劳动密集型企业，请分析确定A公司财务报表整体的重要性水平。

2. 注册会计师担任B公司20×1年度财务报表审计业务的项目合伙人。相关情况如下。
① 20×1年11月，注册会计师开始计划审计工作时，按预计的全年营业收入的1%确定了财务报表整体的重要性水平为200万元。
② 20×2年3月21日，注册会计师依据所获取的信息，认为审计计划阶段确定重要性时依据的基准、比例和方法是恰当的，但B公司20×1年度实际实现的营业收入为15 000万元。

要求：
（1）根据上述资料，注册会计师应当对财务报表整体的重要性水平进行怎样的调整？

（2）如果注册会计师对财务报表整体的重要性水平进行了调整，分析这一调整对可接受的审计风险、已评估的重大错报风险及审计程序的影响，并简要说明理由。

3. 红黄兰会计师事务所负责 C 公司的财务报表审计。审计人员编制审计计划的部分内容如下。

① 上一年度确定的财务报表整体的重要性水平为利润总额的 5%，即 60 万元。考虑到本项目属于连续审计业务，以往年度审计调整少，风险较低，因此将本年度财务报表整体的重要性水平确定为利润总额的 10%，即 200 万元。

② 因评估的舞弊风险较高，拟将被审计单位全年的会计分录和其他调整作为会计分录测试的总体，针对该总体实施完整性测试，并选取所有金额超过 30 万元的异常项目进行测试。

③ 因其他应收款和其他应付款的年初年末余额均低于实际执行的重要性，拟不对其实施进一步审计程序。

要求：假定不考虑其他条件，逐项指出上述审计计划的内容是否恰当。如不恰当，简要说明理由。

4. 红黄兰会计师事务所接受 D 公司的委托，审计其年度财务报表。审计人员对该项审计工作编制的审计计划的部分内容如下。

① 初步了解被审计年度 D 公司及其环境未发生重大变化，拟信赖以往审计中对管理层、治理层诚信形成的判断。

② 因对 D 公司内部审计人员的客观性和专业胜任能力存有疑虑，拟不利用内部审计的工作。

③ 由于以前年度 D 公司在收入确认方面发生过舞弊，拟将销售交易及其认定的重大错报风险评估为高水平，不再了解和评估相关控制设计的合理性并确定其是否已得到执行，直接实施细节测试。

④ 因审计工作时间安排紧张，拟不函证应收账款，直接实施替代审计程序。

⑤ D 公司的部分存货为危险化学品，注册会计师拟不进行存货监盘，采取获取管理层书面声明书的方式作为替代程序以确认其价值。

要求：假定不考虑其他条件，逐项指出上述审计计划的内容是否恰当。如不恰当，简要说明理由。

5. 红黄兰会计师事务所接受委托对 E 公司进行财务报表审计。在审计计划阶段，拟作如下安排。

① 在确定重要性水平时，审计人员结合行业惯例，根据资产总额的一定比例，计算重要性水平为 100 万元，根据营业收入的一定比例计算重要性水平为 80 万元。考虑到上一年度的重要性水平为 75 万元，审计人员决定选择 80 万元作为当期财务报表层次的重要性水平。

② 在确定重要账户时，审计人员认为，应根据重要性水平确定某会计账户是否为重要账户。为此，审计人员将超过重要性水平的会计账户作为审计重点，对其进行重点审查。

③ 在上一年度的财务报表审计中，审计人员评估被审计单位的固有风险和控制风险均为低水平。在被审计年度，被审计单位的经营战略、经营目标和方针均未发生重大变化，因此审计人员将被审计年度的固有风险和控制风险评估为低水平。

④ 审计人员了解到被审计单位的内部审计机构具有较高的独立性和专业胜任能力，拟在进一步审计程序中运用内部审计人员的工作成果。

⑤ 考虑到被审计单位的存货项目占资产总额的比重较大,且种类繁多、核算复杂,而审计的时间有限,人手紧张,审计组决定将存货审计外包给其他具有专业胜任能力的会计师事务所进行,以确保按时、按质完成审计工作。

要求: 分别说明上述审计工作安排的适当性。如不适当,请简要说明理由。

推荐阅读

第 7 章 审计证据和审计工作底稿

【学习目标】

学习本章以后，你应该能够：

- ▼ 掌握审计证据的概念和要求；
- ▼ 熟悉审计证据的获取方法；
- ▼ 了解审计测试中的抽样技术；
- ▼ 掌握审计工作底稿的概念及编制要求。

【内容提要】

进入实施审计阶段以后，审计人员的主要工作是收集审计证据、编制审计工作底稿。本章从审计证据的概念入手，介绍了审计证据的分类、要求，以及获取审计证据的方法；对抽样技术在控制测试和细节测试中的运用进行了说明；最后，介绍了审计工作底稿的概念、构成要素、编制和存档要求等内容。

7.1 审计证据

案例引入
中天勤与银广夏

审计证据是审计中的一个核心概念。在实施审计阶段，审计的主要工作就是获取充分、适当的审计证据，以得出恰当的审计结论。

7.1.1 审计证据的概念

审计证据是指注册会计师为了得出审计结论、形成审计意见而使用的信息。审计证据包括构成财务报表基础的会计记录所含有的信息和其他信息。审计证据是审计理论中的一个核心概念，审计工作的过程主要就是审计证据的收集、整理和评价过程。审计证据是支持审计意见的客观基础，也是控制审计质量的重要工具。注册会计师应当在审计工作中获取充分、适当的审计证据，以得出恰当的审计结论，作为形成审计意见的基础。

1. 构成财务报表基础的会计记录中含有的信息

依据会计记录编制财务报表是被审计单位管理层的责任，注册会计师应当针对会计记录实施审计程序以获取审计证据。构成财务报表基础的会计记录所含有的信息，一般包括初始会计分录形成的记录和支持性记录。例如，支票、电子资金转账记录、发票和合同；总分类账、明细分类账、会计分录及对财务报表予以调整但未在账簿中反映的其他分录；支持成本分配、计算、调节和披露的手工计算表和电子数据表。会计记录是编制财务报表的基础，构成注册会计师执行财务报表审计业务所需获取的审计证据的重要部分。会计记录通常是电子数据，因而要求注册会计师对内部控制予以充分关注，以获取这些记录的真实性、准确性和完整性。

会计记录既包括被审计单位内部生成的手工或电子形式的凭证，也包括从与被审计单位进行交易的其他企业收到的凭证。

内部生成的凭证主要包括：销售发运单和发票、对账单；考勤卡和其他工时记录、工薪单、个别支付记录和人事档案；支票存根、电子转移支付记录；相关的记账凭证等。

从与被审计单位进行交易的其他企业或第三方收到的凭证主要包括：购货发票和顾客的对账单；顾客的汇款通知单；租赁合同和分期付款销售协议；银行存款单和银行对账单等。

将这些凭证作为审计证据，其来源和被审计单位内部控制的强弱会直接影响注册会计师对这些原始凭证的信赖程度。

2. 其他信息

注册会计师除获取会计记录中含有的信息作为充分、适当的审计证据以外，还应当获取其他信息作为审计证据。

其他信息包括注册会计师从被审计单位内部或外部获取的会计记录以外的信息。其他信息可以是被审计单位所在的行业的信息、被审计单位的内部或外部环境的其他信息，也可以是被审计单位会议记录、内部控制手册、询证函的回函、分析师的报告、与竞争者的比较数据等。

其他信息可以是注册会计师通过询问、观察和检查等审计程序获取的信息，如通过检查存货获取存货存在性的证据等。其他信息也可以是注册会计师自身编制或获取的可以通过合理推断得出结论的信息，如注册会计师编制的各种计算表、分析表等。

财务报表依据的会计记录中含有的信息和其他信息共同构成了审计证据，两者缺一不可。如果没有会计记录中含有的信息，审计工作将无法进行；如果没有其他信息，可能无法识别重大错报风险。只有将两者结合起来，才能将审计风险降至可接受的低水平，为注册会计师发表审计意见提供合理基础。

7.1.2 审计证据的种类

在审计实务中，审计证据的种类繁多，其外在形式、获取的方式、取得的途径和证明力的强弱等均有不同。对审计证据进行科学、合理的分类，有利于有效地收集、合理地使用和评价审计证据。

一般而言，注册会计师所获取的审计证据可以按其外形特征分为实物证据、书面证据、口头证据和环境证据四大类。

1. 实物证据

实物证据是指通过实际观察或盘点所取得的、用以确定某些实物资产确实存在的证据。

例如，各种存货和固定资产可以通过监盘的方式证明其确实存在。实物证据通常是证明实物资产存在的非常有说服力的证据。

2. 书面证据

书面证据是注册会计师所获取的各种以书面文件为形式的一类证据。在审计过程中，注册会计师往往要大量地获取和利用书面证据，因此书面证据是审计证据的主要组成部分，也可称为基本证据。书面证据按其来源可分为外部证据和内部证据两类。一般情况下，内部证据不如外部证据可靠。外部证据可以分为以下几类。

① 由被审计单位以外的机构或人士编制，并由其直接递交注册会计师的书面证据，如银行询证函回函、应收账款询证函回函、保险公司等机构出具的证明等。此类证据不仅由完全独立于被审计单位的外界机构或人员提供，而且未经被审计单位有关职员之手，从而排除了伪造、更改凭证或业务记录的可能性，因而其证明力最强。

② 由被审计单位以外的机构或人士编制，但为被审计单位持有并提交注册会计师的书面证据，如银行对账单、购货发票等。由于此类证据已经过被审计单位职员之手，在评价其可靠性时，注册会计师应考虑伪造的难易程度及伪造的可能性。

③ 注册会计师为证明某个事项而自己动手编制的各种计算表、分析表等。

内部证据是由被审计单位内部机构或职员编制和提供的书面证据。它包括被审计单位的会计记录、被审计单位管理层声明书，以及其他各种由被审计单位编制和提供的书面文件。

3. 口头证据

口头证据是被审计单位职员或其他有关人员对注册会计师的提问进行口头答复所形成的一类证据。一般而言，口头证据本身并不足以证明事情的真相，往往需要得到其他相应证据的支持。

4. 环境证据

环境证据也称状况证据，是指对被审计单位产生影响的各种环境事实，如被审计单位的内部控制情况、被审计单位管理人员的素质、被审计单位各种管理条件和管理水平等。在四类证据中，环境证据的证明力最弱。

上述各种证据可用来实现各种不同的审计目标，但是对每一具体报表项目及其相关的认定来说，注册会计师则应选择能以最低成本实现全部审计目标的证据，力求做到证据收集既有效又经济。

7.1.3 审计证据的要求

注册会计师应当根据具体情况设计和实施恰当的审计程序，以获取充分、适当的审计证据。"充分"和"适当"正是对审计证据的两大要求。注册会计师应当保持职业怀疑态度，运用职业判断，评价审计证据的充分性和适当性。

1. 审计证据的充分性

审计证据的充分性，是对审计证据数量的衡量。注册会计师需要获取的审计证据的数量受其对重大错报风险评估的影响，并受审计证据质量的影响。

重大错报风险越高，需要的审计证据可能越多。在可接受的审计风险水平一定的条件下，重大错报风险越高，注册会计师应当实施越多的测试，收集更多的审计证据，以将审计风险控制在可接受的水平。

审计证据质量越高，需要的审计证据可能越少。例如，如果审计证据大部分来源于独立于被审计单位的第三方，这些证据本身不易伪造，则审计证据的质量就较高，相对而言，注册会计师所需获取的审计证据的数量就可以减少。

审计证据的数量不是越多越好。足够数量的审计证据是客观公正地表达审计意见的基础，但是并不是说审计证据的数量越多越好。为了使注册会计师进行有效率、有效益的审计，注册会计师通常把需要足够数量审计证据的范围降低到最低限度。每一个审计项目对审计证据的需要量，以及取得这些证据的途径和方法，应当根据该项目的具体情况来定。

在某些情况下，由于时间、空间或成本的限制，当注册会计师不能获取最为理想的审计证据时，可考虑通过其他的途径或用其他的审计证据来替代；注册会计师只有通过不同的渠道和方法取得他认为足够的审计证据时，才能据以发表审计意见。

2. 审计证据的适当性

审计证据的适当性，是对审计证据质量的衡量，即审计证据在支持审计意见所依据的结论方面具有的相关性和可靠性。

（1）审计证据的相关性

相关性，是指用作审计证据的信息与具体的审计程序的目的和所考虑的相关认定之间的逻辑联系。例如，如果某审计程序的目的是测试固定资产的余额是否高估，则可以从固定资产的账簿记录核证到相关的凭证记录；如果某审计程序的目的是测试固定资产的余额是否低估，则不能采用上面的审计程序，而是应从相关的凭证记录追查到固定资产的账簿记录。

特定的审计程序可能只为某些认定提供相关的审计证据，而与其他认定无关。例如，检查期后应收账款收回的记录和文件可以提供有关存在和计价的审计证据，但未必提供与截止测试相关的审计证据。类似地，只与特定认定相关的审计证据，并不能替代与其他认定相关的审计证据。如通过存货的监盘可以作为存货存在认定的审计证据，却不能作为存货的计价认定的审计证据。另外，不同来源或不同性质的审计证据可能与同一认定相关。例如要证实银行存款余额的存在性和恰当性，注册会计师可以检查或编制银行存款余额调节表，也可以对银行存款进行函证来获取审计证据。

（2）审计证据的可靠性

审计证据的可靠性是指审计证据应能如实地反映客观事实。审计证据的可靠性受其来源和性质的影响，并取决于获取审计证据的具体环境。注册会计师在判断审计证据的可靠程度时，通常会考虑下列原则。

① 从被审计单位外部独立来源获取的审计证据，比从其他来源获取的审计证据更可靠。例如以函证方式直接从被询证者处获取的审计证据，比被审计单位内部生成的审计证据更可靠。

② 相关内部控制有效时内部生成的审计证据，比内部控制薄弱时内部生成的审计证据更可靠。例如，如果与销售业务相关的内部控制有效，注册会计师就能从销售发票和发货单中取得比内部控制不健全时更加可靠的审计证据。

③ 直接获取的审计证据，比间接获取或推论得出的审计证据更可靠。例如，注册会计师观察某项内部控制的运行得到的证据，比询问被审计单位某项内部控制的运行得到的证据更可靠。间接获取的证据有被涂改及伪造的可能性，降低了可信赖程度。推论得出的审计证据，其主观性较强，人为因素较多，可信赖程度也受到影响。

④ 以文件、记录形式（无论是纸质、电子或其他介质）存在的审计证据比口头形式的审

计证据更可靠。一般而言，口头证据本身并不足以证明事情的真相，但注册会计师往往可以通过口头证据发掘出一些重要的线索，从而有利于对某些需审核的情况做进一步的调查，以收集到更为可靠的证据。例如，注册会计师在对应收账款进行账龄分析后，可以询问应收账款负责人对收回逾期应收账款的可能性的意见。如果其意见与注册会计师自行估计的坏账损失基本一致，则这一口头证据就可成为证实注册会计师有关坏账损失判断的重要证据。但口头证据一般需要得到其他相应证据的支持。

⑤ 从原件获取的审计证据，比从复印、传真或通过拍摄、数字化或其他方式转化成电子形式的文件获取的审计证据更可靠。注册会计师可审查原件是否有被涂改或伪造的迹象，排除伪证，提高证据的可信赖程度。而传真件或复印件容易是篡改或伪造的结果，可靠性较低。

3. 审计证据的充分性和适当性之间的关系

充分性和适当性是审计证据的两个重要特征，两者缺一不可，只有充分且适当的审计证据才是有证明力的。

注册会计师获取的审计证据的数量受审计证据质量的影响。审计证据的质量越高，需要的审计证据数可能越少，即审计证据的适当性会影响其充分性。

尽管审计证据的充分性和适当性相关，但如果审计证据的质量存在缺陷，那么注册会计师仅靠获取更多的审计证据可能无法弥补其质量上的缺陷。如果审计证据与要证实的审计目标不相关，即使获取的证据再多，也难以实现审计目标。同样地，如果注册会计师获取的证据不可靠，那么证据数量再多也难以起到证明作用。

4. 评价审计证据充分性和适当性的特殊考虑

注册会计师应该考虑：如果针对某项认定从不同来源获取的审计证据或获取的不同性质的审计证据能够相互印证，与该项认定相关的审计证据则具有更强的说服力；如果从不同来源获取的审计证据或获取的不同性质的审计证据不一致，表明某项审计证据可能不可靠，注册会计师应当追加必要的审计程序。

注册会计师获取审计证据时，还要考虑成本效益原则。注册会计师可以考虑获取审计证据的成本与所获取信息的有用性之间的关系，但不应以获取审计证据的困难和成本为由，减少不可替代的审计程序。

在保证获取充分、适当的审计证据的前提下，控制审计成本也是会计师事务所增强竞争能力和获利能力所必需的。获取充分、适当的审计证据与控制成本，需要注册会计师恰当运用成本效益原则。但为了保证得出的审计结论、形成的审计意见是恰当的，注册会计师不应将获取审计证据的成本高低和难易程度，作为减少不可替代的审计程序的理由。

上述审计证据要求之间的关系可参考图 7-1。

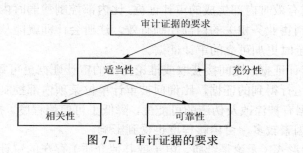

图 7-1 审计证据的要求

还需指出的是,审计证据与法律证据在证据的取得与鉴定方面均有所区别。法律证据由诉讼双方提供,裁决者并不参与证据的收集;审计证据则需由注册会计师收集,并由其根据审计证据做出判断。法律上通常要求以最可靠的证据来证实所起诉的内容;在审计过程中,什么可作为证据、如何取得适当的证据,应由注册会计师根据审计目标与自己的职业判断加以判定。

审计准则第 1301 号

典型例题 7-1

分别比较下列各组审计证据,指出在通常情况下,哪一项相对更加可靠,简要说明理由。

第 1 组	销售发票	购货发票
第 2 组	收料单	购货发票
第 3 组	销售发票副本	产品出库单
第 4 组	领料单	材料成本计算表
第 5 组	工资计算单	工资发放单
第 6 组	存货盘点表	存货监盘记录
第 7 组	银行询证函回函	银行对账单

参考答案:

组别	相对可靠的审计证据	理由
第 1 组	购货发票	外部证据比内部证据可靠
第 2 组	购货发票	外部证据比内部证据可靠
第 3 组	销售发票副本	销售发票有税务部门监管,比完全的内部证据更可靠
第 4 组	领料单	后者建立在前者的可靠性基础之上
第 5 组	工资发放单	后者可以与收款人核对
第 6 组	存货监盘记录	后者增加了监督方,更加可靠
第 7 组	银行询证函回函	前者由发函人直接获取,后者由被审计单位先行获取,然后转交给发函人

7.1.4 获取审计证据的程序

为了获取充分、适当的审计证据支持审计结论,注册会计师需要选择适当的审计程序。因为出于成本和时间的限制,注册会计师不可能执行所有可能的审计程序去获取所有的证据。注册会计师对所审计程序的选择涉及 4 个方面的决策:选用何种审计程序;对选定的审计程序,应当测试的样本规模;选定哪些样本进行测试;何时执行测试程序。

在审计过程中,为获取审计证据,注册会计师通常会单独或综合运用的审计程序如下。

1. 检查

检查是指注册会计师对被审计单位内部或外部生成的,以纸质、电子或其他介质形式存在的记录和文件进行审查,或对资产进行实物审查。

(1) 检查记录或文件

注册会计师在检查记录或文件时,应注意其是否真实、合法,具体如下。

① 审阅原始凭证时,应注意其有无涂改或伪造现象、记载的经济业务是否合理合法、是否有业务负责人的签字等。

② 审阅会计账簿时,应注意是否符合《企业会计准则》和相关会计制度的规定,包括审阅被审计单位据以入账的原始凭证是否整齐完备;账簿有关内容与原始凭证的记载是否一致;会计分录的编制或账户的运用是否恰当;货币收支的金额有无不正常现象;成本核算是否符合国家有关财务会计制度的规定;审计目标要求的其他内容。

③ 在审阅财务报表时,应注意财务报表的编制是否符合《企业会计准则》和相关会计制度的规定;财务报表的附注是否对应予揭示的重大问题做了充分的披露。

注册会计师在复核会计记录及其他书面文件时,应注意检查各种书面文件是否一致,具体要点有:

- 原始凭证上记载的数量、单价、金额及其合计数是否正确;
- 日记账上的记录是否与相应的原始凭证记录一致;
- 日记账与会计凭证上的记录是否与总分类账及有关的明细分类账相符;
- 总分类账的账户余额是否与所属明细分类账的账户余额合计数相符;
- 总分类账各账户的借方余额合计与贷方余额合计是否相等;
- 总分类账各账户的余额或发生额合计,是否与财务报表上相应项目的金额相等;
- 财务报表上各有关项目的数字计算是否正确,各报表之间的有关数字是否一致,如果涉及前期的数字,是否与前期财务报表上的有关数字相符;
- 外来账单与本单位有关账目的记录是否相符。

检查的方法可以分为追查和核证。追查也称为顺查,是指按照会计业务处理的先后顺序,即从原始凭证到记账凭证再到分类账依次检查相应的会计记录是否正确,以最终确定这笔交易和事项是否已被正确地反映在财务报表上。追查主要是用来测试"遗漏的业务",针对的是"完整性"的认定。

核证也称逆查,是指按照会计处理顺序相反的顺序,即从分类账开始,检查与其相应的记账凭证,并一直核实到所附的原始凭证,以最终确定这笔交易和事项是否依次进行审查的方法。核证主要是用来测试"不真实的业务",针对的是"真实性"的认定。

(2) 检查有形资产

检查有形资产是指注册会计师对有形资产,如存货、现金等进行审查。

有形资产的检查一般应由被审计单位进行,注册会计师进行现场监督,还可抽查复点。

检查有形资产的目的是为其存在性提供可靠的实物证据。检查有形资产一般采用监督盘点的方法,这种方法可以确定被审计单位实物形态的资产是否真实存在并且与账面数量相符,查明有无短缺、毁损及贪污、盗窃等问题存在。

检查有形资产的方法不一定能够为权利和义务或计价认定提供可靠的审计证据。一般来说,检查有形资产是确定资产的数量和规格的一种客观手段,有时也是评价资产状况和质量的一种有用方法。但是,对于核实现有资产是否归被审计单位拥有,检查有形资产的方法却不能提供充分的证据。同时,在许多情况下,检查有形资产的方法也不能确定被审计单位对资产的估价是否适当。

2. 观察

观察是指注册会计师查看相关人员正在从事的活动或执行的程序。观察提供的审计证据仅限于观察发生的时点，在相关人员已知被观察的情况下，相关人员从事活动或执行程序可能与日常的做法不同，从而影响注册会计师对真实情况的了解。

3. 函证

函证，是指注册会计师直接从第三方（被询证者）获取书面答复作为审计证据的过程，书面答复可以采用纸质、电子或其他介质等形式。函证程序通常用于确认或填列有关账户余额及其要素的信息。函证程序还可用于确认被审计单位与其他机构或人员签订的协议、合同或从事的交易的条款，或用于确认不存在某些交易条件，如"背后协议"。函证内容可以是账户余额、双方协议的内容及修改情况、双方交易情况，以及对某些情况是否存在进行确认等，具体包括：与银行之间的交易事项，如银行存款、银行借款、委托贷款等；各种往来款项，如应收账款或票据、应付账款或票据、其他应收应付等；交易性金融资产、由其他单位代为保管、加工或销售的存货、长期股权投资、保证、抵押或质押、或有事项、重大或异常的交易等。

函证可以分为积极式函证和消极式函证。积极式函证，是指要求被询证者直接向注册会计师回复，表明是否同意询证函所列示的信息，或填列所要求的信息的一种询证方式。消极式函证，是指要求被询证者只有在不同意询证函所列示的信息时才直接向注册会计师回复的一种询证方式。

4. 重新计算

重新计算是指注册会计师以手工方式或使用计算机辅助审计技术，对记录或文件中的数据计算的准确性进行核对。

注册会计师在进行审计时，往往需对被审计单位的凭证、账簿和报表中的数字进行计算，以验证其是否正确。注册会计师的计算并不一定按照被审计单位原先的计算形式和顺序进行。在计算过程中，注册会计师不仅要注意计算结果是否正确，而且还要对某些其他可能的差错（如计算结果的过账和转账有误等）予以关注。

一般而言，计算不仅包括对被审计单位的凭证、账簿和报表中有关数字的验算，而且还包括对会计资料中有关项目的加总或其他运算。其中，加总又分为横向加总（即横向数字的加总）和纵向加总（即纵向数字的加总）。在财务报表审计中，注册会计师往往需要大量运用加总技术来获取必要的审计证据。

5. 重新执行

重新执行是指注册会计师重新独立执行作为被审计单位内部控制组成部分的程序或控制。例如，注册会计师利用被审计单位的银行存款日记账和银行的对账单，重新编制银行存款余额调节表，并与被审计单位编制的银行存款余额调节表进行比较。

6. 分析程序

一般而言，在整个审计过程中，注册会计师都将运用分析程序。分析程序，是指注册会计师通过分析不同财务数据之间及财务数据与非财务数据之间的内在关系，对财务信息做出评价。分析程序还包括在必要时对识别出的、与其他相关信息不一致或与预期值差异重大的波动或关系进行调查。例如，注册会计师可以对被审计单位的财务报表和其他会计资料中的重要比率及其变动趋势进行分析，以发现其异常变动项目。对于异常变动项目，注册会计师应重新考虑其所采用的审计方法是否合适,必要时,应追加适当的审计程序,以获取相应的审计证据。

典型例题 7-2

注册会计师对 A 股份有限公司 20×2 年度财务报表进行审计。注册会计师了解到该公司 20×2 年度的供产销形势与 20×1 年相当。该公司提供的未经审计的 20×2 年度财务报表附注的部分内容如下表所示。

金额单位:万元

品 名	主营业务收入		主营业务成本	
	20×1年发生额(已审数)	20×2年发生额(未审数)	20×1年发生额(已审数)	20×2年发生额(未审数)
A产品	40 000	41 000	38 000	33 800
B产品	20 000	20 020	19 000	19 019
合计	60 000	61 020	57 000	52 819

要求:假如你是注册会计师,请运用分析程序指出上述内容存在或可能存在的不合理之处,并简单说明理由。

参考答案:

(1) 20×2 年的全部主营业务收入较上年度增加 1.7%,这与注册会计师了解到的"两个年度的供产销形势相当"的情况一致。但全部主营业务成本与上年度相比下降了约 7.3%,与了解到的情况不符,需要重点考虑。

(2) 计算两个年度的毛利率,得到以下表格。

	20×1年毛利率	20×2年毛利率
A产品	5.00%	17.56%
B产品	5.00%	5.00%
总体	5.00%	13.44%

表格中的数据显示,20×2 年较 20×1 年毛利率产生较大幅度变动的原因在于 A 产品的毛利率变化。既然被审计单位的供产销形势与上一年度相当,通常可以维持大致相当的销售毛利率水平。因此,审计人员可以对 A 产品的营业收入和营业成本提出怀疑,并执行进一步的审计程序来证实。

7. 询问

询问是指注册会计师以书面或口头方式,向被审计单位内部或外部的知情人员获取财务信息和非财务信息,并对答复进行评价的过程。询问只是其他审计程序的补充,可以广泛应用于整个审计过程。

知情人员对询问的答复可能为注册会计师提供尚未获悉的信息或佐证证据,也可能提供与已获悉信息存在重大差异的信息;注册会计师应当根据询问结果,考虑修改审计程序或实施追加的审计程序。

询问本身不足以发现认定层次存在的重大错报,也不足以测试内部控制运行的有效性,注册会计师还应当实施其他审计程序获取充分、适当的审计证据。

7.1.5 审计证据的整理与分析

1. 审计证据整理与分析的意义

注册会计师为了使所收集到的分散的、个别的审计证据,变成充分、适当的证据,以正确评价被审计单位财务报表是否在所有重大方面公允地反映了其财务状况、经营成果及现金流量,就必须按照一定的方法对审计证据进行整理与分析,使之条理化、系统化。只有这样,注册会计师才能对各种审计证据合理地进行审计小结,并在此基础上恰当地对财务报表形成整体的审计意见。

(1) 加工整理证据,使其有序、系统和相互联系

通过各类测试程序所获取的大部分审计证据,在注册会计师对其进行分析评价之前,都还是一种原始状态的证据。这些证据往往是初始的、零乱的、无序的和彼此孤立的,且证据的形式也复杂多样。因此,注册会计师只有按照一定的程序、目的和方法进行科学的加工整理,才能使其变成有序的、系统化的、彼此联系的审计证据。

(2) 发现证据不足,补充收集,获取新的审计证据

初始状态的审计证据必须与审计目的相联系,并就其性质和重要程度及同其他证据之间的关系进行分析、计算和比较,以对被审计单位的各个方面做出评价,并形成比较完整的认识,否则就难以正确地评价和运用审计证据并形成正确的审计结论和意见。在整理过程中对发现证据不足的地方,还可进行补充收集,以便获取新的证据材料,把审计工作引向深入。

(3) 分析、研究,产生新的证据

在审计过程中,通过注册会计师的分析、研究,还可能产生一些有价值的新的证据,从而对被审计单位做出较为恰当的结论。

需要指出的是,审计证据的收集与整理、分析并非互不相关的独立的环节,相反,它们经常是交叉进行的。

2. 审计证据整理与分析的方法

审计证据的整理、分析没有一个固定的模式,审计的目的不同,审计证据的种类不同,其整理、分析方法也不相同。一般而言,审计证据整理、分析的方法有以下几种。

① 分类。所谓分类,是指将各种审计证据按其证明力的强弱,或按与审计目标的关系是否直接等分门别类排列成序。

② 计算。所谓计算,是指按照一定的方法对数据方面的审计证据进行计算,并从中得出所需要的新的证据。

③ 比较。比较包括两方面的内容:一方面要将各种审计证据进行比较,从中分析出被审计单位经济业务的变动趋势及其特征;另一方面还要与审计目标进行比较,判断其是否符合要求(如不符合要求,则需补充收集有关的审计证据)。

④ 小结。所谓小结，是指对审计证据在上述分类、计算和比较的基础上，注册会计师对审计证据进行归纳、总结，得出具有说服力的局部的审计结论。

⑤ 综合。所谓综合，是指注册会计师对各类审计证据及其所形成的局部的审计结论进行综合分析，最终形成整体的审计意见。

3. 审计证据整理与分析应注意的事项

注册会计师对审计证据进行整理与分析应注意的事项如下。

（1）审计证据的取舍

注册会计师不必也不可能把审计证据所反映的内容全部都包括到审计报告之中。在编写审计报告之前，他必须对反映不同内容的审计证据做适当的取舍，舍弃那些无关紧要的、不必在审计报告中反映的次要证据，只选择那些具有代表性的、典型的审计证据在审计报告中加以反映。审计证据取舍的标准如下。

① 金额大小。对于金额较大、足以对被审计单位财务状况和经营成果的反映产生重大影响的证据，应当作为重要的审计证据。

② 问题性质的严重程度。有的审计证据本身所揭露问题的金额也许并不很大，但这类问题的性质较为严重，它可能导致其他重要问题的产生或与其他可能存在的重要问题有关，则这类审计证据也应作为重要的证据。

（2）分清事实的现象与本质

某些审计证据所反映的可能只是一种假象，注册会计师必须对其加以认真地分析研究，透过现象找出它所反映事物的本质，而不能被表面的假象所迷惑。

（3）排除伪证

所谓伪证，是指被审计单位等审计证据的提供者出于某种动机而伪造的证据。这些证据或因精心炮制而貌似真实证据，或与被审计事实之间存在某种巧合，如不认真排除，往往就会鱼目混珠、以假乱真。

7.2 审计测试中的抽样技术

7.2.1 选取测试项目的方法

注册会计师选取测试项目的方法可分为三类：一是详细审计，即指对审计对象总体中的全部项目进行测试；二是对选出的特定项目进行测试，但不推断总体；三是审计抽样，如图 7-2 所示。审计抽样，是指注册会计师对具有审计相关性的总体中低于百分之百的项目实施审计程序，使所有抽样单元都有被选取的机会，从而为注册会计师针对整个总体得出结论提供合理基础。其中，总体是指注册会计师从中选取样本并期望据此得出结论的整个数据集合；抽样单元是指构成总体的个体项目。

审计抽样对控制测试和细节测试都适用，但它并不是对这些测试中的所有程序都适用的。比如，审计抽样可在检查记录或文件及函证中广泛运用，但通常不适于风险评估程序、未留下运行轨迹的控制和实质性分析程序。

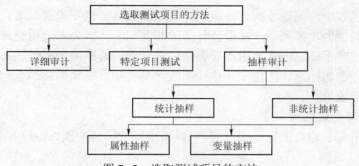

图 7-2 选取测试项目的方法

7.2.2 审计抽样的分类

1. 统计抽样与非统计抽样

按抽样决策的依据不同,可以将审计抽样分为统计抽样和非统计抽样。

1) 统计抽样

统计抽样,是指同时具备下列特征的抽样方法:随机选取样本项目;运用概率论评价样本结果,包括计量抽样风险。

统计抽样对注册会计师的意义在于:

① 统计抽样能够科学地确定抽样规模;

② 采用统计抽样,总体各样本项目被抽中的机会是均等的,可以防止主观臆断;

③ 运用概率论评价样本结果,包括计量抽样风险。

统计抽样的优点在于能够客观地计量抽样风险,并通过调整样本规模精确地控制风险,这是与非统计抽样最重要的区别。另外,统计抽样还有助于注册会计师高效地设计样本,计量所获取证据的充分性,以及定量评价样本结果。但统计抽样又可能发生额外的成本。首先,统计抽样需要特殊的专业技能,因此使用统计抽样需要增加额外的支出以对注册会计师进行培训。其次,统计抽样要求单个样本项目符合统计要求,这些也可能需要支出额外的费用。

2) 非统计抽样

不同时具备统计抽样两个特征的抽样方法为非统计抽样。在非统计抽样中,注册会计师凭主观标准和个人经验来确定样本规模和评价样本结果。非统计抽样不具备统计抽样所具有的特征。一方面,即使注册会计师严格按照随机原则选取样本,如果没有对样本结果进行统计评估,就不能认为使用了统计抽样。另一方面,基于非随机选样的统计评估也是无效的。非统计抽样如果设计适当,也能提供与统计抽样方法同样有效的结果。注册会计师使用非统计抽样时,也必须考虑抽样风险并将其降至可接受水平,但无法精确地测定出抽样风险。

注册会计师执行审计测试,既可以运用统计抽样方法,也可以运用非统计抽样方法,还可以结合使用这两种抽样方法。不论采用哪种抽样方法,都要求注册会计师在设计、执行抽样计划和评价抽样结果中合理运用职业判断。这两种方法只要运用得当,都可以有效地获取充分、适当的审计证据。注册会计师在统计抽样与非统计抽样方法之间进行选择时主要考虑成本效益。究竟应选用哪一种抽样方法,主要取决于注册会计师对成本效果方面的考虑。非统计抽样可能比统计抽样花费的成本要小,但统计抽样的效果则可能比非统计抽样要好得多。

在审计抽样过程中，无论是统计抽样还是非统计抽样，也不论决策者是否具备设计和使用有效抽样方案的能力，都离不开注册会计师的职业判断。因为在运用统计抽样时仍存在许多不确定因素，这些不确定因素要由注册会计师凭正确的判断来加以解决，所以统计抽样并不排除职业判断。在实际审计工作中，往往把统计抽样和非统计抽样结合起来运用，这样才能收到较好的审计效果。

2. 属性抽样与变量抽样

按审计抽样所了解的总体特征的不同，可以将审计抽样分为属性抽样和变量抽样两大类。

1）属性抽样

属性抽样是一种用来对总体中某一事件发生率得出结论的抽样方法。属性抽样在审计中最常见的用途是测试某一设定控制的偏差率，以支持评估的控制有效性，即被审计单位的内部控制是否遵循了既定的标准或是否存在控制偏差。在属性抽样中，抽样结果只有两种：对与错或是与否或有与无。在属性抽样中，设定控制的每一次发生或偏离都被赋予同样的权重，而不论交易的金额大小。

2）变量抽样

变量抽样是一种用来对总体金额得出结论的抽样方法。在细节测试中运用的审计抽样方法主要是变量抽样法，据以确定记录的金额是否合理。变量抽样是对审计对象总体的货币金额进行细节测试时所采用的抽样方法。变量抽样可用于确定账户金额是多还是少、是否存在重大误差等。变量抽样通常用于检查应收账款的金额、检查存货的数量和金额、检查工资费用等。

一般而言，属性抽样得出的结论与总体发生率有关，而变量抽样得出的结论与总体的金额有关。

属性抽样和变量抽样的比较如表7-1所示。

表7-1 属性抽样和变量抽样的比较

抽样技术	适用的测试种类	目标
属性抽样	控制测试	估计总体既定控制的偏差率（次数）
变量抽样	细节测试	估计总体金额或者总体中的错误金额

7.2.3 抽样风险和非抽样风险

注册会计师在运用抽样技术进行审计时，有两方面的不确定因素，其中一方面的因素直接与抽样相关，而另一方面的因素却与抽样无关。我们将直接与抽样相关的因素造成的不确定性称为抽样风险，将与抽样无关的因素造成的不确定性称为非抽样风险。

1. 抽样风险

抽样风险是指注册会计师根据样本得出的结论，可能不同于如果对整个总体实施与样本相同的审计程序得出的结论的风险。抽样风险与样本量成反比，样本量越大，抽样风险越低。

1）控制测试中的抽样风险

注册会计师进行控制测试时的抽样风险包括信赖不足风险和信赖过度风险。

信赖不足风险是指注册会计师推断的控制有效性低于其实际有效性，即样本结果不支持注册会计师计划信赖的内部控制，但实际内部控制是可以信赖的风险。在这种情况下，评估的重大错报风险高于实际水平，注册会计师可能增加不必要的实质性程序，进而影响审计的效率。

信赖过度风险是指注册会计师推断的控制有效性高于其实际有效性，即样本结果支持注册会计师计划信赖的内部控制，但实际内部控制是不可以信赖的风险。在这种情况下，评估的重大错报风险水平低于实际水平，导致注册会计师可能不适当地减少实质性程序，进而影响审计的效果。对于注册会计师而言，信赖过度风险更容易导致发表不恰当的审计意见，因而更应予以关注。

2）细节测试中的抽样风险

注册会计师进行细节测试时的抽样风险包括误拒风险和误受风险。

误拒风险是指在实施细节测试时，注册会计师推断某一重大错报存在而实际上不存在的风险。如果账面金额不存在重大错报而注册会计师认为其存在重大错报，注册会计师会扩大细节测试的范围并考虑获取其他审计证据，最终注册会计师会得出恰当的结论。在这种情况下，审计效率可能降低。与信赖不足风险类似，误拒风险影响审计效率。

误受风险是指实施细节测试时，注册会计师推断某一重大错报不存在而实际上存在的风险。如果账面金额实际上存在重大错报而注册会计师认为其不存在重大错报，注册会计师通常会根据样本结果得出账面金额无重大错报的结论。与信赖过度风险类似，误受风险影响审计效果，容易导致注册会计师发表不恰当的审计意见，因此注册会计师更应予以关注。

无论是在控制测试中还是在细节测试中，抽样风险都可以分为两种类型：一类是影响审计效率的抽样风险，包括控制测试中的信赖不足风险和细节测试中的误拒风险；另一类是影响审计效果的抽样风险，包括控制测试中的信赖过度风险和细节测试中的误受风险。

只要使用了审计抽样，抽样风险总会存在。在使用统计抽样时，注册会计师可以准确地计量和控制抽样风险；在使用非统计抽样时，注册会计师难以量化抽样风险，通常只能根据职业判断对其进行定性的评价和控制。抽样风险与样本规模反方向变动：样本规模越小，抽样风险越大；样本规模越大，抽样风险越小。无论是控制测试还是细节测试，注册会计师都可以通过扩大样本规模来降低抽样风险。如果对总体中的所有项目都实施检查，就不存在抽样风险，此时审计风险完全由非抽样风险产生。

2. 非抽样风险

非抽样风险是指注册会计师由于任何与抽样风险无关的原因而得出错误结论的风险。

产生这种风险的原因主要有以下几种。

① 人为错误。例如未能找出样本文件中的错误等。

② 运用了不切合审计目标的程序。例如，注册会计师依赖应收账款函证来揭露未入账的应收账款。

③ 注册会计师选择的总体不适合测试目标。例如，注册会计师在测试销售收入完整性认定时将主营业务收入日记账界定为总体。

④ 注册会计师未能适当地评价审计发现的情况。例如，注册会计师错误解读审计证据可能导致没有发现误差。

非抽样风险对审计工作的效率和效果都有一定影响。注册会计师应当通过对审计工作的适当的计划、指导和监督，坚持质量控制标准，力争有效地降低非抽样风险。

表 7-2 列出了抽样风险和非抽样风险对审计工作的影响。

表 7-2 抽样风险和非抽样风险对审计工作的影响

审计测试	抽样风险的种类	对审计工作的影响
控制测试	信赖过度风险	效果
	信赖不足风险	效率
细节测试	误受风险	效果
	误拒风险	效率
非抽样风险影响各类审计测试的效率、效果		

7.2.4 审计的统计抽样过程

1. 确定抽样目标、定义误差

注册会计师在属性抽样中的误差，通常被称为控制偏差，即使控制程序失去效能的所有控制无效事件。注册会计师应根据实际情况，恰当地定义控制偏差。例如，可将其定义为会计记录中的虚假账户、经济业务的记录未进行复核、审批手续不全等各类差错。注册会计师在变量抽样中的误差，通常即为错报。

2. 确定总体和抽样单位

确定审计抽样总体时，必须考虑：总体应与特定的审计目标相关；组成项目的完整性；组成项目的一致性。例如，如果被审计单位的出口业务和内销业务的经营管理方式不同，则应当分为两个抽样总体，分别评价其控制的有效性；当明细账户金额相差较大时，应当考虑分层，将不同金额范围内的明细账户作为不同的抽样总体。

抽样单位是构成审计对象总体的个别项目。例如，在属性抽样中，抽样单位通常是能够提供控制运行证据的一份文件资料或一个记录。

3. 确定样本量

1）决定样本量的因素

① 抽样风险。抽样风险与样本规模呈反向变动关系。在属性抽样中，注册会计师主要关注抽样风险中的信赖过度风险。一般地，注册会计师将信赖过度风险确定为10%，特别重要的控制则确定为5%甚至更低。

② 可容忍误差。可容忍误差与样本规模呈反向变动关系。在属性抽样中，通常关注可容忍偏差率；在变量抽样中，通常关注可容忍错报。

③ 预计总体误差。预计总体误差与样本规模呈正向变动关系。注册会计师需要根据对总体的了解，或通过抽查总体中的少量项目来评估预计误差。如果预计总体误差高得无法接受，则通常不会继续采用抽样方法。

此外，如果对总体进行了分层，注册会计师通常应对包含最重要项目的层次实施全部审查，相应减少不太重要层次的样本量。如表 7-3 所示，在对应收账款进行抽样函证时，将应收账款账户按其余额的大小分为三层，对不同层次的账户确定不同的样本量。其中，对于应收账款账户余额在 100 000 元以上的账户进行全部函证。

表 7-3 应收账款分层示例

分层界限	账户数量	样本选取比例	样本量
100 000 元以上	20	100%	20
10 000～100 000 元	50	50%	25
10 000 元以下	100	30%	30

2）属性抽样中样本量的确定

属性抽样中影响样本量的主要因素为：可接受的信赖过度风险、可容忍偏差率、预计总体偏差率。属性抽样中确定样本量的方法主要有固定样本量抽样、发现抽样、停－走抽样等。其中，固定样本量抽样又称固定样本规模抽查法，是利用抽取的固定规模的样本的测试结果推断总体特征的抽样方法。发现抽样本质上是固定样本量抽样的一种特殊形式。发现抽样在预计控制高度有效时使用。注册会计师预先估计总体偏差率为零，在测试样本时，一旦发现一个偏差则立即停止抽样。如果没有发现偏差，则得出相关控制值得信赖的结论。停－走抽样本质上也是固定样本量抽样的一种特殊形式。它从某一个预计总体误差开始，边抽样边评价，如果发现结果不能接受，则扩大样本量，进行进一步的测试和估计，直至达到测试目标。

在大规模总体的情形下，采用固定样本量抽样法，在 5%信赖过度风险下确定属性抽样的样本量时，可查询表 7-4。

表 7-4 信赖过度风险 5%下属性抽样样本量确定表

预计总体偏差率（%）	可容忍偏差率										
	2%	3%	4%	5%	6%	7%	8%	9%	10%	15%	20%
0.00	149（0）	99（0）	74（0）	59（0）	49（0）	42（0）	36（0）	32（0）	29（0）	19（0）	14（0）
0.25	236（1）	157（1）	117（1）	93（1）	78（1）	66（1）	58（1）	51（1）	46（1）	30（1）	22（1）
0.50	*	157（1）	117（1）	93（1）	78（1）	66（1）	58（1）	51（1）	46（1）	30（1）	22（1）
0.75	*	208（1）	117（1）	93（1）	78（1）	66（1）	58（1）	51（1）	46（1）	30（1）	22（1）
1.00	*	*	156（1）	93（1）	78（1）	66（1）	58（1）	51（1）	46（1）	30（1）	22（1）
1.25	*	*	156（1）	124（2）	78（1）	66（1）	58（1）	51（1）	46（1）	30（1）	22（1）
1.50	*	*	192（3）	124（2）	103（2）	88（2）	77（2）	51（1）	46（1）	30（1）	22（1）
1.75	*	*	227（4）	153（3）	103（2）	88（2）	77（2）	51（1）	46（1）	30（1）	22（1）
2.00	*	*	*	181（4）	127（3）	88（2）	77（2）	68（2）	46（1）	30（1）	22（1）
2.25	*	*	*	208（5）	127（3）	88（2）	77（2）	68（2）	61（2）	30（1）	22（1）
2.50	*	*	*	*	150（4）	109（3）	77（2）	68（2）	61（2）	30（1）	22（1）
2.75	*	*	*	*	173（5）	109（3）	95（3）	68（2）	61（2）	30（1）	22（1）
3.00	*	*	*	*	195（6）	129（4）	95（3）	84（3）	61（2）	30（1）	22（1）
3.25	*	*	*	*	*	148（5）	112（4）	84（3）	61（2）	30（1）	22（1）
3.50	*	*	*	*	*	167（6）	112（4）	84（3）	76（3）	30（1）	22（1）
3.75	*	*	*	*	*	185（7）	129（5）	100（4）	76（3）	40（2）	22（1）
4.00	*	*	*	*	*	*	146（6）	100（4）	89（4）	40（2）	22（1）
5.00	*	*	*	*	*	*	*	158（8）	116（6）	40（2）	30（2）
6.00	*	*	*	*	*	*	*	*	179（11）	50（3）	30（2）
7.00	*	*	*	*	*	*	*	*	*	68（5）	37（3）

例如，审计人员在对销售循环的某一内部控制进行控制测试时，信赖过度风险为 5%，预计总体偏差率为 3%，可容忍偏差率为 6%，则根据"样本量确定表"查得样本数量为 195。

此外，在属性抽样中，如果被测试的控制程序并不经常运行，即控制频率很低，则不属于大规模总体。例如，有的控制一年仅进行一次，如年终财务决算、有形资产的年度全面盘点等，则注册会计师必须测试。通常情况下，对其他低频率内部控制的测试样本量的选取，可参考表 7–5。

表 7–5 控制频率较低的属性抽样样本量参考表

控制运行频率	样本数量建议
每季 1 次	2
每月 1 次	2～5
每月 2 次	3～8
每周 1 次	5～15

3）变量抽样中样本量的确定

变量抽样中影响样本量的主要因素为：可接受的误受风险、可容忍错报、预计总体错报。此外，如果总体变异性较大，应当增加样本量。注册会计师可在假定被测试总体数量服从正态分布、泊松分布等情况下，根据相关分布的特点确定样本量，也可以查询已有的统计数据表格做出决定。例如，如果测试对象属于大规模总体，注册会计师确定的误受风险为 5%，可容忍错报与总体未审计金额之比为 5%，预计总体错报与可容忍错报之比为 10%，则在查询表 7–6 后，可确定样本规模为 74。

表 7–6 误受风险 5% 下变量抽样样本量确定表

预计总体错报与可容忍错报之比	可容忍错报与总体未审计金额之比								
	10%	8%	6%	5%	4%	3%	2%	1%	0.5%
小于 10%	30	38	50	60	75	100	150	300	600
10%	37	46	62	74	92	123	184	368	736
20%	47	58	78	93	116	155	232	463	925
30%	60	75	100	120	150	200	300	600	1 199
40%	81	102	135	162	203	270	405	809	1 618
50%	116	145	193	231	289	385	577	1 154	2 308

4. 确定选样方法

选取样本的方法有多种，注册会计师应根据审计的目的和要求、被审计单位实际情况、审计资源条件的限制等因素加以选择，以达到预期的审计质量与效率。常用的样本随机选取方法有随机选样、系统选样、随意选样、整群选样等。此外，在变量抽样中，可能需要结合货币单元抽样。

随机选样，是指对审计对象总体或次级总体的所有项目，按随机规则选取样本。注册会计师可以直接利用随机数表，也可以通过计算机程序生成随机数，然后去选取与随机数对应编号的样本进行测试。

系统选样也称等距选样，是以总体中某一标志排列为起点，计算选样间隔，然后再根据间隔顺序选取样本的一种选样方法。

确定选样间隔的公式为

$$M = \frac{N}{n}$$

式中，M 为抽样间隔数；N 为总体数量；n 为抽样数量。

例如，注册会计师希望采用系统选样从 1 000 张凭证中选出 50 张为样本，那么他首先需要计算出选样间隔为 20（1 000/50），然后每隔 20 张凭证选取一张，共选取 50 张凭证作为样本即可。假定 123 为第一张，则往下的顺序为 143，163，…，1 103。

随意选样是指不考虑金额大小、资料取得的难易程度及个人偏好，以随意的方式选取样本。随意选样的缺点在于很难完全无偏见地选取样本项目。

在整群选样中，注册会计师选取一群（或多群）连续的项目进行测试。

货币单元抽样又称金额单元抽样、累计货币金额抽样或综合属性变量抽样等，它以货币单元作为抽样单元。被选中的货币单元位于哪个项目之中，则哪个项目被选中进行测试。被选中的项目被称为逻辑单元。在随机抽样规则下，每个货币单元被选中的机会相等，所以总体中某个项目被选中的概率等于该项目的金额与总体金额的比率。项目金额越大，被选中的概率越大，由此有助于审计人员将审计重点放在较大金额的账户或交易上。但这种方法不适用于查找低估，对于零余额或者负余额的项目，需要进行特别处理。

5. 选取样本，进行审计测试，推出对总体的结论

注册会计师在对样本实施必要的审计后，需要对抽样结果进行评价，其具体程序和内容如下。

（1）分析样本误差

根据预先确定的构成误差的条件，确定某一有问题的项目是否为一项误差。如果按照既定的审计程序无法对样本取得审计证据，应当实施替代审计程序，以获取相应的审计证据。

在分析抽样中所发现的误差时，还应考虑误差的性质、原因及其对其他相关审计工作的影响。例如，在控制测试中，对样本误差可做如下的定性分析：误差是否超过审计范围？是关键的还是非关键的？分析每个关键误差的性质和原因，看其是故意的还是非故意的，是系统的还是偶然的，是频繁的还是不频繁的，以及其是否影响到货币金额等。

（2）推断总体误差

当实施审计抽样时，注册会计师应当根据样本中发现的误差推断总体误差，并考虑推断结果对特定审计目标及审计的其他方面的影响。

如果估计的总体误差上限低于可容忍误差，则总体可以接受。如果估计的总体误差上限大于或等于可容忍误差，则不能接受总体。

如果估计的总体误差上限低于但接近可容忍误差，注册会计师应当结合其他审计程序的

审计准则第1314号

结果，考虑是否接受总体，并考虑是否需要扩大测试范围，以进一步降低审计风险。

（3）形成审计结论

注册会计师应当对样本结果进行评价，以确定对总体相关特征的评估是否得到证实或需要修正。

7.3　审计工作底稿

7.3.1　审计工作底稿概述

1. 审计工作底稿的定义

审计工作底稿是审计证据的载体，是注册会计师对制订的审计计划、实施的审计程序、获取的相关审计证据，以及得出的审计结论做出的记录。审计工作底稿形成于审计过程，也反映整个审计过程。

案例引入
YABK 公司

2. 编制审计工作底稿的目的

审计工作底稿在注册会计师审计业务中发挥着关键作用。它提供了审计工作实际执行情况的记录，并形成审计报告的基础。审计工作底稿也可用于审计质量管理和审计质量的检查。

注册会计师编制审计工作底稿是为了提供证据，作为注册会计师得出实现总体目标结论的基础，同时证明注册会计师按照审计准则和相关法律法规的规定计划和执行了审计工作。此外，审计工作底稿的编制还可以实现以下目的：

① 有助于项目组计划和执行审计工作；
② 有助于负责督导的项目组成员履行指导、监督与复核审计工作的责任；
③ 便于项目组说明其执行审计工作的情况；
④ 保留对未来审计工作持续产生重大影响的事项的记录；
⑤ 便于会计师事务所实施项目质量复核、其他类型的项目复核及质量管理体系中的监控活动；
⑥ 便于监管机构和注册会计师协会根据相关法律法规或其他相关要求，对会计师事务所实施执业质量检查。

3. 编制审计工作底稿的要求

注册会计师编制的审计工作底稿，应当使得未曾接触该项审计工作的有经验的专业人士清楚了解：

① 按照审计准则和相关法律法规的规定实施的审计程序的性质、时间安排和范围；
② 实施审计程序的结果和获取的审计证据；
③ 审计中遇到的重大事项和得出的结论，以及在得出结论时做出的重大职业判断。

有经验的专业人士通常应对审计过程、审计准则和相关法律法规的规定、被审计单位所处的经营环境，以及与被审计单位所处行业相关的会计和审计问题有合理的了解，并具有审计实务经验。

7.3.2 审计工作底稿的形式和内容

审计工作底稿可以以纸质、电子或其他介质形式存在。审计工作底稿的格式、内容和范围主要取决于下列因素：
① 被审计单位的规模和复杂程度；
② 拟实施审计程序的性质；
③ 识别出的重大错报风险；
④ 已获取的审计证据的重要程度；
⑤ 识别出的例外事项的性质和范围；
⑥ 当从已执行审计工作或获取审计证据的记录中不易确定结论或结论的基础时，记录结论或结论基础的必要性；
⑦ 审计方法和使用的工具。

从内容上看，审计工作底稿通常包括总体审计策略、具体审计计划、分析表、问题备忘录、重大事项概要、询证函回函和声明、核对表、有关重大事项的往来函件等。

审计工作底稿通常不包括已被取代的审计工作底稿的草稿或财务报表的草稿、对不全面或初步思考的记录、存在印刷错误或其他错误而作废的文本、重复的文件记录等。注册会计师还可以将被审计单位文件记录的摘要或复印件作为审计工作底稿的一部分。

7.3.3 审计工作底稿的要素

审计工作底稿一般包括下列基本要素：被审计单位名称、审计项目名称、审计项目时点或期间、审计过程记录、审计标识及其说明、审计结论、索引号及页次、编制者姓名及编制日期、复核者姓名及复核日期、其他应说明事项等。

表 7-7 是审计工作底稿的一个示例。

表 7-7 ××会计师事务所货币资金审定表

单位名称：ABC 公司	编制：钱一	日期：20×2.1.21	索引号：C1—2 页次：1
会计截止期：20×1 年 12 月 31 日	复核：钱二	日期：20×2.1.22	金额单位：元

索引号	项目	未审数	调整数	审定数
C1-3	现金	776.21	90.29	866.50
C1-6	银行存款	1 878 250.56		1 878 250.56
C-11	其他货币资金			
	合计	1 879 026.77	90.29	187 917.06 TB

审计说明及调整分录：经审计，该现金盘盈 90.29 元，应予以调整，调整分录如下：
  借：现金   90.29
    贷：营业外收入   90.29

审计结论：
本科目经审计调整后，余额可以确认。
审计标识：
T/B：与试算平衡表核对相符

7.3.4 审计工作底稿的归档

注册会计师应当在审计报告日后及时将审计工作底稿归整为审计档案,并完成归整最终审计档案过程中的事务性工作。审计档案,是指一个或多个文件夹或其他存储介质,以实物或电子形式存储,构成某项具体业务的审计工作底稿的记录。归整工作底稿时,可以按照审计过程、审计循环或财务报表项目分类,标注相应标识号和页次后,分别存档。审计工作底稿经过分类整理、汇集归档后,就形成了审计档案。审计档案是会计师事务所审计工作的重要历史资料,应当妥善管理。

审计准则第1131号

审计工作底稿的归档期限为审计报告日后60天内。如果注册会计师未能完成审计业务,审计工作底稿的归档期限为审计业务中止后的60天内。会计师事务所应当自审计报告日起,对审计工作底稿至少保存10年。如果注册会计师未能完成审计业务,会计师事务所应当自审计业务中止日起,对审计工作底稿至少保存10年。

典型例题 7-3

中注协检查人员在检查甲会计师事务所年度报表审计工作质量时,发现了一张工作底稿如下。该审计项目的被审计年度是20×1年,审计人员外勤工作期间是20×1年10月15日至20×2年3月10日,出具审计报告的日期是20×2年3月18日。

甲会计师事务所原材料审定表

被审计单位:A有限责任公司　　　　　　　　索引号: C1
项目:存货　　　　　　　　　　　　　　　　页次: *
编制:张三,20×2年3月6日　　　　　　　　财务报表截止日:20×2年3月18日
复核:李四,20×2年3月15日

项目名称	期末未审数	账项调整		期末审定数	索引号
		借方	贷方		
Ⅰ类材料	3 491 200.00			3 491 200.00	C1-1
Ⅱ类材料	765 800.00		30 000.00	735 800.00	C1-2
Ⅲ类材料	52 850.00			52 850.00	C1-3
其他类材料	873 615.00			873 615.00	
合计	5 283 465.00		30 000.00	5 253 465.00	

审计说明:
Ⅱ类材料中有价值3万元的原材料已投入生产,调减3万元。

审计结论:原材料余额经调整后,可以确认。

要求:指出审计工作底稿中存在的问题。

参考答案:
① 工作底稿的名称不规范,建议修改为"原材料明细表"。
② 表头中的"项目"栏填写为"存货"不适当,建议修改为"原材料"。

③ 表头中的"页次"应注明具体的页码。
④ 工作底稿的现场复核时间应在外勤结束日前。
⑤ "财务报表截止日"应为"20×1年12月31日"。
⑥ 缺少金额单位。
⑦ 期末未审数合计数错误；少10万元。
⑧ 期末审定数合计数错误：少10万元。
⑨ 其他类材料无进一步的工作底稿，而其余额较大。
⑩ 审计说明中，应清楚列示审计调整分录。

本章关键术语

审计证据	充分性	适当性
审计程序	审计抽样	统计抽样
属性抽样	变量抽样	抽样风险
非抽样风险	信赖过度风险	误受风险
总体	抽样单元	样本量
误差	可容忍误差	预计总体误差
审计工作底稿	审计档案	有经验的专业人士

本章复习

一、单项选择题

1. 下列审计证据中，通常情况下，既属于书面证据，又属于内部证据的是（　　）。
   A. 材料入库单　　　　　　　　　　B. 应收账款函证回函
   C. 询问库管员形成的书面记录　　　D. 注册会计师编制的有关计算表

2. 关于审计证据的数量，下列表述中错误的是（　　）。
   A. 错报风险越高，需要的审计证据可能越多
   B. 审计证据质量越高，需要的审计证据可能越少
   C. 通过调高重要性水平，可以减少所需获取的审计证据的数量
   D. 审计证据的质量存在缺陷，可能无法通过获取更多的审计证据予以弥补

3. 下列关于错报风险、检查风险和审计证据数量三者之间关系的表述中，适当的是（　　）。
   A. 评估的错报风险越高，则可接受的检查风险越低，需要的审计证据可能越多
   B. 评估的错报风险越高，则可接受的检查风险越高，需要的审计证据可能越少
   C. 评估的错报风险越低，则可接受的检查风险越低，需要的审计证据可能越少
   D. 评估的错报风险越低，则可接受的检查风险越高，需要的审计证据可能越多

4. 在判断审计证据的可靠性时，下列表述中，错误的是（   ）。
   A. 直接获取的审计证据比推论得出的审计证据更可靠
   B. 以电子形式存在的审计证据比口头形式的审计证据更可靠
   C. 从复印件获取的审计证据比从传真件获取的审计证据更可靠
   D. 从外部独立来源获取的审计证据比从其他来源获取的审计证据更可靠
5. 在实施进一步审计程序后，如果注册会计师认为某项交易不存在重大错报，而实际上该项交易存在重大错报，这种风险是（   ）。
   A. 抽样风险　　　B. 非抽样风险　　　C. 检查风险　　　D. 重大错报风险
6. 下列审计程序中，（   ）最不可能包括在控制测试中。
   A. 检查　　　　　B. 观察　　　　　　C. 询问　　　　　D. 函证
7. 存货总金额为 400 万元，可容忍误差为 20 万元。根据抽样结果推断的差错额为 15 万元，而账户的实际差错额为 25 万元。这种情形的抽样风险是（   ）。
   A. 误拒风险　　　B. 误受风险　　　　C. 信赖不足风险　D. 信赖过度风险
8. 下列证据中，通常情况下证明力最强的是（   ）。
   A. 银行询证函回函　　　　　　　　　B. 应收账款的函证回函
   C. 有效内部控制形成的会计记录　　　D. 询问外部第三方的书面记录
9. 用来对总体中某一事件发生概率得出结论的统计抽样方法是（   ）。
   A. 变量抽样　　　B. 属性抽样　　　　C. 任意抽样　　　D. 判断抽样
10. 注册会计师编制审计报告的直接依据是（   ）。
    A. 审计准则　　　　　　　　　　　　B. 审计程序
    C. 审计工作底稿　　　　　　　　　　D. 会计准则或相关规定

二、多项选择题

1. 在下列各项中，注册会计师通常认为适合运用实质性分析程序的有（   ）。
   A. 营业外收入　　　　　　　　　　　B. 借款利息支出
   C. 存款利息收入　　　　　　　　　　D. 房屋租赁收入
2. 以下各项中，属于审计证据要求的有（   ）。
   A. 相关性　　　　B. 可靠性　　　　　C. 充分性　　　　D. 公允性
   E. 强制性
3. 影响审计工作效果的抽样风险有（   ）。
   A. 信赖过度风险　　　　　　　　　　B. 信赖不足风险
   C. 误拒风险　　　　　　　　　　　　D. 误受风险
   E. 经营风险
4. 下列关于分析程序的说法中，适当的有（   ）。
   A. 分析程序可用作控制测试
   B. 分析程序可用作实质性程序
   C. 分析程序可用作风险评估程序
   D. 分析程序可用于对财务报表进行总体复核
5. 注册会计师在获取审计证据时，选取并测试项目的方法可以是（   ）。
   A. 测试某总体所包含的全部项目

B. 选出特定的项目测试，但不推断总体
C. 采用统计抽样方法随机选择项目测试，并推断到总体
D. 采用任意抽样方法随意选择项目测试，并推断到总体
E. 给总体分层，对某层次的所有项目进行全部测试，对其他层次的项目进行抽样测试

6. 下列各项中，通常适合于进行审计抽样的有（　　）。
   A. 风险评估　　　　　　　　　　B. 了解内部控制
   C. 分析程序　　　　　　　　　　D. 细节测试
   E. 对运行留下轨迹的内部控制进行测试

7. 以下关于审计抽样的说法中，适当的有（　　）。
   A. 如果预期控制的偏差率过高，通常不实施审计抽样
   B. 区分统计抽样和非统计抽样的依据为样本规模的大小
   C. 细节测试中，如果预期错报很高，可能不实施审计抽样
   D. 如果可接受的抽样风险较低，则可以选择更小的样本规模
   E. 审计中既可以采用统计抽样，也可以采用非统计抽样

8. 审计抽样时，与样本量的规模反向变动的有（　　）。
   A. 可接受的信赖过度风险　　　　B. 可容忍误差
   C. 预计总体误差　　　　　　　　D. 重要性水平
   E. 检查风险的可接受水平

9. 审计工作底稿是指注册会计师对（　　）做出的记录。
   A. 制订的审计计划　　　　　　　B. 获取的审计证据
   C. 得出的审计结论　　　　　　　D. 实施的审计程序

10. 以下关于审计工作底稿的说法中，适当的有（　　）。
    A. 工作底稿形成于审计过程，也反映整个审计过程
    B. 审计证据无论质量高低，均应当记录于工作底稿
    C. 工作底稿能为审计人员是否遵循了审计准则提供证据
    D. 复杂业务的工作底稿通常比简单业务工作底稿的内容更多
    E. 每张工作底稿均应能直接为财务报表是否存在重大错报提供证据

三、问答题
1. 什么是审计证据？
2. 审计证据的要求有哪些？各项要求之间的关系如何？
3. 如何评价审计证据的可靠性？
4. 简述审计证据获取的方法。
5. 简述审计工作底稿的概念及编制目的。
6. 请说明审计证据与审计工作底稿的关系。
7. 简述审计工作底稿的编制要求。
8. 简述审计工作底稿的归档要求。

四、研究思考题
1. 什么是分析程序？举例说明分析程序适用的情形。
2. 审计人员更关注的抽样风险有哪些？为什么？

3. 属性抽样和变量抽样的区别有哪些？

4. 如果审计工作底稿已经存档，是否还能对其做出修订或更新？在哪些情况下，可以进行修订或更新？

五、案例分析题

1. 在某次财务报表审计中，注册会计师收集到了以下审计证据：

① 被审计单位开出的销售发票；
② 被审计单位保存的销售合同；
③ 被审计单位与客户的对账单；
④ 被审计单位收到的购货发票；
⑤ 被审计单位的原材料明细账；
⑥ 被审计单位仓库的原材料台账；
⑦ 被审计单位对存货存在性的声明；
⑧ 注册会计师重新计算的固定资产分类折旧表；
⑨ 注册会计师获得的函证回函；
⑩ 注册会计师获得的银行询证回函。

要求：请分析上述审计证据中：

（1）可靠性最强的是哪一项？
（2）可靠性最弱的是哪一项？
（3）②和③相比，可靠性更强的是哪一项？
（4）④和⑤相比，可靠性更强的是哪一项？
（5）⑨和⑩相比，可靠性更强的是哪一项？

请简要说明理由。

2. 注册会计师对ABC公司财务报表的审计中做了下面的工作：

① 从主营业务明细账中抽取几笔业务追查到货运单据；
② 观察了ABC公司对存货的盘点；
③ 编制了ABC公司及行业成本变化趋势的分析表；
④ 用后进先出法对甲产品的发出成本进行了验算；
⑤ 以被审计单位的名义向银行发函；
⑥ 询问管理人员外单位将存货存放在ABC公司的情况；
⑦ 实地察看了重要的原材料入库的验收程序。

要求：试分析并填写表格。

情况序号	审计证据获取的方法	认定
①		
②		
③		
④		
⑤		
⑥		
⑦		

3. 在年度财务报表的原材料账户审计中，审计人员采用传统变量抽样方法实施了统计抽样。年底被审计单位原材料账面余额合计为1.6亿元，明细账户共2 000个。审计人员抽取了200个明细账户作为样本，样本的账面余额合计为1 800万元。执行了相应的审计程序后，审计人员确定样本审定金额合计为1 500万元。

要求：

（1）如果审计人员采用样本均值推断总体的方法，则推断的总体错报金额是多少？

（2）如果审计人员采用样本平均错报推断总体的方法，则推断的总体错报金额是多少？

（3）如果审计人员采用样本审定金额占账面金额的比率推断总体的方法，则推断的总体错报金额是多少？

4. 以下是一张编制完成的工作底稿。

××会计师事务所银行存款审定表

被审计单位：甲有限责任公司　　　　　索引号：　ZA　
项目：银行存款　　　　　　　　　　　　页次：　#　
编制：张三　20×2年3月31日
复核：李四　20×2年3月30日　　　　　财务报表截止日/期间：
　　　　　　　　　　　　　　　　　　20×1年1月1日至20×1年12月31日

项目名称	期末未审数	账项调整		重分类调整		期末审定数	上期末审定数	索引号
		借方	贷方	借方	贷方			
A账户	200 000					200 000	略	ZA
B账户	100 000					100 000	略	ZB
C账户	50 000					50 000	略	ZC
其他账户*	30 000					30 000	略	ZD
合计	380 000					380 000 T/B		

审计说明：
*：被审计单位开立了多个银行账号，A、B、C为其主要使用账号。其他很少使用且余额较小的银行账号归入"其他账户"。

审计结论：银行存款余额无问题！

要求： 根据上面审计工作底稿，指出其中存在的问题。

5. 红黄兰会计师事务所负责审计多家公司的20×2年度财务报表，与审计工作底稿相关的部分事项如下。

① 在对A公司审计工作底稿归档期间，归档时删除了A公司提供的被取代的财务报表的草稿。

② 红黄兰会计师事务所同时负责审计B公司20×2年度财务报表和内部控制的审计工作，20×3年3月20日为财务报表审计报告日，但截止到3月20日，内部控制审计还未结束，尚未出具内部控制审计报告。审计人员拟等内部控制审计报告出具以后，将两项业务的审计工作底稿一起归档保管。

③ 20×1 年度的审计客户 C 公司在 20×2 年末已申请破产清算。20×3 年 3 月，C 公司的工商税务信息均已注销。20×3 年 4 月 6 日，审计人员在得知这一情况后，销毁了 C 公司的审计底稿。

④ 在出具 D 公司 20×2 年度审计报告的次日，审计人员收到了一份应收账款询证函的回函，确认金额无误后，审计人员删除了原替代程序的审计工作底稿。

要求：针对上述事项，分别判断审计人员的处理是否恰当。如不恰当，请简要说明理由。

第 8 章　风险导向审计测试流程

【学习目标】

学习本章以后，你应该能够：

- ▼ 掌握风险评估程序；
- ▼ 掌握注册会计师识别和评估重大错报风险的审计要求；
- ▼ 理解和掌握内部控制的概念和要素；
- ▼ 掌握针对财务报表层次重大错报风险的总体应对措施；
- ▼ 掌握针对认定层次重大错报风险的进一步审计程序；
- ▼ 掌握控制测试的含义、性质、时间安排、范围；
- ▼ 掌握实质性程序的含义、性质、时间安排、范围。

【内容提要】

风险导向审计要求注册会计师首先评估财务报表重大错报风险，然后设计和实施进一步审计程序以应对评估的错报风险，进而为出具恰当的审计报告提供证据。注册会计师在执行审计工作时，必须了解被审计单位及其环境，以充分识别和评估财务报表重大错报风险，有针对性地设计和实施总体应对措施和进一步的审计程序。

8.1　重大错报风险的识别与评估

审计风险是由重大错报风险和检查风险决定的。注册会计师需要根据评估的重大错报风险，确定检查风险的可容忍水平，以将审计风险控制在较低范围之内。重大错报风险的评估，是采用何种风险应对措施的基础。注册会计师需要先执行风险评估程序了解相关情况，将所获得的信息在项目组内部讨论，以识别和评估重大错报风险。上述工作过程见图 8-1。

案例引入

HT 公司

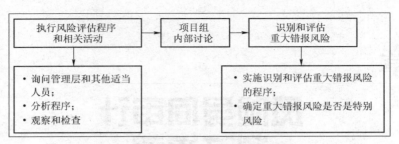

图 8-1 重大错报风险评估的工作流程

8.1.1 执行风险评估程序和相关活动

1. 风险评估程序

风险评估程序,是指注册会计师为识别和评估财务报表层次和认定层次的重大错报风险(无论错报是由于舞弊导致还是由于错误导致)而设计和实施的审计程序。风险评估程序主要采用询问管理层和被审计单位内部其他适当人员、分析、观察和检查的方法。

(1)询问管理层和被审计单位内部其他适当人员

注册会计师通过询问获取的大部分信息来自管理层和负责财务报告的人员。注册会计师也可以通过询问内部审计人员、其他不同层级的人员等获取信息。注册会计师的询问可能贯穿于整个审计业务的始终。

询问不同人员,可以获得不同角度的信息。例如,询问适当的内部审计人员可能有助于了解被审计单位及其环境、识别和评估财务报表层次和认定层次的重大错报风险;询问治理层,可能有助于了解编制财务报表的环境;询问参与生成、处理或记录复杂或异常交易的员工,可能有助于评价被审计单位选择和运用某项会计政策的恰当性;询问内部法律顾问,可能有助于了解有关信息,如诉讼、遵守法律法规的情况、影响被审计单位的舞弊或舞弊嫌疑、产品保证、售后责任、与业务合作伙伴的安排和合同条款的含义等;询问销售人员,可能有助于了解被审计单位营销策略的变化、销售趋势或与客户的合同安排;询问风险管理职能部门及其人员,可能有助于了解可能影响财务报告的运营和监管风险;询问信息系统人员,可能有助于注册会计师了解系统变更、系统或控制失效情况,或与系统相关的其他风险。

(2)分析

风险评估过程中使用分析程序,可能有助于:识别未注意到的被审计单位的情况;评估重大错报风险;识别异常的交易或事项,以及对审计产生影响的金额、比率和趋势。识别出的异常或未预期到的关系可以帮助注册会计师识别重大错报风险,特别是由于舞弊导致的重大错报风险。

当分析程序使用高度汇总的数据时,实施分析程序的结果可能仅初步显示是否存在重大错报。在这种情况下,将分析程序的结果与识别重大错报风险时获取的其他信息一并考虑,可以帮助了解并评价分析程序的结果。

(3)观察和检查

观察和检查程序可以支持对管理层和其他相关人员的询问结果,并可以提供有关被审计单位的信息。例如,注册会计师可以观察和检查:被审计单位的经营活动;文件、记录和内部控制手册;管理层、治理层编制的报告;被审计单位的生产经营场所和厂房设备。

2. 评估重大错报风险应考虑的其他因素

评估重大错报风险时,注册会计师还应当考虑:在客户接受或保持过程中获取的信息是否与识别重大错报风险相关;已为被审计单位执行的其他业务中所获取的信息是否与识别重大错报风险相关;以往期间获取的信息,如以往的错报情况及错报是否及时得到更正,以往是否发现内部控制缺陷,自上期以来被审计单位是否发生重大变化,执行审计程序中遇到的困难等。如果拟将以前期间获取的经验和信息用于本期审计,注册会计师应当评价这些经验和信息作为审计证据是否仍然相关和可靠。

3. 项目组内部讨论

项目组的内部讨论十分重要,它能使项目组成员之间交流经验和分享所获得的信息。项目合伙人和项目组其他关键成员应当讨论被审计单位财务报表存在重大错报的可能性,以及如何根据被审计单位的具体情况运用适用的财务报告编制基础。项目合伙人应当确定向未参与讨论的项目组成员通报哪些事项。项目组可能讨论的事项包括:

① 财务报告要求的变化,该变化可能导致做出重大的新披露或对现有披露做出重大修改;

② 被审计单位所处的环境、财务状况或经营活动的变化,该变化可能导致做出重大的新披露或对现有披露做出重大修改,如审计期间发生的重大企业合并;

③ 以前审计中难以获取充分、适当的审计证据的披露;

④ 关于复杂事项的披露,包括管理层对披露信息内容的重大判断。

8.1.2 风险评估时对被审计单位的了解

在执行风险评估程序时,注册会计师应当从两大方面了解被审计单位:一是被审计单位及其环境、适用的财务报告编制基础;二是被审计单位内部控制体系各要素。

1. 了解被审计单位及其环境、适用的财务报告编制基础

1)被审计单位及其环境

被审计单位及其环境包括:① 组织结构、所有权和治理结构、业务模式(包括该业务模式利用信息技术的程度);② 行业形势、法律环境、监管环境和其他外部因素;③ 财务业绩的衡量标准,包括内部和外部使用的衡量标准。内部衡量标准如关键业绩指标,外部衡量标准如分析师报告和信用评级机构报告。

2)适用的财务报告编制基础、会计政策及变更会计政策的原因

注册会计师应当根据对被审计单位的了解,评价会计政策及其变更是否适当,并与适用的财务报告编制基础、相关行业使用的会计政策保持一致。

基于对上述事项的了解,注册会计师应评价被审计单位在按照适用的财务报告编制基础编制财务报表时,固有风险因素怎样影响各项认定易于发生错报的可能性及影响的程度。

2. 了解被审计单位内部控制体系各要素

1)内部控制体系的基本概念

内部控制体系,是指由治理层、管理层和其他人员设计、执行和维护的体系,以合理保证被审计单位能够实现财务报告的可靠性,提高经营效率和效果,以及遵守适用的法律法规等目标。

审计准则第 1211 号

被审计单位的内部控制系统通常包含人工成分和自动化成分。在存在大额、异常或偶发

的交易，难以界定、预计或预测错误，以及需要对自动化控制进行更新，需要监督自动化控制的有效性等情形下，人工成分可能占主导地位。但内部控制中的人工成分可能比自动化成分的可靠性低，原因是人工成分可能更容易被规避、忽视或凌驾，以及更容易产生简单错误和失误。两类成分的占比，因被审计单位使用信息技术的性质和复杂程度而异。

内部控制无论如何有效，都只能为被审计单位实现财务报告目标提供合理保证，因其受固有限制的影响。这些限制包括：① 在决策时人为判断可能出现错误和因人为失误而导致内部控制失效，包括控制的设计和运行中人为判断无效；② 控制可能由于两个或更多的人员串通或管理层不当地凌驾于内部控制之上而被规避；③ 在设计和执行控制时，管理层可能会对选择执行的控制的性质和范围及选择承担的风险的性质和程度做出判断。

2）内部控制的要素与注册会计师的责任

注册会计师应当根据对被审计单位内部控制体系各要素的评价，确定是否识别出控制缺陷。从财务报表审计的角度，内部控制体系包含5个相互关联的要素。

（1）内部环境（控制环境）

内部环境包括治理职能和管理职能，以及治理层和管理层对内部控制及其重要性的态度、认识和行动。控制环境设定了被审计单位的内部控制基调，影响员工的内部控制意识。控制环境的某些要素对重大错报风险评估具有广泛影响。

注册会计师应当当了解管理层如何履行其管理职责、内部权限和职责的分配情况、人力资源管理等方面的控制、流程和组织结构，以评价管理层是否营造并保持了诚实守信和合乎道德的文化、内部环境是否为内部控制体系的其他要素奠定了适当的基础等方面的情况。

（2）风险评估

注册会计师应了解被审计单位与财务报表编制相关的风险评估工作，根据被审计单位的性质和复杂程度，评价其风险评估工作是否适合其具体情况。

如果注册会计师识别出重大错报风险，而管理层未能识别出这些风险，注册会计师应当判断这些风险是否是被审计单位风险评估工作应当识别出的风险。如果注册会计师认为，这些风险是被审计单位风险评估工作应当识别出的风险，则应当了解被审计单位风险评估工作未能识别出这些风险的原因。

（3）内部监督

注册会计师应当了解被审计单位对与财务报表编制相关的内部控制体系的监督工作，根据被审计单位的性质和复杂程度，评价被审计单位对内部控制体系的监督是否适合其具体情况。

（4）信息与沟通（信息系统与沟通）

注册会计师应当了解被审计单位与财务报表编制相关的信息与沟通，包括：被审计单位的信息处理活动（包括数据和信息），在这些活动中使用的资源，针对相关交易类别、账户余额和披露的信息处理活动的政策；被审计单位如何沟通与财务报表编制相关的重大事项，以及信息系统和内部控制体系其他要素中的相关报告责任。在了解的基础上，注册会计师应当评价被审计单位的信息与沟通是否能够为被审计单位按照适用的财务报告编制基础编制财务报表提供适当的支持。

（5）控制活动

控制活动是指有助于确保管理层的指令得以执行的政策和程序。控制活动从性质上分为：

授权、业绩评价、信息处理的控制、实物控制、职责分离等类别。业务流程中的控制通常分为预防性控制和检查性控制。预防性控制通常用于正常业务流程的每一项交易,以防止错报的发生。检查性控制的目的是发现流程中可能发生的错报。在必要的情况下,被审计单位还可能存在补偿性控制。

注册会计师应当识别被审计单位用于应对认定层次重大错报风险的控制,以评价识别出的每项控制的设计是否有效、是否得到执行。

在了解和评价被审计单位业务流程及其相关控制时,注册会计师可能采用穿行测试程序。具体办法为选择业务流程中的某笔或某几笔业务,采用询问、观察、检查等程序了解业务实施的过程及其内部控制环节,并确认被审计单位制定的内部控制措施是否得到了执行。

8.1.3 识别和评估重大错报风险

注册会计师通过实施风险评估程序,从财务报表层次及各类交易、账户余额和披露认定层次评估重大错报风险,并评估是否存在特别风险,或仅通过实质性程序无法应对的重大错报风险。

1. 识别和评估两个层次的重大错报风险

对于识别出的财务报表层次重大错报风险,注册会计师应当评价这些风险对财务报表整体产生的影响,并确定这些风险是否影响对认定层次风险的评估结果。

对于识别出的认定层次重大错报风险,注册会计师应当分别评估固有风险和控制风险。在评估固有风险时,注册会计师应当考虑:① 固有风险因素如何及在何种程度上影响相关认定易于发生错报的可能性。 固有风险因素包括事项或情况的复杂性、主观性、变化、不确定性,以及管理层偏向和其他舞弊风险因素。② 财务报表层次重大错报风险如何及在何种程度上影响认定层次重大错报风险中固有风险的评估。对于控制风险,只有在注册会计师拟测试控制运行有效性时,才应当评估,否则应当将固有风险的评估结果作为重大错报风险的评估结果。

2. 识别特别风险

特别风险是指注册会计师根据固有风险因素对错报发生的可能性和错报的严重程度的影响,将固有风险评估为达到或接近最高风险等级的重大错报风险。在一些特别审计项目,如关联方、会计估计等,注册会计师也可能将其作为特别风险。

1)确定特别风险时应考虑的事项

注册会计师应当根据职业判断,确定识别出的风险是否为特别风险。在进行判断时,注册会计师不应考虑识别出的控制对相关风险的抵消效果。在判断过程中,注册会计师应当至少考虑下列事项:

① 风险是否属于舞弊风险;
② 风险是否与近期经济环境、会计处理方法或其他方面的重大变化相关,因而需要特别关注;
③ 交易的复杂程度;
④ 风险是否涉及重大的关联方交易;
⑤ 财务信息计量的主观程度,特别是计量结果是否具有高度不确定性;
⑥ 风险是否涉及异常或超出正常经营过程的重大交易。

2）非常规交易和判断事项导致的特别风险

经过系统处理的日常、简单的交易不太可能产生特别风险。特别风险通常与重大的非常规交易和判断事项有关。

非常规交易是指由于金额或性质异常而不经常发生的交易。例如，企业购并、债务重组、重大或有事项等。与重大非常规交易相关的特别风险可能导致更高的重大错报风险，如管理层更多地干预会计处理、数据收集和处理进行更多的人工干预、复杂的计算或会计处理方法、非常规交易的性质可能使被审计单位难以对由此产生的特别风险实施有效控制。

判断事项包括会计估计，因其具有计量的重大不确定性。对由于如下事项导致的需要做出会计估计的重大判断事项，重大错报风险可能更高：对涉及会计估计、收入确认等方面的会计政策存在不同的理解；所要求的判断可能是主观和复杂的，或需要对未来事项做出假设。

3）考虑与特别风险相关的控制

如果认为存在特别风险，注册会计师应当了解被审计单位与该风险相关的控制。与重大非常规交易或判断事项相关的风险通常很少受到日常控制的约束，管理层可能采取由高级管理人员或专家对所做的假设进行检查、记录估计流程、由治理层做出批准等措施应对此类风险。

在某些情况下，管理层可能未实施针对特别风险的控制恰当应对特别风险，这表明存在值得关注的内部控制缺陷。

3. 仅通过实质性程序无法应对的重大错报风险

作为风险评估的一部分，如果认为仅通过实质性程序获取的审计证据无法将认定层次的重大错报风险降至可接受的低水平，注册会计师应当评价被审计单位针对这些风险设计的控制，并确定其执行情况。

在被审计单位对日常交易采用高度自动化系统处理的情况下，审计证据可能仅以电子形式存在，其充分性和适当性通常取决于自动化信息系统相关控制的有效性，注册会计师应当考虑仅通过实施实质性程序不能获取充分、适当审计证据的可能性。

例如，某企业通过高度自动化系统确定采购品种和数量，生成采购订购单，并通过系统中设定的收货确认和付款条件进行付款。除了系统中的相关信息，该企业没有其他有关订购单和收货的记录。在这种情况下，如果认为仅通过实施实质性程序不能获取充分、适当的审计证据，注册会计师应当考虑依赖的相关控制的有效性，并对其进行了解、评估和测试。

企业内部控制
基本规范

注册会计师应当在审计工作底稿中列示评估出的重大错报风险。表8-1是识别的重大错报风险汇总表。

表8-1 识别的重大错报风险汇总表

识别的重大错报风险	风险评估结果	对财务报表的影响	相关的账户名称、账户余额或发生额、相关的认定	是否属于财务报表层次重大错报风险	是否属于特别风险	是否属于仅通过实质性程序无法应对的重大错报风险
描述识别的重大错报风险	评估重大错报风险水平	描述对财务报表的影响和导致财务报表发生重大错报的可能性	列示相关的账户及其认定	考虑是否属于财务报表层次重大错报风险	考虑是否属于特别风险	考虑是否属于仅通过实质性程序无法应对的重大错报风险

第8章 风险导向审计测试流程

典型例题 8-1

基本情况 E公司是红黄兰会计师事务所的常年审计客户,主要从事医疗器械设备的生产和销售。A类产品为大中型医疗器械设备,主要销往医院;B类产品为小型医疗器械设备,主要通过经销商销往药店。注册会计师负责审计E公司20×1年度财务报表。

资料一:

注册会计师在审计工作底稿中记录了所了解的E公司情况及其环境,部分内容摘录如下。

① 20×1年初,E公司在5个城市增设了销售服务处,使销售服务处数量增加到11个,销售服务人员数量比上年末增加50%。

② 对于A类产品,E公司负责将设备运送到医院并安装调试。医院验收合格后签署设备验收单,E公司根据设备验收单确认销售收入。E公司自20×1年起向医院提供1个月的免费试用期,医院在试用期结束后签署设备验收单。

③ E公司从20×0年起推出针对经销商的返利计划,根据经销商已付款的采购额的3%~6%,在年度终了后12个月内向经销商支付返利。E公司未与经销商就返利计划签订书面协议,而由销售人员口头传达。

④ 20×1年12月,一名已离职员工向E公司董事会举报,称销售总监有虚报销售费用的行为。E公司已对此事展开调查,目前尚无结论。

资料二:

注册会计师在审计工作底稿中记录了所获取的E公司的财务数据,部分内容摘录如下。

金额单位:万元

项目	20×1年未审数		20×0年已审数	
	A类产品	B类产品	A类产品	B类产品
主营业务收入	6 800	6 300	4 500	6 000
减:销售返利	0	300	0	280
营业收入	6 800	6 000	4 500	5 720
营业成本	3 500	4 300	2 700	3 700
销售费用				
——员工薪酬	1 300		800	
——办公室租金	390		350	
利润总额	2 000		1 200	
应收账款	4 900		3 500	
坏账准备	(100)		(80)	
存货				
——发出商品	410		400	
——备件	290		330	
其他应付款				
——返利	420		280	
——租金	120		90	

要求：针对资料一中的事项，结合资料二，假定不考虑其他条件，逐项指出资料一所列事项是否可能表明存在重大错报风险。如果认为存在重大错报风险，简要说明理由，并说明该风险主要与哪些项目（仅限于营业收入、营业成本、销售费用、应收账款、坏账准备、存货和其他应付款）的哪些认定相关。

参考答案：

事项序号	是否可能表明存在重大错报风险（是/否）	理由	财务报表项目名称及认定
①	是	20×1年初，被审计单位销售服务处数量增加到11个，销售服务人员数量比上年末增加50%，而营业费用中的办公室租金仅增长11.42%，存在少记销售费用的风险	销售费用（完整性） 其他应付款（完整性）
②	是	被审计单位自20×1年起向医院提供1个月的免费试用期，医院在试用期结束后签署设备验收单，这样就延长1个月的确认收入时间。而被审计单位在20×1年末发出商品科目余额仅比上年同期增加10万元，有提前确认收入的风险	营业收入（发生） 存货（完整性） 营业成本（发生）
③	是	被审计单位销售返利政策没有签订明确的书面协议，仅凭销售人员口头报告，返点率为3%~6%。而根据上年末应收账款余额及本期销售额及年末应收账款余额，被审计年度收回销售款为4 900万元（=3 500+6 300−4 900），账面返点率为6.12%，有高估返利的错报风险。此外，根据企业政策，在年度终了后12个月内向经销商支付返利。而本年发生返利为300万元，年末其他应付款中尚未实际支付的返利金额余额为420万元，则年末返利中仍有部分上年的返利金额未支付	营业收入（完整性） 其他应付款（存在）
④	是	被审计单位销售费用有高估风险，表明有公司资产有被侵占的风险	销售费用（发生）

8.2 重大错报风险的应对

注册会计师应针对评估的重大错报风险确定总体应对措施，设计和实施进一步审计程序。总体应对措施针对的是财务报表层次的重大错报风险，该类风险可能对财务报表的多项认定产生广泛影响。进一步审计程序的审计方案针对的是认定层次的重大错报风险。其中，总体应对措施对进一步审计程序的审计方案具有重要影响。

8.2.1 针对财务报表层次重大错报风险的总体应对措施

1. 财务报表层次重大错报风险与总体应对措施

财务报表层次重大错报风险的特点是：与财务报表整体广泛相关，进而影响多项认定。如果评估出财务报表层次的重大错报风险，注册会计师的总体应对措施可能包括：

① 向项目组强调保持职业怀疑的必要性；
② 指派更有经验或具有特殊技能的审计人员，或利用专家的工作；
③ 提供更多的督导；
④ 在选择拟实施的进一步审计程序时融入更多的不可预见的因素；

⑤ 对拟实施审计程序的性质、时间安排或范围做出总体修改,如在期末而非期中实施实质性程序,或修改审计程序的性质以获取更具说服力的审计证据。

2. 增加审计程序不可预见性的思路

注册会计师需要与被审计单位的管理层事先沟通,要求实施具有不可预见性的审计程序,但不能告知其具体内容。增加审计程序不可预见性的思路有:

① 对某些以前未测试的低于设定的重要性水平或风险较小的账户余额和认定实施实质性程序;

② 调整实施审计程序的时间,使其超出被审计单位的预期,如延长销售截止的测试期间、提前或者推迟函证账户的截止日期;

③ 采取不同的审计抽样方法,使当年抽取的测试样本与以前有所不同;

④ 选取不同的地点实施审计程序,或预先不告知被审计单位所选定的测试地点。

此外,还可以向以前审计过程中接触不多的被审计单位员工询问,改变实质性分析的方法或内容等。

8.2.2 针对认定层次重大错报风险的进一步审计程序

注册会计师应当针对评估的认定层次重大错报风险设计和实施进一步审计程序,包括审计程序的性质、时间安排和范围。

1. 进一步审计程序的含义和要求

进一步审计程序相对于风险评估程序而言,是指注册会计师针对评估的各类交易、账户余额和披露认定层次重大错报风险实施的审计程序,包括控制测试和实质性程序。注册会计师应当根据对认定层次重大错报风险的评估结果,恰当选择进一步审计程序的总体审计方案。

进一步审计程序的总体审计方案包括实质性方案和综合性方案。其中,实质性方案是指注册会计师实施的进一步审计程序以实质性程序为主;综合性方案是指注册会计师在实施进一步审计程序时,将控制测试与实质性程序结合使用。当评估的财务报表层次重大错报风险属于高风险水平时,拟实施进一步审计程序的总体方案往往更倾向于实质性方案。

注册会计师对重大错报风险的评估是一种主观判断,可能无法充分识别所有的重大错报风险,同时内部控制存在固有局限性(特别是存在管理层凌驾于内部控制之上的可能性),因此无论选择何种方案,注册会计师都应当对所有重大认定设计和实施实质性程序。特定情况下,只有实施控制测试才可以有效应对评估的特定认定重大错报风险,如对一些特别风险。如果注册会计师在实施风险评估程序后没有发现任何与某项认定相关的有效控制,或者由于控制测试效率不高,则仅实施实质性程序对于特定认定是适当的。

2. 进一步审计程序的性质、时间安排和范围

(1)性质

审计程序的性质是指审计程序的目的和类型。审计程序的目的分为:实施控制测试以评价内部控制在防止或发现并纠正认定层次重大错报方面运行的有效性;实施实质性程序以发现认定层次重大错报。审计程序的类型包括检查、观察、询问、函证、重新计算、重新执行和分析程序。在应对评估的风险时,确定审计程序的性质是最重要的。

(2)时间安排

审计程序的时间安排是指注册会计师何时实施审计程序,或审计证据适用的期间或时点。

注册会计师可以在期中或期末实施控制测试或实质性程序。当重大错报风险越高时,注册会计师可能认为在期末或接近期末而非期中实施实质性程序,或采用不通知的方式,或在管理层不能预见的时间实施审计程序更有效。

在期末之前实施审计程序可能有助于注册会计师在审计工作初期识别重大事项,并在管理层的协助下及时解决这些事项,或针对这些事项制定有效的审计方案。某些审计程序只能在期末或期后实施,如检查财务报表编制过程中做出的会计调整、期末签订的销售合同等。

影响注册会计师考虑在何时实施审计程序的其他相关因素包括:控制环境;何时能得到相关信息;错报风险的性质;审计证据适用的期间或时点;编制财务报表的时间,尤其是编制某些披露的时间。

(3)范围

审计程序的范围是指实施审计程序的数量,如抽取的样本量或对某项控制活动的观察次数。在确定必要的审计程序的范围时,注册会计师需要考虑重要性、评估的风险和计划获取的保证程度(见表8-2)。如果需要通过实施多个审计程序实现某一目的,注册会计师需要分别考虑每个程序的范围。一般而言,审计程序的范围随着重大错报风险的增加而扩大。此外,利用计算机辅助审计技术可以对电子化的交易和账户文档进行更广泛的测试。

表8-2 影响进一步审计程序范围的因素

因素	进一步审计程序的范围
重要性水平	反向
评估的重大错报风险	同向
计划获取的保证程度	同向

8.2.3 控制测试

注册会计师应当设计控制测试,以获取控制在整个拟信赖的期间有效运行的充分、适当的审计证据。

1. 控制测试的适用情形和审计证据要求

控制测试并非在任何情况下都需要实施。当存在下列情形之一时,注册会计师应当实施控制测试。

① 在评估认定层次重大错报风险时,预期控制的运行是有效的。如果在评估认定层次重大错报风险时预期控制运行有效,注册会计师拟信赖控制运行的有效性,则应当实施控制测试。注册会计师通过实施风险评估程序,可能发现某项控制的设计是存在的,也是合理的,同时得到了执行。在这种情况下,出于成本效益的考虑,注册会计师可能预期,如果相关控制在不同时点都得到了一贯执行,与该项控制有关的财务报表认定发生重大错报的可能性就不会很大,也就不需要实施很多的实质性程序。

② 仅实施实质性程序并不能够提供认定层次充分、适当的审计证据。如果认为仅实施实质性程序获取的审计证据无法将评估的认定层次重大错报风险降至可接受的低水平,注册会计师应当实施相关的控制测试,以获取控制运行有效性的审计证据。

注册会计师获取的有关控制运行有效性的审计证据应当包括：控制在所审计期间的相关时点是如何运行的；控制是否得到一贯执行；控制由谁或以何种方式执行。

注册会计师应当考虑实施实质性程序的结果对评价相关控制运行有效性的影响。如果实施实质性程序发现被审计单位没有识别出的重大错报，通常表明内部控制未得到有效运行。但通过实质性程序未发现错报，并不能证明与所测试认定相关的控制是有效的。

2. 控制测试的性质

注册会计师应当选择适当类型的审计程序以获取有关控制运行有效性的保证。在计划和实施控制测试时，对控制有效性的信赖程度越高，注册会计师应当获取越有说服力的审计证据。

控制测试采用的审计程序的类型包括询问、观察、检查和重新执行。询问和观察往往不足以评价控制运行的有效性。通常情况下，将询问、观察与检查结合使用，可能比仅实施询问和观察获取更高水平的保证，只有当询问、观察和检查程序结合在一起仍无法获得充分、适当的证据时，注册会计师才考虑通过重新执行来证实控制是否有效运行。

控制测试和细节测试的目的不同，但注册会计师可以考虑针对同一交易同时实施控制测试和细节测试，以实现双重目的。例如，注册会计师通过检查某笔交易的发票可以确定其是否经过适当的授权，也可以同时获取关于该交易的金额、发生时间等细节证据。

3. 控制测试的时间安排

一般原则是：注册会计师拟信赖的哪个特定时点或哪些期间的控制，就应当测试该时点或该期间控制运行的有效性。

（1）期中证据的有效性

如果已获取有关控制在期中运行有效性的审计证据，注册会计师应当获取这些控制在剩余期间是否发生重大变化的审计证据，并确定针对剩余期间还需获取的补充审计证据。

（2）以前期间证据的有效性

在确定利用以前审计获取的有关控制运行有效性的审计证据是否适当，以及再次测试控制的时间间隔时，注册会计师应当考虑内部控制其他要素的有效性、控制特征产生的风险、信息技术一般控制的有效性、控制设计及其运行的有效性、是否存在由于环境变化而特定控制缺乏相应变化导致的风险、重大错报风险和对控制的信赖程度等因素。

如果拟利用以前审计获取的有关控制运行有效性的审计证据，注册会计师应当通过获取这些控制在以前审计后是否发生重大变化的审计证据，确定以前审计获取的审计证据是否与本期审计持续相关。如果已发生变化，且这些变化对以前审计获取的审计证据的持续相关性产生影响，注册会计师应当在本期审计中测试这些控制运行的有效性；如果未发生变化，注册会计师应当每三年至少对控制测试一次，并且在每年审计中测试部分控制，以避免将所有拟信赖控制的测试集中于某一年，而在之后的两年中不进行任何测试。

此外，鉴于特别风险的特殊性，对于旨在减轻特别风险的控制，不论该控制在本期是否发生变化，注册会计师都不应依赖以前审计获取的证据。因此，如果确定评估的认定层次重大错报风险是特别风险，并拟信赖针对该风险实施的控制，则注册会计师不应依赖以前审计获取的审计证据，而应在本期审计中测试这些控制的运行有效性。也就是说，如果注册会计师拟信赖针对特别风险的控制，那么所有关于该控制运行有效性的审计证据必须来自当年的控制测试。

4. 控制测试的范围

控制测试的范围，主要是指某项控制活动的测试次数。在确定控制测试的范围时，除考虑对控制的信赖程度外，注册会计师还可能考虑：执行控制的频率；拟信赖控制运行有效性的时间长度；控制的预期偏差率；拟获取的有关认定层次控制运行有效性的审计证据的相关性和可靠性；通过测试与认定相关的其他控制获取的审计证据的范围等。

由于信息技术处理具有内在一贯性，除非程序发生变动，注册会计师可能不需要扩大自动化控制的测试范围。一旦确定某项自动化控制能够发挥预期作用，注册会计师就可能需要考虑实施测试以确定该控制是否持续有效运行。这些测试可能包括：确定程序修改是否已经过适当的程序变动控制；交易处理所用软件是否为授权批准版本；其他相关的一般控制是否运行有效等。

8.2.4 实质性程序

1. 实施实质性程序的总体要求

无论评估的重大错报风险结果如何，注册会计师都应当针对所有重大类别的交易、账户余额和披露，设计和实施实质性程序。

如果认为评估的认定层次重大错报风险是特别风险，注册会计师应当专门针对该风险实施实质性程序。如果针对特别风险实施的程序仅为实质性程序，这些程序应当包括细节测试。

2. 实质性程序的性质

实质性程序的两种基本类型是细节测试和实质性分析程序。根据具体情况，注册会计师可以决定仅实施实质性分析程序，或者仅实施细节测试，或者将两者结合使用。

实质性分析程序的范围有两层含义：一是对什么层次上的数据进行分析。注册会计师可以选择在高度汇总的财务数据层次进行分析，也可以根据重大错报风险的性质和水平调整分析层次。二是需要对什么幅度或性质的偏差展开进一步调查。实施分析程序可能发现偏差，但并非所有的偏差都值得展开进一步调查。可容忍或可接受的偏差（即预期偏差）越大，作为实质性分析程序一部分的进一步调查的范围就越小。在设计实质性分析程序时，注册会计师应确定已记录金额与预期值之间可接受的差异额。在确定该差异额时，注册会计师应当主要考虑各类交易、账户余额和披露及相关认定的重要性和计划的保证水平。

注册会计师应当针对评估的风险设计细节测试。不同类型的认定，细节测试的方法可能不同。在针对存在或发生认定设计细节测试时，通常应当选择包含在财务报表金额中的项目，并获取相关审计证据；在针对完整性认定设计细节测试时，则应当选择有证据表明应包含在财务报表金额中的项目，并调查这些项目是否确实包括在内。

3. 实质性程序的时间安排

在多数情况下，在以前审计中实施实质性程序获取的审计证据，通常对本期只有很弱的证据效力或没有证据效力，除非相关情况无进展或无变化。

如果注册会计师在期中实施实质性程序而未在其后实施追加程序，将增加期末可能存在错报而未被发现的风险，并且该风险随着剩余期间的延长而增加，由此可能导致审计资源的浪费。但在某些情况下，如为了识别或调查一些异常金额，注册会计师可能认为需要在期中实施实质性程序。针对剩余期间，注册会计师需要通过实施实质性程序或将实质性程序与控制测试相结合，降低期末存在错报而未被发现的风险。

如果注册会计师由于在期中发现未预期的错报，而认为需要修改针对剩余期间拟实施实质性程序的性质、时间安排和范围，则此类修改可能包括在期末扩大期中已实施实质性程序的范围或重新实施这些实质性程序。

实质性程序的时间安排与控制测试的时间安排有共同点，也有很大差异。两者的共同点在于都面临对期中审计证据和对以前审计获取的审计证据的考虑。两者的差异在于：期中实施控制测试的做法更具有一种"常态"；而在期中实施实质性程序时更需要考虑成本与效益的权衡。在控制测试中，对以前审计获取的有关控制运行有效性的审计证据，已经受到了很大的限制；而对于以前审计中通过实质性程序获取的审计证据，则需要采取更加慎重的态度和更严格的限制。控制测试和实质性程序的时间比较如表8-3所示。

表8-3 控制测试和实质性程序的时间比较

	测试时间的一般要求	期中测试	剩余期间	以前审计期间
控制测试	测试拟信赖控制的期间的内部控制的有效性	通常需要在期中测试	与剩余期间概念几乎无关	以前期间的测试结论在符合条件的情况下可能有效
实质性程序	测试期末是否存在重大错报	在某些情况下需要在期中测试	需要测试剩余期间的变化	通常情况下无效

4. 实质性程序的范围

在确定实质性程序的范围时，注册会计师应当考虑评估的认定层次重大错报风险和实施控制测试的结果。注册会计师评估的认定层次的重大错报风险越高，需要实施实质性程序的范围越广。如果对控制测试结果不满意，注册会计师应当考虑扩大实质性程序的范围。

在设计细节测试时，注册会计师除了从样本量的角度考虑测试范围外，还要考虑选样方法的有效性等因素。例如，从总体中选取大额或异常项目，而不是进行代表性抽样或分层抽样。

审计准则第1231号

本章关键术语

重大错报风险	风险评估	风险应对
风险评估程序	内部控制	特别风险
总体应对措施	不可预见性	进一步审计程序
控制测试	实质性程序	

本章复习

一、单项选择题

1. 风险导向审计中，风险评估程序不包括（　　）。

A. 询问　　　　　B. 分析程序　　　　C. 控制测试　　　　D. 观察和检查

2. 财务报表审计中，注册会计师了解被审计单位是为了（　　）。
   A. 降低可接受的检查风险为低水平
   B. 识别和评估财务报表的重大错报风险
   C. 识别和评估财务报表的重要性水平
   D. 得出审计风险的高低

3. 在下列各项中，不属于内部控制要素的是（　　）。
   A. 控制风险　　　B. 控制活动　　　C. 对控制的监督　　　D. 控制环境

4. 下列各项中，与财务报表层次重大错报风险评估最相关的是（　　）。
   A. 应收账款周转率呈明显下降趋势
   B. 持有大量高价值且易被盗窃的资产
   C. 生产成本计算过程相当复杂
   D. 控制环境薄弱

5. 下列各项中，与认定层次重大错报风险评估最相关的是（　　）。
   A. 被审计单位治理层和管理层不重视内部控制
   B. 被审计单位管理层凌驾于内部控制之上
   C. 被审计单位大额应收账款可收回性具有高度不确定性
   D. 被审计单位所处行业陷入严重衰退

6. 注册会计师确定进一步审计程序性质的依据是（　　）。
   A. 报表层次重大错报风险的评估结果　　B. 被审计单位内部控制的有效性
   C. 认定层次重大错报风险的评估结果　　D. 对被审计单位及其环境的了解

7. 下列各项审计程序中，同时适用于控制测试和实施实质性程序的是（　　）。
   A. 检查　　　　　B. 分析程序　　　　C. 函证　　　　D. 重新执行

8. 下列情况中，注册会计师可能仅通过实质性程序无法应对重大错报风险的是（　　）。
   A. 关键内部控制均由人工执行　　B. 审计证据仅以电子形式存在
   C. 内部控制存在多处重大缺陷　　D. 审计证据均以纸质形式存在

9. 审计人员检查销售发票副本上负责人签章属于（　　）。
   A. 控制测试　　　B. 细节测试　　　C. 双重目的测试　　　D. 余额测试

10. 以下各项中，最有助于注册会计师了解被审计单位组织结构的是（　　）。
    A. 研究与开发活动及其支出　　B. 通货膨胀水平及币值变动
    C. 利率和资金供求情况　　D. 财务报表合并和长期股权投资核算

二、多项选择题

1. 按规定，注册会计师应当实施的风险评估程序包括（　　）。
   A. 函证程序
   B. 询问管理层和被审计单位内部其他人员
   C. 分析性程序
   D. 观察和检查

2. 在财务报表审计中，注册会计师要了解被审计单位的经营风险。以下与此相关的说法中，适当的有（　　）。

A. 被审计单位开发新产品或提供新服务可能会产生经营风险
B. 经营风险最终都会产生财务后果，从而影响财务报表，导致重大错报风险
C. 注册会计师了解被审计单位的经营风险有助于识别被审计单位财务报表的重大错报风险
D. 并非所有的经营风险都与财务报表相关，注册会计师没有责任识别或评估对财务报表没有影响的经营风险

3. 下列活动中，注册会计师认为属于被审计单位控制活动的有（　　）。
   A. 授权　　　　B. 业绩评价　　　　C. 风险评估　　　　D. 职责分离
   E. 实物控制

4. 在对内部控制进行初步评价并进行风险评估后，注册会计师通常需要在审计工作底稿中形成结论的有（　　）。
   A. 控制本身的设计是否有效　　　　B. 控制是否得到执行
   C. 是否拟信赖控制并实施控制测试　　　　D. 是否实施实质性程序

5. 下列有关控制环境的说法中，适当的有（　　）。
   A. 有效的控制环境可以降低舞弊发生的风险
   B. 控制环境对重大错报风险的评估具有广泛影响
   C. 财务报表层次重大错报风险很可能源于控制环境存在缺陷
   D. 有效的控制环境本身可以防止、发现并纠正认定层次的重大错报

6. 下列关于特别风险的表述中，适当的有（　　）。
   A. 舞弊导致的重大错报风险属于特别风险
   B. 判断特别风险时，需考虑相关控制的抵消效果
   C. 特别风险通常与重大的非常规交易和判断事项相关
   D. 对于舞弊导致的特别风险，注册会计师在期末或者接近期末实施实质性程序更有效

7. 非常规交易通常的特征有（　　）。
   A. 管理层更多地干预会计处理　　　　B. 数据收集和处理几乎不涉及人工成分
   C. 复杂的计算或会计处理方法　　　　D. 难以对产生的特别风险实施有效控制

8. 在测试内部控制的运行有效性时，注册会计师应当获取的审计证据有（　　）。
   A. 控制是否存在　　　　B. 控制是如何运行的
   C. 控制是否得到一贯执行　　　　D. 控制由谁执行

9. 下列情形下，注册会计师通常应当考虑扩大控制测试范围的有（　　）。
   A. 拟信赖程度较高
   B. 控制的预期偏差率过高
   C. 以前年度持续有效运行的自动化控制
   D. 拟信赖控制运行有效性的时间长度较长

10. 下列有关实质性程序时间安排说法中，适当的有（　　）。
    A. 控制环境和其他相关控制越薄弱，注册会计师越不宜在期中实施实质性程序
    B. 注册会计师评估的某项认定的重大错报风险越高，越应当考虑将实质性程序在期中实施
    C. 如果实施实质性程序所需信息在期中之后难以获取，注册会计师应考虑在期中实

施实质性程序

  D. 如果在期中实施了实质性程序，注册会计师应当针对剩余期间实施控制测试，以将期中测试得出的结论合理延伸至期末

三、问答题

1. 简述重大错报风险评估中的主要工作。
2. 注册会计师应当从哪些方面了解被审计单位以评估重大错报风险？
3. 举例说明特别风险，并简述注册会计师应当如何应对特别风险。
4. 什么是总体应对措施？什么是进一步审计程序？
5. 什么是控制测试？注册会计师应当如何确定控制测试的性质、时间和范围？
6. 什么是实质性程序？注册会计师应当如何确定实质性程序的性质、时间和范围？

四、研究思考题

1. 注册会计师了解被审计单位的意义何在？
2. 如何识别和评估财务报表层次与认定层次的重大错报风险？
3. 比较了解被审计单位内部控制和进行控制测试的测试程序、目的和结论。
4. 比较穿行测试和重新执行。
5. 比较控制测试和实质性程序的时间安排。

五、案例分析题

1. A公司是主要从事小型电子消费品生产和销售的公司。注册会计师负责审计A公司20×1年度财务报表。

资料一：

审计项目组成员了解的部分情况如下：

① 在20×0年度实现销售收入增长10%的基础上，A公司董事会确定的20×1年销售收入增长的目标为20%。A公司管理层实行年薪制，总体薪酬水平根据上述目标的完成情况上下浮动。A公司所处行业20×1年的平均销售增长率为12%。

② A公司财务总监已为A公司工作超过6年，于20×1年9月劳动合同到期后被A公司的竞争对手高薪聘请。由于工作压力大，A公司会计部门人员流动频繁，除会计主管服务超过4年外，其余人员的平均服务期少于2年。

③ A公司的产品面临快速更新换代的压力，市场竞争激烈。为巩固市场占有率，A公司于20×1年4月将主要产品（C产品）的售价下调8%~10%。另外，A公司在20×1年8月推出了D产品（C产品的改良型号），市场表现良好，计划在20×2年全面扩大产量，并在20×2年1月针对C产品开始实施新一轮的降价促销，平均降价幅度为10%。

④ A公司销售的产品均由经客户认可的运输公司实施运输，运费由A公司承担，但运输途中风险仍由客户自行承担。由于受能源价格上涨的影响，20×1年的运输单价比上年平均上升了15%，但运输商同意将运费结算周期从原来的30天延长至60天。

⑤ 20×1年度A公司主要原料的价格与上年持平，供应商也没有太大的变化。但由于技术要求发生变化，D产品所耗高档金属材料的比例比C产品略有上升，使得D材料的原材料成本比C产品上升了3%。

⑥ 除了20×0年12月借入的2年期、年利率6%的银行借款5 000万元，A公司没有其他借款。上述长期借款专门用于扩建一条生产线，以满足D产品的生产需要。该生产线总投

资6 500万元，20×0年12月开工，20×1年7月完工投入使用（假设不考虑利息收入）。

资料二：
审计项目组成员获取的财务数据部分内容如下。

金额单位：万元

项目	20×1年（未审数）		20×0年（已审数）	
	C产品	D产品	C产品	D产品
产成品	2 000	1 800	2 500	0
存货跌价准备	0		0	
营业收入	18 500	8 000	20 000	0
营业成本	17 000	5 600	16 800	0
销售费用——运费	1 200		1 150	
利息支出	300		25	
减：利息资本化	250		25	
净利息支出	50		0	

要求：

（1）结合资料一和资料二，假设不考虑其他条件，请逐项指出资料一中所列事项是否可能表明存在重大错报风险。如果认为存在，请简要说明理由，并分别说明该风险是属于财务报表层次还是认定层次。如果认为是认定层次，指出相关事项与何种账户的何种认定相关。

（2）假设A公司存在财务报表层次重大错报风险，审计项目组负责人应当考虑采取哪些总体应对措施？

（3）假设评估的A公司财务报表层次重大错报风险属于高风险水平，指出审计项目组拟实施进一步审计程序的总体方案通常更倾向于何种方案。

（4）针对评估的财务报表层次重大错报风险，在选择进一步审计程序时，审计项目组可以通过哪些方式提高审计程序的不可预见性？

2. B公司是公开发行A股的上市公司，主要经营计算机硬件的开发、集成与销售，主要是根据安装验收报告开具发票并确认收入。注册会计师于20×2年初对B公司20×1年度的财务报表进行审计。经了解B公司20×1年度的经营形势、管理及经营机构与20×0年度相比未发生重大变化，且未发生重大重组行为。其他相关资料如下（金额单位：万元）。

资料一：
B公司20×1年末利润表和20×0年度已审利润表的部分内容如下。

项目	20×1年（未审数）	20×0年（审定数）
一、主营业务收入	104 300	58 900
减：主营业务成本	91 845	53 599
主营业务税金及附加	560	350
二、主营业务利润	11 895	4 951
加：其他业务利润	40	56

续表

项目	20×1年（未审数）	20×0年（审定数）
减：营业费用	2 800	1 610
管理费用	2 380	3 260
财务费用	180	150
三、营业利润	6 575	(13)
加：投资收益	—	—
补贴收入	980	—
营业外收入	100	150
减：营业外支出	260	300
四、利润总额	7 395	(163)
减：所得税（税率25%）	800	—
五、净利润	6 595	(163)

资料二：

B公司20×1年各个月份未审主营业务收入、主营业务成本的发生额如下。

月份	主营业务收入	主营业务成本
1	7 800	7 566
2	7 600	6 764
3	7 400	6 512
4	7 700	6 768
5	7 800	6 981
6	7 850	6 947
7	7 950	7 115
8	7 700	6 830
9	7 600	6 832
10	7 900	7 111
11	8 100	7 280
12	18 900	15 139
合计	104 300	91 845

要求：为确定重点审计领域，注册会计师拟实施分析程序。请对资料一进行分析后，指出利润表中的重点审计领域，并简要说明理由；对资料二进行分析后，指出主营业务收入和主营业务成本的重点审计领域，并简要说明理由。

3. C公司请注册会计师就下列问题提供咨询服务，该公司有3位员工必须分担以下工作：
① 记录并保管总账；
② 记录并保管应付账款明细账；

③ 记录并保管应收账款明细账；
④ 记录货币资金日记账；
⑤ 记录、填写支票；
⑥ 发出销货退回及折让的贷项通知单；
⑦ 调节银行贷款日记账与银行存款对账单；
⑧ 保管并送存现金收入。

要求： 请指出应如何将这 8 项工作分配给 3 位职员，才能达到内部控制制度的要求。

4. 上市公司 E 公司是红黄兰会计师事务所的常年审计客户，主要从事汽车的生产和销售。注册会计师负责审计 E 公司 20×1 年度财务报表，确定财务报表整体的重要性为 1 000 万元，明显微小错报的临界值为 20 万元。

资料一：

审计项目组成员了解的被审计单位的部分情况如下。

① 20×1 年，在钢材价格及劳动力成本大幅上涨的情况下，E 公司通过调低主打车型的价格，保持了良好的竞争力和市场占有率。

② 20×1 年，E 公司首款互联网汽车研发项目取得突破性进展，于 20×1 年末开始量产。E 公司因此从政府部门获得研发补助 1 800 万元，并于 20×1 年 12 月底将相关开发支出转入无形资产。

③ 自 20×1 年 1 月起，E 公司将产品质量保证金的计提比例由营业收入的 3%调整为 2%。

④ 20×1 年 12 月 31 日，E 公司以 1 亿元购入丙公司 40%的股权。根据约定，E 公司按持股比例享有丙公司自评估基准日 20×1 年 6 月 30 日至购买日的净利润。

⑤ 20×1 年 12 月，E 公司与非关联方丁公司签订意向书，以 3 000 万元价格向其转让一批旧设备。20×2 年 1 月，该交易获得批准并完成交付。

资料二：

审计项目组成员在审计工作底稿中记录了 E 公司的财务数据，部分内容如下。

金额单位：万元

项目	20×1 年（未审数）	20×0 年（审定数）
营业收入	100 000	95 000
营业成本	89 000	84 500
销售费用——产品质量保证	2 000	2 850
投资收益——权益法核算（丙公司）	1 200	0
其他收益——互联网汽车项目补助	1 800	0
持有待售资产——拟销售给丁公司的设备	4 200	0
长期股权投资——丙公司	11 200	0
无形资产——互联网汽车项目	4 000	0

资料三：

审计项目组成员记录的进一步审计程序的部分内容如下。

① 在测试与销售收款相关的内部控制时识别出一项偏差，经查系员工舞弊所致。因追加样本量进行测试后未再识别出偏差，审计项目组成员认为相关内部控制运行有效，并向管理层通报了该项舞弊。

② 审计项目组成员选取 E 公司的部分分公司实施库存现金监盘，发现某分公司存在以报销凭证冲抵现金的情况。因错报金额低于明显微小错报的临界值，审计项目组成员未再实施其他审计程序。

③ 审计项目组成员采用实质性分析程序测试甲公司 20×1 年度的运输费用，估测已记录金额低于预期值 500 万元，因该差异低于实际执行的重要性，审计项目组成员认可了已记录金额。

④ 审计项目组成员在测试管理费用及研发费用时发现两笔错报，分别为少计会议费 40 万元和多计研发支出 50 万元，因合计金额小于明显微小错报的临界值，未予累积。

要求：

（1）结合资料一和资料二，假设不考虑其他条件，逐项指出资料一所列事项是否可能表明存在重大错报风险。如果认为可能表明存在重大错报风险，简要说明理由，并说明该风险主要与哪些财务报表项目的哪些认定相关。

（2）分别针对资料三中各事项，假设不考虑其他条件，逐项指出审计项目组成员的做法是否恰当。如不恰当，简要说明理由。

推荐阅读

第9章

审计报告

【学习目标】

学习本章以后，你应该能够：
- ▼ 了解审计报告的种类、编制要求；
- ▼ 掌握通用目的财务报表审计报告的构成要素；
- ▼ 掌握通用目的财务报表审计报告的不同意见类型及适用情形；
- ▼ 掌握强调事项段和其他事项段的概念及适用情形；
- ▼ 理解在审计报告中增加关键审计事项段的意义，掌握关键审计事项段的报告要求；
- ▼ 理解注册会计师对其他信息的审阅责任，掌握其他信息的报告要求。

【内容提要】

审计报告是整个审计过程的最后产品，是审计人员的工作成果。本章首先介绍了审计报告的作用、分类，然后重点介绍了通用目的财务报表审计报告的要素、内容，不同审计意见类型及其格式要求，以及强调事项段、其他事项段、关键审计事项、其他信息等审计报告中可能出现的其他段落。

9.1 审计报告的含义、作用与种类

审计报告是审计工作的最终结果。审计人员根据执业准则的要求，在对约定事项实施了必要的审计程序，确认作为发表审计意见依据的审计证据已得到充分的收集和鉴定后，应根据对审计证据的综合和分析做出审计判断，编制审计报告，以书面形式向委托人提交审计意见。

案例引入

渝钛白公司

审计报告综合反映了审计人员的工作质量和职业水准，审计人员不仅需要具备专业能力去检查、发现被审计单位存在的重大错报，还需要具备良好的职业道德、坚持独立性，报告所发现的问题。审计报告具有法定证明效力，同时审计人员对其也需要承担

相应的法律责任。审计风险集中反映在审计报告中。

9.1.1 审计报告的含义

审计报告是审计人员向审计服务需求者传达信息的重要手段，是在实施审计工作的基础上发表审计意见的书面文件，也是表明审计人员完成了审计任务并愿意承担审计责任的证明文件。审计人员出具审计报告时需要具有明确的责任意识，出具审计报告意味着：

① 审计人员应当按照审计准则的规定执行审计工作。审计准则是用于规范审计人员执行审计业务的标准。

② 审计人员在实施审计工作的基础上才能出具审计报告。审计人员应当按照审计准则的要求实施审计程序，获取充分、适当的审计证据，得出合理的审计结论，作为形成审计意见的基础。

③ 审计人员通过出具审计报告表明其责任的履行。在实施审计工作的基础上，审计人员需要对受托或授权审计的事项形成审计意见，并向委托人或授权人提交审计报告。审计人员需要在审计报告上签名和盖章，表明对其出具的审计报告负责。

④ 审计人员应当以规范的书面形式出具审计报告。审计报告具有特定的要素和格式，审计人员只有以规范的书面形式出具报告，才能清楚地表达审计意见，减少误解。

9.1.2 审计报告的分类

1. 按照审计报告格式分类

为了有效地传递审计信息，根据不同情况，审计人员需要编制的审计报告格式有所不同。按照审计报告的格式，审计报告可分为标准格式的审计报告和非标准格式的审计报告。

标准格式的审计报告是指格式和措辞基本统一的审计报告。例如，在上市公司年报审计中，统一、规范审计报告的格式和措辞很有必要。特定格式和措辞具有特定的含义，可以帮助审计报告的使用者获取准确的信息。

非标准格式的审计报告是指格式和措辞不统一，可以根据具体审计项目及其审计的具体情况来决定的审计报告。

相关知识
财务报表审计报告格式的演变

2. 按撰写审计报告的主体分类

按照撰写审计报告的主体，审计报告可分为国家审计报告、注册会计师审计报告和内部审计报告。

国家审计报告是指由国家审计机关出具的审计报告。国家审计机关出具的审计报告通常包括两部分：一部分是由审计机关向审计授权人提交的审计工作汇报；另一部分是由审计机关依法向被审计单位出具的审计决定书。另外，中国的国家审计机关每年定期向政府首脑和立法机关提交工作报告，向社会披露审计结果公告。

注册会计师审计报告是指由会计师事务所出具的审计报告。由于这种审计报告的使用者有时候是特定的委托人（如股东），有时候是不确定的、社会上的利益相关人（如潜在的投资者），因而这类审计报告的语言和传递的信息需要标准化，减少误解。审计结果的某些信息传递也可能采用不同的方式。例如审计人员在结束审计工作以后，可根据委托人的要求，在审计报告之外再提交一份管理建议书。

内部审计报告是指由内部审计机构出具的审计报告。这类审计报告一般具有较强的针对性和建设性。如有必要，内部审计人员可以在审计过程中提交中期报告，以便及时采取有效的纠正措施改善经营活动和内部控制。内部审计报告除主要服务于本组织的高级管理层和部门主管、经理及业务管理人员之外，还可为外部审计和政府监管机构提供协助。但内部审计报告一般不对外公布。

3. 按审计报告是否公布分类

按照法规或者审计报告使用者的要求不同，审计报告可分为公布目的的审计报告和非公布目的的审计报告。

公布目的的审计报告一般是用于对企业股东、潜在投资者、债权人等非特定利害关系人公布的审计报告。在出具这种审计报告时，应同时附送已审计的财务报表。

非公布目的的审计报告一般是用于经营管理、合并或业务转让、融通资金等特定目的的审计报告。这种审计报告是分发给特定使用者的，如经营者、合并或业务转让的关系人、提供信用的金融机构等。

4. 按审计报告内容详简程度分类

按照内容的详简程度，审计报告可分为简式审计报告和详式审计报告。

简式审计报告或称短式审计报告，如审计人员对应公布的财务报表进行审计后所编制的简明扼要的审计报告。其所反映的内容主要是非特定多数的利害关系者共同认为必要的审计事项，通常为法令或审计准则所具体规定，具有标准化的格式。因此，这种审计报告一般适用于公布目的，且具有标准格式审计报告的特点。

详式审计报告或称长式审计报告，是指审计人员对审计对象所有重要的经济业务和情况都要进行详细说明与分析的审计报告。它主要用于指出被审计单位经营管理存在的问题、提出改进的建议，其内容比简式审计报告丰富、详细。这种审计报告一般适用于非公布目的，且具有非标准化格式审计报告的特点，如内部审计报告和国家审计报告。

9.1.3 财务报表审计报告的作用

审计人员签发的财务报表审计报告，主要具有鉴证、保护和证明三方面的作用。

1. 鉴证作用

审计人员签发的审计报告，是以独立的专业人士的身份，对被审计单位财务报表的合法性、公允性发表意见。这种客观、专业的意见在社会上具有鉴证作用，得到了不同利益相关者群体的普遍认可。企业的股东需要依据企业的财务报表信息对经营管理者的业绩和胜任能力做出判断，给予相应的激励或者处罚；投资者需要依据企业提供的财务报表信息做出投资决策；税务部门需要通过财务报表信息了解、掌握企业的经营成果收缴税款等。他们对于财务报表信息是否合法、公允地反映了企业的财务状况、经营成果和现金流量，主要依据审计人员的审计报告做出判断。这些不同的使用者都有各自的利益诉求，他们不希望财务报表的信息被任何一方的利益所干扰和左右。

2. 保护作用

审计人员通过审计，可以对被审计单位财务报表出具不同类型审计意见的审计报告，以提高或降低财务报表信息使用者对财务报表的信赖程度，能够在一定程度上对被审计单位的财产、债权人和股东的权益及企业利害关系人的利益起到保护作用。例如投资者为了减少投资风险，在进行投资之前必须要查阅被投资企业的财务报表和审计人员的审计报告，了解被投资企业的经营情况和财务状况。投资者根据审计人员的审计报告做出投资决策,可以降低其投资风险。

3. 证明作用

审计报告是对审计人员审计任务完成情况及其结果所做的总结,它可以表明审计工作的质量并明确审计人员的审计责任。因此,审计报告可以对审计工作质量和审计人员的审计责任起证明作用。通过审计报告,可以证明审计人员在审计过程中是否实施了必要的审计程序,是否以审计证据为依据发表审计意见,发表的审计意见是否与被审计单位的实际情况相吻合,审计工作的质量是否符合要求。通过审计报告,可以证明审计人员审计责任的履行情况。

9.2 通用目的财务报表审计报告

对按照公认会计原则编制的财务报告进行审计后编制的审计报告被称为通用目的财务报表审计报告。财务报表审计报告是审计人员对财务报表的合法性和公允性发表审计意见的书面文件,审计人员应当将已审计的财务报表附于审计报告后,以便财务报表使用者正确理解和使用审计报告,并防止被审计单位替换、更改已审计的财务报表。

9.2.1 财务报表审计报告的要素

各个国家的审计报告的要素根据各国的注册会计师职业组织制定的审计准则予以规范。中国注册会计师审计准则规定,通用目的财务报表审计报告应当包括下列要素。

1. 标题

注册会计师出具的财务报表审计报告的标题统一为"审计报告",以突出业务性质,并与其他业务报告相区别。例如,当审计人员实施的是审核业务时,出具的报告标题就应该是"审核报告"。

2. 收件人

审计报告的收件人是指审计人员按照业务约定书的要求送致审计报告的对象,一般是指审计业务的委托人。审计报告应当载明收件人的全称。在上市公司财务报表年度审计中,收件人是所审计公司的全体股东。对有限责任公司财务报表进行审计后,收件人通常指所审计公司的董事会。

3. 审计意见

该部分应以"审计意见"作为标题,并包括下列方面:

① 指出被审计单位的名称;
② 说明财务报表已经审计;
③ 指出构成整套财务报表的每个财务报表的名称;
④ 提及财务报表附注,包括重大会计政策和会计估计;
⑤ 指明构成整套财务报表的每个财务报表的日期或涵盖的期间。

4. 形成审计意见的基础

内容包括:

① 说明注册会计师按照审计准则的规定执行了审计工作;

② 提及审计报告中用于描述审计准则规定的注册会计师责任的部分；

③ 声明注册会计师按照与审计相关的职业道德要求独立于被审计单位，并履行了职业道德方面的其他责任，声明中应当指明适用的职业道德要求，如《中国注册会计师职业道德守则》；

④ 说明注册会计师是否相信获取的审计证据是充分、适当的，为发表审计意见提供了基础。

5. 管理层（或治理层）对财务报表的责任

内容包括：

① 按照适用的财务报告编制基础的规定编制财务报表，使其实现公允反映，并设计、执行和维护必要的内部控制，以使财务报表不存在由于舞弊或错误导致的重大错报；

② 评估被审计单位的持续经营能力和使用持续经营假设是否适当，并披露与持续经营相关的事项（如适用）。对评估责任的说明应当包括描述在何种情况下使用持续经营假设是适当的。

6. 注册会计师对财务报表审计的责任

内容包括：

① 说明注册会计师的目标是对财务报表整体是否不存在由于舞弊或错误导致的重大错报获取合理保证，并出具包含审计意见的审计报告；

② 说明合理保证是高水平的保证，但并不能保证按照审计准则执行的审计在某一重大错报存在时总能发现；

③ 说明错报可能由于舞弊或错误导致。

在注册会计师责任部分，还应当说明在按照审计准则执行审计工作的过程中，注册会计师运用职业判断，并保持职业怀疑；说明注册会计师的责任，对审计工作进行描述；说明注册会计师与治理层就计划的审计范围、时间安排和重大审计发现等事项进行沟通，包括沟通注册会计师在审计中识别的值得关注的内部控制缺陷等内容。

7. 按照相关法律法规的要求报告的事项（如适用）

除审计准则规定的注册会计师的责任外，如果注册会计师在对财务报表出具的审计报告中履行其他报告责任，应当在审计报告中将其单独作为一部分，并以"按照相关法律法规的要求报告的事项"为标题，或使用适合于该部分内容的其他标题，除非其他报告责任涉及的事项与审计准则规定的报告责任涉及的事项相同。如果涉及相同的事项，其他报告责任可以在审计准则规定的同一报告要素部分列示。

8. 注册会计师的签名和盖章

注册会计师签名和盖章的目的是明确相关的法律责任，强化审计项目质量控制的措施。审计报告应当由项目合伙人和另一名负责该项目的注册会计师签名和盖章。根据中国证券监管部门的有关规定，上市公司财务报表审计报告应当由两名具备相关业务资格的注册会计师签名和盖章。合伙会计师事务所出具的审计报告，应当由一名对审计项目承担最终复核责任的合伙人和一名负责该项目的注册会计师签名和盖章。有限责任会计师事务所出具的审计报告，应当由会计师事务所主任会计师或其授权的副主任会计师和一名负责该项目的注册会计师签名和盖章。

9. 会计师事务所的名称、地址和盖章

审计报告应当载明会计师事务所的名称和所在的城市，并加盖会计师事务所的公章。在实务中，审计报告通常载于会计师事务所统一印刷的、标有该所详细通信地址的信笺上，无须专门注明详细地址。

注册会计师承办业务，需要由会计师事务所统一受理并与委托人签订委托合同，因此直接承担民事责任的主体是会计师事务所。同时，许多国际性会计集团，在名称上是一家会计师事务所，在法律上，在不同国家或区域执业的会计师事务所是独立的法人主体。会计师事务所的地址对信息使用者也是十分重要的信息。

10. 报告日期

审计报告应当注明报告日期。审计报告日不应早于注册会计师获取充分、适当的审计证据，并在此基础上对财务报表形成审计意见的日期。

在确定审计报告日时，注册会计师应当确信已获取下列两方面的审计证据：
① 构成整套财务报表的所有报表（包括相关附注）已编制完成；
② 被审计单位的董事会、管理层或类似机构已经认可其对财务报表负责。

财务报表需经董事会或类似机构批准后才可对外报出。法律法规明确了负责确定构成整套财务报表的所有报表（包括相关附注）已经编制完成的个人或机构（如董事会），并规定了必要的批准程序。在这种情况下，注册会计师需要在签署审计报告前获取财务报表已得到批准的证据。财务报表的批准日期是一个比较早的日期，即经认可的有权机构（如董事会）确定构成整套财务报表的所有报表（包括相关附注）已经编制完成，并声称对此负责的日期。

9.2.2 财务报表审计意见

财务报表审计意见是财务报表审计报告的核心内容，可分为两大类，具体包括 4 种类型，如表 9-1 所示。

表 9-1 财务报表审计意见的类型

无保留审计意见	
非无保留审计意见	保留意见
	否定意见
	无法表示意见

1. 无保留意见

无保留意见，是指当注册会计师认为财务报表在所有重大方面按照适用的财务报告编制基础的规定编制并实现公允反映时发表的审计意见。

（1）财务报表的合法性

在评价被审计单位的财务报表是否在所有重大方面按照适用的财务报告编制基础的规定编制时，注册会计师应当考虑被审计单位会计实务的质量，包括表明管理层的判断可能出现偏向的迹象，并特别评价下列内容：
① 财务报表是否充分披露了所选择和运用的重要会计政策；
② 所选择和运用的会计政策是否符合适用的财务报告编制基础，并适合被审计单位的具体情况；

③ 管理层做出的会计估计是否合理；
④ 财务报表列报的信息是否具有相关性、可靠性、可比性和可理解性；
⑤ 财务报表是否做出充分披露，使预期使用者能够理解重大交易和事项对财务报表所传递信息的影响；
⑥ 财务报表使用的术语（包括每个财务报表的标题）是否适当。

（2）财务报表的公允性

在评价财务报表是否实现公允反映时，注册会计师应当考虑：
① 财务报表的整体列报、结构和内容是否合理；
② 财务报表（包括相关附注）是否公允地反映了相关交易和事项。

如果认为财务报表在所有重大方面按照适用的财务报告编制基础的规定编制并实现公允反映，注册会计师应当发表无保留意见。

由于不存在要求审计人员保留和修正其意见的情况，无保留意见审计报告也称为"干净意见"。无保留意见审计报告是最常见的审计意见报告类型。在大多数情况下，被审计单位会适当变更其会计记录和纠正发现的错报，以避免审计人员保留或修正其意见。

[对上市实体财务报表出具无保留意见的审计报告的参考格式]

审 计 报 告

ABC股份有限公司全体股东：

一、对财务报表出具的审计报告

（一）审计意见

我们审计了ABC股份有限公司（以下简称ABC公司）财务报表，包括20×1年12月31日的资产负债表、20×1年度的利润表、现金流量表、股东权益变动表以及相关财务报表附注。

我们认为，后附的财务报表在所有重大方面按照《企业会计准则》的规定编制，公允反映了ABC公司20×1年12月31日的财务状况以及20×1年度的经营成果和现金流量。

（二）形成审计意见的基础

我们按照中国注册会计师审计准则的规定执行了审计工作。审计报告的"注册会计师对财务报表审计的责任"部分进一步阐述了我们在这些准则下的责任。按照中国注册会计师职业道德守则，我们独立于ABC公司，并履行了职业道德方面的其他责任。我们相信，我们获取的审计证据是充分、适当的，为发表审计意见提供了基础。

（三）关键审计事项

关键审计事项是我们根据职业判断，认为对本期财务报表审计最为重要的事项。这些事项的应对以对财务报表整体进行审计并形成审计意见为背景，我们不对这些事项单独发表意见。

[略]

（四）其他信息

[略]

（五）管理层和治理层对财务报表的责任

ABC公司管理层（以下简称管理层）负责按照《企业会计准则》的规定编制财务报表，

使其实现公允反映,并设计、执行和维护必要的内部控制,以使财务报表不存在由于舞弊或错误导致的重大错报。

在编制财务报表时,管理层负责评估 ABC 公司的持续经营能力,披露与持续经营相关的事项(如适用),并运用持续经营假设,除非管理层计划清算 ABC 公司、终止运营或别无其他现实的选择。

治理层负责监督 ABC 公司的财务报告过程。

(六)注册会计师对财务报表审计的责任

我们的目标是对财务报表整体是否不存在由于舞弊或错误导致的重大错报获取合理保证,并出具包含审计意见的审计报告。合理保证是高水平的保证,但并不能保证按照审计准则执行的审计在某一重大错报存在时总能发现。错报可能由于舞弊或错误导致,如果合理预期错报单独或汇总起来可能影响财务报表使用者依据财务报表做出的经济决策,则通常认为错报是重大的。

在按照审计准则执行审计工作的过程中,我们运用职业判断,并保持职业怀疑。同时,我们也执行以下工作:

(1)识别和评估由于舞弊或错误导致的财务报表重大错报风险,设计和实施审计程序以应对这些风险,并获取充分、适当的审计证据,作为发表审计意见的基础。由于舞弊可能涉及串通、伪造、故意遗漏、虚假陈述或凌驾于内部控制之上,未能发现由于舞弊导致的重大错报的风险高于未能发现由于错误导致的重大错报的风险。

(2)了解与审计相关的内部控制,以设计恰当的审计程序,但目的并非对内部控制的有效性发表意见。

(3)评价管理层选用会计政策的恰当性和做出会计估计及相关披露的合理性。

(4)对管理层使用持续经营假设的恰当性得出结论。同时,根据获取的审计证据,就可能导致对 ABC 公司持续经营能力产生重大疑虑的事项或情况是否存在重大不确定性得出结论。如果我们得出结论认为存在重大不确定性,审计准则要求我们在审计报告中提请报表使用者注意财务报表中的相关披露;如果披露不充分,我们应当发表非无保留意见。我们的结论基于截至审计报告日可获得的信息。然而,未来的事项或情况可能导致 ABC 公司不能持续经营。

(5)评价财务报表的总体列报、结构和内容(包括披露),并评价财务报表是否公允反映相关交易和事项。

我们与治理层就计划的审计范围、时间安排和重大审计发现等事项进行沟通,包括沟通我们在审计中识别出的值得关注的内部控制缺陷。

我们还就已遵守与独立性相关的职业道德要求向治理层提供声明,并与治理层沟通可能被合理认为影响我们独立性的所有关系和其他事项,以及相关的防范措施(如适用)。

从与治理层沟通过的事项中,我们确定哪些事项对本期财务报表审计最为重要,因而构成关键审计事项。我们在审计报告中描述这些事项,除非法律法规禁止公开披露这些事项,或在极少数情形下,如果合理预期在审计报告中沟通某事项造成的负面后果超过在公众利益方面产生的益处,我们确定不应在审计报告中沟通该事项。

二、按照相关法律法规的要求报告的事项

[本部分的格式和内容,取决于法律法规对其他报告责任性质的规定。本部分应当说明相

关法律法规规定的事项（其他报告责任），除非其他报告责任涉及的事项与审计准则规定的报告责任涉及的事项相同。如果涉及相同的事项，其他报告责任可以在审计准则规定的同一报告要素部分列示。当其他报告责任和审计准则规定的报告责任涉及同一事项，并且审计报告中的措辞能够将其他报告责任与审计准则规定的责任（如存在差异）予以清楚地区分时，可以将两者合并列示（即包含在"对财务报表出具的审计报告"部分中，并使用适当的副标题）。]

××会计师事务所	中国注册会计师：×××（项目合伙人）
	（签名并盖章）
（盖章）	中国注册会计师：×××
	（签名并盖章）
中国××市	20×2年×月×日

2. 非无保留意见

（1）判断非无保留意见的类型

非无保留意见包括3种类型：保留意见、否定意见和无法表示意见。注册会计师确定恰当的非无保留意见类型，取决于下列事项：

审计准则第1501号

① 导致非无保留意见的事项的性质，是财务报表存在重大错报，还是在无法获取充分、适当的审计证据的情况下，财务报表可能存在重大错报；

② 注册会计师就导致非无保留意见的事项对财务报表产生或可能产生影响的广泛性做出的判断。

其中，广泛性用来描述错报影响，包括识别的错报对财务报表的影响，或者由于无法获取充分、适当的审计证据而未发现的错报（如存在）对财务报表可能产生的影响。根据注册会计师的判断，对财务报表的影响具有广泛性的情形包括：

① 不限于对财务报表的特定要素、账户或项目产生影响；

② 虽然仅对财务报表的特定要素、账户或项目产生影响，但这些要素、账户或项目是或可能是财务报表的主要组成部分；

③ 当与披露相关时，产生的影响对财务报表使用者理解财务报表至关重要。

上述判断财务报表审计意见类型的基本原则，如表9-2所示。

表9-2 判断财务报表审计意见类型的基本原则

事项的性质	事项的影响		
	不重大	重大但不具有广泛性	重大且具有广泛性
错报	无保留意见	保留意见	否定意见
审计范围受限	无保留意见	保留意见	无法表示意见

（2）保留意见

当存在下列情形之一时，注册会计师应当发表保留意见：

① 在获取充分、适当的审计证据后，注册会计师认为错报单独或汇总起来对财务报表影响重大，但不具有广泛性；

审计准则第1502号

② 注册会计师无法获取充分、适当的审计证据以作为形成审计意见的基础，但认为未发现的错报（如存在）对财务报表可能产生的影响重大，但不具有广泛性。

[由于财务报表存在重大错报而发表保留意见的审计报告的参考格式]

审 计 报 告

ABC 股份有限公司全体股东：

一、对财务报表出具的审计报告

（一）保留意见

我们审计了 ABC 股份有限公司（以下简称 ABC 公司）财务报表，包括 20×1 年 12 月 31 日的资产负债表，20×1 年度的利润表、现金流量表、股东权益变动表以及相关财务报表附注。

我们认为，除"形成保留意见的基础"部分所述事项产生的影响外，后附的财务报表在所有重大方面按照《企业会计准则》的规定编制，公允反映了 ABC 公司 20×1 年 12 月 31 日的财务状况以及 20×1 年度的经营成果和现金流量。

（二）形成保留意见的基础

ABC 公司 20×1 年 12 月 31 日资产负债表中存货的列示金额为×元。ABC 公司管理层（以下简称管理层）根据成本对存货进行计量，而没有根据成本与可变现净值孰低的原则进行计量，这不符合《企业会计准则》的规定。ABC 公司的会计记录显示，如果管理层以成本与可变现净值孰低来计量存货，存货列示金额将减少×元。相应地，资产减值损失将增加×元，所得税、净利润和股东权益将分别减少×元、×元和×元。

我们按照中国注册会计师审计准则的规定执行了审计工作。审计报告的"注册会计师对财务报表审计的责任"部分进一步阐述了我们在这些准则下的责任。按照中国注册会计师职业道德守则，我们独立于 ABC 公司，并履行了职业道德方面的其他责任。我们相信，我们获取的审计证据是充分、适当的，为发表保留意见提供了基础。

[其他内容略]

（3）否定意见

在获取充分、适当的审计证据后，如果认为错报单独或汇总起来对财务报表的影响重大且具有广泛性，注册会计师应当发表否定意见。

[由于合并财务报表存在重大错报而发表否定意见审计报告的参考格式]

审 计 报 告

ABC 股份有限公司全体股东：

一、对合并财务报表出具的审计报告

（一）否定意见

我们审计了 ABC 股份有限公司及其子公司（以下简称 ABC 集团）的合并财务报表，包括 20×1 年 12 月 31 日的合并资产负债表，20×1 年度的合并利润表、合并现金流量表、合并股东权益变动表以及相关合并财务报表附注。

我们认为，由于"形成否定意见的基础"部分所述事项的重要性，后附的合并财务报表没有在所有重大方面按照××财务报告编制基础的规定编制，未能公允反映 ABC 集团 20×1 年 12 月 31 日的合并财务状况以及 20×1 年度的合并经营成果和合并现金流量。

（二）形成否定意见的基础

如财务报表附注×所述，20×1 年 ABC 集团通过非同一控制下的企业合并获得对 XYZ 公司的控制权，因未能取得购买日 XYZ 公司某些重要资产和负债的公允价值，故未将 XYZ 公司纳入合并财务报表的范围。按照××财务报告编制基础的规定，该集团应将这一子公司纳入合并范围，并以暂估金额为基础核算该项收购。如果将 XYZ 公司纳入合并财务报表的范围，后附的 ABC 集团合并财务报表的多个报表项目将受到重大影响。但我们无法确定未将 XYZ 公司纳入合并范围对合并财务报表产生的影响。

我们按照中国注册会计师审计准则的规定执行了审计工作。审计报告的"注册会计师对合并财务报表审计的责任"部分进一步阐述了我们在这些准则下的责任。按照中国注册会计师职业道德守则，我们独立于 ABC 集团，并履行了职业道德方面的其他责任。我们相信，我们获取的审计证据是充分、适当的，为发表否定意见提供了基础。

[其他内容略]

（4）无法表示意见

如果无法获取充分、适当的审计证据以作为形成审计意见的基础，但认为未发现的错报（如存在）对财务报表可能产生的影响重大且具有广泛性，注册会计师应当发表无法表示意见。在可行的情况下注册会计师也可选择解除业务约定。可能导致注册会计师无法获取充分、适当的审计证据的情形包括：

① 超出被审计单位控制的情形，如被审计单位的会计记录已被毁坏、重要组成部分的会计记录已被政府有关机构无限期查封等。

② 与注册会计师工作的性质或时间安排相关的情形。例如，被审计单位需要使用权益法对联营企业进行核算，注册会计师无法获取有关联营企业财务信息的充分、适当的审计证据以评价是否恰当运用了权益法；注册会计师接受审计委托的时间安排，使注册会计师无法实施存货监盘；注册会计师确定仅实施实质性程序是不充分的，但被审计单位的控制是无效的等。

③ 管理层施加限制的情形。例如，管理层阻止注册会计师实施存货监盘，管理层阻止注册会计师对特定账户余额实施函证等。

在极少数情况下，可能存在多个不确定事项。尽管注册会计师对每个单独的不确定事项获取了充分、适当的审计证据，但由于不确定事项之间可能存在相互影响，以及可能对财务报表产生累积影响，导致注册会计师不可能对财务报表形成审计意见。在这种情况下，注册会计师应当发表无法表示意见。

在承接审计业务后，如果注意到管理层对审计范围施加了限制，且认为这些限制可能导致对财务报表发表保留意见或无法表示意见，注册会计师应当要求管理层消除这些限制。如果管理层拒绝消除这些限制，除非治理层全部成员参与管理被审计单位，注册会计师应当就此事项与治理层沟通，并确定能否实施替代程序以获取充分、适当的审计证据。

如果认为有必要对财务报表整体发表否定意见或无法表示意见，注册会计师不应在同一审计报告中对按照相同财务报告编制基础编制的单一财务报表或者财务报表特定要素、账户或项目发表无保留意见。在同一审计报告中包含无保留意见,将会与对财务报表整体发表的否定意见或无法表示意见相矛盾。

[由于注册会计师无法针对合并财务报表单一要素获取充分、适当的审计证据而发表无法表示意见的审计报告的参考格式]

审 计 报 告

ABC股份有限公司全体股东:

一、对合并财务报表出具的审计报告

(一)无法表示意见

我们接受委托,审计ABC股份有限公司及其子公司(以下简称ABC集团)合并财务报表,包括20×1年12月31日的合并资产负债表,20×1年度的合并利润表、合并现金流量表、合并股东权益变动表以及相关合并财务报表附注。

我们不对后附的ABC集团合并财务报表发表审计意见。由于"形成无法表示意见的基础"部分所述事项的重要性,我们无法获取充分、适当的审计证据以作为对合并财务报表发表审计意见的基础。

(二)形成无法表示意见的基础

ABC集团对共同经营XYZ公司享有的利益份额在该集团的合并资产负债表中的金额(资产扣除负债后的净影响)为×元,占该集团20×1年12月31日净资产的90%以上。我们未被允许接触XYZ公司的管理层和注册会计师,包括XYZ公司注册会计师的审计工作底稿。因此,我们无法确定是否有必要对XYZ公司资产中ABC集团共同控制的比例份额、XYZ公司负债中ABC集团共同承担的比例份额、XYZ公司收入和费用中ABC集团的比例份额,以及合并现金流量表和合并股东权益变动表中的要素做出调整。

(三)管理层和治理层对合并财务报表的责任

[同无保留意见]

(四)注册会计师对合并财务报表审计的责任

我们的责任是按照中国注册会计师审计准则的规定,对ABC集团的合并财务报表执行审计工作,以出具审计报告。但由于"形成无法表示意见的基础"部分所述的事项,我们无法获取充分、适当的审计证据以作为发表审计意见的基础。

按照中国注册会计师职业道德守则,我们独立于ABC集团,并履行了职业道德方面的其他责任。

二、按照相关法律法规的要求报告的事项

[略]

××会计师事务所	中国注册会计师:×××(项目合伙人)
	(签名并盖章)
(盖章)	中国注册会计师:×××
	(签名并盖章)
中国××市	20×2年×月×日

典型例题 9-1

注册会计师 A 担任多家被审计单位 20×1 年度财务报表审计的项目合伙人,分别遇到下列事项:

① 20×1 年 10 月,被审计单位因涉嫌信息披露违规被证券监管机构立案稽查。截至审计报告日,尚无稽查结论。管理层在财务报表附注中披露了上述事项。

② 被审计单位管理层对固定资产实施减值测试,按照未来现金流量现值与固定资产账面净值的差额确认了重大减值损失。管理层无法提供相关信息以支持现金流量预测中假设的未来 5 年营业收入,审计项目组也无法做出估计。

③ 20×2 年 2 月,被审计单位由于生产活动产生严重污染,被当地政府部门责令无限期停业整改。截至审计报告日,管理层的整改计划尚待董事会批准。管理层按照持续经营假设编制了 20×1 年度财务报表,并在财务报表附注中披露了上述情况。审计项目组认为管理层运用持续经营假设不符合公司的具体情况。

④ 被审计单位与收入确认相关的内部控制存在值得关注的缺陷,并因此导致重大错报,管理层接受了审计调整建议。截至审计报告日,该项内部控制缺陷尚未完成整改,管理层未在财务报表附注中披露了这一情况。

⑤ 20×2 年 1 月,被审计单位的一个仓库被盗,损失存货的金额重大。由于被盗事件发生在第二年,被审计单位管理层坚持认为,20×1 年度的财务报表不需要披露该事项。

要求: 分别针对上述各事项,假定不考虑其他条件,逐项指出对审计报告的影响,并简要说明理由。

参考答案:

针对事项①,注册会计师 A 应当在审计报告中增加强调事项段进行说明。因为证券监管机构的稽查结果存在不确定性,对财务报表使用者理解财务报表有重要影响。

针对事项②,该事项已被认定为"重大",如果不具有广泛性,注册会计师 A 可以在审计报告中出具保留意见;如果具有广泛性,注册会计师应当出具无法表示意见。因针对该事项,注册会计师 A 无法做出估计,即无法获取充分、适当的审计证据以确定该事项是否错报。

针对事项③,由于不认可继续按照持续经营假设编制财务报表,注册会计师 A 应当出具否定意见的审计报告。

针对事项④,该事项不影响审计报告。因为财务报表审计报告仅需说明财务报表信息的公允性和合法性,不需包括对内部控制有效性的评价。

针对事项⑤,由于该事项应当在财务报表附注中做出披露,而被审计单位不披露,属于错报。如果仅为重大,但不具有广泛性,注册会计师 A 可以在审计报告中出具保留意见;如果重大且具有广泛,则注册会计师 A 应当在审计报告中出具否定意见。

9.3 财务报表审计报告中的其他段落

在财务报表审计报告中,除了审计意见、审计业务委托双方的责任等内容,注册会计师还可能根据具体业务的要求或实际情形增加内容,以提升信息的透明度,增加审计报告的阅读价值。可能增加的内容包括强调事项、其他事项、关键审计事项、其他信息等。

9.3.1 强调事项段

1. 强调事项段的概念

强调事项段,是指审计报告中含有的一个段落,该段落提及已在财务报表中恰当列报的事项,且根据注册会计师的职业判断,该事项对财务报表使用者理解财务报表至关重要。

如果认为有必要提醒财务报表使用者关注已在财务报表中列报,且根据职业判断认为对财务报表使用者理解财务报表至关重要的事项,在同时满足下列条件时,注册会计师应当在审计报告中增加强调事项段:

① 该事项不会导致注册会计师发表非无保留意见;

② 该事项未被确定为在审计报告中沟通的关键审计事项。

2. 增加强调事项段的情形

在审计报告中应当增加强调事项段的特定情形包括:

① 法律法规规定的财务报告编制基础是不可接受的,但其是基于法律法规做出的规定;

② 提醒财务报表使用者关注财务报表是按照特殊目的的编制基础编制;

③ 注册会计师在审计报告日后知悉了某些事实(即期后事项),并且出具了新的或经修改的审计报告。

可能需要增加强调事项段的情形包括:

① 异常诉讼或监管行动的未来结果存在不确定性;

② 在财务报表日至审计报告日之间发生的重大期后事项;

③ 在允许的情况下,提前应用对财务报表有重大影响的新会计准则;

④ 存在已经或持续对被审计单位财务状况产生重大影响的特大灾难。

3. 强调事项段在审计报告中的列示

如果在审计报告中包含强调事项段,注册会计师应当采取下列措施。

① 将强调事项段作为单独的一部分置于审计报告中,并使用包含"强调事项"这一术语的适当标题。

② 明确提及被强调事项及相关披露的位置,以便能够在财务报表中找到对该事项的详细描述。强调事项段应当仅提及已在财务报表中列报的信息。关于强调事项段的列示位置,当强调事项段与适用的财务报告编制基础相关时,可能认为有必要将强调事项段紧接在"形成审计意见的基础"部分之后,从而为审计意见提供合适的背景信息;当审计报告中包含关键审计事项部分时,基于注册会计师对强调事项段中信息的相对重要程度的判断,强调事项段可以紧接在关键审计事项部分之前或之后。注册会计师可以在"强调事项"标题中增加进一步的背景信息,如"强调事项——期后事项",以将强调事项段和关键审计事项部分描述的每个事项予以区分。

③ 指出审计意见没有因该强调事项而改变。

以下是一家上市公司年报审计报告中强调事项段的实例:

三、强调事项

如财务报表附注十三、5 所述，××公司收到中国证券监督管理委员会行政处罚事先告知书（处罚字〔2021〕112号），并于2021年12月20日就事先告知书的剩余未更正内容向中国证券监督管理委员会提交了《行政处罚申辩书》，最终的行政处罚决定书尚未收到，××公司未对以上事项进行会计处理。该事项不影响2020年及2021年的期初留存收益及2021年的净利润。

本段内容不影响已发表的审计意见。

9.3.2 其他事项段

1. 其他事项段的概念

其他事项段，是指审计报告中含有的一个段落，该段落提及未在财务报表中列报或披露的事项，且根据注册会计师的职业判断，该事项与财务报表使用者理解审计工作、注册会计师的责任或审计报告相关。

如果认为有必要沟通虽然未在财务报表中列报或披露，但根据职业判断认为与财务报表使用者理解审计工作、注册会计师的责任或审计报告相关的事项，在同时满足下列条件时，注册会计师应当在审计报告中增加其他事项段：

① 未被法律法规禁止；
② 该事项未被确定为在审计报告中沟通的关键审计事项。

2. 增加其他事项段的情形

可能需要增加其他事项段的情形如下。

① 与使用者理解审计工作相关的情形。例如，由于管理层对审计范围施加的限制导致无法获取充分、适当的审计证据可能产生的影响具有广泛性，注册会计师也不能解除业务约定。在这种情况下，注册会计师可能认为有必要在审计报告中包含其他事项段，解释为何不能解除业务约定。

② 与使用者理解注册会计师的责任或审计报告相关的情形。例如，法律法规或得到广泛认可的惯例可能要求或允许注册会计师详细说明某些事项，以进一步解释注册会计师在财务报表审计中的责任或审计报告。

③ 对两套或两套以上财务报表出具审计报告的情形。例如，被审计单位可能按照中国财务报告规则和国际财务报告准则编制了两套财务报表，并委托注册会计师同时对两套财务报表出具审计报告。如果注册会计师已确定两个财务报告编制基础在各自情形下是可接受的，可以在审计报告中增加其他事项段，说明该被审计单位根据另一个通用目的编制基础编制了另一套财务报表以及注册会计师对这些财务报表出具了审计报告。

④ 限制审计报告分发和使用的情形。例如，如果审计报告旨在提供给特定使用者，注册会计师可能认为在这种情况下需要增加其他事项段，说明审计报告只是提供给财务报表预期使用者，不应被分发给其他机构或人员或者被其他机构或人员使用。

3. 其他事项段在审计报告中的位置

① 当审计报告中包含关键审计事项部分，且其他事项段也被认为必要时，注册会计师可

以在"其他事项"标题中增加进一步的背景信息,如"其他事项——审计范围",以将其他事项段和关键审计事项部分描述的每个事项予以区分。

② 当增加其他事项段旨在提醒使用者关注与审计报告中提及的其他报告责任相关的事项时,该段落可以置于"按照相关法律法规的要求报告的事项"部分内。

③ 当其他事项段与注册会计师的责任或使用者理解审计报告相关时,可以单独作为一部分,置于"对财务报表出具的审计报告"和"按照相关法律法规的要求报告的事项"之后。

[包含强调事项段及其他事项段的审计报告的参考格式]

审 计 报 告

ABC股份有限公司全体股东:

一、对财务报表出具的审计报告

(一)审计意见

我们审计了ABC股份有限公司(以下简称ABC公司)财务报表,包括20×1年12月31日的资产负债表、20×1年度的利润表、现金流量表、股东权益变动表以及相关财务报表附注。

我们认为,后附的财务报表在所有重大方面按照《企业会计准则》的规定编制,公允反映了ABC公司20×1年12月31日的财务状况以及20×1年度的经营成果和现金流量。

(二)形成审计意见的基础

我们按照中国注册会计师审计准则的规定执行了审计工作。审计报告的"注册会计师对财务报表审计的责任"部分进一步阐述了我们在这些准则下的责任。按照中国注册会计师职业道德守则,我们独立于ABC公司,并履行了职业道德方面的其他责任。我们相信,我们获取的审计证据是充分、适当的,为发表审计意见提供了基础。

(三)强调事项

我们提醒财务报表使用者关注,财务报表附注×描述了火灾对ABC公司的生产设备造成的影响。本段内容不影响已发表的审计意见。

(四)关键审计事项

关键审计事项是我们根据职业判断,认为对本期财务报表审计最为重要的事项。这些事项的应对以对财务报表整体进行审计并形成审计意见为背景,我们不对这些事项单独发表意见。

[略]

(五)其他事项

20×0年12月31日的资产负债表,20×0年度的利润表、现金流量表、股东权益变动表以及相关财务报表附注由其他会计师事务所审计,并于20×1年3月31日发表了无保留意见。

[其他内容略]

××会计师事务所　　　　　　　　中国注册会计师:×××(项目合伙人)

　　　　　　　　　　　　　　　　　　　(签名并盖章)

（盖章） 中国注册会计师：×××

（签名并盖章）

中国××市 20×2年×月×日

9.3.3 关键审计事项

关键审计事项，是指注册会计师根据职业判断认为对本期财务报表审计最为重要的事项。在审计报告中增加关键审计事项段适用于对上市实体整套通用目的财务报表审计，以及注册会计师决定或委托方要求在审计报告中沟通关键审计事项的其他情形。

审计准则第1503号

关键审计事项从注册会计师与治理层沟通过的事项中选取。在确定关键审计事项时，注册会计师应当考虑：

① 评估的重大错报风险较高的领域或识别出的特别风险；

② 与财务报表中涉及重大管理层判断（包括被认为具有高度估计不确定性的会计估计）的领域相关的重大审计判断；

③ 本期重大交易或事项对审计的影响。

表9-3是确定关键审计事项的"三大领域"举例。

表9-3 确定关键审计事项的"三大领域"举例

考虑"三大领域"	具体含义	举例
高风险	评估的重大错报风险较高的领域或识别出的特别风险	重大非常规交易、收入确认方面存在舞弊风险、管理层凌驾于控制之上的行为导致的舞弊风险等
高判断	与财务报表中涉及重大管理层判断的领域相关的重大审计判断	具有高度估计不确定性的会计估计等
高金额	本期重大交易或事项对审计的影响	本期发生的并购事项、重组事项、重大投资事项等

如果需要增加关键审计事项段，注册会计师应在审计报告中单设一部分，以"关键审计事项"为标题，并在该部分使用恰当的子标题逐项描述关键审计事项。在审计报告的关键审计事项段逐项描述关键审计事项时，应当分别索引至财务报表的相关披露（如有），并同时说明下列内容：

① 该事项被认定为审计中最为重要的事项之一，因而被确定为关键审计事项的原因；

② 该事项在审计中是如何应对的。

［关键审计事项实例：北大荒2021年年报审计报告］

（略）

三、关键审计事项

关键审计事项是我们根据职业判断，认为对本期财务报表审计最为重要的事项。这些事项的应对以对财务报表整体进行审计并形成审计意见为背景，我们不对这些事项单独发表意见。我们确定下列事项是需要在审计报告中沟通的关键审计事项。

1. 土地承包收入的确认

关键审计事项	在审计中如何应对该事项
如财务报表"附注四、25 和附注六、35"所述，北大荒股份公司 2021 年度营业收入 362 937.41 万元，其中土地承包收入 279 287.78 万元。土地承包收入金额重大且为关键业绩指标，从而存在管理层为了达到特定目的或期望而操纵收入确认的固有风险，因此我们将土地承包收入确认作为关键审计事项	我们针对土地承包收入确认执行的审计程序主要包括： ① 了解与土地发包流程、承包流程、土地承包费收取等相关内部控制，并测试关键内部控制的设计和执行的有效性； ② 选取样本检查《农业生产承包协议》，识别与土地承包经营权上的风险和报酬转移相关的条款，评价收入确认时点是否符合《企业会计准则》的要求； ③ 选取样本检查《农业生产承包协议》、收款收据、凭证记录等支持性证据；检查承包费入账日期、土地面积、地租单价、金额等是否与《农业生产承包协议》、收款收据等一致； ④ 在家庭农场承包户中选取样本实施现场访谈及函证程序； ⑤ 对收入增长、毛利率波动执行分析性复核程序，分析毛利率变动情况，复核收入确认的合理性

2. 其他应收款预期信用损失

关键审计事项	在审计中如何应对该事项
如财务报表"附注四、9 和附注六、5"所述，截至 2021 年 12 月 31 日其他应收款余额 86 527.28 万元，已计提坏账准备 83 031.83 万元（其中本年计提坏账准备 4 545.63 万元）。考虑到其他应收款计提预期信用损失金额重大，且管理层在确定其他应收款预期信用损失时做出了重大判断和估计，因此我们将其他应收款预期信用损失作为关键审计事项	我们针对其他应收款预期信用损失执行的审计程序主要包括： ① 了解公司对其他应收款计提预期信用损失相关的内部控制，并测试关键内部控制的设计和执行的有效性； ② 分析其他应收款预期信用损失会计估计的合理性，包括确定其他应收款组合的依据以及单项计提预期信用损失的判断，复核相关会计政策的一贯性； ③ 复核以前年度已计提坏账准备的其他应收款的后续核销或转回情况，评价管理层过往预测的合理性； ④ 执行其他应收款函证程序及检查期后回款情况，评价其他应收款预期信用损失计提的合理性； ⑤ 复核其他应收款及相应的预期信用损失在财务报告中的列报和披露

（略）

9.3.4 其他信息

审计准则第 1504 号

1. 其他信息的概念及审计责任

其他信息，是指在被审计单位年度报告中包含的除财务报表和审计报告以外的财务信息和非财务信息。注册会计师对财务报表发表的审计意见不涵盖其他信息，但有责任阅读和考虑其他信息。因为如果其他信息与财务报表或者与注册会计师在审计中了解到的情况存在重大不一致，可能表明财务报表或其他信息存在重大错报，两者均会损害财务报表和审计报告的可信性，从而影响审计报告使用者的经济决策。

其他信息的错报，是指对其他信息做出的不正确陈述或其他信息具有误导性，包括遗漏或掩饰对恰当理解其他信息披露的事项必要的信息。例如，其他信息声称说明了管理层使用的关键业绩指标，但遗漏某项管理层使用的关键业绩指标可能表明其他信息未经正确陈述或具有误导性。

除非法律法规另有规定，当对财务报表发表无法表示意见时，注册会计师不得在审计报告中包含其他信息部分。

2. 似乎存在重大不一致或其他信息似乎存在重大错报时的应对

如果注册会计师识别出似乎存在重大不一致，或者知悉其他信息似乎存在重大错报，注册会计师应当与管理层讨论该事项，必要时，实施其他程序加以确定：

① 其他信息是否存在重大错报；

② 财务报表是否存在重大错报；

③ 注册会计师对被审计单位及其环境的了解是否需要更新。

如果注册会计师认为其他信息存在重大错报，应当要求管理层更正其他信息：

① 如果管理层同意做出更正，注册会计师应当确定更正已经完成；

② 如果管理层拒绝做出更正，注册会计师应当就该事项与治理层进行沟通，并要求做出更正。

如果是在审计报告日前获取的其他信息存在重大错报，且在与治理层沟通后其他信息仍未得到更正，注册会计师应当采取恰当的措施，包括考虑对审计报告的影响、与治理层进行沟通；或者在相关法律法规允许的情况下解除业务约定。

如果是在审计报告日后获取的其他信息存在重大错报，注册会计师应当确认其他信息是否得以更正；如果与治理层沟通后其他信息未得到更正，注册会计师应当考虑其法律权利和义务，并采取恰当的措施，以提醒审计报告使用者恰当关注未更正的重大错报。在法律法规允许的情况下，注册会计师可能采取的设法提醒审计报告使用者适当关注未更正错报的措施包括：① 向管理层提供一份新的或修改后的审计报告，其中指出其他信息的重大错报。同时要求管理层将该新的或修改后的审计报告提供给审计报告使用者。在此过程中，注册会计师可能需要基于审计准则和适用的法律法规的要求，考虑对新的或修改后的审计报告的日期产生的影响。注册会计师也可以复核管理层采取的、向这些使用者提供新的或修改后的审计报告的步骤。② 提醒审计报告使用者关注其他信息的重大错报，如在股东大会上通报该事项。③ 与监管机构或相关职业团体沟通未更正的重大错报。④ 考虑对持续承接业务的影响。

如果是财务报表存在重大错报或注册会计师对被审计单位及其环境的了解需要更新，注册会计师应当根据其他审计准则做出恰当应对。

3. 其他信息的报告

如果被审计单位为上市实体，或虽然不是上市实体，但已获取部分或全部其他信息，注册会计师应当在审计报告中增加一个以"其他信息"为标题的单独段落。这个段落应包括的内容有：管理层对其他信息负责的说明；与其他信息相关的情况说明。

如果注册会计师发表保留或者否定意见，注册会计师应当考虑导致非无保留意见的事项对其他信息报告的影响。如果注册会计师发表无法表示意见，则审计报告不包括其他信息部分。

以下是审计报告中的"其他信息"段内容示例。

四、其他信息

管理层对其他信息负责。其他信息包括 ABC 公司 20×1 年年度报告中涵盖的信息，但不包括财务报表和我们的审计报告。

我们对财务报表发表的审计意见并不涵盖其他信息，我们也不对其他信息发表任何形式的鉴证结论。

> 结合我们对财务报表的审计，我们的责任是阅读其他信息，在此过程中，考虑其他信息是否与财务报表或我们在审计过程中了解到的情况存在重大不一致或者似乎存在重大错报。基于我们已执行的工作，如果我们确定其他信息存在重大错报，我们应当报告该事实。在这方面，我们无任何事项需要报告。

审计准则第 1521 号

本章关键术语

审计报告	审计意见	无保留意见
非无保留意见	保留意见	否定意见
无法表示意见	广泛性	公允
关键审计事项	强调事项	其他事项
其他信息		

本章复习

一、单项选择题

1. 以下关于财务报表审计报告的说法中，适当的是（　　）。
   A. 审计报告具有法定效力，审计人员需要为之承担法律责任
   B. 审计报告反映了被审计单位的财务状况、经营成果和现金流量
   C. 只有遵循了审计准则的要求，审计人员才能出具正确意见的审计报告
   D. 审计报告使用者的利益诉求不同，应有针对地编制内容不同的审计报告

2. 下列关于审计报告的证明作用的表述中，适当的是（　　）。
   A. 证明被审计单位财务报表的可信赖性
   B. 证明被审计单位财务报表的合法性和公允性
   C. 证明审计人员对审计责任的履行情况
   D. 证明管理层责任的履行情况

3. 在获取充分适当的审计证据后，如果认为错报单独或汇总起来对财务报表的影响（　　），注册会计师应当发表保留意见。
   A. 不重大　　　　　　　　　　B. 具有广泛性
   C. 重大且具有广泛性　　　　　D. 重大但不具有广泛性

4. 注册会计师是发表无法表示意见的审计报告还是保留意见的审计报告，其考虑的焦点

在于（   ）。
  A. 财务报表中错报性质的严重程度   B. 被审计单位滥用会计政策的严重程度
  C. 被审计单位会计估计的不合理程度   D. 审计范围受到限制的严重程度
5. 下列各项中，（   ）不应出现在审计报告的"形成审计意见的基础"段中。
  A. 注册会计师遵循了职业道德守则
  B. 注册会计师相信已获取充分、适当的审计证据以支持审计意见
  C. 注册会计师已按照中国注册会计师审计准则的规定执行了审计工作
  D. 注册会计师认为已经列示了当期财务报表审计中最为重要的事项
6. 注册会计师的下列行为中，能够表明其将对出具的审计报告负责的是（   ）。
  A. 决定承接业务   B. 与审计客户签订业务约定书
  C. 在审计报告上签名并盖章   D. 复核审计报告
7. 以下各项中，属于可能需要增加强调事项段的情形的是（   ）。
  A. 异常诉讼或监管行动的未来结果存在不确定性
  B. 提醒财务报表使用者关注财务报表按照特殊目的编制基础编制
  C. 注册会计师在审计报告日后知悉了某些事实，并且出具了新的或经修改的审计报告
  D. 法律法规规定的财务报告编制基础是不可接受的，但其是基于法律法规做出的规定
8. 以下关于强调事项段在审计报告中的位置的表述，适当的是（   ）。
  A. 强调事项段应当位于审计意见段之后
  B. 强调事项段应当位于关键审计事项段之后
  C. 强调事项段应当位于审计报告正文的其他内容之后
  D. 应当根据强调事项段的内容确定在审计报告中的位置
9. 下列各种情形中，可能需要在审计报告中增加"其他事项段"的是（   ）。
  A. 对两套或两套以上财务报表出具审计报告的情形
  B. 在财务报表日至审计报告日之间发生的重大期后事项
  C. 存在已经或持续对被审计单位财务状况产生重大影响的特大灾难
  D. 在允许的情况下，提前应用对财务报表有重大影响的新会计准则
10. 被审计单位开发专利技术，研究阶段支出为 200 万元，开发阶段支出为 350 万元，开发阶段符合资本化条件的支出为 280 万元，专利技术达到可使用状态，被审计单位确认无形资产为 550 万元。被审计单位当年利润总额为 260 万元，财务报表整体重要性水平为 150 万元。如果被审计单位不同意注册会计师的调整建议，对该事项注册会计师应当发表的审计意见为（   ）。
  A. 否定意见   B. 保留意见
  C. 无法表示意见   D. 增加强调事项段的审计意见

二、多项选择题
1. 在评价被审计单位的财务报表是否在所有重大方面按照适用的财务报告编制基础的规定编制时，注册会计师应当评价的内容有（   ）。
  A. 财务报表是否充分披露了所选择和运用的重要会计政策
  B. 管理层做出的会计估计是否合理
  C. 财务报表是否做出充分披露，使预期使用者能够理解重大交易和事项对财务报表

所传递信息的影响
   D. 财务报表使用的术语是否适当
2. 在评价财务报表是否实现公允反映时，注册会计师应当考虑的内容有（   ）。
   A. 财务报表列报的信息是否具有相关性、可靠性、可比性和可理解性
   B. 财务报表的整体列报、结构和内容是否合理
   C. 财务报表是否公允地反映了相关交易和事项
   D. 财务报表附注是否公允地反映了相关交易和事项
3. 下列有关审计意见的说法中，恰当的有（   ）。
   A. 如果发表保留意见，注册会计师必须获得充分、适当的审计证据
   B. 如果发表无保留意见，注册会计师必须获得充分、适当的审计证据
   C. 无法表示意见适用于注册会计师不能获取充分、适当的审计证据
   D. 当存在重大不确定事项时，注册会计师不应当出具无保留意见
4. 下列各项中，可能导致注册会计师无法获取充分、适当的审计证据的有（   ）。
   A. 被审计单位的会计记录已被毁坏
   B. 管理层阻止注册会计师实施存货监盘
   C. 被审计单位的会计记录已被政府有关机构无限期地查封
   D. 因接受审计委托的时间安排，使注册会计师无法实施存货监盘
5. 以下关于导致非无保留意见的事项的"广泛性"说法中，适当的有（   ）。
   A. "广泛性"通常不限于对财务报表的特定要素、账户或项目产生影响
   B. "广泛性"通常限于对财务报表的特定要素、账户或项目产生影响
   C. 构成财务报表主要组成部分的特定要素、账户或项目可能具有"广泛性"
   D. 当与披露相关时，具有"广泛性"的事项产生的影响与理解财务报表至关重要
6. 注册会计师发表的财务报表审计意见中，必须包含的内容有（   ）。
   A. 被审计单位是否具有持续经营的能力
   B. 被审计单位是否存在重大的舞弊和违法行为
   C. 财务报表是否符合适用的财务报告编制基础的规定
   D. 财务报表是否在所有重大方面公允地反映被审计单位的财务状况、经营成果和现金流量
7. 以下关于确定审计报告日期的判断中，恰当的有（   ）。
   A. 通常与被审计单位的董事会、管理层或类似机构签署已审计财务报表的日期为同一天，或早于该日期
   B. 通常与被审计单位的董事会、管理层或类似机构签署已审计财务报表的日期为同一天，或晚于该日期
   C. 不应早于注册会计师获取充分、适当的审计证据，并在此基础上对财务报表形成审计意见的日期
   D. 不应晚于构成整套财务报表的所有报表（包括相关附注）已编制完成的日期
8. 在审计报告的关键审计事项段逐项描述关键审计事项时，应当同时说明的内容有（   ）。
   A. 索引至财务报表的相关披露（如有）

B. 该事项被确定为关键审计事项的原因
C. 该事项对审计意见的影响
D. 该事项在审计中是如何应对的

9. 下列关于审计报告的"其他事项段"的说法中，适当的有（　　）。
   A. 该段落提及的是未在财务报表中列报或披露的事项
   B. 根据注册会计师的职业判断，该事项可能与财务报表使用者理解审计工作相关
   C. 根据注册会计师的职业判断，该事项可能与注册会计师的责任或审计报告相关
   D. 该事项未被确定为在审计报告中沟通的关键审计事项

10. 如果在审计报告日前获取的其他信息中识别出重大不一致，并且需要对其他信息做出修改，但管理层拒绝做出修改。在此情况下，注册会计师可以采取的措施有（　　）。
    A. 增加强调事项段进行说明　　B. 与治理层沟通
    C. 提醒审计报告使用者关注　　D. 解除审计业务约定

三、问答题

1. 简述审计报告的作用。
2. 审计报告可分为哪些类别？
3. 在无保留审计意见的审计报告中，至少应当包含哪些基本要素？
4. 描述哪些情形会导致审计范围受限？在这些情形下审计人员需要采取的行动分别是什么？
5. 简述出具各类审计意见的适用情形。
6. 举例说明可能需要或应当在审计报告中增加强调事项段的情形。
7. 简述可能需要在审计报告中增加其他事项段的情形。
8. 如何选择关键审计事项？在描述关键审计事项时，需要描述哪些内容？
9. 财务报表审计中的其他信息是何含义？简述在审计报告中报告其他信息的要点。

四、研究思考题

1. 在审计报告中，为什么要列示管理层（或治理层）对财务报表的责任？
2. 在审计报告中，为什么要列示注册会计师对财务报表的责任？
3. 比较不同类型审计意见在审计报告中的列示方式。
4. 审计报告中增加关键审计事项的意义何在？
5. 如果注册会计师出具了非无保留意见审计意见，是否就可以解除自身责任？结合已经发生的审计失败案例说明你的观点。
6. 在注册会计师出具的不同类型审计意见中，你认为哪种意见表明被审计单位存在的问题最为严重，为什么？结合实例说明你的观点。
7. 分析注册会计师应当关注其他信息的原因。
8. 收集上市公司的审计报告，分析比较其格式和内容。

五、案例分析题

1. A公司是红黄兰会计师事务所的常年审计客户。注册会计师于20×2年3月11日完成了20×1年度财务报表审计的外勤工作。按审计业务约定书的要求，审计报告应于20×2年3月22日提交。审计项目组在审计过程中发现下列情况。
   ① 应收账款项目无法进行函证，也无法实施其他替代审计程序。

② A公司自20×1年1月1日将所有机械设备折旧方法由直线法改为年数总和法，并已在财务报表附注中说明。

③ B公司20×1年7月状告A公司侵权案已于20×2年2月18日审理完毕，A公司将向B公司赔偿150万元，但A公司拒绝在20×1年财务报表中做出调整。

④ 自20×2年1月起，股市大幅下跌，A公司如在1月11日将短期投资股票转让，将导致450万元的损失。A公司拒绝在20×1年财务报表中对相关金融资产的公允价值做出调整。

⑤ A公司存货计价方法由先进先出法变更为加权平均法，已在财务报表中说明。

⑥ 除审计人员认为应收账款中的17万元已成坏账，A公司未予接受调整建议外，审计人员提请调整的其他1 780万元调整事项，A公司已做调整。

要求： 如果A公司财务报表仅存在以上情况中的一种，指出注册会计师分别应发表何种类型的审计意见，并简要说明理由。

2. 审计项目组审计了B公司20×1年12月31日的资产负债表和该年度的利润表、现金流量表。20×2年2月24日，审计项目组结束了外勤工作，并于一个星期后拟定了审计报告的草稿，其中部分内容如下：

我们接受委托，审计了贵公司20×1年12月31日的资产负债表及该年度的利润表、现金流量表。我们的审计是根据《企业会计准则》进行的。在审计过程中，我们结合贵公司的实际情况，实施了包括抽查会计记录等我们认为必要的审计程序。

我们相信，我们的审计意见为信赖上述财务报表提供了合理的保证。

我们认为，上述财务报表符合中国注册会计师审计准则的规定，在所有重大方面公允地反映了贵公司20×1年12月31日的财务状况和该年度经营成果及现金流量。

20×2年3月4日，注册会计师将审计报告草稿和已审计财务报表提交给B公司管理层。20×2年3月5日，B公司管理层批准并签署了已审计财务报表。

要求：

（1）请确定该份审计报告的出具日期。

（2）对题中所列示的审计意见，请说明其内容需要进行哪些修改，并简要说明修改理由。

3. 请指出在下列相互独立的审计环境中，注册会计师分别应当发表何种审计意见？并简要说明理由。

① 在对甲公司的审计过程中，注册会计师发现存货存在严重高估的可能性。但是当要进一步执行审计程序以证实存货高估的数量和金额时，客户拒绝提供合作。

② 乙公司已成立5年，但从来没有被审计过。在审计过程中，乙公司不同意对期初余额进行审计。审计完毕后，注册会计师认为本期财务报表的编制符合《企业会计准则》的要求。

③ 在丙公司会计年度结束日之后，会计师事务所被聘请对该公司进行审计，因此无法对丙公司的期末存货进行盘点。而对丙公司来说，存货项目非常重要。在设法通过执行替代程序后，注册会计师认为财务报表的编制符合《企业会计准则》的规定，公允地反映了丙公司的财务状况、经营成果和现金流量情况。

④ 会计年度结束后大约4个星期，丁公司的一家主要购货商宣告破产。审计人员在对应

收账款进行函证时,这个购货商确认了其所欠的金额,因此丁公司拒绝对应收账款期末余额做出调整或者进行披露。该客户所欠的应收账款占流动资产总额的 10%,是当年净利润的 30%。

⑤ 戊公司根据新会计准则的要求,对所持有的金融资产进行了重分类会计处理和列报。该项变更已经在财务报表中做了充分的披露。

4. 注册会计师在 20×1 年报审计中遇到下列事项。

① 20×1 年 10 月,上市公司甲公司因涉嫌信息披露违规被证券监管机构立案稽查。截至审计报告日,尚无稽查结论。管理层在财务报表附注中披露了上述事项。

② 乙公司管理层对固定资产实施减值测试,按照未来现金流量现值与固定资产账面净值的差额确认了重大减值损失。管理层无法提供相关信息以支持现金流量预测中假设的未来 5 年营业收入,审计项目组也无法做出估计。

③ 20×2 年 2 月,丙公司由于生产活动产生严重污染,被当地政府部门责令无限期停业整改。截至审计报告日,管理层的整改计划尚待董事会批准。管理层按照持续经营假设编制了 20×1 年度财务报表,并在财务报表附注中披露了上述情况。审计项目组认为管理层运用持续经营假设符合丙公司的具体情况。

④ 丁公司于 20×1 年 9 月起停止经营活动,董事会拟于 20×2 年内清算丁公司。20×1 年 12 月 31 日,丁公司账面资产余额主要为货币资金、其他应收款及办公家具等固定资产,账面负债余额主要为其他应付款和应付工资。管理层认为,如果采用非持续经营编制基础,对上述资产和负债的计量并无重大影响,因此仍以持续经营假设编制 20×1 年度财务报表,并在财务报表附注中披露了清算计划。

⑤ 20×1 年 1 月 1 日,戊公司通过收购取得子公司己公司。由于己公司财务数据不准确,戊公司管理层决定在编制 20×1 年度合并财务报表时不将其纳入合并范围。己公司 20×1 年度的营业收入和税前利润约占戊公司未审合并财务报表相应项目的 30%。

要求:分别针对上述事项,假定不考虑其他条件,逐项指出各事项对审计报告的影响,并简要说明理由。

推荐阅读

第 10 章

信息技术时代的审计

【学习目标】
学习本章以后，你应该能够：
- ▼ 了解信息技术对审计工作的影响；
- ▼ 了解审计工作中基础机器学习技术；
- ▼ 了解审计工作中基础文本信息分析技术；
- ▼ 了解文本信息分析技术、情感分析技术。

【内容提要】
随着计算机技术的发展和普及，信息技术对被审计单位和审计技术产生了深远的影响。一方面，被审计单位越来越多地采用计算机技术进行经营管理，信息系统逐渐集财务、人事、生产、供销等工作于一体。会计信息越来越多地成为被审计单位综合信息管理系统的一部分。另一方面，在信息化背景下，审计人员既需要针对被审计单位的信息化采取有效的应对措施，还需要提升自身的信息技术运用水平，以提升审计的效率和效果。

10.1 信息技术对审计的影响

不断进步的信息技术帮助人类节约了大量人力、物力和财力，成为当今社会经济发展的重要推动力量。信息技术的发展，改变着社会生活，也改变着审计环境。随着信息技术的不断优化，信息技术逐渐被运用到各行各业的具体工作中。在被审计单位，信息技术不仅渗透到生产、物流过程，也改变着经营管理技术。对审计人员来说，信息技术发展的影响是双重的。审计人员利用信息技术可以不断提升审计的效率和效率，同时信息技术使审计环境、被审计单位的经营管理活动发生了重大变化，审计工作需要面对新的挑战。

10.1.1 信息技术对被审计单位的影响

1. 对财务报告编制的影响

信息技术的发展对财务报告编制的影响是全方位的。例如，越来越多的被审计单位，其原始数据的输入更多地为自动产生；会计数据更多地以电子形式存在；信息传递更多地采用网络通信技术；经营数据和财务数据更多地被共享等。

2. 对内部控制的影响

在信息技术环境下，被审计单位的内部控制可分为人工控制和自动控制两大类别。人工控制又称手工控制，在涉及需要进行主观判断或决策的事项时，不可或缺。人工控制的风险包括不具备一贯性，容易被管理层逾越，或因员工串通而失效。自动控制的优势在于具备高度的一贯性，能够迅速、准确地处理数据；但自动控制的风险也比较明显，例如如果系统设置不当，则可能导致系统性的错误；如果发生非法侵入、物理损坏、不适当的人工干预等情况，则控制也将归于无效。

10.1.2 信息技术对审计的影响

1. 信息技术对审计过程的影响

智慧审计侧重于大数据与新的信息技术在审计作业中的应用，其不仅包括联网审计、大数据分析、区块链自主审计、人工智能辅助审计等信息技术的实施，更是从上到下的系统工程，包括审计组织方式、信息平台建设、取证模式与技术方法、审计结果运用、复合型人才配备与制度保障等全方位的结构性变革。

以审计流程为例，在数智时代，信息技术与大数据的广泛应用，审计人员在审计的各个阶段的工作思路与效率发生了显著变化。在审计计划阶段，计算机审计专业人才的配置显得尤为重要，能为接下来的审计工作做好准备。在风险评估和风险应对阶段，精通信息系统审计的人才通过开展信息系统审计和对被审计单位底层电子数据的审计工作，验证被审计单位信息系统的可靠性。大数据与人工智能技术使全样本审计成为现实，传统内部控制测试变为信息系统审计。被审计单位信息系统的可靠性、有效性，直接影响审计风险。风险评估与风险应对阶段演变为信息系统审计与数据审计。

其中，数据审计流程是审计整体流程变革的核心。一般而言，数据审计流程分为审计平台构建阶段、审计数据分析阶段、审计报告撰写阶段和审计延伸取证阶段，而搭建数字化审计平台成为数据式审计工作开展的前提条件。审计平台构建阶段通常被划分为审前调查、数据采集、数据预处理和审计信息系统构建等阶段。在审计平台上，审计人员通过审计数据整合、审计疑点锁定、审计结果分析、审计结果输出 4 个过程，可以助力智慧审计。审计数据分析阶段包括整体分析模型构建、大类分析模型构建及个例分析模型构建等阶段。通过深度学习、模糊聚类等大数据算法，针对重大错报风险较大领域，建立关键数据模型，帮助审计人员把握被审计单位总体情况，锁定审计重点，寻找合适的审计突破口；同时，结合个体数据分析方法，查找审计线索，为延伸取证奠定基础，并在最后出具审计数据分析报告，推进基于数据驱动的持续审计监督模式的运行。

图 10-1 描述了信息技术时代的审计流程。

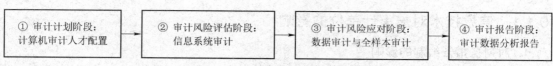

图 10-1　信息技术时代的审计流程

2. 信息技术对审计规范体系与审计行业的影响

新的审计技术方法、审计流程和审计作业模式，需要新的审计规范加以引导。在信息系统审计和数据审计的背景下，信息系统审计准则、信息系统审计质量控制准则、数据审计准则和数据审计质量控制准则将成为数智时代审计规范体系的重要组成部分，审计法律法规和审计职业道德规范也会随之相应进行修订。

数智时代，联网审计、持续审计、人工智能审计、区块链审计等审计作业模式，呼唤具备审计数据分析思维与技术素养的新型审计人才。传统审计人才必须与时俱进，及时更新知识结构，以便更好地应对新型信息技术给审计行业带来的巨大挑战。

10.2　信息技术与智慧审计

进入 21 世纪以来，随着以机器学习为代表的信息技术的发展，信息技术方法和工具为审计工作的开展带来了诸多优势。

10.2.1　常见智慧审计技术类型

以机器学习、人工智能技术为代表的新信息技术展现出"人力替代性"特征，在会计、审计领域，诸多工作可借助于新型信息技术来完成。2019 年，德勤、普华永道和安永都相继推出了财务智能机器人，给业内造成了不小的震动。在以上背景下，紧跟信息技术发展前沿十分必要，了解、掌握和运用新型信息技术不仅能够帮助审计人员提高工作效率，而且能够降低职业风险。

1. 区块链技术

区块链是一种数据存储系统，该系统既没有中心也没有管理员，属于分布式存储系统，其中每个节点都拥有全部数据。区块链也是一个开放的数据系统，新的数据节点随时可以成为区块链中的一个节点，并参与区块的生成与写入。区块链数据技术在审计领域的运用主要体现在数据存储方面，区块链技术的变革提高了财务信息透明度，减少了财务数据被篡改的风险。另外，区块链也可能引发商业问题，如被审计企业信息的保密度降低、被审计单位的内部信息更容易被公司外部获取等。

2. 大数据分析技术

随着计算机存储容量和算力的不断发展，审计人员越来越容易使用大数据技术分析被审计单位的海量数据。这种分析的便利性，体现在数据获取、数据整理、数据可视化和数据挖掘等方面。众多会计师事务所能够获取公开和非公开的数据，对被审计单位进行纵向分析或横向分析。越来越多的软件不断适配新的大数据分析包，除了常规的 Excel 软件，审计人员还可以通过 Tableau、Stata、Python 和 C 语言等软件使用大数据分析包，这些软件的使用极大地方便了审计人员对海量数据进行汇总、归类和绘制趋势。

3. 机器学习技术

机器学习在复杂的审计程序化处理领域越来越流行，并且会计电算化形成的海量数据有利于审计人员运用机器学习进行"训练和预测"。会计数据间的隐性关联关系与机器学习领域中"深度学习"的多层网络结构类似。机器学习改变了传统财务会计信息审查模式，有利于审计人员评估潜在的审计风险和被审计单位的重要性水平。

4. 文本信息分析技术

随着语言信息技术的发展，在海量的文字信息能够被储存和识别的背景下，审计人员可以运用语言学中成熟的计算机算法对文字信息进行量化、标签化、特征化和可视化处理。文本信息分析技术能对数字信息审核形成"优势互补"，最终减少审计人员的工作，提高审计效率。

目前，区块链技术停留在初始应用阶段，仍未被企业或者监管层大规模应用；大数据分析技术已被会计师事务所普遍应用；机器学习技术与文本信息分析技术（尤其是审计工作中的文本信息分析技术）在审计理论和实务领域得到了越来越多的重视。

10.2.2 机器学习技术在被审计单位风险预测中的基础运用

1. 机器学习思想

机器学习（machine learning）是人工智能的核心内容，该领域涉及概率论、统计学、近似理论和复杂算法等知识，旨在通过计算机模拟人类学习行为并不断提高学习效率。机器学习通常会对大量的数据进行训练从而提高模型预测的准确性，这个过程类似于人类的学习模仿过程。

机器学习在审计工作中的重要性越发凸显，这源于会计工作高度"程序化"的工作和海量"数据"。代码是传统软件开发中的重点，而数据是机器学习中的关键。财务会计大量的数字信息和文字信息天然有利于机器学习算法进行"训练"，并且会计准则要求的程式化会计处理流程也适合计算机进行"模仿学习"。

本节立足于以上现实背景，以实际案例操作的方式介绍机器学习算法在审计领域中的应用，从而为审计人员提高审计效率、降低审计风险提供参考。

2. ANN 算法

多层感知器（multilayer perceptron，MLP）神经网络算法被简称为神经网络算法，Python 软件中使用的软件工具包为 scikit-learn，具体函数名称是 MLPClassifier。

多层感知器也称人工神经网络（artificial neural network，ANN），包含输入层、中间层和输出层，中间层可以有多个隐藏层，最简单的 MLP 只包含一个隐藏层，即三层的结构（见图 10-2）。多层感知器层与各层之间是全连接的，即上层的任何一个神经元与下一层的所有神经元都有连接。多层感知器最底层是输入层（input），中间层是隐藏层（hidden），最后是输出层（output）。

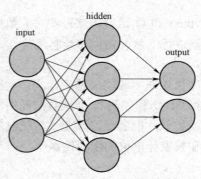

图 10-2 多层感知器结构示意图

示例 10-1

违规风险的预测（1）

违规风险预测

本案例运用 MLP 神经网络算法模拟被审计企业违规风险中的复杂影响机制，以期模仿审计人员预测被审计企业未来的违规风险，这有助于加快审计人员的工作。

第一步，导入需要使用的包，主要用到 sklearn 包，此外 MLP 神经网络算法还涉及 pickle、gzip、pandas、numpy 和 matplotlib 等包。

```
In [1]:  from sklearn.neural_network import MLPClassifier
         import numpy as np
         import pickle
         import gzip
         import matplotlib.pyplot as plt
         import pandas
```

然后查看导入的数据，其中，violation 为企业违规，其他的变量包括：code，证券代码；year，会计期间；sizen，资产的自然对数，即 ln（asset）；Negnews_Alln，负面新闻数；instn，机构投资者持股；ceodn，董事长与总经理二职合一；mb1n，账面市值比；lossn，是否亏损，哑变量；levn，资产负债率；roen，净资产收益率；inventory_ton，存货周转率；rec_ton，应收账款周转率；ncskewn，股价崩盘风险；sigman，股票 i 在第 t 年的收益波动；Shrzn，股权制衡；wwn，融资约束；opc_an，经营性现金流；cashn，现金持有；abs_dn，盈余管理；abs_abinvn，投资效率；agen，上市时间。

```
In [2]:  df = pandas.read_stata('viotest.dta')
         df.columns
Out[2]:  Index(['code', 'year', 'violation', 'sizen', 'Negnews_Alln', 'instn', 'ceodn',
                'lossn', 'levn', 'roen', 'inventory_ton', 'rec_ton', 'ncskewn',
                'sigman', 'Shrzn', 'wwn', 'opc_an', 'cash_an', 'abs_dan', 'abs_abinvn',
                'agen'],
               dtype='object')
```

第二步，把所有数据进行归一化处理，使得所有变量服从[0，1]上的均匀分布。

```
In [3]: df.iloc[:,2:] = (df.iloc[:,2:] - df.iloc[:,2:].min())/(df.iloc[:,2:].max() - df.iloc[:,2:].min())
```

第三步,部署MLP神经网络算法的导出数据源和导入数据源。

```
In [4]: output=df.reindex(columns=['violation','code','year'])
        input=df.drop(['violation'],axis=1)
```

第四步,切割数据获得训练集和预测集。
把2010年至2016的数据作为训练集。

```
In [5]: X_train=input.loc[(input['year']<2017) & (input['year']>=2010) ].values
        y_train=output.loc[(output['year']<2017) & (input['year']>=2010)].violation
```

把2017年的数据作为预测集。

```
In [6]: X_test_data=input.loc[(input['year']==2017) ].values
        y_test_data=output.loc[(output['year']==2017) ].violation
```

第五步,定义MLP神经网络算法基本信息。构造运行函数参数,从以下参数可以看到这个MLP神经网络算法设置了3个隐含层,每个隐含层包含100个神经元,使用logistic模型,最大迭代次数为600次。

```
In [7]: def train():
            mlp = MLPClassifier(hidden_layer_sizes=(100,100,100),solver='adam',activation='logistic',max_iter=600)
            print(mlp)
            mlp.fit(X_train, y_train)
            print('train score: {train_score:.6f}; test score: {test_score:.6f}'.format(
            train_score=mlp.score(X_train, y_train), test_score=mlp.score(X_test_data, y_test_data)))
```

第六步,运行以上代码得到以下结果。

```
In [8]: train()
        MLPClassifier(activation='logistic', hidden_layer_sizes=(100, 100, 100),
                     max_iter=600)
        train score: 0.755259; test score: 0.707739
```

从上面结果可知,训练集的预测效果为75.52%,样本外预测的效果为70.77%。值得注意的是,MLP神经网络算法每次运行的结果都有所不同,系算法初始随机数设置不同所致,总体而言不同的运算结果不会相差太多,读者可以多运行几次感受一下。

3. 逻辑回归算法

逻辑回归算法在医疗诊断和大样本预测方面具有较好的预测效果,且比MLP神经网络算法需要的时间更少,下面使用逻辑回归算法(logistics)继续预测企业的违规风险。

示例 10-2

违规风险的预测（2）

首先导入 pandas 和 numpy 包。

```
In [1]: import pandas
        import numpy as np
```

使用的数据与示例 10-1 基本一致，不同的是该算法对数据规整性要求低，本节数据并没有进行标准化和归一化处理。

```
In [2]: df = pandas.read_stata('viotest2.dta')
        output=df.reindex(columns=['violation']).values
        X=df.drop(['violation','code','year'],axis=1).values
        y = df.violation
```

导入 sklearn.model_selection 的数据切割方法 train_test_split（该方法在机器学习领域应用普遍）。本案例切割源数据的 80% 作为训练集，20% 作为预测集。

```
In [3]: from sklearn.model_selection import train_test_split
        X_train, X_test, y_train, y_test = train_test_split(X, y, test_size=0.2)
```

导入 sklearn.linear_model 的 LogisticRegression 方法，并进行模型训练，计算预测结果。

```
In [4]: from sklearn.linear_model import LogisticRegression
        model = LogisticRegression(solver='liblinear')
        model.fit(X_train, y_train)

Out[4]: LogisticRegression(solver='liblinear')
```

```
In [5]: train_score = model.score(X_train, y_train)
        test_score = model.score(X_test, y_test)
        print('train score: {train_score:.6f}; test score: {test_score:.6f}'.format(
            train_score=train_score, test_score=test_score))
```

train score: 0.805234; test score: 0.805760

训练完成后评价算法预测的效果，发现训练集的预测效果为 80.52%，而样本外预测的效果为 80.57%。

```
In [6]: y_pred = model.predict(X_test)
        print('matchs: {0}/{1}'.format(np.equal(y_pred, y_test).sum(), y_test.shape[0]))
```

matchs: 2294/2847

上面显示在样本外的预测集的 2 847 个样本中，有 2 294 个样本预测无误，表明本模型有较好的样本外预测能力。

针对二元分类问题，LogisticRegression 模型会针对每个样本输出两个概率，即为 0 的概率和为 1 的概率，哪个概率高就预测为哪个类别。读者可以找出针对测试数据集，模型预测的"自信度"低于90%的样本。怎样找出这些样本呢？我们先计算出测试数据集中的每个样本的预测概率数据，针对每个样本，它会有两个数据，一个是预测其"出现违规"的概率，另外一个是预测其"不出现违规"的概率。接着找出"不出现违规"的概率大于 0.1 的样本，然后在结果集中找出预测"出现违规"的概率也大于 0.1 的样本，这样就找出了模型预测"自信度"低于90%的样本。因为所有类别的预测概率之和一定是100%，当两个都大于 0.1 时，则其最大的值一定是小于 90%，即"自信度"不足 90%。

```
In [7]: y_pred_proba = model.predict_proba(X_test)
        print('sample of predict probability: {0}'.format(y_pred_proba[0]))
        y_pred_proba_0 = y_pred_proba[:, 0] > 0.1
        result = y_pred_proba[y_pred_proba_0]
        y_pred_proba_1 = result[:, 1] > 0.1
        print(result[y_pred_proba_1])

sample of predict probability: [0.88980276 0.11019724]
[[0.88980276 0.11019724]
 [0.83739101 0.16260899]
 [0.88734958 0.11265042]
 ...
 [0.88711729 0.11288271]
 [0.8214544  0.1785456 ]
 [0.87516751 0.12483249]]
```

我们可以看一下得到的预测概率数据，依据预测的结果可以使用索引 index 找到源数据的样本，并进一步观察该数据的特征。

10.2.3 文本信息分析技术在审计中的基础运用

作为数字信息的补充，文本信息已成为审计人员分析企业审计风险的重要信息源，面对海量的文字资料，审计人员需要从文字信息中把握关键信息。

文本信息分析可以配合机器学习进行文本信息挖掘，受限于篇幅，本节主要介绍常用的文本信息分析处理方法。示例 10-3 仍然使用 Python 来对文本数据进行情感分析以及绘制词云，主要处理步骤包括：文本预处理、文本分词、去除停用词、词频统计、绘制词云图、情感分析。

示例 10-3

上市公司年报的文本内容分析

第一步，前期准备。导入需要使用的包和库。

```
In [1]: import pandas as pd
        import re
        import jieba
        import collections
        from wordcloud import WordCloud, ImageColorGenerator, STOPWORDS
        import matplotlib.pyplot as plt
        from PIL import Image
```

第二步,用 Jupiter 读取宁德时代 2020 年年报中的管理层讨论与分析部分,为了方便本节直接导入了处理后的 txt 文件。

```
In [2]:  path ="管理层讨论与分析-2020年报.txt"
         with open(path,encoding='GBK') as f:
             data = f.read()
```

宁德时代管理层讨论与分析

第三步,显示 Python 读取的宁德时代 2020 年管理层经营与分析的数据内容。

```
In [3]:  data[0:600]
```

Out[3]: '第四节 经营情况讨论与分析 \n一、概述 \n2020年,公司克服了新冠病毒肺炎疫情带来的冲击,灵活应对市场及行业变化,持续加大研发力度,优化产品结构和市场策略,稳步扩张产能以满足客户订单需求。同时,公司继续夯实业内最广泛的客户基础,随着生产经营规模的持续扩大,公司在供应链管理、成本控制、市场开拓、技术迭代、客户服务等方面的竞争优势逐渐凸显。 \n报告期内,公司实现营业总收入5,031,948.77万元,同比增长9.90%,归属于上市公司股东的净利润为558,333.87万元,同比增长22.43%。报告期内,公司实现锂离子电池销量 46.84GWh,同比增长14.36%,其中动力电池系统销量44.45GWh,同比增长10.43%。 \n报告期内,公司各业务的主要经营情况如下: \n(一)动力电池系统 \n动力电池系统销售系公司主要收入来源。报告期内,公司动力电池系统销售收入为3,942,582.07万元,较上年增长2.18%。根据中汽研合格证数据,国内动力电池装机总量为63.6GWh,同比增长2%,其中公司装机量为31.9GWh,市场占有率为50%。 \n在乘用车领域,公司继续深化与关键客户的战略合作,持续强化在有关细分市场领域的优势,为战略客户提供具有竞争力的差异化产品;海外市场赢得多个重点客户关键平台定点,811体系产品在海外实现大批量交付,陆续得到海外主流汽车企业的认可,进一步巩固长期合作'

第四步,句子分词,去除停用词。可以发现导入的文件存在较多杂乱的文字符号,现在进行初步处理。其中"|"表示或的含义,\t\n 表示需要去除的文本多余符号。值得注意的是,为了方便文本信息分析,本例中去除了所有数字\d*。

```
In [4]:  pattern = re.compile(u'\t|\n|\.|-|:|;|\)|\(|\?|"|%')
         data2 = re.sub(pattern, '', data)
         data2 = re.sub('\d*','', data2)
```

得到的数据如下(仅列示前 600 个字符)。

```
In [5]:  data2[0:600]
```

Out[5]: '第四节 经营情况讨论与分析 一、概述 年,公司克服了新冠病毒肺炎疫情带来的冲击,灵活应对市场及行业变化,持续加大研发力度,优化产品结构和市场策略,稳步扩张产能以满足客户订单需求。同时,公司继续夯实业内最广泛的客户基础,随着生产经营规模的持续扩大,公司在供应链管理、成本控制、市场开拓、技术迭代、客户服务等方面的竞争优势逐渐凸显。 报告期内,公司实现营业总收入,,万元,同比增长,归属于上市公司股东的净利润为,万元,同比增长。报告期内,公司实现锂离子电池销量 Gwh,同比增长,其中动力电池系统销量GWh,同比增长。 报告期内,公司各业务的主要经营情况如下: (一)动力电池系统 动力电池系统销售系公司主要收入来源。报告期内,公司动力电池系统销售收入为,,万元,较上年增长。根据中汽研合格证数据,国内动力电池装机总量为GWh,同比增长,其中公司装机量为GWh,市场占有率为。 在乘用车领域,公司继续深化与关键客户的战略合作,持续强化在有关细分市场领域的优势,为战略客户提供具有竞争力的差异化产品;海外市场赢得多个重点客户关键平台定点,体系产品在海外实现大批量交付,陆续得到海外主流汽车企业的认可,进一步巩固长期合作伙伴关系。 在商用车领域,公司进一步完善国内外商用车电池产品布局,客车、轻型物流车电池装车电量市占率继续提升,两轮电池出货快速增长并通过换电、共享方式推动两轮锂电渗透率提升,重卡和工程机械'

使用 jieba 包的精确模式进行分词处理：

```
In [6]:  seg_list_exact = jieba.cut(data2, cut_all = False)
```

构造一个去除多余字符的数据库，然后对分词后的目标 seg_list_exact 进行处理。

```
In [7]:  object_list = []
         remove_words = [u'的', u'，', u'和', u'是', u'随着', u'对于', u'
         for word in seg_list_exact:
             if word not in remove_words:
                 object_list.append(word)
```

```
Building prefix dict from the default dictionary ...
Loading model from cache C:\Users\ADMINI~1\AppData\Local\Temp
\jieba.cache
Loading model cost 0.502 seconds.
Prefix dict has been built successfully.
```

分词后的结果 object_list 共有 3 287 个词，简略列示前 20 个词，结果如下。

```
In [8]:  object_list[0:20]
Out[8]:  ['第四节',
          '经营',
          '情况',
          '讨论',
          '与',
          '分析',
          '一',
          '概述',
          '年',
          '公司',
          '克服',
          '新冠',
          '病毒',
          '肺炎',
          '疫情',
          '带来',
          '冲击',
          '灵活',
          '应对',
          '市场']
```

然后去除 object_list 中的单个词，如"与""一"等单个显示的词，因为这些单个词并没有信息含量，不是本例关注的地方。

```
In [9]:  for i in range(len(object_list)-1,-1,-1):
             if(len(object_list[i])<2):
                 object_list.pop(i)
```

得到的数据如下。

```
In [10]:  object_list[0:20]
Out[10]: ['第四节',
          '经营',
          '情况',
          '讨论',
          '分析',
          '概述',
          '公司',
          '克服',
          '新冠',
          '病毒',
          '肺炎',
          '疫情',
          '带来',
          '冲击',
          '灵活',
          '应对',
          '市场',
          '行业',
          '变化',
          '持续']
```

第五步，词频统计和绘制词云图。使用 collection 包对 object_list 中的分词数据进行词频统计，获取前 100 个最高频的词，并输出出现次数最高的 100 个词，得到的结果如下。

```
In [11]:  word_counts = collections.Counter(object_list)
          word_counts_top100 = word_counts.most_common(100)
          print(word_counts_top100)
```

[('公司', 86), ('适用', 81), ('资金', 66), ('募集', 62), ('项目', 52), ('情况', 49), ('投资', 44), ('投入', 30), ('重大', 30), ('使用', 30), ('研发', 29), ('时代', 29), ('报告', 28), ('主要', 27), ('金额', 27), ('产品', 25), ('电池', 25), ('营业', 23), ('万元', 22), ('动力电池', 22), ('系统', 22), ('变动', 22), ('影响', 20), ('年月日', 20), ('收入', 19), ('成立', 19), ('期内', 18), ('储能', 17), ('行业', 16), ('发展', 16), ('有限公司', 16), ('活动', 16), ('客户', 15), ('锂离子', 15), ('其他', 15), ('总额', 15), ('自筹资金', 15), ('经营', 14), ('同比', 14), ('单位', 14), ('宁德', 14), ('市场', 13), ('变化', 13), ('成本', 13), ('业务', 13), ('通过', 13), ('合计', 13), ('比例', 13), ('资产', 13), ('累计', 13), ('创新', 13), ('持续', 12), ('技术', 12), ('新能源', 12), ('公开', 12), ('人民币', 12), ('实现', 11), ('材料', 11), ('说明', 11), ('本期', 11), ('发行', 11), ('生产', 10), ('增长', 10), ('相关', 10), ('发生', 10), ('原因', 10), ('进行', 10), ('销售', 9), ('上年', 9), ('增减', 9), ('现金', 9), ('产生', 9), ('股权', 9), ('上述', 9), ('GWh', 8), ('全球', 8), ('报告期', 8), ('调整', 8), ('期末', 8), ('是否', 8), ('合伙', 8), ('供应商', 8), ('小计', 8), ('净额', 8), ('发行股票', 8), ('价值', 8), ('金融资产', 8), ('自有', 8), ('变更', 8), ('关于', 8), ('预先', 8), ('同意', 8), ('方式', 7), ('比重', 7), ('机械', 7), ('器材', 7), ('制造业', 7), ('披露', 7), ('产业链', 7), ('截至', 7)]

可以看到"公司"这个词出现了 86 次，"适用"这个词出现了 81 次。接下来构造词云生成器，根据出现词的词频进行绘图，"max_words=200"代表显示排在前 200 的词语。

```
In [12]:  my_wordcloud = WordCloud(
              background_color='white',
              max_words=200,
              stopwords=STOPWORDS,
              font_path='simhei.ttf',
              max_font_size=100,
              random_state=50,
              width=1000, height=600,
              min_font_size=20,
          ).generate_from_frequencies(word_counts)
```

最后使用 matplotlib.pyplot 得到绘制的图形如下。

```
In [13]:  plt.imshow(my_wordcloud)
          plt.axis('off')
          plt.show()
```

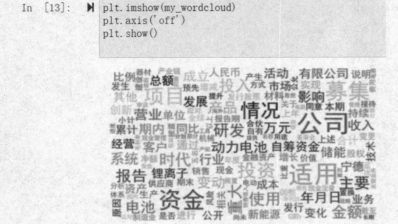

通过上图中前 100 的词频数据，可以发现宁德时代的管理层最关注的信息除了传统的"投资""自筹资金""经营"等方面，还有"研发""锂离子""投资""储能""新能源"等信息。

第六步，情感分析。接下来我们进行情感分析，这里使用了台湾大学情感分析数据库 ntusd 的情绪分类词汇，需要进行 utf-8 解码处理，有的中文词库需要进行 GBK 解码处理。

```
In [14]:  negPath ="ntusd-negative.txt"
          posPath ="ntusd-positive.txt"
          pos = open(posPath, encoding='utf-8').readlines()
          neg = open(negPath, encoding='utf-8').readlines()
```

在使用该数据库前需要进行"繁体字转简体字"处理，这里使用了 langconv 包的方法。

```
In [15]:  from langconv import *
          def Traditional2Simplified(sentence):
              sentence = Converter('zh-hans').convert(sentence)
              return sentence
```

同时也去除了空格、分段等符号信息。

```
In [16]:   for i in range(len(pos)):
               pos[i] = Traditional2Simplified(pos[i])
               pos[i] = pos[i].replace('\n',"").replace('\ufeff',"")
           
           for i in range(len(neg)):
               neg[i] = Traditional2Simplified(neg[i])
               neg[i] = neg[i].replace('\n',"").replace('\ufeff',"")
```

简要列示积极词汇 pos 的前 20 个词汇：

```
In [17]:   pos[0:20]
```

Out[17]: ['一帆风顺',
 '一帆风顺的',
 '一流',
 '一致',
 '一致的',
 '了不起',
 '了不起的',
 '了解',
 '人性',
 '人性的',
 '人格高尚',
 '人格高尚的',
 '人情',
 '人情味',
 '入神',
 '入神的',
 '入迷',
 '入迷的',
 '上好',
 '上好的']

简要列示消极词汇 neg 的前 20 个词汇：

```
In [18]:   neg[0:20]
```

Out[18]: ['干',
 '一下子爆发',
 '一下子爆发的一连串',
 '一巴掌',
 '一再',
 '一再叮嘱',
 '一拳',
 '一般杀人罪',
 '一阵狂风',
 '一阵紧张',
 '一掌',
 '一团糟',
 '一捆',
 '一点点',
 '一蹶不振',
 '人事不省',
 '人为',
 '人为的',
 '入迷',
 '入迷的']

现在直接统计分词后的数据 object_list 中的积极词汇和消极词汇，发现一共包含 268 个

第 10 章　信息技术时代的审计

积极词汇和 63 个消极词汇。

```
In [19]:  posNum = negNum = 0
          for i in range(len(object_list)):
              if(object_list[i] in pos):
                  posNum = posNum + 1
              elif(object_list[i] in neg):
                  negNum = negNum + 1
          print('posNum:',posNum)
          print('negNum:',negNum)
```

posNum: 268
negNum: 63

最后计算管理层讨论分析文本的情感倾向，发现主要表现为积极倾向，这也有助于提醒审计人员，该公司的管理人员对公司的评价较为乐观。

```
In [20]:  print('积极倾向:',posNum/(posNum+negNum))
          print('消极倾向:',negNum/(posNum+negNum))
```

积极倾向: 0.8096676737160121
消极倾向: 0.1903323262839879

以上过程展现了审计信息的筛选、归类、整理和深入分析过程，文本信息分析技术可以帮助审计人员从海量的非结构化文字信息中提取有价值的结构化信息，从而构建可以度量、比较和统计的关键信息。运用该项技术可以比较同一行业不同公司的文本信息，或者判断管理层的信息披露"风格"或"倾向"，从而有助于审计人员对有价值的审计资料进行标准化，形成审计经验和审计线索，供审计人员分析取证。如果文本信息分析的结果难以满足审计需求和审计目的，则需要考虑：不能达到审计目的原因；审计过程中存在的问题；该过程中存在的薄弱环节。在以上分析总结后，审计人员可以考虑重新构建文本信息分析的模型和参数。

本章关键术语

信息技术	区块链技术	大数据技术
机器学习技术	文本信息分析技术	ANN 神经网络
逻辑回归	词频统计	情感分析
词云绘制		

本章复习

一、研究思考题

1. 如何运用信息技术分析某个会计账户的错报风险?
2. 在审计轮换工作中,审计人员如何运用文本信息分析技术评估前任注册会计师的审计报告?
3. 是否存在其他繁重的审计工作可以被机器学习替代?

二、案例分析题

1.(管理层对未来业绩的乐观程度分析)查阅任何一家上市公司的上市公告书或年度报告,使用文本信息分析技术评析公司管理层对未来经营的描述文字。

要求:

(1)该公司管理层最关心或者最担心的内容有哪些?

(2)该公司管理层对企业未来的乐观程度如何?

2.(内部控制缺陷预测分析)通过数据库或公开资料查找在年度报告中披露内部控制存在缺陷的上市公司的相关资料,借鉴本章所介绍的机器学习方法,选取合适的财务指标,通过 ANN 算法或逻辑回归算法,构造审计工作中可用于预判公司内部控制缺陷的机器学习模型。

推荐阅读

第3篇
财务报表审计实务

第 11 章

销售与收款循环审计

【学习目标】

学习本章以后,你应该能够:

- ▼ 理解账户审计法与交易循环审计法的区别;
- ▼ 了解销售与收款循环所涉及的主要业务活动、关键内部控制环节、相关原始单据、主要会计科目和财务报表项目;
- ▼ 了解销售与收款循环控制测试的要点;
- ▼ 了解营业收入审计的实质性程序,掌握营业收入审计的重要实质性程序;
- ▼ 了解应收账款审计的实质性程序,掌握应收账款审计的重要实质性程序。

【内容提要】

销售与收款业务是企业日常发生的重要经济业务之一。销售与收款循环审计,是财务报表审计的重要组成内容。本章介绍了销售与收款循环的特点、内部控制和控制测试程序,以及该循环审计中的关注重点及重要审计方法,并以营业收入、应收账款为例,详细介绍了相关的实质性程序。

11.1 交易循环审计

11.1.1 交易循环与交易循环审计

交易循环(transaction cycle)是指处理某一类经济业务的具有先后次序的一套工作流程。通常,制造业企业的交易循环可分为销售与收款循环、采购与付款循环、生产与存货循环、人力资源与工薪循环、投资循环、筹资循环等,而会计估计、关联交易、期初余额等事项,以及货币资金业务则可能在上述各交易循环中出现(见图 11-1)。

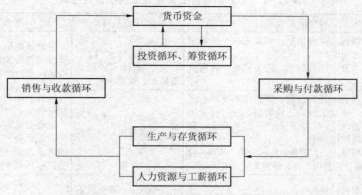

图 11-1 企业业务循环的划分及其关系

交易循环审计法(cycle approach audit)或称切块审计法,简称循环法、切块法,是将紧密联系的交易种类和账户余额归入到一个循环中,按业务循环组织实施审计。循环法与被审计单位的交易循环相对应,交易循环审计可分成销售与收款循环审计、采购与付款循环审计、生产与存货循环审计、人力资源与工薪循环审计、投资循环审计、筹资循环审计等内容。考虑到货币资金业务的特殊性,通常将其作为一项单独的审计内容。而会计估计、关联交易、期初余额等事项则不仅作为单独审计内容,还应在对各个交易循环进行审计的过程中加以关注。

11.1.2 交易循环审计与账户审计

与交易循环审计法相对的审计方法是账户审计法(account approach audit,简称账户法),这是一种传统的审计方法,是指按财务报表项目组织实施审计。在账户审计法下,首先将财务报表项目按资产、负债、所有者权益、收入、费用等类别分工,继而再进行进一步划分。例如,将资产划分为流动资产和非流动资产,对流动资产再划分为货币资金、应收账款、存货等项目分别进行审计。

由于账户审计法直接依据被审计单位的账户设置体系及财务报表的构成项目来组织审计工作,所以具有直观、操作方便的优点。然而,账户审计法具有两个重大缺点:其一,它将原本紧密相关的账户(如营业收入与应收账款)人为分割,容易造成整个审计工作的脱节和重复,不利于审计效率的提高,且难以发现问题;其二,该审计方法与被审计单位的内部控制体系脱节,不利于注册会计师在理解被审计单位内部控制的基础上进行审计工作。

在现代审计实务中,由于控制测试通常按交易循环进行,因而采用交易循环审计法更有利于将实质性程序与控制测试的结果相衔接。

在交易循环审计中,根据财务报表项目的性质与交易循环的关系,各个交易循环对应的财务报表项目通常如表 11-1 所示。

表 11-1　交易循环与主要财务报表项目对应表

交易循环	资产负债表项目	利润表项目	现金流量表项目
销售与收款循环	资产项目：应收票据、应收账款、长期应收款、合同资产 负债项目：预收款项、应交税费、合同负债	收入项目：营业收入、其他业务利润 支出项目：营业税金及附加、销售费用	经营活动现金流量：销售商品、提供劳务收到的现金；收到的税费返还；支付的各项税费
采购与付款循环	资产项目：预付款项、持有待售资产、固定资产、在建工程、工程物资、生产性生物资产、油气资产、无形资产、开发支出、商誉、长期待摊费用 负债项目：应付票据、应付账款、长期应付款、长期待摊费用、持有待售负债、租赁负债	支出项目：销售费用、管理费用、研发费用	经营活动现金流量：购买商品、接受劳务支付的现金 投资活动现金流量：处置固定资产、无形资产和其他长期资产收回的现金净额；购建固定资产、无形资产和其他长期资产支付的现金
生产与存货循环	资产项目：存货	支出项目：营业成本	
人力资源与工薪循环	负债项目：应付职工薪酬	支出项目：营业成本、销售费用、管理费用	经营活动现金流量：支付给职工以及为职工支付的现金
投资循环	资产项目：交易性金融资产、衍生金融资产、应收利息、其他应收款、其他流动资产、债权投资、其他债权投资、长期股权投资、其他权益工具投资、其他非流动金融资产、投资性房地产、商誉、递延所得税资产、其他非流动资产	资产减值损失、信用减值损失、公允价值变动损益、投资收益、营业外收入、营业外支出	投资活动现金流量：收回投资收到的现金、取得投资收益收到的现金；处置子公司及其他营业单位收到的现金净额；投资支付的现金；取得子公司及其他营业单位支付的现金净额
筹资循环	负债项目：短期借款、交易性金融负债、衍生金融负债、应付利息、应付股利、其他应付款、其他流动负债、长期借款、应付债券、专项应付款、预计负债、递延所得税负债、其他非流动负债 权益项目：实收资本（或股本）、资本公积、其他权益工具、其他综合收益、专项储备、盈余公积、未分配利润	支出项目：财务费用、所得税费用	经营活动现金流量：收到的税费返还 筹资活动现金流量：吸收投资收到的现金；借款收到的现金；偿还债务所支付的现金；分配股利、利润或偿付利息支付的现金
货币资金循环	资产项目：货币资金		现金净流量

11.2　销售与收款循环概述

在审计实例中，销售与收款循环是被审计单位舞弊及审计失败问题的高发领域。不论是国内还是国外，均有众多审计案例涉及收入舞弊，表 11-2 列示了其中一些典型案例的基本情况。

表 11-2　国内外典型销售与收款循环审计案例概况

被审计单位		基本情况
国内	原野	在两座大厦一个没有动工、一个刚打地基的情况下，将其承包利润 8 500 万元作为本年实现的利润入账，并倒算出销售收入 2.76 亿元，同时倒挤出销售成本和销售税金等数字
	琼民源	将合作方香港冠联置业公司投入的股本及合作建房资金 1.95 亿元确认为收入；通过三次循环转账手法，虚构收到转让北京民源大厦部分开发权和商场经营权的款项 2.7 亿元，从而确认收入 3.2 亿元；将收到合作方的民源大厦的建设补偿费 5 100 万元确认为收入

续表

被审计单位		基本情况
国内	银广夏	通过伪造购销合同、伪造出口报关单、虚开增值税专用发票、伪造免税文件和伪造金融票据等手段，虚构营业收入，虚构巨额利润7.45亿元，其中1999年为1.78亿元，2000年为5.67亿元
	东方电子	将三年来逾10亿元的炒股收入作为其营业收入入账，而其主营业务为电力自动化设备制造
	黎明股份	为虚增营业收入1.5亿元人民币，从进货、生产、销售各环节造假，被称为"造假手段近乎完美"
	东方锅炉	将第一个会计年度的销售收入1.76亿元和销售利润3 800万元，调整至第二个会计年度。在第二个会计年度又以同样的方法，将该年度的销售收入2.26亿元和销售利润4 700万元转移到第三个会计年度，从而创造连续3年稳定盈利、净资产利润率增长平稳的假象
	紫鑫药业	通过关联方实现营业收入的巨额增长
国外	美国在线	在与时代华纳合并前，通过将".COM"公司的广告违约金、法律纠纷收入、代理业务收入、认股权证方式收入、循环交易收入等确认为"广告和商业收入"的手法，掩饰其江河日下的广告收入
	南方保健	最主要的造假手段是通过"契约调整"利润这一收入备抵账户进行利润操纵。营业收入总额减去"契约调整"的借方余额，在南方保健的利润表上反映为营业收入净额。而这一账户的数字取决于南方保健高管人员的估计和判断。它是萨班斯－奥克斯利法案（SOX）颁布后，美国上市公司曝光的又一典型舞弊案例
	美国Informix公司	提前确认收入及记录虚构收入，手法包括：将信用期延长到12个月以上；允许中间商退还未出售的许可证，并获退款和信用等
	山登公司	随意改变收入确认标准，在1995年至1997年期间，共虚构了15.77亿美元的营业收入、超过5亿美元的利润总额和4.39亿美元的净利润，虚假净利润占对外报告净利润的56%
	DELL公司	从2003年到2007年期间，在尚未完成向客户销售产品或提供服务的环节及尚未转移物权和风险，就确认收入，且存在在物权和风险转移之后延迟确认收入的情况。以上两种情况均可以根据公司会计年度的费用情况调节利润
	马蒂尔公司案例	采用一种被称之为"持有货单"的销售手法。利用该手法，公司虚增了1 500万美元的销售收入，并由此虚增了税前利润800万美元。所谓"持有货单"，是指客户未来才会购买，而该公司现在就入了账

1. 销售与收款循环的特点

销售与收款循环是指企业将商品销售或将劳务提供给购买者，或者让渡资产使用权，以获得经济利益流入的一系列经营活动。销售与收款循环是被审计单位的重要交易循环之一。企业生存发展的最终目标是通过销售获取收益。通常，企业需要通过销售收回资金，以补偿生产耗费，并进行再生产及扩大再生产。

销售与收款循环通常具有以下特点。

① 销售与收款业务发生频繁，是被审计单位日常业务活动的重要构成内容之一。

② 销售与收款业务过程较为复杂，涉及企业内外多个主体和环节。对于大中型企业而言，销售与收款业务通常不是简单的一手交钱、一手交货的过程，而需要先从收到订购单，到洽谈交易事项，到组织生产或货源，到货物交接，再到货款的收取，以及提供售后服务。其中涉及企业内部的部门包括：销售部门、信用管理部门、仓储保管部门、发运部门、售后服务部门和财务部门等。涉及企业外部的单位有客户、供应商、运输商等。

③ 销售与收款会计处理工作繁杂。其一，销售业务发生频繁，使会计处理工作量较大；其二，销售收入确认的会计处理需谨慎；其三，各种不同行业、不同类别、不同性质的销售业务，使在判断会计处理方法时存在困难。

④ 销售业务至少涉及的风险有：销售政策和策略不合理、市场变化预测不准确、销售渠道维护不够等，可能导致销售不畅、库存积压、经营难以为继；客户调查不到位、结算方式选择不当，可能导致销售款项不能收回或遭受欺诈；销售过程存在舞弊行为，可能导致企业

利益受损。

不同行业的企业，其主营业务收入来源如表 11-3 所示。

表 11-3 不同行业企业主营业务收入来源

行业类型	收入来源
贸易业	作为零售商向普通大众（最终消费者）零售商品，作为批发商向零售商供应商品
一般制造业	采购原材料，进行生产加工，制成产成品后销售给客户
专业服务业	律师、会计师、商业咨询师等主要通过提供专业服务取得服务费收入
银行业	向客户提供金融中介服务取得手续费，向客户发放贷款取得贷款利息收入
建筑业	通过提供建筑服务、完成建筑合同取得收入

2. 销售与收款循环的业务活动及相关的会计资料

销售与收款循环所涉及的主要业务活动包括：销售计划、客户信用管理、销售业务授权、向客户交付货物、向客户开具账单并记录销售、办理和记录资金的收入、定期与客户对账、坏账准备计提与坏账核销等。

销售与收款循环所涉及的主要业务活动及相关的会计资料如图 11-2 所示。

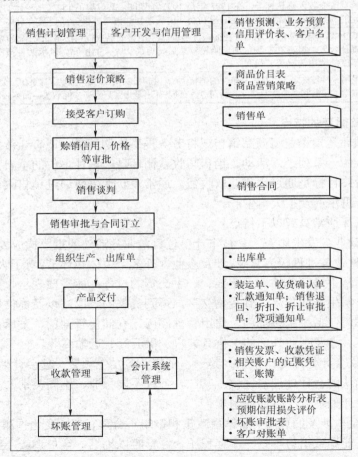

图 11-2 销售与收款循环所涉及的主要业务活动及相关的会计资料

3. 销售与收款循环的重大错报风险分析

在销售与收款循环中，被审计单位可能出于不同目的而高估或低估收入。对于国内外公开发行股份的公司而言，虚构营业收入是最热衷采用的操纵利润的手法。其"虚饰财务报表"（即 window-dressing）的重要手段之一就是虚构营业收入，由此伴随着应收账款、应收票据等项目的虚增。对于非公开发行股份的被审计单位而言，可能因筹集资金的需要虚增营业收入，因避税的需要虚减营业收入。

在销售与收款循环审计中，注册会计师应当考虑本领域的重大错报风险，并对被审计单位经营活动中可能发生的重大错报风险保持警觉。某些重大错报风险可能与财务报表整体广泛相关，进而影响多项认定，如舞弊风险；某些重大错报风险可能与特定的某类交易、账户余额和披露的认定相关，如会计期末的收入交易和收款交易的截止错误，或应收账款坏账准备的计提。注册会计师在识别和评估与收入确认相关的重大错报风险时，应当基于收入确认存在舞弊风险的假定，评价哪些类型的收入、收入交易或认定导致舞弊风险。尤其需要关注：收入的舞弊风险；收入的复杂性导致的错误；发生的收入交易未能得到准确记录；期末收入交易和收款交易的截止错误；收款未及时入账或记入不正确的账户；应收账款坏账准备的计提不准确等。

常见的收入舞弊手段如下。

（1）为了达到粉饰财务报表的目的而虚增收入或提前确认收入

① 利用与未披露的关联方之间的资金循环虚构交易。

② 通过未披露的关联方进行显失公允的交易。

③ 通过出售关联方的股权，使之从形式上不再构成关联方，但仍与之进行显失公允的交易，或与未来或潜在的关联方进行显失公允的交易。

④ 通过虚开商品销售发票虚增收入，而将货款挂在应收账款中，并可能在以后期间计提坏账准备，或在期后冲销。

⑤ 为了虚构销售收入，将商品从某一地点移送至另一地点，以出库单和运输单据为依据记录销售收入。

⑥ 在与商品相关的风险和报酬尚未全部转移给客户之前确认销售收入。

⑦ 通过隐瞒售后回购或售后租回协议，而将以售后回购或售后租回方式发出的商品作为销售商品确认收入。

⑧ 采用完工百分比法确认劳务收入时，故意低估预计总成本或多计实际发生的成本，以通过高估完工百分比的方法实现当期多确认收入。

⑨ 在采用代理商的销售模式时，在代理商仅向购销双方提供帮助接洽、磋商等中介代理服务的情况下，按照相关购销交易的总额而非净额（扣除佣金和代理费等）确认收入。

⑩ 在存在多种可供选择的收入确认会计政策或会计估计方法时，随意变更所选择的会计政策或会计估计方法。

⑪ 选择与销售模式不匹配的收入确认会计政策。

（2）为了达到报告期内降低税负或转移利润等目的而少计收入或延后确认收入

① 被审计单位在满足收入确认条件后，不确认收入，而将收到的货款作为负债挂账，或转入本单位以外的其他账户。

② 被审计单位采用以旧换新的方式销售商品时，以新旧商品的差价确认收入。

③ 在提供劳务或建造合同的结果能够可靠估计的情况下，不在资产负债表日按完工百分比法确认收入，而推迟到劳务结束或工程完工时确认收入。

11.3　销售与收款循环的内部控制和控制测试

11.3.1　销售与收款循环的内部控制要求

销售与收款循环的内部控制可分为销售业务的内部控制和收款业务的内部控制两大部分。

1. 销售业务的内部控制

（1）售前

被审计单位应当加强市场调查，合理确定定价机制和信用方式，根据市场变化及时调整销售策略，灵活运用销售政策、信用销售、代销和广告宣传等多种策略和营销方式，不断提高市场占有率。

对于境外客户和新开发客户，应当建立信用保证制度，采取严格有效的信用结算等方式，防范销售风险。

（2）销售合同订立与谈判

在销售合同订立前，应当与客户进行业务洽谈、磋商或谈判，关注客户信用状况、销售定价、结算方式等相关内容。

重要的销售业务谈判应当吸收财会等专业人员参加，并形成完整的书面记录。

销售合同应当明确双方的权利和义务，审批人员应当对销售合同草案进行严格审查与核实。重要的销售合同，应当征询法律顾问或专家的意见。

（3）发货过程

销售部门应当按照经批准的销售合同开具相关销售通知。发货和仓储单位应当对销售通知进行审核，严格按照所列项目组织发货，确保货物的安全发运和交货。财会部门对客户信用情况及销售通知审查无误后，根据发票管理规定开出发票。严禁开具虚假发票。企业应当加强销售退回管理，分析销售退回原因，进行妥善处理。

（4）销售记录

被审计单位应当做好销售业务各环节的记录，填制相应的凭证，设置销售台账，实行全过程的销售登记制度。

（5）售后服务

被审计单位应当制定售后服务标准，加强售后服务和跟踪，提升客户满意度和忠诚度，不断改进产品质量和服务水平。

2. 收款业务的内部控制

（1）款项催收

被审计单位应当建立和完善应收款项管理制度，严格考核，实行奖惩。销售机构负责应收款项的催收，催收记录（包括往来函电）应妥善保存；财会部门负责办理资金结算并监督款项回收。

（2）票据管理

加强商业票据管理，明确商业票据的受理范围，严格审查商业票据的合法性和真实性，防止票据欺诈。

被审计单位应当关注商业票据取得、贴现和背书，对已贴现但仍承担收款风险的票据及逾期票据，应当进行追索监控和跟踪管理。

（3）会计系统控制

被审计单位应当加强对销售、发货、收款业务的会计系统控制，详细记录销售客户情况、销售合同、销售通知、发运凭证、商业票据、款项收回等情况，确保会计记录、销售记录与仓储记录核对一致。

被审计单位应当加强应收款项坏账的管理，应收款项全部或部分无法收回的，应当取得销售部门、购货单位等有关方面的确凿证据，查明原因，明确责任，并严格履行审批程序，按照国家统一的会计准则制度进行处理。

企业内部控制应用指引第9号

11.3.2 销售与收款循环的控制测试

1. 销售交易

表11-4列示了销售交易常用的控制测试。

表11-4 销售交易常用的控制测试

内部控制目标	关键内部控制	常用的控制测试
登记入账的销售交易确实已经发货给真实的客户（发生）	销售交易是以经过审核的发运凭证及经过批准的客户订购单为依据登记入账的； 在发货前，客户的赊购已经被授权批准； 每月向客户寄送对账单，对客户提出的意见做专门追查	检查销售发票副联是否附有发运凭证（或提货单）及销售单（或客户订购单）； 检查客户的赊购是否经授权批准； 询问是否寄发对账单，并检查客户回函档案
所有销售交易均已经记入账（完整性）	发运凭证（或提货单）均经事先编号并已登记入账； 销售发票均经事先编号，并已登记入账	检查发运凭证连续编号的完整性； 检查销售发票连续编号的完整性
登记入账的销售数量确实是已发货的数量，已正确开具账单并登记入账（计价和分摊）	销售有经批准的装运凭证和客户订购单支持，将装运数量与开具账单的数量相比对； 从价格清单主文档获取销售单价	检查销售发票有无支持凭证； 检查比对留下的证据； 检查价格清单的准确性及是否经恰当批准
销售交易的分类恰当（分类）	采用适当的会计科目表； 内部复核和核查	检查会计科目表是否适当； 检查有关凭证上内部复核和核查的标记
销售交易的记录及时（截止）	采用尽量能在销售发生时开具收款账单和登记入账的控制方法； 每月末由独立人员对销售部门的销售记录、发运部门的发运记录和财务部门的销售交易入账情况做内部核查	检查尚未开具收款账单的发货和尚未登记入账的销售交易； 检查有关凭证上内部核查的标记
销售交易已经正确地记入明细账，并经正确汇总（准确性、计价和分摊）	每月定期给客户寄送对账单； 由独立人员对应收账款明细账做内部核查； 将应收账款明细账余额合计数与其总账余额进行比较	观察对账单是否已经寄出； 检查内部核查标记； 检查将应收账款明细账余额合计数与其总账余额进行比较的标记

2. 收款交易

表11-5列示收款交易常用的控制测试。

表 11-5　收款交易常用的控制测试

内部控制目标	关键内部控制	常用的控制测试
登记入账的现金收入确实为企业已经实际收到的现金（存在或发生）	现金折扣必须经过适当的审批手续；定期盘点现金并与账面余额核对	观察；检查是否定期盘点，检查盘点记录；检查现金折扣是否经过恰当的审批
收到的现金收入已全部登记入账（完整性）	现金出纳与现金记账的职务分离；每日及时记录现金收入；定期盘点现金并与账面余额核对；定期向客户寄送对账单；现金收入记录的内部复核	观察；检查是否存在未入账的现金收入；检查是否定期盘点，检查盘点记录；检查是否向客户寄送对账单，了解是否定期进行；检查复核标记
存入银行并记录的现金收入确实是实际收到的金额（准确性）	定期取得银行对账单；编制银行存款余额调节表；定期与客户对账	检查银行对账单；检查银行存款余额调节表；观察或检查是否每月寄送对账单
现金收入在资产负债表中的披露正确（列报）	现金日记账与总账的登记职责分离	观察

典型例题 11-1

在对甲公司财务报表审计过程中，注册会计师在审计工作底稿中记录了以下情况。

记录 1：关于甲公司销售与收款循环的内部控制，部分内容摘录如下。

序号	风险	内部控制
①	向客户提供过长信用期而增加坏账损失风险	客户的信用期由信用管理部门审核批准，如长期客户临时申请延长信用期，由销售部经理批准
②	已记账的收入未发生或不准确	财务人员将经批准的销售订单、客户签字确认的发运凭单及发票所载信息相互核对无误后，编制记账凭证（附上述单据），经财务部经理审核后入账
③	应收账款记录不准确	每季度末，财务部向客户寄送对账单。如客户未及时回复，销售人员需要跟进；如客户回复表明差异超过该客户欠款余额的 5%，则进行调查

记录 2：注册会计师实施的控制测试和实质性程序及其结果，部分内容摘录如下。

序号	内部控制	控制测试和实质性程序及其结果
①	产品送达后，甲公司要求客户的经办人员在发运凭单上签字。财务部将客户签字确认的发运凭单作为收入确认的依据之一	注册会计师对控制的预期偏差率为零，从收入明细账中抽取 25 笔交易，检查发运凭单是否经客户签字确认。经检查，有两张发运凭单未经客户签字；销售人员解释，这两批货物在运抵客户时，客户的经办人员出差。由于以往未发生过客户拒绝签收的情况，经财务部经理批准后确认收入；注册会计师对上述客户的应收账款实施函证，回函结果表明不存在差异

续表

序号	内部控制	控制测试和实质性程序及其结果
②	现金销售通过收银机集中收款，并自动生成销售小票和每日现金销售汇总表。财务人员将每日现金销售汇总表金额和收到的现金核对一致。除财务部经理批准外，出纳应在当日将收到的现金存入指定银行	注册会计师对控制的预期偏差率为零，抽取25张银行现金缴款单回单与每日现金销售汇总表进行核对，发现有3张银行现金缴款单回单的日期比每日现金销售汇总表的日期晚一天； 财务人员解释，由于当日核对工作结束较晚，银行已结束营业，经财务部经理批准，出纳将现金存入公司保险柜，并于次日存入银行； 注册会计师检查了财务部经理签字批准的记录，未发现异常

要求：

（1）针对记录1，假定不考虑其他条件，逐项指出所列控制的设计是否存在缺陷。

（2）针对记录2，假定这些控制的设计有效并得到执行，根据控制测试和实质性程序及其结果，逐项指出所列控制运行是否有效，如认为运行无效，简要说明理由。

参考答案：

（1）

事项序号	控制设计是否存在缺陷（是/否）	理由
①	是	未实现销售职责分离，且长期客户临时申请延长信用期，应经信用管理部门审核，可能由于销售人员追求更大销售量而不恰当延长信用期，导致坏账损失风险上升
②	否	—
③	是	应调查所有差异。即使差异没有超过甲公司对该客户应收账款余额的5%，也应当调查，因为总体差异额可能是重大的

（2）

事项序号	控制运行是否有效（是/否）	理由
①	否	抽取的25个样本中有2个样本没有经客户签字确认，该控制未得到一贯执行
②	是	—

11.4 营业收入审计的实质性程序

11.4.1 营业收入及其审计目标

被审计单位的营业收入项目核算企业在销售商品、提供劳务等主营业务活动中所产生的收入，以及企业确认的除主营业务活动以外的其他经营活动实现的收入，包括出租固定资产、出租无形资产、出租包装物和商品、销售材料等实现的收入。营业收入的审计目标一般包括：

① 确定利润表中记录的营业收入是否已发生，且与被审计单位有关；
② 确定所有应当记录的营业收入是否均已记录；
③ 确定与营业收入有关的金额及其他数据是否已恰当记录，包括对销售退回、可变对价的处理是否适当；
④ 确定营业收入是否已记录于正确的会计期间；
⑤ 确定营业收入记录于恰当的账户；
⑥ 确定营业收入已被恰当地汇总或分解且表述清楚，按照会计准则的规定在财务报表中做了恰当的列报。

11.4.2 营业收入审计的实质性程序

1. 常规实质性程序

营业收入审计的常规实质性程序一般包括以下内容。

测试1：获取或编制营业收入明细表，并执行以下工作：复核加计是否正确，并与总账数和明细账合计数、财务报表数额核对；在存在非记账本位币营业收入的情况下，检查以非记账本位币结算的营业收入的折算汇率及折算金额是否正确。

测试2：实施实质性分析程序。

测试3：检查营业收入的确认条件、方法是否符合会计准则的规定。

测试4：检查交易价格。例如，获取产品价格目录，抽查售价是否符合定价政策，并注意销售给关联方或关系密切的重要客户的产品价格是否合理，有无低价或高价结算以转移收入的现象。

测试5：以营业收入明细账中的会计分录为起点，检查与之相关的原始凭证，如订购单、出库单、发运凭证、销售发票、销售合同等。

测试6：以出库单为起点，检查与之相关的原始凭证和记账凭证，追查至营业收入的明细账。

测试7：结合对应收账款实施的函证程序，选择客户函证本期销售额。

测试8：实施销售的截止测试。

测试9：存在销货退回的，检查相关手续是否符合规定，结合原始销售凭证检查其会计处理是否正确，结合存货项目审计关注其真实性。

测试10：检查可变对价的会计处理。对价金额可能因商业折扣、销售折让、激励措施、业绩奖金、罚款或其他类似项目而改变。相应的实质性程序可能包括：获取可变对价明细表，选取项目与相关合同条款进行核对；检查对可变对价的估计是否恰当；检查计入交易价格的可变对价金额是否满足限制条件；检查资产负债表日是否重新估计了应计入交易价格的可变对价金额等。

测试11：对于出口销售，应当将销售记录与出口报关单、货运提单、销售发票等出口销售单据进行核对，必要时向海关函证。

测试12：检查有无特殊的销售行为，如附有销售退回条件的商品销售、委托代销、售后回购、以旧换新、商品需要安装和检验的销售、分期收款销售、出口销售、售后租回等，选择恰当的审计程序进行审核。

测试13：调查向关联方销售的情况，记录其交易品种、价格、数量、金额及占营业收入总额的比例。对于合并范围内的销售活动,记录应予合并抵销的金额。

测试 14:调查集团内部销售的情况,记录其交易价格、数量和金额,并追查在编制合并财务报表时是否已予以抵销。

测试 15:确定营业收入的列报是否恰当。

2. 延伸检查程序

基于营业收入项目的重要性和错报舞弊风险较高的特点,如果识别出被审计单位收入真实性存在重大异常情况,且通过常规审计程序无法获取充分、适当的审计证据,注册会计师需要考虑实施延伸检查程序,即对检查范围进行合理延伸,以应对识别出的舞弊风险。例如,对收入所涉及的资金的来源和去向进行追踪,对交易参与方的最终控制人或其真实身份进行查询。

在设计延伸程序时,应当针对被审计单位的具体情况,与评估的舞弊风险相称,并体现重要性原则。实务中,注册会计师可以实施的延伸检查程序如下。

① 在获取被审计单位配合的前提下,对相关供应商、客户进行实地走访,针对相关采购、销售交易的真实性获取进一步的审计证据。

② 利用企业信息查询工具,查询主要供应商和客户的股东至其最终控制人,以识别相关供应商和客户与被审计单位是否存在关联方关系。

③ 在采用经销模式的情况下,检查经销商的最终销售实现情况。

④ 当注意到存在关联方配合被审计单位虚构收入的迹象时,获取并检查相关关联方的银行账户资金流水,关注是否存在与被审计单位相关供应商或客户的异常资金往来。

11.4.3 检查营业收入的确认

对营业收入认定的再认定的核心工作在于确定收入确认的适当性。对收入确认的审计,注册会计师首先需要根据交易的经济实质判断被审计单位的收入确认政策是否恰当,特别是那些与复杂交易相关的政策。其次应当重视并充分利用分析程序,发挥其在识别收入确认舞弊中的作用。如果发现异常或偏离预期的趋势或关系,注册会计师需要认真调查其原因,评价是否表明可能存在由于舞弊导致的重大错报风险。例如,如果注册会计师发现被审计单位的收入增长幅度明显高于管理层的预期,可以询问管理层的适当人员,并考虑管理层的答复是否与其他审计证据一致。例如,如果管理层表示收入增长是由于销售量增加所致,注册会计师可以调查与市场需求相关的情况。如果认为被审计单位存在收入舞弊的特别风险,注册会计师在选择和实施审计程序时注意融入更多的不可预见因素。

企业会计准则
第 14 号
相关问题思考

软件销售收入
的确认

11.4.4 营业收入的分析性程序

注册会计师应以被审计单位的营业收入明细表为基础,运用趋势分析、比率分析、合理性分析等方法,对营业收入执行实质性分析程序,确定异常情况,并进一步查明原因。下面列示了注册会计师可能运用的实质性分析程序。

① 将收入、成本及毛利率与同行业数据对比分析。

② 比较当年度及以前年度按不同品种的主要产品的收入和毛利率。

③ 比较当年度及以前年度按销售区域的主要产品的营业收入、毛利率。
④ 比较当年度营业收入与销售预算或预测数。
⑤ 比较当年度及以前年度截止日前后两个月的营业收入、毛利率。
⑥ 比较当年度及以前年度各月的营业收入的波动情况。
⑦ 比较当年度及以前年度现销与赊销的比例。
⑧ 比较当年度及以前年度销售佣金率、销售折扣率、销售运费率和其他销售费用率。
⑨ 根据产品生产能力、仓储能力和运输能力，原材料采购数量及单位产品材料耗用定额，生产工人数量、生产工时及劳动生产率分析产品生产量和销售量的合理性。
⑩ 核对相互独立部门的数据，如：发票上记载的销售数量与发货单记载的数量、订单数量和产品销售成本中的销货数量；账面销售数量与商品采购和生产数量；出纳记录的销售收款与应收账款贷方发生额；应收账款借方发生额与销售订单金额总计；运货部门记录的运货数与仓库记录的发货量；营业收入贷方发生额与发运部门记录的运货价值；账面销售额与增值税纳税申报的收入。
⑪ 了解下游企业产品同期销售情况，分析被审计单位产品销售量的合理性。
⑫ 将营业收入、主营业务利润与经营活动产生的现金流量、净利润进行对比分析。
⑬ 将营业收入与收入相关的税金（如增值税等）进行对比分析。
⑭ 将营业收入与成本、销售佣金、广告费用、运输费用、保险费用等进行对比分析。

表 11-6 列示了一张按月份比较主要产品的营业收入和营业成本，以确定营业成本率变动是否适当的工作底稿的样式。

表 11-6 营业收入及营业成本分析表

被审计单位名称		财务报表期间			索引号			
编制：					日期：			
复核：					日期：			

类别 时间	全部产品			主要产品					
	营业收入	营业成本	营业成本率	其中：A产品			其中：B产品		
				营业收入	营业成本	营业成本率	营业收入	营业成本	营业成本率
1月									
2月									
3月									
4月									
5月									
6月									
7月									
8月									

续表

类别 时间	全部产品			主要产品					
	营业收入	营业成本	营业成本率	其中：A产品			其中：B产品		
				营业收入	营业成本	营业成本率	营业收入	营业成本	营业成本率
9月									
10月									
11月									
12月									
本年合计									
调整后合计									
上年合计									

审计说明：

审计结论：

典型例题 11-2

在对甲公司 20×1 年度的财务报表进行审计时，注册会计师按月份编制了营业收入分析表。

金额单位：元

月份	实际收入额	计划收入额	上年度收入	计划完成/%	收入增长/%
1	318 769	250 000	265 380	127.51	120.12
2	226 430	150 000	148 750	150.95	152.22
3	538 667	400 000	423 880	134.67	127.08
4	414 239	350 000	336 526	123.09	123.09
5	383 882	400 000	413 897	95.97	92.75
6	406 391	400 000	363 571	101.60	111.78
7	476 558	400 000	398 275	119.14	119.66
8	321 676	300 000	287 643	107.23	111.83
9	487 439	500 000	452 788	97.49	107.65
10	619 887	550 000	534 266	112.71	116.03
11	223 164	450 000	437 659	49.59	50.99
12	181 435	350 000	331 272	51.84	54.77
合计	4 598 537	4 500 000	4 393 907	102.19	104.66

要求：对该公司年度收入情况进行分析，并初步确定审计结论。

参考答案：

从该公司营业收入分析表可以看出，该公司本年度的收入情况良好，较好地完成了本年度的收入计划，比上一年的收入水平有所提高。

从各月份的相对数分析可以看出，该公司上半年收入的增长幅度大，下半年的前4个月也保持了持续增长的势头。然而，表中数据显示，该公司在接近年末时的两个月收入情况不佳，仅完成收入计划及上年度实际业务量的一半。

对此，注册会计师应考虑上述情况是否与风险评估阶段所了解的情况一致，并将11月、12月两个月份作为重点审计范围。进一步地，注册会计师应按收入类别、产品类别进行销售收入分析，以判断该公司的实际情况，并进一步审查该公司有无在年末月份漏计、少计甚至隐瞒收入，为下一年经营目标的实现留有余地等问题。

11.4.5 营业收入的截止测试

对营业收入进行截止测试，其目的主要是确定被审计单位营业收入的会计记录归属期是否正确，应记入本期或下期的营业收入是否被推延至下期或提前至本期。为此，注册会计师应充分了解被审计单位收入确认的会计实务。发货单、销售发票的日期不一定与收入可以确认的日期一致。

案例引入
东方锅炉公司

1. 常用营业收入截止测试的程序

① 选取资产负债表日前后若干天一定金额以上的发运凭证，与应收账款和收入明细账相核对；同时，从应收账款和收入明细账选择资产负债表日前后若干天一定金额以上的凭证，与发运凭证相核对，以确定销售是否存在跨期现象。

② 复核资产负债表日前后销售和发货水平，确定业务活动水平是否异常，并考虑是否有必要追加实施截止测试程序。

③ 取得资产负债表日后所有的销售退回记录，检查是否存在提前确认收入的情况。

④ 结合对资产负债表日应收账款/合同资产的函证程序，检查有无未取得客户认可的大额销售。

⑤ 调整重大跨期销售。

2. 截止测试的路线

注册会计师可以考虑选择不同的审计路线实施营业收入的截止测试。

审计路线一：以账簿记录为起点。其基本办法为：从资产负债表日前后若干天的账簿记录查至记账凭证，直至发票存根与发运凭证。这条路线的优点在于它比较直观，并且由于是从账簿追查至相关凭证记录，以确定是否应在本期确认收入，符合被审计单位会计资料整理的规律，因而效率较高。然而，其缺点也是明显的，即它只能查多记，无法查漏记。

审计路线二：以发运凭证为起点。其基本办法为：从资产负债表日前后若干天的发运凭证查至发票开具情况与账簿记录。此方法的优缺点与以销售发票为起点的路线基本类似。

在实务中，注册会计师还可能以利润表中的收入、销售订单、销售发票或销售合同等为起点，以分别实现不同的审计目标。

11.5 应收账款审计的实质性程序

11.5.1 应收账款及其审计目标

应收账款是指企业因销售商品、提供劳务而形成的债权,即由于企业销售商品、提供劳务等原因,应向购货客户或接受劳务的客户收取的款项或代垫的运杂费。资产负债表中的"应收账款"项目由应收账款、坏账准备科目余额组成,属于债权性资产。企业的应收账款是在销售交易或提供劳务过程中产生的。因此,应收账款的审计应结合销售交易来进行。

应收账款的审计目标一般包括:

① 确定资产负债表中记录的应收账款是否存在;
② 确定所有应当记录的应收账款是否均已记录;
③ 确定记录的应收账款是否由被审计单位拥有或控制;
④ 确定应收账款是否可收回,预期信用损失的计提方法和比例是否恰当,计提是否充分;
⑤ 确定应收账款及其预期信用损失是否已记录于恰当的账户;
⑥ 确定应收账款及其预期信用损失是否已被恰当地汇总或分解且表述清楚,按照会计准则的规定在财务报表中做出了恰当列报。

营业收入的不实在企业账簿记录中常常会与应收账款类科目相关。常见的舞弊手段有:通过计提坏账准备方式冲销虚增收入形成应收账款;或在未满足营业收入确认的情况下,提前确认收入,形成无法收回的应收账款。应收账款的主要错报领域包括:虚列应收账款,由此虚列销售收入;应收账款长期挂账。企业赊销商品而产生的应收账款,本应及时收回,但有时出于各种原因而造成被审计单位应收销货款的长期挂账。例如,购货双方存在业务纠纷,购货方故意长期占用应付货款,购货方已无还款能力等,不论出于什么原因,被审计单位都应尽快处理,并分析其可收回性。

11.5.2 应收账款审计的实质性程序

应收账款审计的实质性程序一般包括以下内容。

测试1:取得或编制应收账款明细表,并执行以下程序:复核加计正确,并与总账数和明细账相符,结合坏账准备科目与报表数核对是否相符;检查非记账本位币应收账款的折算汇率及其折算是否正确;分析有贷方余额的项目,查明原因,必要时,建议做重分类调整;结合其他应收款、预收款项等往来项目的明细余额,调查有无同一客户多处挂账,异常余额或与销售无关的其他款项(如代销账户、关联方账户或员工账户)。

测试2:分析与应收账款相关的财务指标。

测试3:检查应收账款账龄分析是否正确。

测试4:对应收账款实施函证程序。

测试5:对函证未回函及未函证应收账款实施替代审计程序。

测试6:确定已收回的应收账款金额。

测试7:检查坏账的确认和处理。

测试8：抽查有无不属于结算业务的债权。
测试9：检查应收账款的贴现、质押或出售。
测试10：对应收账款实施关联方及其交易审计程序。
测试11：确定应收账款的列报是否恰当。

11.5.3 分析与应收账款相关的财务指标

注册会计师可以选择测试以下财务指标。

① 复核应收账款借方累计发生额与营业收入关系是否合理，并将当期借方发生额占销售收入净额的百分比与管理层考核指标和被审计单位相关赊销政策进行比较。

② 计算应收账款周转率、应收账款周转天数等指标，并与被审计单位相关赊销政策、被审计单位以前年度指标、同行业同期相关指标进行对比分析。

③ 将被审计年度超过一定限额的客户欠款余额合计与以前年度的数据进行比较，以寻找应收账款记录方面是否出现差错的可能性。

④ 将被审计年度的期末应收账款余额与上年同期数据进行比较，可查找被审计年度期末应收账款余额高估或低估的可能性。

⑤ 将被审计年度各种账龄的账款占应收账款的百分比同以前年度进行比较，可查找被审计年度各种账龄的应收账款在财务报表中披露的适当性。

⑥ 将被审计年度发生坏账损失占全部营业收入的比例同以前年度进行比较，以查找并确定期末坏账准备计提的适当性。

⑦ 将被审计年度计提坏账准备占应收账款的百分比同以前年度进行比较，也可查找是否高估或低估坏账准备。

11.5.4 检查应收账款账龄

应收账款账龄，通常是指资产负债表中的应收账款从销售实现、产生应收账款之日起，至资产负债表日止所经历的时间。注册会计师可以自行编制或向被审计单位索取应收账款账龄分析表。编制应收账款账龄分析表（见表11-7）时，可以考虑选择重要的客户及其余额列示，而将不重要的或余额较小的汇总列示。应收账款账龄分析表的合计数减去已计提的相应坏账准备后的净额，应该等于资产负债表中的应收账款项目余额。如果由被审计单位提供，注册会计师应验算其中的计算是否有误，将分析表中的合计数与应收账款总账余额核对，并从分析表所列项目中抽取样本与应收账款明细账、销售发票、运输记录等原始凭证相核对，检查账龄划分的准确性。

应收账款账龄分析表可以作为测试相关内部控制有效性的抽样总体、核对应收账款的总账金额的依据、控制应收账款回函的依据及了解应收账款可收回性的依据。

表11-7 应收账款账龄分析表

客户名称	期末余额/元	账龄			
		1年以内	1~2年	2~3年	3年以上
合计					

典型例题 11-3

注册会计师在对丁公司20×1年度财务报表进行审计时，注意到以下事项：丁公司会计政策规定，对应收款项进行减值测试时采用账龄分析法。丁公司根据债务单位的财务状况、现金流量等情况，确定坏账准备计提比例分别为：账龄1年以内的（含1年，以下类推），按其余额的10%计提；账龄1~2年的，按其余额的30%计提；账龄2~3年的，按其余额的50%计提；账龄3年以上的，按其余额的80%计提。

20×1年底，丁公司的应收账款账面余额明细情况如下。

单位：元

债务人	1年以内	1~2年	2~3年	3年以上
A公司	45 350 000	200 000	932 000	
B公司	2 000 000	15 100 000	54 000	
C公司	600 000		25 000	
D公司	1 000 000	-12 000 000		
E公司				808 000
合计	48 950 000	3 300 000	1 011 000	808 000

要求（不考虑其他情形）：
（1）分析上述资料中是否存在问题。若存在问题，请提出审计建议。
（2）确定丁公司20×1年底资产负债表中"应收账款"项目的金额。

参考答案：
上述资料中存在以下问题。

（1）"应收账款——D公司"明细账的贷方余额反映的是预收的货款，应在资产负债表中"预收款项"项目中列示。对此情况，注册会计师应建议丁公司做重分类调整，并调整坏账准备。审计调整分录为

借：应收账款　　　　　　　　　　　　　　　　　　　　　12 000 000
　　贷：预收款项　　　　　　　　　　　　　　　　　　　　　12 000 000
借：资产减值损失——计提坏账准备　　　　　　　　　　　　3 600 000
　　贷：应收账款——坏账准备　　　　　　　　　　　　　　　3 600 000

（2）计算坏账准备余额的过程如下。

单位：元

债务人	1年以内	1~2年	2~3年	3年以上	合计
A公司	45 350 000	200 000	932 000		
B公司	2 000 000	15 100 000	54 000		
C公司	600 000		25 000		
D公司	1 000 000				

续表

债务人	1年以内	1~2年	2~3年	3年以上	合计
E公司				808 000	
应收账款合计	48 950 000	15 300 000	1 011 000	808 000	66 069 000
坏账计提比例	10%	30%	50%	80%	
计提坏账	4 895 000	4 590 000	505 500	646 400	10 636 900

则被审计单位20×1年底资产负债表中"应收账款"项目应有余额为 66 069 000－10 636 900＝55 432 100（元）。

11.5.5 函证应收账款

1. 函证的范围

除非有充分证据表明应收账款对财务报表不重要或函证很可能无效，否则必须对应收账款进行函证。实务中，表明应收账款函证很可能无效的情况包括：以往审计业务经验表明回函率很低；某些特定行业的客户通常不对应收账款询证函回函，如电信行业的个人客户；被询证者出于制度的规定不能回函等。

如果不对应收账款函证，注册会计师应当在工作底稿中说明理由。如果认为函证很可能无效，注册会计师应当实施替代审计程序，以获取充分、适当的审计证据。确定函证数量多少、范围大小的因素有以下几种：

① 应收账款在全部资产中的重要性。应收账款在全部资产中所占的比重越大，需要函证的范围就越大。

② 被审计单位内部控制的强弱。被审计单位内部控制越有效，函证量可相对越少。

③ 以前期间函证结果。以前期间函证中发现过重大差异或欠款纠纷较多，则函证范围应相应扩大。

如果被审计单位不允许函证，注册会计师需要确定其原因的合理性，考虑对审计程序的影响，实施替代程序。如果认为管理层不允许寄发询证函的原因不合理，或实施替代程序无法获取相关、可靠的审计证据，注册会计师应当与治理层进行沟通，并确定其对审计工作和审计意见的影响。

2. 函证的对象

选择函证样本时，样本应当能够代表总体。一般情况下，函证对象应选择以下项目：大额或账龄较长的项目、与债务人发生纠纷的项目、重大关联项目、主要客户项目、交易频繁但期末余额较小甚至余额为零的项目、可能产生重大错报或舞弊的非正常项目。

3. 函证的方式

按函证方式划分，函证可以分为积极式函证和消极式函证两种。注册会计师可以根据情况采用，也可以将两者结合运用于同一被审计单位。

（1）积极式函证

积极式函证又称为肯定式函证、正面式函证。这种函证方式要求函证对象无论被函证内容正确与否均请回函,以确认询证函所列示信息是否正确,或填列询证函要求的信息。 在一般情况下,注册会计师会选择采用积极式函证方式。

积极式应收账款询证函的参考格式

企业询证函

编号:

××(公司):

　　本公司聘请的××会计师事务所正在对本公司××年度财务报表进行审计,按照中国注册会计师审计准则的要求,应当询证本公司与贵公司的往来账项等事项。下列数据出自本公司账簿记录,如与贵公司记录相符,请在本函下端"信息证明无误"处签章证明;如有不符,请在"信息不符"处列明不符金额。回函请直接寄至××会计师事务所。

　　回函地址:
　　邮编:　　　　电话:　　　　传真:　　　　联系人:

1. 本公司与贵公司的往来账项列示如下:

单位:元

截止日期	贵公司欠	欠贵公司	备注

2. 其他事项。

　　本函仅为复核账目之用,并非催款结算。若款项在上述日期之后已经付清,仍请及时函复为盼。

(公司盖章)
年　月　日

结论:1. 信息证明无误。

(公司盖章)
年　月　日
经办人:

　　2. 信息不符,请列明不符的详细情况:

(公司盖章)
年　月　日
经办人:

(2) 消极式函证

　　消极式函证又称为否定式函证、间接式函证。在消极式函证方式下,注册会计师只要求被询证者仅在不同意询证函列示信息的情况下才予以回函。除非同时满足下列条件,注册会计师不得将消极式函证作为唯一实质性程序,以应对评估的认定层次重大错报风险:

　　① 重大错报风险评估为低水平,并已就与认定相关的控制运行的有效性获取了充分、适当的审计证据;

② 需要实施消极式函证程序的总体由大量小额、同质的账户余额、交易或事项构成；
③ 预期不符事项的发生率很低；
④ 没有迹象表明接收询证函的人员或机构不认真对待函证。

消极式应收账款询证函的参考格式

企业询证函

编号：

××（公司）：

　　本公司聘请的××会计师事务所正在对本公司××年度财务报表进行审计，按照中国注册会计师审计准则的要求，应当询证本公司与贵公司的往来账项等事项。下列数据出自本公司账簿记录，如与贵公司记录相符，则无需回复；如有不符，请直接通知会计师事务所，并请在空白处列明贵公司认为是正确的信息。回函请直接寄至××会计师事务所。

　　回函地址：
　　邮编：　　　　　电话：　　　　　传真：　　　　　联系人：

1. 本公司与贵公司的往来账项列示如下：

截止日期	贵公司欠	欠贵公司	备 注

2. 其他事项。

　　本函仅为复核账目之用，并非催款结算。若款项在上述日期之后已经付清，仍请及时核对为盼。

（公司盖章）
年　月　日

××会计师事务所：
　　上面的信息不正确，差异如下：

（公司盖章）
年　月　日
经办人：

---

4. 函证的时间

　　审计通常以资产负债表日为截止日，在资产负债表日后适当时间内实施函证。如果重大错报风险评估为低水平，可选择资产负债表日前适当日期为截止日实施函证，并对所函证项目自该截止日起至资产负债表日止发生的变动实施实质性程序。

5. 对函证实施的控制

　　当实施函证时，注册会计师应当对选择被询证者、设计询证函及发出和跟进（包括收回）询证函保持控制。

第 11 章　销售与收款循环审计

一般地，注册会计师应当采取下列措施对函证实施过程进行控制：
① 将被询证者的名称、地址与被审计单位的有关记录核对；
② 将询证函中列示的账户余额或其他信息与被审计单位的有关资料核对；
③ 在询证函中指明直接向接受审计业务委托的会计师事务所回函；
④ 询证函经被审计单位盖章后，由注册会计师直接发出；
⑤ 将发出询证函的情况形成审计工作记录；
⑥ 将收到的回函形成审计工作记录，并汇总统计函证结果（见表 11-8）。

表 11-8　应收账款函证结果汇总表

被审计单位名称：　　　　　　　　编制：　　　　　　　　日期：
结账日：　年　月　日　　　　　　复核：　　　　　　　　日期：

询证函编号	债务人名称	债务人地址及联系方式	账面金额	函证方式	函证日期 第一次	函证日期 第二次	回函日期	替代程序	确认余额	差异金额及说明	备注

在函证实施过程中，可能会遇到一些特别的情况，注册会计师应针对不同的情况进行不同的处理。例如，如果被询证者以传真、电子邮件等方式回函，注册会计师应当直接接收，并要求被询证者寄回询证函原件；如果采用积极式函证方式实施函证而未能收到回函，注册会计师应当考虑与被询证者联系；如果未得到被询证者的回应，注册会计师应当实施替代审计程序；如果实施函证和替代审计程序都不能提供财务报表有关认定的充分、适当的审计证据，注册会计师应当实施追加审计程序。上文所称的替代程序，包括检查与销售有关的文件，如销售合同、销售订货单、销售发票副本及发运凭证等；审查资产负债表日后的收款情况等。

6. 对函证不符事项的处理

收到函证回函时，如果显示存在不符事项，注册会计师应对这些不符事项进行分析，确认不符事项产生的原因，在需要时做进一步的核实。一般地，函证回函所显示的差异产生的原因可能是：① 因登记入账时间不同而产生的不符事项。例如，询证函发出时，债务人已经付款，而被审计单位尚未收到货款；询证函发出时，被审计单位的货物已经发出并已作销售记录，但货物仍在途中，债务人尚未收到货物；债务人由于某种原因将货物退回，而被审计单位尚未收到；债务人对收到的货物的数量、质量及价格等方面有异议或部分拒付货款等。② 由于一方或双方的记账错误或存在弄虚作假或舞弊行为。③ 双方存在款项纠纷等。

典型例题 11-4

注册会计师获得被审计单位 20×1 年末应收账款明细资料如下。

单位：元

债务单位	账面余额	
	年初数	年末数
A 商场	38 000	51 000
B 百货公司	45 890	37 800
C 软件公司	108 000	94 000
D 物资公司	89 000	89 000
E 药店	19 080	23 890
F 旅游公司	201 000	154 000
合计	500 970	499 690

注册会计师于 20×2 年 1 月对该公司应收账款进行了全部函证，截至 20×2 年 1 月 25 日，除 D 物资公司外，收到全部回函。除下列存在异议外，均与应收账款明细账相符。

① A 商场回函，仅欠款 11 000 元，其余已于 20×2 年 1 月 15 日支付，支票号码为 876。经追查，该笔款项已于 20×2 年 1 月 18 日收到，并已入账。

② E 药店回函称所欠款项中的 18 000 元因商品质量问题，只能支付 70%，双方已达成一致。

要求：请根据以上情况，分析注册会计师应采取哪些进一步的审计措施。

参考答案：

（1）回函表示没有差异的应收账款余额基本可以确认。

（2）A 商场往来款项的差异属于被审计单位未达账项，且注册会计师已确认该笔款项已经入账，因此不涉及账务调整问题。

（3）D 物资公司的款项由于期初、期末余额相等，且未收到回函，注册会计师应进一步分析产生这种情况的原因。一是确定 D 物资公司的联系方式是否正确，再次发函，直至第三次，并根据回函情况进行分析。二是执行替代程序，检查该笔应收款项发生时的相关单据，确认该交易是否确实发生。根据检查结果，可能会涉及账务调整问题。

（4）对 E 药店的款项，注册会计师应进一步获得相关的协议文件，确定所述情况的真实性。在确定所述情况为事实的情况下，由于其折价要求已获批准，被审计单位应作调整分录，在应收账款上反映折扣后的情况，即扣减应收账款。

典型例题 11-5

甲公司主要从事汽车轮胎的生产和销售，其销售收入主要来源于国内销售和出口销售。ABC 会计师事务所负责甲公司 20×1 年度财务报表审计。审计项目组了解的部分情况如下。

资料一：

① 甲公司的收入确认政策为：对于国内销售，在将产品交付客户并取得客户签字的收货确认单时确认收入；对于出口销售，在相关产品装船并取得装船单时确认收入。

② 在甲公司的会计信息系统中，国内客户和国外客户的编号分别以 D 和 E 开头。

③ 20×1 年 12 月 31 日，中国人民银行公布的人民币对美元汇率为 1 美元=6.8 元人民币。

资料二：

甲公司编制的应收账款账龄分析表摘录如下。

客户类别	原币/万元	人民币/万元	20×1年12月31日账龄分析			
			其中：			
			1年以内	1~2年	2~3年	3年以上
国内客户		41 158	28 183	7 434	4 341	1 200
国外客户	美元 2 046	15 345	10 981	2 164	2 200	0
合计		56 503	39 164	9 598	6 541	1 200

客户类别	原币/万元	人民币/万元	20×0年12月31日账龄分析			
			其中：			
			1年以内	1~2年	2~3年	3年以上
国内客户		31 982	23 953	4 169	3 860	0
国外客户	美元 2 006	14 046	11 337	2 539	170	0
合计		46 028	35 290	6 708	4 030	0

资料三：

注册会计师选取4个应收账款明细账户，对截至20×1年12月31日的余额实施函证，并根据回函结果编制了应收账款函证结果汇总表。有关内容摘录如下。

客户编号	客户名称	甲公司账面金额（原币万元）	回函金额（原币万元）	差异金额（原币万元）	回函方式	审计说明
D1	A公司	人民币 7 616	5 000	2 616	原件	（1）
D2	B公司	人民币 9 054	6 054	3 000	原件	（2）
D3	C公司	人民币 7 618	7 618	0	传真件	（3）
E1	E公司	美元 1 448	未回函	不适用	未回函	（4）

审计说明：

（1）回函直接寄回本所。经询问甲公司财务经理得知，回函差异是由于A公司的回函金额已扣除其在20×1年12月31日以电汇方式向甲公司支付的一笔2 616万元的货款。甲公司于20×2年1月4日实际收到该笔款项，并记入20×2年应收账款明细账中。该回函差异不构成错报，无须实施进一步的审计程序。

（2）回函直接寄回本所。经询问甲公司财务经理得知，回函差异是由于甲公司在20×1年12月31日向B公司发出一批产品（合同价款3 000万元），同时确认了应收账款3 000万元及相应的销售收入。B公司于20×2年1月5日收到这批产品。其回函未将该3 000万元款项包括在回函金额中，经检查相关的销售合同、销售发票、出库单以及相关记账凭证，没有发现异常。该回函差异不构成错报，无须实施进一步的审计程序。

（3）回函由C公司直接传真至本所。回函没有差异，无须实施进一步的审计程序。

（4）未收到回函。执行替代测试程序：从应收账款借方发生额选取样本，检查相关的销售合同、销售发票、出库单以及相关记账凭证，并确认这些文件中的记录是一致的。没有发现异常，无须实施进一步的审计程序。

要求：

（1）针对资料二，结合资料一，假定不考虑其他条件，指出资料二中应收账款账龄分析表存在哪些不当之处，并简单说明理由。

（2）针对资料三中的审计说明（1）至（4）项，结合资料一，假定不考虑其他条件，逐项指出注册会计师实施的审计程序及其结论是否存在不当之处。如果存在,简要说明理由并提出改进建议。

参考答案:

(1)资料二中应收账款账龄分析表存在的不当之处如下。

① 国外客户应收账款美元 2 046 万元,未按 20×1 年 12 月 31 日"人民币对美元汇率为 1 美元=6.8 元人民币"进行折算。

② 20×0 年 12 月 31 日账龄分析表中 1~2 年列的国内客户余额比 20×1 年 12 月 31 日账龄分析表中 2~3 年相应栏次的余额小,存在不合理之处。

(2)

审计说明序号	实施的审计程序及其结论是否存在不当之处(是/否)	理由	改进建议
(1)	是	未对被审计单位资产负债表日后是否真实收到 2 616 万元货款进行追查	结合货币资金审计,确认被审计单位在资产负债表日后是否实际收到客户 A 的 2 616 万元货款
(2)	是	未向 B 公司进一步函证	应当向 B 公司再次函证,询证 B 公司于 20×2 年 1 月 5 日是否收到这批产品,以验证赊销业务的真实性
(3)	是	未向 C 公司获取询证函回函原件	C 公司直接传真至会计师事务所后,还应当要求将原件寄回到会计师事务所
(4)	是	未再次向 E 公司实施函证	应再次向 E 公司实施函证

7. 对函证结果的总结和评价

注册会计师对函证结果可进行如下评价。

① 重新考虑对内部控制的原有评价是否适当;控制测试的结果是否适当;分析程序的结果是否适当;相关的风险评价是否适当等。

② 如果函证结果表明没有审计差异,则可以合理地推论全部应收账款总体是正确的。

③ 如果函证结果表明存在审计差异,则应当估算应收账款总额中可能出现的累计差错是多少,估算未被选中进行函证的应收账款的累计差错是多少。为取得应收账款累计差错更加准确的估计,也可以进一步扩大函证范围。

本章关键术语

交易循环	交易循环审计法	账户审计法
销售与收款循环	销售发票	发运凭证
营业收入	延伸检查	截止测试
应收账款	应收账款账龄分析	函证
积极式函证	消极式函证	

本章复习

一、单项选择题

1. 与账户审计法相比，交易循环审计法的最大优点是（　　）。
   A. 便于进行双重目的的测试
   B. 便于进行控制测试
   C. 便于进行实质性程序
   D. 便于将对内部控制有效性的评估与实质性测试程序相结合
2. 下列凭证中，作为销售业务起点的是（　　）。
   A. 客户订购单　　　　B. 销售单　　　　C. 出库单　　　　D. 发运凭证
3. 以下关于销售与收款循环的内部控制关键点的描述中，通常被认为不恰当的是（　　）。
   A. 销售经理负责信用审批
   B. 未经批准的赊销一律不准发货
   C. 特殊销售业务须经过集体决策
   D. 销售人员、发运人员、记账人员职责分离
4. 以下各项内部控制中，与营业收入的发生认定直接相关的是（　　）。
   A. 每笔销售业务均需与客户签订销售合同
   B. 赊销业务需由专人进行信用审批
   C. 发货部门只有在收到经批准的发货通知单时才能发货
   D. 负责开具发票的人员无权修改开票系统中已设置好的商品价目表
5. 为证实所有销售交易均已登记入账，注册会计师在执行审计程序时，常用的实质性程序是（　　）。
   A. 检查证明销售交易分类正确的原始证据
   B. 抽查发运凭证确定其记入到营业收入明细账中的时间
   C. 追查营业收入明细账中的分录至销售单、出库及发运凭证
   D. 将营业收入明细账中的分录与销售发票副本进行核对
6. 设计信用批准控制与应收账款账面余额最相关的认定是（　　）。
   A. 存在　　　　　　　　　　　　　　　B. 完整性
   C. 准确性、计价和分摊　　　　　　　　D. 权利和义务
7. 通过比较资产负债表日前后几天的发货单日期与记账日期，注册会计师认为最可能证实营业收入的认定是（　　）。
   A. 发生　　　　　　B. 完整性　　　　　C. 截止　　　　　D. 分类
8. 为证实被审计单位是否存在高估销售收入，下列各项审计程序中，最有效的是（　　）。
   A. 抽取发运凭证，追查至销售发票
   B. 抽取营业收入明细记录，追查至销售发票
   C. 将销售发票上的单价与经批准的商品价目表核对

D. 将发运凭证的日期与营业收入明细账中的日期核对
9. 通过实施函证程序，注册会计师认为最可能证实的应收账款认定是（　　）。
A. 存在　　　　　B. 完整性　　　　　C. 分类　　　　　D. 列报
10. 如果大额逾期的应收账款经多次函证仍未回函，注册会计师应当（　　）。
A. 增加对应收账款的控制测试　　　　B. 提请被审计单位增列坏账准备
C. 审查应收账款明细账　　　　　　　D. 实施有效的替代审计程序

二、多项选择题

1. 下列各项业务活动中，属于销售及收款循环中的有（　　）。
A. 批准赊销　　　　　　　　　　B. 按销售单装运货物
C. 办理和记录现金收入　　　　　D. 办理和记录销货退回
2. 销售与收款循环业务涉及的利润表项目主要有（　　）。
A. 营业收入　　　B. 营业成本　　　C. 管理费用　　　D. 合同负债
3. 下列情形中，通常表明被审计单位在收入确认方面存在舞弊风险的迹象有（　　）。
A. 部分应收账款无法收回
B. 现金销售占比远高于行业平均水平
C. 部分商品的销售没有相匹配的销售合同
D. 临近会计期末，营业收入明细账中仍然有贷方发生额
E. 部分已入账的销售发票没有与之相匹配的客户签收凭证
4. 下列有关销售与收款循环所涉及的凭证与会计记录的说法中，正确的有（　　）。
A. 销售发票的开具通常是确认营业收入的关键环节
B. 贷项通知单是记录应收账款贷方发生额的凭证
C. 客户订购单通常不足以证实营业收入的发生
D. 客户对账单是用于购销双方定期核对账目的凭证
5. 以下属于注册会计师对销售与收款循环进行内部控制测试的内容有（　　）。
A. 发函询证应收账款　　　　　　　　B. 实地观察不相容职务划分情况
C. 检查销售发票是否经过授权批准　　D. 检查营业收入账务处理的正确性
6. 下列关于运用分析程序识别收入确认舞弊风险的说法中，适当的有（　　）。
A. 分析程序是一种识别收入确认舞弊风险的有效方法
B. 注册会计师可以将本期销售额与预算数进行比较，分析差异原因
C. 注册会计师可以将本期销售毛利率与可比期间进行比较，以查找舞弊风险
D. 如果发现被审计单位大量的销售最终不能收现，注册会计师需要对销售收入的完整性予以额外关注
7. 在审计实务中，注册会计师实施营业收入截止测试的起点有（　　）。
A. 以销售发票为起点　　　　　　B. 以账簿记录为起点
C. 以财务报表为起点　　　　　　D. 以发运凭证为起点
8. 下列程序中，与查找隐瞒营业收入相关的有（　　）。
A. 从次年1月营业收入账簿中抽取某些项目，检查相应的记账凭证和发运凭证
B. 从被审计年底营业收入账簿中抽取某些项目，检查相应的记账凭证和发运凭证
C. 抽取被审计年底开具的销售发票，检查相应的发运凭证和账簿记录

D. 抽取被审计年底的发运凭证，检查相应的销售发票和账簿记录
9. 如果应收账款账龄分析表由客户提供，注册会计师应当（　　）。
   A. 弃之不用，重新独立编制
   B. 验算其中的计算是否有误
   C. 将分析表中的合计数与应收账款总账余额核对
   D. 从分析表所列项目中抽取样本与应收账款明细账相核对
10. 以下情形中，注册会计师可以适当减少函证量的有（　　）。
    A. 应收账款在全部资产中所占的比重较少
    B. 被审计单位内部控制较为薄弱
    C. 以前期间函证中未发现过重大差异
    D. 采用积极式函证而非消极式函证

三、问答题

1. 简述销售与收款循环所涉及的主要业务活动及相关会计资料。
2. 举例说明销售与收款循环中可能存在的重大错报领域。
3. 对营业收入执行实质性分析程序可以有哪些思路？
4. 截止测试是审计中被广泛运用的一种测试技术，它主要用来测试会计记录的归属期是否正确，同时还可防止所测试项目的高估或低估。注册会计师正在考虑对被审计公司的营业收入进行截止测试。请问：
   （1）为了证实会计记录的归属期是否正确，注册会计师可以选择哪些截止测试路线？
   （2）每种截止测试路线除了能证实营业收入的归属期是否正确外，还具有什么特点？
5. 什么是积极式函证与消极式函证？消极式函证适用于哪些情况？
6. 函证范围受哪些因素的影响？
7. 如何对函证结果进行总结和评价？

四、研究思考题

1. 上市公司提供给注册会计师审计的财务报表中，被审计单位为何更多的是存在高估收入、高估资产的现象，而不是低估收入、低估资产现象？
2. 收入属于舞弊的高风险领域。哪些方面可能表明被审计单位存在收入舞弊的迹象？
3. 在某些特殊的行业，如餐饮、娱乐业，几乎不会以销售发票的开具作为支持记录营业收入的依据。那么对这类行业，注册会计师可以采用哪些办法来确定营业收入数额的恰当性？

五、案例分析题

1. 红黄兰会计师事务所接受委托，准备审计A公司财务报表。A公司的财务主管建议：公司设置了3名会计人员和1名出纳。3位会计人员分别掌管资产类账户、负债及权益类账户和损益类账户。为了便于交流，减少对公司正常经营活动的干扰，并节约审计时间，可以分别指派三位注册会计师分别执行对资产类账户、负债类及权益类账户及损益类账户的实质性程序。

   要求：审计项目经理是否应当接受被审计单位的建议？如果不应当接受，请说明理由。
2. 注册会计师对B公司的销售与收款循环内部控制的情况描述如下：
   ① 销售部门收到顾客的订单后，由经理甲对品种、规格、数量、价格、付款条件、结算方式等详细审核后签章，交仓库办理发货手续。

② 仓库在发运商品出库时，必须由管理员乙根据经批准的订单，填制一式四联的销售单。在各联上签章后，第一联作为发运单，由工作人员配货并随货交顾客；第二联送会计部；第三联送应收账款专管员丙；第四联则由乙按编号顺序连同订单一并归档保存，作为盘存的依据。

③ 会计部收到销货单后，根据单中所列资料，开具统一的销售发票，将顾客联寄送顾客，将销售联交应收账款专管员丙，作为记账和收款的凭证。

④ 应收账款专管员丙收到发票后，将发票与销货单核对，如无错误，据以登记应收账款明细账，并将发票和销货单按顾客顺序归档保存。

要求： 分析被审计单位的相关内部控制中存在的问题。

3. 注册会计师对 C 公司的营业收入进行审计时，发现 C 公司对营业收入的确认需要履行客户在公司统一印制的"售出确认书"上签字或盖章的手续。注册会计师在抽查过程中发现一张金额为 50 万元的"售出确认书"未经购货方签字或盖章。

要求： 请分析该事项可能存在的问题，以及注册会计师应当采取的进一步措施。

4. 注册会计师在审计 D 公司的营业收入时，获得了以下资料。

① 20×1 年度，D 公司直销了 100 件 M 产品。20×2 年，D 公司引入经销商买断销售模式，对经销商的售价是直销价的 90%，直销价较 20×1 年基本没有变化。20×2 年度，D 公司共销售 150 件 M 产品，其中 20% 销售给经销商。

② 20×2 年 10 月，D 公司推出新产品 N，单价 60 万元。合同约定，客户在购买产品一个月后付款；如果在购买产品三个月内发现质量问题，客户有权退货。截至 20×2 年 12 月 31 日，D 公司售出 10 件 N 产品。因上市时间较短，管理层无法合理估计退货率。

D 公司相关财务数据如下。

金额单位：万元

项目	20×2 年（未审数）	20×1 年（已审数）
营业收入——M 产品	11 750	8 000
营业收入——N 产品	600	—

要求： 不考虑税务影响，分析上述资料是否可能表明被审计单位 20×2 年度财务报表存在重大错报风险，并简要说明理由。如果认为可能表明存在重大错报风险，说明该风险主要与哪些财务报表项目的哪些认定相关。

5. 注册会计师对 E 公司应收账款账户进行审计时获得以下信息：

单位名称	金额/元	账龄	备注
甲公司	10 000 000	2~5 年	
乙公司	100 000	1 年以内	
丙公司	200 000	2 年	丙公司因产品质量问题与 A 公司发生纠纷
丁公司	500 000	1 年以内	丁公司是 A 公司的关联公司
戊公司	100 000	1 年半	

要求：

（1）如果应选择 3 个债务人进行积极式函证，1 个进行消极式函证，注册会计师应做怎样的选择？请列出函证对象和函证方式及理由。

第 11 章 销售与收款循环审计

（2）在什么情况下，应收账款可以不实施函证程序？对于未函证的应收账款，设计两个有效的审计程序以验证其真实性。

（3）如果被询证者以传真、电子邮件等方式回函，注册会计师应如何控制？

（4）如果采用积极式函证而没有收到回函，注册会计师应如何处理？

（5）如果丙公司回函称："贵公司已开出红字退货发票金额 5 000 元，本公司不欠贵公司任何款项。"注册会计师应如何处理？

6. 红黄兰会计师事务所接受委托，审计了 F 公司 20×1 年度的财务报表。注册会计师取得了 20×1 年 12 月 31 日的应收账款明细表，并采用积极式函证对所有重要客户寄发了询证函。注册会计师将与函证结果相关的重要异常情况汇总如下。

函证编号	债务人名称	债务人地址	函证日期	账面金额/元	函证结果	差异金额及说明	审定金额/元
1	8	甲公司	略	1.9	80 000	回函说明款项已于 20×1 年 12 月 28 日以支票付讫		
2	11	乙公司		1.9	120 000	回函说明因产品质量不符要求，已于 20×1 年 12 月 25 日退货		
3	29	丙公司		1.9	150 000	回函称为 F 公司委托本公司代销的货物 15 万元，尚未实现销售		
4	87	丁公司		1.9	250 000	回函称为采用分期付款方式购货 25 万元，根据合同已付 5 万元		
5	123	戊公司		1.9	700 000	因地址错误，信函被退回		

要求：针对上述情况，请分析注册会计师分别应实施哪些重要审计程序。

7. 注册会计师负责审计甲公司 20×1 年度财务报表。甲公司 20×1 年 12 月 31 日应收账款余额为 5 000 万元。审计项目组认为应收账款存在重大错报风险，决定选取金额较大及风险较高的应收账款明细账户实施函证程序，这些应收账款明细账户余额合计为 4 000 万元。以下是审计项目组在执行函证程序的过程中发生的一些事项。

① 在每份函证信中，审计项目组均要求被询证的甲公司客户将回函直接寄回至会计师事务所，但甲公司客户 F 公司将回函寄至甲公司财务部，审计项目组取得了该回函，将其归入审计工作底稿。

② 对于以传真件方式收到的回函，审计项目组与被询证方进行了电话联系，确认回函信息，并在审计工作底稿中记录了电话内容与时间、对方姓名与职位，以及实施该程序的审计项目组姓名。

③ 审计项目组根据甲公司财务人员提供的电子邮箱，向甲公司境外客户 Y 公司发送了电子邮件，询证应收账款余额，并收到了电子邮件回复。Y 公司确认余额准确无误。审计项目组将电子邮件打印后归入审计工作底稿。

④ 实施函证的 4 000 万元应收账款中，未收到回函的余额合计 1 550 万元，审计项目组对此实施了替代程序：确认期后已收款的项目；对没有期后收款记录的项目，检查了与这些

余额相关的销售合同和发票,未发现例外事项。

⑤ 鉴于实施了函证程序后未发现错报,注册会计师推断应收账款余额也不存在错报,无须实施进一步审计程序。

要求:分别针对上述各事项,逐项指出审计项目组的做法是否恰当。如不恰当,简要说明理由。

8. 注册会计师在对H公司20×1年度的财务报表进行审计时,该公司提供了以下资料:

① 该公司的坏账准备采用备抵法,应收账款的坏账准备均按期末余额的千分之五计提。

② 资产负债表中20×1年底应收账款余额为318万元。

③ 应收账款明细账中20×1年底借方合计数为400万元,贷方合计数为80万元。

④ 坏账准备总账余额为2万元。

⑤ H公司20×1年12月31日的应收账款借方余额账龄分析表如下。

金额单位:万元

客户名称	期末余额	账龄			
		1年以内	1~2年	2~3年	3年以上
(略)					
合计	400	120	50	100	130

要求:请分析上述资料中可能存在的不合理之处,并简要说明理由。

9. I公司在被审计年度未发生购并、分立和债务重组行为,供产销形势与上年相当。注册会计师在对该公司的销售与收款循环审计过程中,获得以下信息:

① I公司坏账准备采用备抵法。坏账准备按应收账款期末余额的千分之五计提。应收账款账龄及坏账准备余额如下。

金额单位:万元

客户名称	账龄				合计	坏账准备
	1年以内	1~2年	2~3年	3年以上		
期初数	7 800	1 305	1 089	2 107	12 301	61.505
期末数	10 115	1 287	1 321	4 592	16 315	81.575

② 主营业务收入和主营业务成本如下。

金额单位:万元

产品名称	主营业务收入		主营业务成本	
	上期发生额	本期发生额	上期发生额	本期发生额
A产品	8 000	8 600	6 800	6 500
B产品	300	290	260	255
合计	8 300	8 890	7 060	6 755

要求:请分析上述资料中可能存在的不合理之处,并简要说明理由。

第 12 章

采购与付款循环审计

> 【学习目标】
> 学习本章以后,你应该能够:
> ▼ 了解采购与付款循环所涉及的主要业务活动、关键内部控制环节、相关原始单据、主要会计科目和财务报表项目;
> ▼ 了解采购与付款循环控制测试的要点;
> ▼ 掌握固定资产审计的实质性程序;
> ▼ 掌握应付账款审计的实质性程序。

【内容提要】

采购与付款业务是企业日常发生的重要经济业务之一。采购与付款循环审计是财务报表审计的重要组成内容。本章介绍了采购与付款循环的特点、内部控制和控制测试程序,以及该循环审计中的关注重点及重要审计方法,并以固定资产、应付账款为例,详细介绍了相关的实质性程序。

12.1 采购与付款循环概述

12.1.1 采购与付款循环的特点

采购与付款循环是指企业购买各种商品和服务,验收并支付货款的业务总和。部分采购支出可能与产品收入直接相关,部分采购支出可能会形成企业资产。采购与付款交易通常具有以下特点。

① 采购与付款业务发生频繁,是被审计单位日常业务活动的重要构成内容之一。

案例引入

麦科特公司

② 采购与付款过程较为复杂，涉及企业内外多个主体和环节，容易产生漏洞。通常被审计单位应根据采购类别，分别加以管理。涉及的内部部门包括：请购部门、采购部门、验收部门、仓库部门、技术部门、财务部门等；涉及的外部单位主要是供应商。

③ 采购与付款业务与生产和销售计划联系紧密。采购与生产和销售直接相关，通常是企业预算或计划管理的重点内容之一。

④ 采购与付款业务与负债增加、货币资金支付直接相关。在采购的各个环节，需确保不相容职责分离，以及审批权限的划分。

⑤ 企业采购业务存在的风险至少包括：采购计划安排不合理，市场变化预测不准确，造成库存短缺或积压，可能导致企业生产停滞或资源浪费；供应商选择不当，采购定价机制不科学，可能导致采购物资质次价高，出现舞弊或遭受欺诈；采购验收不规范，付款审核不严，可能导致采购物资、资金损失或信用受损。

不同的企业性质决定企业除了有一些共性的费用支出外，还会发生一些不同类型的支出。不同行业企业的采购和费用支出特点如表12-1所示。

表12-1 不同行业企业的采购和费用支出

行业类型	采购和费用支出
贸易业	产品的选择和购买、产品的存储和运输、广告促销费用、售后服务费用
一般制造业	生产过程所需的设备支出，原材料、易耗品、配件的购买与存储支出，市场经济费用，把产成品运达顾客或零售商发生的运输费用，管理费用
专业服务业	律师、会计师、商业咨询师的费用支出包括印刷费、通信费、差旅费、计算机、车辆等办公设备的购置费和租赁费，书籍资料和研究设施的费用
金融服务业	建立专业化的安全的计算机信息网络和用户自动存取款设备的支出，给付储户的存款利息，支付其他银行的资金拆借利息、手续费、现金存放、现金运送和网络银行设施的安全维护费用，客户关系维护费用
建筑业	建材支出，建筑设备和器材的租金或购置费用，支付给分包商的费用，保险支出和安保成本，建筑保证金和通行许可审批方面的支出，交通费、通信费等。当在外地施工时还会发生建筑工人的住宿费用

12.1.2 采购与付款循环的业务活动及相关会计资料

采购与付款循环所涉及的主要业务活动包括：根据经营计划和采购预算制订采购计划，请购和购买商品或劳务，记录采购业务，支付账款，定期与供货方对账等。其所涉及的主要会计凭证与会计记录包括：请购单、订购单、验收单、卖方发票、付款凭单、转账凭证、付款凭证、应付账款明细账、现金日记账和银行存款日记账、卖方对账单等。

采购与付款循环所涉及的主要业务活动及相关的会计资料如图12-1所示。

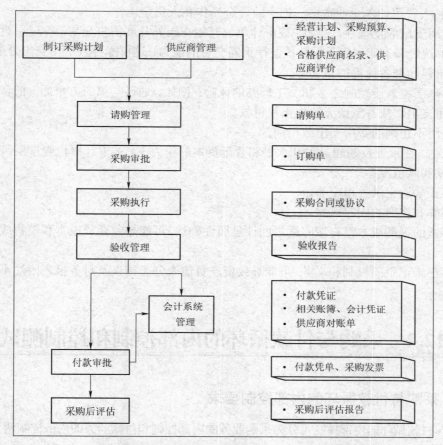

图12-1 采购与付款循环所涉及的主要业务活动及相关的会计资料

12.1.3 采购与付款循环的重大错报风险分析

影响采购与付款循环的重大错报风险集中体现在遗漏交易、采用不正确的费用支出截止期，以及错误划分资本性支出和费用性支出等领域。具体而言，采购与付款循环的重大错报风险可能来源于以下方面。

① 管理层错报费用支出的偏好和动因：被审计单位管理层可能为了完成预算，满足业绩考核要求，保证从银行获得额外的资金，吸引潜在投资者，影响股东，影响公司股价，或通过把私人费用计入公司进行个人盈利而错报支出。常见的方法可能有以下几种。

● 把通常应当及时计入损益的费用资本化，然后通过资产的逐步摊销予以消化。这对增加当年的利润和留存收益都将产生影响。

● 平滑利润。通过多计准备或少计负债和准备，把损益控制在被审计单位管理层希望的程度。

● 利用特别目的实体把负债从资产负债表中剥离，或利用关联方之间的费用定价优势制造虚假的收益增长趋势。

● 通过复杂的税务安排推延或隐瞒所得税和增值税。

● 把私人费用计入企业费用,把企业资金当作私人资金运作。

② 费用支出的复杂性。例如,被审计单位开始在国外开展销售交易,管理层对于可能遭遇的问题解决经验有限,甚至不具备进行正确交易的能力,这可能导致费用支出分配的错误、外币换算错误和准备计提的错误等。

③ 管理层凌驾于控制之上和员工舞弊的风险。例如,通过与第三方串通,把私人费用计入企业费用支出,或有意或无意地重复付款。

④ 采用不正确的费用支出截止期。

⑤ 低估。在承受反映较高盈利水平和营运资本的压力下,被审计单位管理层可能试图低估应付账款和减值准备。

⑥ 不正确地记录外币交易。

⑦ 舞弊和盗窃的固有风险。

⑧ 存货的采购成本没有按照适当的计量属性确认,可能导致存货成本和销售成本的核算不正确。

⑨ 存在未记录的权利和义务,可能导致资产负债表分类错误及财务报表附注不正确或披露不充分。

12.2 采购与付款循环的内部控制和控制测试

12.2.1 采购与付款循环的内部控制要求

采购与付款循环的内部控制可分为采购业务的内部控制和付款业务的内部控制两大部分。

1. 采购业务的内部控制

(1) 一般要求

被审计单位的采购权限应当集中,避免多头采购或分散采购,以提高采购业务效率,堵塞管理漏洞。被审计单位应当根据具体情况对办理采购业务的人员定期进行岗位轮换。重要和技术性较强的采购业务,应当组织相关专家进行论证,实行集体决策和审批。不得由同一部门办理采购业务全过程。

(2) 采购申请

被审计单位应当建立采购申请制度,依据购置商品或服务的类型,确定归口管理部门,授予相应的请购权,明确相关部门或人员的职责权限及相应的请购和审批程序。

被审计单位可以根据实际需要设置专门的请购部门,对需求部门提出的采购需求进行审核,并进行归类汇总,统筹安排企业的采购计划。

具有请购权的部门对于预算内采购项目,应当严格按照预算执行进度办理请购手续;对于超预算和预算外采购项目,应先履行预算调整程序,由具备相应审批权限的部门或人员审批后,再办理请购手续。

(3) 供应商管理

被审计单位应当建立科学的供应商评估制度,确定合格供应商清单,定期对供应商提供商品的质量、价格、交货及时性、供货条件及其资信、经营状况等进行综合评价,根据评价结果对供应商进行合理选择和调整。

对于新增供应商，可委托具有相应资质的中介机构进行资信调查。

(4) 实施采购

① 被审计单位应当根据市场情况和采购计划合理选择采购方式。大宗采购应当采用招标方式，合理确定招投标的范围、标准、实施程序和评标规则；一般物品或劳务等的采购可以采用询价或定向采购的方式并签订合同或协议；小额零星物品或劳务等的采购可以采用直接购买等方式。

② 被审计单位应当建立采购物资定价机制，采取协议采购、招标采购、询比价采购等多种方式合理确定采购价格，最大限度地减小市场变化对企业采购价格的影响。

③ 大宗采购等必须采用招投标方式确定采购价格，其他商品或劳务的采购，应当根据市场行情制定最高采购限价，并对最高采购限价适时调整。

④ 被审计单位应当根据确定的供应商、采购方式、采购价格等情况拟订采购合同，准确描述合同条款，明确双方权利、义务和违约责任，按照规定权限签订采购合同。

⑤ 被审计单位应当根据生产建设进度需要和采购物资特性，选择合理的运输工具和运输方式，办理运输、投保等事宜。

(5) 验收

被审计单位应当建立采购验收制度，由专门的验收机构或验收人员对采购项目的品种、规格、数量、质量等相关内容进行验收，出具验收证明。涉及大宗和新、特物资采购的，还应对其进行专业测试。

验收过程中发现的异常情况，负责验收的机构或人员应当立即向被审计单位有权管理的相关部门报告，相关部门应当查明原因，及时处理。

(6) 退货管理

被审计单位应对退货条件、退货手续、货物出库、退货货款回收等做出明确规定，及时收回退货货款。涉及符合索赔条件的退货，应在索赔期内及时办理索赔。

(7) 采购记录

被审计单位应当加强物资采购供应过程的管理，依据采购合同中确定的主要条款跟踪合同履行情况，对有可能影响生产或工程进度的异常情况，应出具书面报告并及时提出解决方案；做好采购业务各环节的记录，实行全过程的采购登记制度。

2. 付款业务的内部控制

具体要求如下。

① 采购付款的管理。付款前，应审核采购预算、合同、相关单据凭证、审批程序等相关内容，审核无误后及时办理付款。

② 采购付款的过程控制和跟踪管理。发现异常情况的，应当拒绝付款，避免出现资金损失和信用受损。

③ 付款方式管理。被审计单位应合理选择付款方式，防范付款方式不当带来的法律风险，保证资金安全。

④ 预付账款和定金的管理。涉及大额预付款项，应当定期追踪核查，综合分析预付账款的期限、占用款项的合理性、不可收回风险等情况，发现有疑问的预付款项，应当及时采取措施，尽可能避免预付款项资金风险和损失。

3. 采购与付款循环的会计系统控制

① 被审计单位应详细记录供应商情况、请购申请、采购合同、采购通知、验收证明、入库凭证、商业票据、款项支付等情况，确保会计记录、采购记录与仓储记录核对一致。

② 指定专人定期与供应商核对应付账款、应付票据、预付账款等往来款项。

企业内部控制应用指引第7号

12.2.2 采购与付款循环的控制测试

表 12-2 列示了采购交易常用的控制测试。

表 12-2 采购交易常用的控制测试

内部控制目标	关键内部控制	常用的控制调试
所记录的采购都确已收到商品或已接受劳务（发生）	请购单、订购单、验收单和卖方发票一应俱全，并附在付款凭单后； 采购经适当级别批准； 注销凭证以防止重复使用； 对卖方发票、验收单、订购单和请购单做内部核查	查验付款凭单后是否附有完整的相关单据； 检查批准采购的标记； 检查注销凭证的标记； 检查内部核查的标记
已发生的采购交易均已记录（完整性）	订购单均经事先连续编号，并将已完成的采购登记入账； 验收单均经事先连续编号，并已登记入账； 应付凭单均经事先连续编号，并已登记入账	检查订购单连续编号的完整性； 检查验收单连续编号的完整性； 检查应付凭单连续编号的完整性
所记录的采购交易估价正确（准确性、计价和分摊）	对计算准确性进行内部核查； 采购价格和折扣的批准	检查内部核查的标记； 检查批准采购价格和折扣的标记
采购交易的分类正确（分类）	采用适当的会计科目表； 分类的内部核查	检查工作手册和会计科目表； 检查有关凭证上内部核查的标记
采购交易按正确的日期记录（截止）	要求收到商品或接受劳务后及时记录采购交易； 内部核查	检查工作手册，并观察有无未记录的卖方发票存在； 检查内部核查的标记
采购交易被正确记入应付账款和存货等明细账中，并正确汇总（准确性、计价和分摊）	应付账款明细账内容的内部核查	检查内部核查的标记

典型例题 12-1

审计项目组在对被审计单位的内部控制进行了解和测试时，获得以下信息。

① 被审计单位的材料采购需经授权批准后方可进行。所有采购均需由采购部门编制请购单，请购单经批准后，由采购人员货比三家，再向经审批同意的供应商发出订购单。

② 货物运达后，验收部门根据订购单的要求验收货物，并编制一式多联的验收单。

③ 仓库根据验收单验收货物，在验收单上签字后，将货物移入仓库加以保管。验收单上有数量、品名、单价等项目。验收单一联交采购部门登记采购台账和编制付款凭单，付款凭单经批准后，月末交会计部门；一联交会计部门登记材料明细账；一联由仓库保留并登记材料台账。

④ 会计部门根据附有验收单的付款凭单登记会计账簿。
要求：请分析被审计单位的上述内部控制是否存在缺陷，并说明理由。
分析思路：
被审计单位上述内部控制存在以下问题。
① 请购环节。应由使用部门或仓库保管部门提出，而不应由采购部门提出，以确保不相容职责分离。
② 采购方式。不能所有采购均采取货比三家的方式。建议根据物资采购的重要性，分别采用议价、合同协议或招标的方式确定供应商。
③ 验收环节。验收执行人应由请购、采购、专门验收等部门的人员和供应商组成。
④ 验收内容。验收时还应对所购货物的质量方面进行验证，并审查是否与采购合同中的内容一致。
⑤ 会计部门。记账时所依据的原始单据还应包括供应商的发票、订购单。
⑥ 及时性。付款凭单在月末交会计部门不适当，应当及时提交给会计部门。

12.3 固定资产的审计程序

12.3.1 固定资产及其审计目标

绿大地公司

固定资产单位价值较高，在企业资产总额中一般占较大比例，固定资产的安全、完整对企业的生产经营影响较大，注册会计师通常需要高度重视固定资产审计。

资产负债表上的"固定资产"项目的余额涉及固定资产、累计折旧、固定资产减值准备等总账科目。而被审计单位通过各种途径增加固定资产时，可能涉及货币资金、应付账款、预付款项、在建工程、股本、资本公积、长期应付款、递延所得税负债等项目；被审计单位通过各种途径减少固定资产时，又可能与固定资产清理、其他应收款、应交税费、营业外收入和营业外支出等项目有关。此外，被审计单位按月计提固定资产折旧，可能与制造费用、销售费用或管理费用等项目联系在一起。因此，在进行固定资产审计时，还应当关注这些相关项目。

固定资产的审计目标一般包括：
① 确定资产负债表中记录的固定资产是否存在；
② 确定所有应记录的固定资产是否均已记录；
③ 确定记录的固定资产是否由被审计单位拥有或控制；
④ 确定固定资产以恰当的金额包括在财务报表中，与之相关的计价或分摊已恰当记录；
⑤ 确定固定资产是否已被记录于恰当的账户；
⑥ 确定固定资产是否已按照《企业会计准则》的规定在财务报表中做出恰当列报。

12.3.2 固定资产重大错报风险分析

① 新增固定资产计价中的错报。固定资产增加可能有不同来源，不同固定资产来源的固定资产有不同的计价要求，不论被审计单位出于有意或无意未完全按照计价要求处理相关账务，都会造成固定资产价值计量中的错报。

② 固定资产减少中的错报。例如，固定资产变价收入不入账；固定资产清理完毕，不及时结转营业外收入等。

③ 混淆资本性支出和收益性支出。企业如果有意增加当期成本、费用，可能将符合固定资产标准的物品划入低值易耗品；而如果有意减少当期成本、费用，则可能将应属于低值易耗品的物品划入固定资产进行管理，延缓其摊销速度。由此，混淆资本性支出和收益性支出的结果是使固定资产和存货之间产生此生彼消的关系，使会计信息产生错报。

④ 固定资产分类不准确。一般企业采用按经济用途和使用情况对固定资产进行分类。对固定资产的分类正确与否，主要涉及企业对哪些固定资产应计提折旧及折旧费用的列支问题。这些问题直接影响到企业费用和成本的计算、财务成本的确定和计算所得税的依据。例如，企业混淆经营租赁方式租入的固定资产和融资租赁方式租入的固定资产，由此对计提的折旧费用产生影响。

⑤ 累计折旧计算错误，如折旧年限的选择、折旧方法的确定、残值率的估计、折旧范围等不当。

⑥ 对固定资产减值准备的估算和转回进行人为调节。

12.3.3 固定资产的内部控制及其控制测试

1. 固定资产的内部控制要求

企业应当加强各类固定资产的管理，重视固定资产维护和更新改造，不断提升固定资产的使用效能，积极促进固定资产处于良性循环状态。固定资产内部控制的具体要求至少包括以下方面。

① 制定固定资产目录，对每项固定资产进行编号，按照单项资产建立固定资产卡片，详细记录各项固定资产的来源、验收、运转、维修、改造、折旧、盘点等相关内容。

② 严格执行固定资产日常维修和大修理计划，定期对固定资产进行维护保养，切实消除安全隐患。强化对生产线等关键设备运转的监控，严格操作流程，实行岗前培训和岗位许可制度，确保安全运行，提高使用效率。

③ 充分利用国家有关自主创新政策，加大技改投入，不断促进固定资产技术升级，淘汰落后设备，切实做到本企业固定资产技术的先进性和企业发展的可持续性。

④ 严格执行固定资产投保政策，对应投保的固定资产项目按规定程序进行审批，办理投保手续，规范投保行为，应对资产损失风险。重大固定资产项目的投保，应当考虑采取招标方式确定保险人。

⑤ 规范固定资产抵押、质押的管理，确定固定资产抵押、质押的程序和审批权限等。将固定资产用作抵押、质押的，应由相关部门提出申请，经授权部门或人员批准后，由资产管理部门办理抵押、质押手续。

⑥ 建立固定资产清查制度，至少每年进行全面清查。对固定资产清查中发现的问题，应当查明原因，追究责任，妥善处理。

⑦ 加强固定资产处置的控制，关注固定资产处置中的关联交易和处置定价。重要资产处置应当实行集体审议或联签制度。

2. 固定资产的控制测试

表 12-3 列示了固定资产常用的控制测试。

表 12-3 固定资产常用的控制测试

内部控制制度	常用的控制测试
预算制度	选取固定资产投资预算和投资可行性研究报告，检查是否编制预算并进行论证，以及是否经过适当层次审批； 对实际支出与预算之间的差异及未列入预算的特殊事项，应检查其是否履行特别的审批手续
授权批准制度	检查被审计单位固定资产授权批准制度本身是否完善； 选取固定资产请购单及相关采购合同，检查是否得到适当审批和签署，关注授权批准制度是否得到切实执行
账簿记录制度	检查固定资产明细分类账和登记卡，以分析固定资产的取得和处置，复核折旧费用和修理支出的列支
职责分工制度	查阅固定资产职责分工制度； 实地观察固定资产职责的分工
资本性支出和收益性支出的区分制度	检查该制度是否遵循《企业会计准则》的规定，是否适应被审计单位的行业特点和经营规模； 抽查实际发生与固定资产相关的支出时是否按照该制度进行恰当的会计处理
处置制度	关注被审计单位是否建立了有关固定资产处置的分级申请报批程序； 抽取固定资产盘点明细表，检查账实之间的差异是否经审批后及时处理； 抽取固定资产报废单，检查报废是否经适当批准和处理； 抽取固定资产内部调拨单，检查调入、调出是否已进行适当处理； 抽取固定资产增减变动情况分析报告，检查是否经复核
定期盘点制度	了解和评价固定资产盘点制度，并注意查询盘盈、盘亏固定资产的处理情况
维护保养制度	了解和评价固定资产维护保养制度，并注意维护保养支出在账簿中的记录情况

12.3.4 固定资产账面余额审计的实质性程序

1. 常规实质性程序

一般地，固定资产账面余额审计的实质性程序如下。

测试 1：获取或编制固定资产和累计折旧分类汇总表，检查固定资产的分类是否正确并与总账数和明细账合计数核对是否相符，结合累计折旧、减值准备科目与报表数核对是否相符。

测试 2：对固定资产实施实质性分析程序。

测试 3：实地检查重要固定资产，确定其是否存在，关注是否存在已报废但仍未核销的固定资产。

测试 4：检查固定资产的所有权或控制权。

测试 5：检查本期固定资产的增加。

测试 6：检查本期固定资产的减少。

测试 7：检查固定资产的后续支出，确定固定资产有关的后续支出是否满足资产确认条件。

测试 8：检查固定资产的租赁。

测试 9：获取暂时闲置固定资产的相关证明文件，并观察其实际状况，检查是否已按规定计提折旧，相关的会计处理是否正确。

测试 10：获取已提足折旧仍继续使用固定资产的相关证明文件，并做相应记录。

测试 11：获取持有待售固定资产的相关证明文件，并做相应记录；检查对其预计净残值调整是否正确、会计处理是否正确。

测试 12：检查固定资产保险情况，复核保险范围是否足够。

测试 13：检查有无与关联方的固定资产购售活动，是否经适当授权，交易价格是否公允。对于合并范围内公司之间的购售活动，记录应予合并抵销的金额。

测试 14：检查借款费用资本化的计算方法和资本化金额，以及会计处理是否正确。

测试 15：检查购置固定资产时是否存在与资本性支出有关的财务承诺。

测试 16：检查固定资产的抵押、担保情况。结合对银行借款等的检查，了解固定资产是否存在重大的抵押、担保情况。如存在，应取证，并做相应的记录，同时提请被审计单位做恰当披露。

测试 17：检查固定资产是否已按照《企业会计准则》的规定在财务报表中做出恰当列报。

2. 检查固定资产及累计折旧分类汇总表

注册会计师应当检查固定资产及累计折旧分类汇总表，以分析固定资产账户余额的变动，并为固定资产的取得、处置和出售等提供进一步的证据。可采用的工作底稿格式如表 12-4 所示。

表 12-4　固定资产及累计折旧分类汇总表

被审计单位名称　　　　　财务报表截止期　　　　　索引号

编制：								日期：	
复核：								日期：	

固定资产类别	固定资产				累计折旧					
	期初余额	本期增加	本期减少	期末余额	折旧方法	折旧率	期初余额	本期增加	本期减少	期末余额
合计										

审计说明：

审计结论：

在表 12-4 中，注册会计师还需对固定资产及累计折旧的期初余额予以特别关注，因为期初余额是本期变动额的基础，从而直接影响固定资产及累计折旧期末余额的准确性。

对固定资产和累计折旧的期初余额，通常分 3 种情况分析核实：第一，在连续常年审计情况下，注意与上期审计工作底稿的期末余额相核对；第二，在变更委托情况下，后任注册会计师应借调、参阅前任注册会计师有关工作底稿，并考虑前任会计师事务所的信誉；第三，在初次审计的情况下，应对期初余额进行较全面的审计。尤其是当被审计单位的固定资产数量多、价值大、占资产总额比重高时，最理想的方法是彻底审计所有重要的借贷记录。

3. 对固定资产实施实质性分析程序

对固定资产实施实质性分析程序可考虑的思路如下。

① 计算固定资产原值与本期产品产量的比率，与以前期间比较，可能发现闲置固定资产或已减少固定资产未在账户上注销的问题。

② 计算累计折旧与固定资产总成本的比率，与上期比较，可能发现累计折旧核算上的错误。

③ 比较本期各月之间、本期与以前各期之间的修理及维护费用，可能发现资本性支出和收益性支出区分上可能存在的错误。

④ 比较本期与以前各期的固定资产增加和减少。深入分析其差异，并根据被审计单位以往和今后的生产经营趋势，判断差异产生的原因是否合理。

⑤ 分析固定资产的构成及其增减变动情况，与在建工程、现金流量表、生产能力等相关信息交叉复核，检查固定资产相关金额的合理性和准确性。

⑥ 对折旧计提的总体合理性进行分析。在不考虑固定资产减值准备的前提下，可以用应计提折旧的固定资产乘本期的折旧率，判断计算结果与账户余额的差异的合理性。

⑦ 计算本期计提的折旧占固定资产原值的比率，并与上期比较，分析本期折旧计提额的合理性和准确性。

⑧ 计算累计折旧占固定资产原值的比率，评估固定资产的老化率，并估计因闲置、报废等原因可能发生的固定资产损失，结合固定资产减值准备，分析其是否合理。

⑨ 计算本期末固定资产减值准备占期末固定资产原值的比率，并与期初该比率比较，分析固定资产的质量状况。

除此之外，对固定资产实施实质性分析程序时还可考虑计算固定资产周转率（销售净额/平均固定资产）、固定资产报酬率（净利润/平均固定资产）、固定资产与股东权益之比（固定资产/股东权益）、固定资产修理费用与销售净额之比（修理费用/销售净额）等，以实现不同的审查目的。

4. 验证固定资产的所有权或控制权

对各类固定资产，注册会计师应查阅相关原始凭证，以确定所审查的固定资产是否确实为被审计单位的合法财产。例如，对外购的机器设备类固定资产，通常应审核采购发票、购货合同；对房地产类固定资产，应查阅有关的合同、产权证明、财产税单、抵押贷款的还款凭据、保险单等书面文件；对汽车等运输设备，应验证有关运营执照等证件；对受留置权限制的固定资产，通常还应审核被审计单位的有关负债项目等予以证实。

5. 检查固定资产的增加

固定资产增加可能有不同的途径，对不同途径增加的固定资产，其审计要点应根据具体情况而定。不同固定资产增加方式的审计要点如表12-5所示。

表12-5 不同固定资产增加方式的审计要点

固定资产增加的方式	审查要点
外购	• 审查购买固定资产的批准文件，以查明其是否经过合法的授权批准； • 核对采购合同、发票、保险单、运输凭证等文件，审阅固定资产账簿的入账价值及会计处理是否正确； • 审查固定资产的验收报告； • 审查购进土地、房屋等的契约和结算单，以确定其所有权的归属； • 确定被审计单位估计的固定资产使用年限和残值是否合理； • 测试固定资产计价是否正确、会计处理是否正确； • 对于以一笔款项购入多项没有单独标价的固定资产，还应检查是否按各项固定资产公允价值的比例对总成本进行分配，以分别确定各项固定资产的入账价值
在建工程转入	• 审查建设项目的批准文件，以查明是否经过合法的授权批准； • 审查建设成本的构成内容是否符合规定、计算是否正确； • 审查竣工决算、验收和移交报告是否正确，并与在建工程相关的记录是否核对相符，资本化利息金额是否恰当； • 对已经在用但尚未办理竣工决算的固定资产，检查其是否已经暂估入账，并按规定计提折旧，竣工决算完成后，是否及时调整； • 确定被审计单位估计的固定资产使用年限和残值是否合理
投资者投入	• 检查投资者投入的固定资产是否按投资各方确认的价值入账，确认价值是否公允； • 交接手续是否齐全； • 涉及国有资产的，是否有评估报告并经国有资产管理部门评审备案或核准确认
更新改造	• 根据更新改造过程中的相关原始凭证，复核增加的固定资产原值是否真实、是否符合资本化的条件； • 重新确定的剩余折旧年限是否恰当
融资租赁	• 获取融资租入固定资产的相关证明文件； • 检查融资租赁合同的主要内容； • 结合长期应付款、未确认融资费用科目，检查相关的会计处理是否正确
企业合并、债务重组或非货币性资产交换	• 产权过户手续是否齐备； • 检查固定资产入账价值及确认的损益和负债是否符合规定
盘盈或其他方式	• 对盘盈的固定资产，应确定入账价值是否公允；如为其他方式，应检查相关的原始凭证，核对其计价及会计处理是否正确，法律手续是否齐全

注册会计师在检查固定资产的增加时，可以使用如表12-6所示的表格。

表12-6 固定资产增加测试表

被审计单位名称	财务报表截止期	索引号
编制：		日期：
复核：		日期：

续表

月	日	凭证号	固定资产类别	固定资产名称	增加情况			测试情况					备注
					数量	原价	累计折旧	1	2	3	4	5	

测试内容:
1. 新增固定资产的计价是否正确。
2. 新增固定资产原始凭证手续是否齐备。
3. 新增固定资产计提折旧方法、开始计提折旧的时间是否正确。
4. 新增固定资产的所有权归属。
5. 新增固定资产的会计处理是否正确。

审计说明:

审计结论:

典型例题 12-2

在审计固定资产明细账时,注册会计师发现有一笔增加业务,为被审计单位从外地购入专用生产设备一台,购货发票上的价格为 400 000 元。被审计单位的会计处理为

借:固定资产——专用设备　　　　　　　　　　　　　　400 000
　　贷:银行存款　　　　　　　　　　　　　　　　　　400 000

该项专用设备于当月开始投入使用,并已于次月开始按 40 万元的原值计提了折旧费用。

要求: 请分析以上情况中存在的问题,并提出审计调整建议。

分析思路:

该设备从外地购买,却没有运杂费,另外,按常理,该设备应经过安装、调试后才能投入生产使用,但没有安装、调试费。如果这些费用没有资本化,则很可能被记入了期间费用。因此,注册会计师可以审阅设备购入前后管理费用、营业费用的明细账中的有关支出记录,以确定有无与该专用设备有关的这些费用,将其调整到固定资产的原值中,一并作为计提折旧的基础。由此可能需要调整固定资产原值,折旧计提金额及期间费用。

6. 检查固定资产的减少

固定资产减少的原因有:出售转让、投资转出、抵债转出、报废、毁损、盘亏等。一般地,检查固定资产减少的审计要点有以下几个方面。

① 检查固定资产减少是否经过授权批准。固定资产的减少应经过批准和技术性分析及鉴定,应有具体职能部门的报告。只有经审批部门批准后,才可进行固定资产减少的处理。

② 结合"固定资产清理"账户,抽查固定资产账面价值转销额是否正确。

③ 检查是否存在未做记录的固定资产减少业务。一般可采用的方法包括：查明有无用新固定资产代替旧固定资产的情况；分析营业外收支账户，有无让售固定资产的价款及报废固定资产的变价收入；查明有无因停产某种产品而停用的设备，其处理情况如何；向有关人员询问本期固定资产减少的情况等。

④ 检查因不同原因减少固定资产数额计算的正确性，会计处理是否符合核算规定。一般通过检查固定资产明细表、账卡、报废清单等凭证资料来验证。

检查固定资产的减少，可以使用如表 12-7 所示的表格。

表 12-7 固定资产减少测试表

被审计单位名称　　　　　财务报表截止期　　　　　索引号

编制：		日期：
复核：		日期：

月	日	凭证号	固定资产类别	固定资产名称	减少情况			测试情况					备注
					数量	原价	累计折旧	1	2	3	4	5	

测试内容：
1. 减少的固定资产的计价是否正确。
2. 减少的固定资产原始凭证手续是否齐备。
3. 减少的固定资产计提折旧方法是否正确。
4. 减少的固定资产在减少之前是否归被审计单位所有。
5. 减少的固定资产的会计处理是否正确。

审计说明：

审计结论：

12.3.5 累计折旧审计的实质性程序

1. 常规实质性程序

一般地，累计折旧审计的实质性程序如下。

测试 1：获取或编制累计折旧分类汇总表，复核加计是否正确，并与总账数和明细账合计数核对是否相符。

测试 2：检查被审计单位制定的折旧政策和方法是否符合相关会计准则的规定，确定其所采用的折旧方法能否在固定资产预计使用寿命内合理分摊其成本；前后期是否一致，预计使用寿命和预计净残值是否合理。

测试 3：复核本期折旧费用的计提和分配。

测试 4：将"累计折旧"账户贷方的本期计提折旧额与相应的成本费用中的折旧费用明细账户的借方相比较，检查本期所计提折旧金额是否已全部摊入本期产品成本或费用。若存在差异，应追查原因，并考虑是否应建议做适当调整。

测试 5：检查累计折旧的减少是否合理、会计处理是否正确。

测试 6：检查累计折旧的披露是否恰当。

2. 检查折旧政策和方法的合法性

关于固定资产折旧政策与方法的规定较多，举例如下。

① 应计折旧额的规定。被审计单位应根据固定资产原价减预计净残值后的余额计算应折旧额。预计净残值数额的大小根据不同企业而定。

② 折旧年限的规定。不同类别的固定资产应采用符合其实际情况的折旧年限。

③ 计提折旧范围的规定。

④ 折旧时间的规定。相关规定包括：企业一般应按月计提折旧。当月增加的固定资产，当月不计提折旧，从下月开始计提；当月减少的固定资产，当月仍计提折旧，从下月起停止计提。提前报废的固定资产，不再补提折旧；超期使用的固定资产，不计提折旧。

⑤ 折旧方法的规定。企业可以选用的折旧方法有平均年限法、工作量法、双倍余额递减法、年数总和法。折旧方法一经选定，不得随意变更。

被审计单位对折旧政策和方法的选用，会直接影响被审计会计期间计提的折旧金额，进而影响当年所得税的计算。因此，注册会计师应在审查被审计单位选用的折旧政策与方法与税法或其他财务规定中的折旧政策与方法存在何种差异的基础上，确认被审计单位采用的折旧政策和方法是否适当，以及当期所得税的计算与调整是否恰当。

12.3.6 固定资产减值准备审计的实质性程序

一般地，对固定资产减值准备实施的实质性程序如下。

测试 1：获取或编制固定资产减值准备明细表，复核加计是否正确，并与总账数和明细账合计数核对是否相符。

测试 2：执行实质性分析程序。例如，计算本期末固定资产减值准备占期末固定资产原值的比率，并与期初比较。

测试 3：检查被审计单位计提固定资产减值准备的依据是否充分、会计处理是否正确。

测试 4：获取闲置固定资产的清单，并观察其实际状况，识别是否存在减值迹象。

测试 5：检查资产组的认定是否恰当、计提固定资产减值准备的依据是否充分、会计处理是否正确。

测试 6：检查被审计单位处置固定资产时原计提的减值准备是否同时结转、会计处理是否正确。

测试 7：检查是否存在转回固定资产减值准备的情况。

测试 8：检查固定资产减值准备的披露是否恰当。

典型例题 12—3

注册会计师在审计固定资产项目时，发现以下情况。

① 在审计新增固定资产的过程中，发现有已投入使用但未办理竣工验收手续先行估价的固定资产，价值为 1 500 万元，低于原概算价值的 25%（原概算为 2 000 万元）。注册会计师现场观察和了解施工的结算情况，预计实际支出为 2 150 万元。

② 在检查减少的固定资产时发现，被审计单位有一笔设备提前报废的业务，被审计单位对此项业务的有关账务处理的会计分录为

借：固定资产清理　　　　　　　　　　　　　　　　64 000
　　累计折旧　　　　　　　　　　　　　　　　　　16 000
　　　贷：固定资产　　　　　　　　　　　　　　　　　80 000
借：营业外支出——非常损失　　　　　　　　　　　64 000
　　　贷：固定资产清理　　　　　　　　　　　　　　　64 000

③ 被审计单位在被审计年度的 10 月购入一台设备，价款为 580 万元，运杂费及设备安装费支出为 72 万元，后者均记入了"营业费用"账户。该固定资产于当月安装完毕并投入使用（假设该固定资产的使用期为 5 年，按直线法计提折旧，残值率为 5%）。

④ 在实地检查固定资产时，发现被审计单位接受某公司捐赠的客货车两辆，未进行会计处理，所以固定资产账面未反映其实物存在。

⑤ 在对折旧的总体合理性进行分析时，发现办公设备的折旧计提 5—9 月明显高于其他月份，结果查出被审计单位所有夏季使用的空调设备，只按实际使用月份（5—9 月）计提折旧。

要求：针对以上情况，分别分析是否适当；若不适当，注册会计师应当如何处理。

分析思路：

第①项，不适当。注册会计师应当建议被审计单位按预计的实际支出作为固定资产的估价入账。

第②项，可能不适当。注册会计师应对此进行关注，因为该设备在成新率较高时提前报废，并进一步关注该笔业务中是否涉及私分企业财产的舞弊行为。

第③项，不适当。注册会计师应当建议被审计单位将相关的运杂费和设备安装费计入固定资产，并补提该部分折旧。

第④项，不适当。注册会计师应当建议被审计单位按有关凭证补记入账。

第⑤项，不适当。因为该类设备属于"季节性停用的固定资产"，应照常计提折旧。注册会计师应当建议被审计单位补提折旧。

12.4　应付账款审计的实质性程序

12.4.1　应付账款及其审计目标

应付账款是被审计单位在正常经营过程中，因购买材料、商品和接受劳务供应等经营活

动而应付给供应商的款项。应付账款的审计目标一般包括：
① 确定资产负债表中记录的应付账款是否存在；
② 确定所有应当记录的应付账款是否均已记录；
③ 确定资产负债表中记录的应付账款是否为被审计单位应当履行的偿还义务；

案例引入
巨人零售公司

④ 确定应付账款是否以恰当的金额包括在财务报表中，与之相关的计价调整是否已恰当记录；
⑤ 确定应付账款是否已记录于恰当的账户；
⑥ 确定应付账款是否已按照《企业会计准则》的规定在财务报表中做出恰当的列报。

12.4.2 应付账款审计的实质性程序

一般地，应付账款审计应当执行下列实质性程序。

测试1：获取或编制应付账款明细表，并执行以下工作：复核加计正确，并与报表数、总账数和明细账合计数核对是否相符；检查非记账本位币应付账款的折算汇率及折算是否正确；分析出现借方余额的项目；结合预付账款、其他应付款等往来项目的明细余额，调查有无同挂的项目、异常余额或与购货无关的其他款项。

测试2：对应付账款执行实质性分析程序。

测试3：函证应付账款。

测试4：检查应付账款是否计入正确的会计期间，是否存在未入账的应付账款。

测试5：针对已偿付的应付账款，追查至银行对账单、银行付款单据和其他原始凭证，检查其是否在资产负债表日前真实偿付。

测试6：针对异常或大额交易及重大调整事项（如大额的购货折扣或退回、会计处理异常的交易、未经授权的交易、缺乏支持性凭证的交易等），检查相关原始凭证和会计记录，以分析交易的真实性、合理性。

测试7：被审计单位与债权人进行债务重组的，检查不同债务重组方式下的会计处理是否正确。

测试8：标明应付关联方的款项，执行关联方及其交易审计程序，并注明合并报表时应予抵销的金额。

测试9：检查应付账款是否已按照《企业会计准则》的规定在财务报表中做出恰当列报。

12.4.3 应付账款审计的实质性分析程序

对应付账款实施实质性分析程序的一般思路如下。

① 观察月度（或每周）已记录采购总额趋势，与往年或预算相比较。任何异常波动都必须与管理层讨论，如果有必要，还应做进一步的调查。

② 将实际毛利水平与以前年度和预算相比较。如果被审计单位以不同的加价销售产品，则需要将相似利润水平的产品分组进行比较。任何重大的差异都需要进行调查。因为毛利可能由于销售额、销售成本的错误被歪曲，而销售成本的错误则又可能是受采购记录的错误所影响。

③ 计算应付账款的赊购天数，并将其与以前年度相比较。超出预期的变化可能由多种因素造成，包括未记录采购、虚构采购记录或截止问题。

④ 检查常规账户和付款，如租金、电话费和电费。这些费用是日常发生的，通常按月支付。通过检查可以确定已记录的所有费用及其月度变动情况。

⑤ 检查异常项目的采购，如大额采购、从不经常发生交易的供应商处采购、未通过采购账户而是通过其他途径记入存货和费用项目的采购。

⑥ 无效付款或金额不正确的付款，可以通过检查付款记录和付款趋势得以发现。例如，通过查找金额偏大的异常项目并深入调查，可能发现重复付款或记入不恰当应付账款账户的付款。

⑦ 将期末应付账款余额与期初余额进行比较，分析波动原因。

⑧ 分析长期挂账的应付账款，要求被审计单位做出解释，判断被审计单位是否缺乏偿债能力或利用应付账款隐瞒利润，并注意其是否可能无须支付，对确实无须支付的应付账款的会计处理是否正确、依据是否充分；关注账龄超过 3 年的大额应付账款在资产负债表日后是否偿还，检查偿还记录、单据及披露情况。

⑨ 计算应付账款与存货的比率、应付账款与流动负债的比率，并与以前年度相关比率对比，评价应付账款整体的合理性。

⑩ 分析存货和营业成本等项目的增减变动，判断应付账款增减变动的合理性。

12.4.4 函证应付账款

在一般情况下，应付账款不需要函证。这是因为：一方面，函证不能保证查出未记录的应付账款。应付账款审计的侧重点是被审计单位低估的风险，函证难以达到此目的。而应收账款审计的侧重点是被审计单位的高估风险，函证能取得证实账面债权的凭据，可以有效查找高估资产的情形。另一方面，注册会计师能够取得采购发票等具有较强可靠性的外部凭证来证实应付账款的余额，而应收账款的其他证据主要来自公司内部。因此，在一般情况下，函证应付账款并非是必需程序。然而，如果控制风险较高，某应付账款明细账户金额较大或被审计单位处于财务困难阶段，则应进行应付账款的函证。

在对应付账款进行函证时，通常应选择较大金额的债权人，以及那些在资产负债表日金额不大甚至为零，但为被审计单位重要供货人的债权人作为函证对象。应付账款函证通常采用积极式函证方式，并具体说明应付金额。同应收账款函证一样，注册会计师必须对函证的过程进行控制，要求债权人直接回函，并根据回函情况编制与分析函证结果汇总表，对未回函的，应考虑是否再次函证。

如果存在未回函的重大项目，注册会计师应采用替代审计程序。比如，可以检查决算日后应付账款明细账及库存现金和银行存款日记账，核实其是否已支付，同时检查该笔债务的相关凭证资料，如合同、发票、验收单，以核实应付账款的真实性。

比较之一

应收账款函证与应付账款函证

比较项目	应收账款函证	应付账款函证
性质	必要的、公认的审计程序	认为有必要时才实施的审计程序
函证对象的选择	通常为应收账款余额大的债务人	通常为重要的供货人
主要目标	证实应收账款的存在性	证实应付账款的完整性
方式	积极式、消极式、积极式与消极式相结合	通常只用积极式

比较之二

购货发票、卖方对账单、应付账款函证回函审计证据的可靠性

购货发票是被审计单位单次购买货物的凭证，注册会计师通过查验购货发票与有关的证明文件，如验收单和订购单，可获得高度可靠的单项业务估价的证据。而卖方对账单通常只包括交易的总额及欠款余额，它未把采购的数量单位、价格、运费和其他信息包括在内。因此，卖方对账单更适于应付账款的余额。

应付账款函证和卖方对账单的最重要区别则在于信息来源不同。卖方对账单是由独立的第三方编制，但在注册会计师查验时，是由客户保管的。这就给客户以更改卖方对账单或不提供对注册会计师有用的对账单的方便。而应付账款函证是一个分项目的询证信函，由卖方直接送交注册会计师。因此，它提供的虽是同样的信息，但却比卖方对账单更加可靠。此外，在应付账款函证时，注册会计师还可同时询问有关应付票据以及卖方存放在被审计单位的寄存存货等信息。

12.4.5 查找未入账的应付账款

为查找未入账的应付账款，在审计实务中，注册会计师可采用以下方法：

① 检查债务形成的相关原始凭证，如供应商发票、验收报告或入库单等，查找有无未及时入账的应付账款，确定应付账款期末余额的完整性。

② 检查资产负债表日后应付账款明细账贷方发生额的相应凭证，关注其购货发票的日期，确认其入账时间是否合理。

③ 获取被审计单位与其供应商之间的对账单（应从非财务部门，如采购部门获取），并将对账单和被审计单位财务记录之间的差异进行调节（如在途款项、在途货物、付款折扣、未记录的负债等），查找有无未入账的应付账款，确定应付账款金额的准确性。

④ 针对资产负债表日后付款项目，检查银行对账单及有关付款凭证（如银行划款通知、供应商收据等），询问被审计单位内部或外部的知情人员，查找有无未及时入账的应付账款。

⑤ 结合存货监盘程序，检查被审计单位在资产负债日前后的存货入库资料（验收报告或入库单），检查是否有大额料到单未到的情况，确认相关负债是否计入了正确的会计期间。

典型例题 12—4

注册会计师在审计丙公司的采购与付款循环时，丙公司的会计负责人提出不必抽查本年度付款凭证来证实被审计年度的会计记录。其理由是：

① 被审计年度的有些发票因收到太迟，来不及记入当年度 12 月份的账簿，公司已经全部用"暂估"的转账分录入账；

② 被审计年度后，公司内部注册会计师已经对这一部分业务进行了抽查；

③ 公司愿意提供无漏记负债业务的申明书。

要求：针对这一情况，注册会计师应如何处理？

分析思路：

① 被审计单位因迟收发票，而未根据发票的实际金额入账，只是以"暂估"金额入账，这种做法本身减少了进一步调整的可能性，但它并不影响注册会计师抽查次年度的付款凭证。

这与被审计单位声明其报表内容真实、完整，而注册会计师仍应执行相应的审计程序的道理完全相同。

② 如果注册会计师已查明内部注册会计师具有专业胜任能力和合理的独立性，并且已抽查了未入账的债务，在与内部注册会计师讨论了其程序的性质、时间、范围并审阅其工作底稿后，注册会计师可减少本身拟进行的未入账债务抽查工作，但绝不能取消抽查工作。

③ 获取被审计单位提供的"无漏记负债业务声明书"不能作为可以信赖的审计程序，它仅仅只是给注册会计师额外的保证，作为内部证据，其证明力较弱，它无法减轻注册会计师抽查的责任。

本章关键术语

采购与付款循环	请购单	购货发票
验收单	固定资产	累计折旧
固定资产减值准备	应付账款	函证
低估	高估	

本 章 复 习

一、单项选择题

1. 下列关于请购环节的内部控制中，恰当的是（　　）。
   A. 请购单只能由仓库负责填写
   B. 资本性的购买支出，通常不要求特别授权
   C. 采购申请的最高审批权通常由总经理把握
   D. 每张请购单必须经过对该类支出预算负责的主管人员批准

2. 下列实质性分析程序中，通常用于发现已减少固定资产未在账户上注销的是（　　）。
   A. 分析固定资产的构成及本期增减变动情况
   B. 比较本期与以前各期的固定资产增加或减少
   C. 计算固定资产原值与本期产品产量的比率，并与以前期间比较
   D. 计算本期计提折旧额与固定资产成本的比率，并与以前期间比较

3. 下列各项中，显示被审计单位固定资产折旧计提不足迹象的是（　　）。
   A. 固定资产保险额大于其账面价值
   B. 经常发生大额的固定资产清理损失
   C. 提取折旧的固定资产账面价值庞大
   D. 累计折旧与固定资产原值的比率较大

4. 如果被审计单位初次接受审计，注册会计师需要对固定资产期初余额进行审计。下列

方法中最有效的是（　　）。
   A. 检查上期末固定资产的盘点记录
   B. 深入评价固定资产相关内部控制的有效性
   C. 查看内部审计人员历年来对固定资产的审计情况
   D. 审查自开业起固定资产相关账户中所有重要的借贷记录
5. 下列审计程序中，能够确定当年新购置固定资产的计价是否正确的是（　　）。
   A. 检查购置固定资产的授权批准文件
   B. 核对购货合同、发票、保险单及运输单据的信息
   C. 计算固定资产原值与产品产量的比率，并进行分析
   D. 检查与在建工程相关的记录，并检查竣工决算报告的数据
6. 以下细节测试中，与固定资产完整性认定最相关的是（　　）。
   A. 询问被审计单位的管理层和生产部门固定资产闲置情况
   B. 以固定资产实物为起点，追查至固定资产明细账和相关凭证
   C. 以固定资产明细账为起点，追查至固定资产实物和相关凭证
   D. 观察经营活动，并将固定资产本期余额与上期余额进行比较分析
7. 下列关于应付账款实质性分析程序的说法中，不恰当的是（　　）。
   A. 比较应付账款期初期末余额的变化，分析波动原因
   B. 将实际毛利率与以前年度或预算相比较，调查所有的差异
   C. 观察月度已记录采购总额趋势，与往年相比较，就异常波动与管理层讨论
   D. 计算应付账款的赊购天数，对超出预期的变化审查是否存在虚构采购等问题
8. 下列审计程序中，最可能帮助证实应付账款存在认定的是（　　）。
   A. 从应付账款明细账追查至购货合同、卖方发票和入库单
   B. 检查与采购相关的文件以确定是否采用预先编号的采购单
   C. 抽取购货合同、购货发票和入库单，追查至应付账款明细账
   D. 选择期末余额为零的供应商，以积极方式函证欠款余额
9. 以下审计程序中，难以查找到未入账的应付账款的是（　　）。
   A. 检查应付账款明细账并追查其原始凭证
   B. 检查有材料入库凭证但未收到购货发票的经济业务
   C. 检查被审计单位在资产负债表日未处理的不相符的购货发票
   D. 检查资产负债表日后收到的购货发票，确认其入账时间是否正确
10. 关于应付账款函证，以下说法中适当的是（　　）。
   A. 应付账款必须进行函证
   B. 函证时通常采用积极式函证方式
   C. 函证对象通常选择不重要的供应商
   D. 控制函证过程的要求不如应收账款函证严格

二、多项选择题
1. 一般情况下，采购与付款循环中涉及的主要业务活动包括（　　）。
   A. 编制订购单　　　B. 验收货物　　　C. 客户信用管理
   D. 确认负债　　　　E. 采购合同谈判

2. 为查找资产负债表日前未入账的应付账款，审计人员可以审查资产负债表日后的（　　）。
    A. 付款凭证　　　　B. 订购单　　　　C. 采购合同
    D. 购货发票　　　　E. 验收单
3. 为验证被审计单位对外购固定资产的所有权，注册会计师应获取（　　）。
    A. 采购发票　　　　B. 采购合同　　　　C. 固定资产总账
    D. 固定资产明细账　　E. 固定资产采购计划
4. 如果被审计单位仅将买价计入设备的入账价值，而将其他相关费用计入管理费用，则对财务报表产生的影响有（　　）。
    A. 利润总额虚减　　　　　　　　　B. 累计折旧虚减
    C. 资产总额虚增　　　　　　　　　D. 固定资产原值虚减
5. 以下关于应付账款实质性分析程序的说法中，适当的有（　　）。
    A. 分析应付账款长期挂账的原因，注意其是否可能无须支付
    B. 比较应付账款的期末余额与期初余额，将大额差异视为异常情况
    C. 比较当期与以前期间的平均付款期，分析应付账款增加的合理性
    D. 结合存货、管理费用等项目的变动，判断应付账款变动的总体合理性
6. 为验证被审计单位是否有低估应付账款的行为，通常有效的审计程序有（　　）。
    A. 检查资产负债表日前收到的存货实物
    B. 检查资产负债表日后收到的存货实物
    C. 检查资产负债表日未处理的购货发票
    D. 检查有材料库存但未收到购货发票的经济业务
7. 通常情况下，注册会计师应当对应付账款实施函证程序的情形有（　　）。
    A. 应付账款金额较大
    B. 被审计单位处于财务困难时期
    C. 被审计单位的供货方数量较多，且普遍规模较小
    D. 被审计单位内部控制制度薄弱，重大错报风险较高
8. 下列关于采购与付款循环所涉及的凭证的说法中，适当的有（　　）。
    A. 请购单是采购交易的起点
    B. 订购单是支持采购负债存在的凭证
    C. 验收单是支持采购物品计价准确性的凭证
    D. 付款凭单是记录应付账款借方发生额的凭证
9. 长期挂账的应付账款可能表明被审计单位（　　）。
    A. 隐瞒利润　　　　B. 与供应商存在纠纷　　　　C. 隐瞒成本
    D. 不需要支付该笔款项　　E. 财务困难
10. 被审计单位于期末签出一张支票，用于支付到期的应付账款。会计人员对该张支票进行了借记"应付账款"，贷记"银行存款"的会计处理，但该支票在年底前并未发出，则被审计单位的（　　）。
    A. 会计处理正确　　　　　　　　　B. 期末应付账款余额被低估
    C. 期末银行存款余额被低估　　　　D. 期末应付账款余额被高估

三、简答题

1. 简述采购与付款循环所涉及的主要业务活动及会计资料。
2. 举例说明采购与付款循环中可能存在的重大错报领域。
3. 固定资产内部控制制度有哪些?
4. 对固定资产实施实质性分析程序主要有哪些方法?
5. 简述在不同情况下,注册会计师对固定资产期初余额的审计责任。
6. 简述对购入固定资产的审计要点。
7. 如何查找未入账的负债?
8. 如何选择应付账款的函证对象?
9. 向供应商函证应付账款与向销售客户函证应收账款是否同样有效?

四、研究性问题

1. 如果被审计单位想高估利润,那么其负债容易被高估还是低估?
2. 比较应付账款函证与应收账款函证。
3. 其他应付款审计与应付账款审计的审计重点可能有什么不同?

五、案例分析题

1. 分别指出下列固定资产实质性程序所涉及的管理层认定。
① 核对固定资产登记卡、明细账记录是否一致。
② 检查当年固定资产增加的有关文件。
③ 实地视察固定资产,并查明其产权的归属。
④ 查明有无以固定资产担保或抵押等情况。
⑤ 审查提取折旧的方法是否适当。
⑥ 检查固定资产在财务报表中的披露是否恰当。

2. 注册会计师在审查 B 公司 20×1 年度会计报表时,获知该公司 20×1 年度未发生购并、分立和债务重组行为,供产销形势与上年相当。B 公司财务报表附注的部分内容如下:

20×1 年年末固定资产原值:54 580 万元　　　　　金额单位:人民币万元

固定资产	20×0 年末额(已审数)	本年增加额	本年减少额	20×1 年末数(未审数)
房屋建筑	20 930	2 655	21	23 564
通用设备	8 612	1 158	62	9 708
专用设备	10 008	8 854	121	18 741
运输工具	1 681	460	574	1 567
土　　地	472			472
其他设备	389	150	11	528
合　　计	42 092	8 277	789	54 580

20×1 年年末累计折旧:13 296 万元

固定资产	20×0 年末额(已审数)	本年增加额	本年减少额	20×1 年末数(未审数)
房屋建筑	3 490	898	31	4 357
通用设备	863	865	34	1 694
专用设备	3 080	3 041	20	6 101

续表

固定资产	20×0年末额（已审数）	本年增加额	本年减少额	20×1年末数（未审数）
运输工具	992	232	290	934
土 地	15			15
其他设备	115	83	3	195
合 计	8 540	3 134	378	13 296

要求：请分析上述资料中可能存在的不合理之处，并简要说明理由。

3. 注册会计师在审查 C 公司固定资产时，发现 C 公司在被审计年度新增了以下几种固定资产：

① 新购进一台机床；
② 自建完工、已移交使用的一幢实验楼；
③ 融资租入 3 台数码机床；
④ 股东投资转入一台运输设备。

要求：请分别针对上述各种情况，说明注册会计师应如何查实各新增固定资产的所有权及入账价值。

4. 注册会计师在审查 D 公司固定资产时，发现了下列情况：

① D 公司账面上的一辆奥迪汽车无实物。经询问，有关人员称其系某银行委托被审计单位出面代购，现该车由该银行使用。经实施追加审计程序，查明"其他应付款"账户确有该银行贷方余额 22 万元。

② D 公司现用的营业楼已投入使用 3 年，但固定资产账面无此项目，补充实施审计程序查验该项目仍在"在建工程"科目反映。经询问有关人员，得知该营业楼尚未办理完工交付手续，因而无法确认其具体价值。

③ D 公司将当期发生的装修、装潢费用作为固定资产的改良支出，计入固定资产的价值入账。

④ D 公司处理了一辆使用 2 年的汽车，该汽车原值为 500 000 元，已提累计折旧 95 000 元，现出售价格为 450 000 元，计获得收益 45 000 元，转入"营业外收入"科目。

⑤ D 公司在被审计年度接受 N 公司作为投资转入的固定资产，价值净值 1 300 万元（系经评估后双方确认，评估原值为 1 625 万元，累计折旧 325 万元）。D 公司的会计处理为

借：固定资产　　　　　　　　　　　　　　　　　　　　1 300 万元
　　贷：实收资本　　　　　　　　　　　　　　　　　　　1 300 万元

要求：不考虑其他因素，请分别针对上述各种情况，分析对财务报表的反映造成的影响，以及注册会计师应采取的进一步的审计措施。

5. 注册会计师在审查 E 公司累计折旧时，发现下列情况。

① "生产用固定资产"中有"固定资产——A 设备"已于被审计年度 1 月份停用，并转入"未使用固定资产"，当年度未计提折旧。

② E 公司所使用的单冷空调，当年计提折旧按实际使用的月份（5—9 月）提取。

③ 5 月份购入设备一台，价值 65 万元，当月达到预定可使用状态，8 月份交付使用，E 公司从 9 月份起开始计提折旧。

④ 11 月份，一台大型机器设备转入大修理，至年底尚未修理完毕。E 公司从转入大修理之日起，停止对该台机器设备计提折旧。

要求：分别分析上述情况可能存在的错报领域。

6. 注册会计师在审计 F 公司的应付账款明细账时，发现以下事项。

① "应付账款——甲公司"账户的贷方余额为 100 000 元，经审查是三年前 F 公司向甲公司购买原料的货款。

② F 公司因财务状况不佳，无力支付 M 公司货款 100 万元（增值税项略），经与 M 公司协商，M 公司同意以 F 公司生产的总成本为 60 万元的产品用于抵偿上述债务，双方已在被审计年度履行了债务重组协议，但 F 公司未按规定进行账务处理。

③ "应付账款——丙公司"账户的贷方余额为 30 万元，但通过查阅原始凭证和询问有关人员，未能取得充分审计证据证明此款项的业务性质，无法判定负债的存在性。

要求：分别针对以上各事项，分析可能存在的问题，并列出注册会计师应采取的进一步审计措施。

第 13 章

生产与存货循环审计

【学习目标】

学习本章以后，你应该能够：
- 了解生产与存货循环所涉及的主要业务活动、关键内部控制环节、相关原始单据、主要会计科目和财务报表项目；
- 了解生产与存货循环控制测试的要点；
- 了解存货审计的实质性程序；
- 掌握注册会计师监盘存货的责任及存货监盘的程序。

【内容提要】

生产与存货循环由原材料转化为产成品的有关活动组成，它可分为实物循环和价值循环两大组成部分。生产与存货业务是制造业企业日常发生的重要经济业务之一。生产与存货循环审计是财务报表审计的重要组成内容。生产与存货循环审计的核心是对存货项目进行审计，而存货审计历来是财务报表审计的重点。本章详细介绍了存货监盘、存货计价测试、存货的截止期测试等实质性程序。

13.1 生产与存货循环概述

13.1.1 生产与存货循环的特点

生产与存货循环的目的是生产出满足管理层政策和计划要求的产品。在生产与存货循环中，存货的实物流转和价值流转并行。生产与存货循环通常具有以下特点。

① 生产与存货业务发生频繁，是被审计单位日常业务活动的重要构成内容之一。

② 在制造业企业中，存货生产过程较为复杂，涉及企业内部多个主体和环节。包括生产计划部门、仓库保管部门、产品生产部门、财务部门、销

案例引入

黎明公司

售部门、发货部门等。生产与存货业务的顺利进行,有赖于各部门的协调运转。

③ 生产与存货业务的财务管理及会计处理工作复杂,容易出现差错。

④ 存货管理中存在的风险至少包括:存货积压或短缺,可能导致流动性不足、存货价值贬损或生产中断;采购计划安排不合理,市场变化预测不准确,造成库存短缺或积压,可能导致企业生产停滞或资源浪费。

不同行业企业的存货示例如表 13-1 所示。

表 13-1 不同行业企业的存货

行业类型	存货性质
贸易业	从厂商、批发商或其他零售商处采购的商品
餐饮业	用于加工食品的食材、饮料等
一般制造业	采购的原材料、易耗品和配件等,生产的半成品和成品
金融服务业	一般只有消耗品存货,如仅有文具、教学器材及行政用的计算机设备等
建筑业	建筑材料、在建项目成本(一般包括建造活动发生的直接人工成本和间接费用,以及支付给分包商的建造成本等)

13.1.2 生产与存货循环的业务活动及相关会计资料

在制造业企业中,生产与存货循环涉及的主要业务活动包括:计划和安排生产、发出原材料、生产产品、核算产品成本、储存产成品、发出产成品、存货盘点等。上述业务活动通常涉及以下部门:生产计划部门、仓储部门、生产部门、人事部门、销售部门、会计部门等。相关单据包括:生产指令、领发料凭证、产量和工时记录、工薪汇总表及工薪费用分配表、材料费用分配表、制造费用分配汇总表、成本计算单、存货明细账、存货账龄分析等。

生产与存货循环涉及的主要业务活动及相关的会计资料如图 13-1 所示。

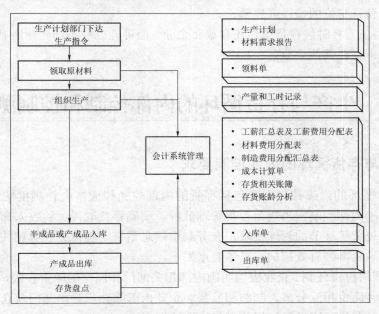

图 13-1 生产与存货循环涉及的主要业务活动及相关的会计资料

在财务报表中,生产与存货循环涉及的主要相关项目是存货和主营业务成本。存货常常涉及财务记录中的多个总账科目,如原材料、半成品、产成品、低值易耗品、包装物、材料成本差异、库存商品、发出商品、商品进销差价、委托加工物资、委托供销商品、受托代销商品、存货跌价准备与存货跌价损失、生产成本、制造费用、劳务成本等。

13.1.3　生产与存货循环的重大错报风险分析

对以生产或商品交易为主的被审计单位而言,对其生产与存货循环进行审计的过程通常较为复杂。该循环交易和余额的重大错报风险可能源于:

① 交易的数量和复杂性。制造类企业交易的数量庞大、业务复杂,这就增加了错误和舞弊的风险。

② 成本核算的复杂性。制造类企业的成本核算是较复杂的。虽然原材料和直接人工等直接费用的分配比较简单,但间接费用的分配可能较为复杂,在同一行业中的不同企业也可能采用不同的认定和计量基础。

③ 产品的多元化。这可能要求聘请专家来验证其质量、状况或价值。另外,计算存货数量的方法也可能是不同的。例如,计量煤堆、筒仓里的谷物或糖、钻石或者其他贵重的宝石、化工品和药剂产品的存储量的方法可能都不一样。这并不是要求注册会计师每次清点存货都需要专家配合,如果存货容易辨认,存货数量容易清点,就无需专家帮助。

④ 某些存货项目的可变现净值难以确定。例如,价格受全球经济供求关系影响的存货,由于其可变现净值难以确定,会影响存货采购价格和销售价格的确定,并将影响对存货计价的风险评估。

⑤ 将存货存放在很多地点。大型企业可能将存货存放在很多地点,并且可以在不同的地点之间配送存货,这将增加商品途中毁损或遗失的风险,或者导致存货在两个地点被重复列示,也可能产生转移定价的错误或舞弊。

⑥ 寄存的存货。有时候存货虽然还存放在企业,但可能已经不归企业所有;反之,企业的存货也可能被寄存在其他企业。

13.2　生产与存货循环的内部控制和控制测试

13.2.1　生产与存货循环的内部控制要求

生产与存货循环的内部控制主要包括存货的内部控制和成本会计制度的内部控制两部分。其中,存货的内部控制应当规范存货管理流程,明确存货取得、验收入库、仓储保管、领用发出、盘点处置等环节的管理要求,充分利用信息系统,强化会计等相关记录,确保存货管理全过程的风险得到有效控制,具体要点如下。

① 存货管理岗位责任制。企业应当明确内部相关部门和岗位的职责权限,切实做到办理存货业务的不相容岗位相互分离、制约和监督。企业内部除存货管理部门及仓储人员外,其他部门和人员接触存货,应当经过相关部门特别授权。

② 存货入库的验收管理。应当规范存货验收程序和方法，对入库存货的质量、数量、技术规格等方面进行查验，验收无误后方可入库。

③ 存货保管制度。企业应当定期对存货进行检查，至少关注下列事项：

- 存货在不同仓库之间流动时应当办理出入库手续；
- 按仓储物资所要求的储存条件贮存，并建立健全防火、防盗、防潮、防病虫害和防变质等措施；
- 加强生产现场的材料、低值易耗品、半成品等物资的管理，防止浪费、被盗和流失；
- 对代管、代销、暂存、受托加工的存货，应单独存放和记录，避免与本单位存货混淆。

④ 存货发出和领用的审批权限控制。大批存货、贵重商品或危险品的发出应当实行特别授权。仓储部门应当根据经审批的销售（出库）通知单发出货物。

⑤ 仓储部门的记录管理。仓储部门应当详细记录存货入库、出库及库存情况，做到存货记录与实际库存相符，并定期与财务部门、存货管理部门进行核对。

⑥ 库存额度管理。企业应当根据各种存货采购间隔期和当前库存，综合考虑企业生产经营计划、市场供求等因素，充分利用信息系统，合理确定存货采购日期和数量，实现对物流运转的自动调节，确保存货处于最佳库存状态。

⑦ 存货盘点清查制度。企业应当结合本单位实际情况确定盘点周期等相关内容。企业至少应当于每年年度终了开展全面盘点清查，盘点清查结果应当形成书面报告。盘点清查中发现的存货盘盈、盘亏、毁损、冷背呆滞及需要报废的存货，应当查明原因、落实责任，按照规定权限批准后处置。

13.2.2 生产与存货循环的控制测试

针对被审计单位在生产与存货循环中的内部控制措施，常用的控制测试如下：

① 获取并审阅与生产和存货业务相关的内部控制制度、生产报告和其他政策性文件。

② 询问企业生产主管、仓储主管、相关业务人员和会计人员有关生产和存货内部控制执行情况。

③ 实地观察不相容的职责是否分离，如存货的验收、仓储、使用和记账的职责；半成品和产成品的验收与生产部门的职责；存货报废的核销、审批与仓储、使用部门的职责；保管存货与监督定期实地盘点的职责等。

④ 实地观察存货是否分类安全存放和保管，重要存货有无良好的防护措施；保管人员是否对入库存货进行点验并填制入库单；仓储部门是否依据领料单或提货单发货并填写出库单；在产品在各生产部门或工序间的转移有无严格手续等。

⑤ 抽查入库单和出库单，确定其要素填写是否齐全，是否有审批手续。

⑥ 检查存货计价方法是否符合财务制度的规定，计价方法发生变化有无批准程序。

⑦ 审查对存货盘盈和盘亏的处理是否有管理层的批准，处理是否及时，是否符合财务制度的规定。

表13-2列示了成本会计制度常用的控制测试。

表 13-2 成本会计制度常用的控制测试

内部控制目标	关键内部控制	常用的控制测试
生产业务是根据管理层一般或特定的授权进行的（发生）	对以下3个关键点，应履行恰当手续，经过特别审批或一般审批：生产指令的授权批准；领料单的授权批准；工薪的授权批准	检查凭证中是否包括这3个关键点的恰当审批；检查生产指令、领料单、工薪等是否经过授权
记录的成本为实际发生的而非虚构的（发生）	成本的核算是以经过审核的生产通知单、领发料凭证、产量和工时记录、工薪费用分配表、材料费用分配表、制造费用分配表为依据的	检查有关成本的记账凭证是否附有生产通知单、领发料凭证、产量和工时记录、工薪费用分配表、材料费用分配表、制造费用分配表等，原始凭证的顺序编号是否完整
所有耗费和物化劳动均已反映在成本中（完整性）	生产通知单、领发料凭证、产量和工时记录、工薪费用分配表、材料费用分配表、制造费用分配表均事先编号并已经登记入账	检查生产通知单、领发料凭证、产量和工时记录、工薪费用分配表、材料费用分配表、制造费用分配表的顺序编号是否完整
成本以正确的金额，在恰当的会计期间及时记录于适当的账户（发生、完整性、准确性、计价和分摊）	采用适当的成本核算方法，并且前后各期一致；采用适当的费用分配方法，并且前后各期一致；采用适当的成本核算流程和账务处理流程；内部核查	选取样本测试各种费用的归集和分配及成本的计算；测试是否按照规定的成本核算流程和账务处理流程进行核算和账务处理
对存货实施保护措施，保管人员与记录人员、批准人员相互独立（存在、完整性）	存货保管人员与记录人员职务相分离	询问和观察存货与记录的接触控制及相应的批准程序
账面存货与实际存货定期核对相符（存在、完整性、准确性、计价和分摊）	定期进行存货盘点	询问和观察存货盘点程序

典型例题 13-1

注册会计师在审查材料采购业务时，发现被审计单位在被审计年度内一笔业务的处理如下：从外地购进原材料一批，共 8 500 kg，价款 300 000 元，运杂费 3 000 元。会计部门将原材料价款计入原材料成本，运杂费计入管理费用。材料入库后，仓库转来材料入库验收单，发现材料短缺 40 kg，查明是在运输途中的合理损耗。

要求：

（1）根据上述资料，指出被审计单位在材料采购管理中存在的问题。

（2）不考虑税务影响，分析注册会计师对有关问题应如何处理。

参考答案：

（1）上述资料描述的材料采购业务，会计部门记账在前，仓库验收在后，会计部门并不以验收单作为记账依据的做法，说明该企业未能很好地执行材料记账、验收相互牵制的内部控制，不但采购业务容易出错，账簿记录也容易混乱或造成账实不符。

（2）注册会计师可做如下处理：第一，向被审计单位管理部门提出改变原材料采购成本计价方法的建议；第二，扩大实质性测试范围，估计错报金额的总额，确定对审计意见的影响；第三，建议作会计调整分录。外地运杂费应计入材料采购成本，而不应计入当期的期间费用。建议调整分录如下：

借：原材料　　　　　　　　　　　　　　　　　　　　　　　　　3 000
　　贷：管理费用　　　　　　　　　　　　　　　　　　　　　　　3 000

至于运输途中合理损耗的短缺，可不调整入库材料总金额（按规定材料合理损耗应计入材料采购成本），但应调整材料明细账的入库材料的数量和单价。

13.3　存货审计的实质性程序

13.3.1　存货的特点及对审计的影响

1. 存货的特点

存货本身具有多样性的特点，审计关注的重点也有所不同。例如，

① 具有漫长制造过程的存货。如飞机制造、酿酒等，其审计重点包括递延成本、预期发生成本及未来市场波动可能对当期损益的影响等。

② 具有固定价格合约的存货。审计重点可能是预期发生成本的不确定性。

③ 服装行业的存货。由于服装产品的消费者对服装风险或颜色的偏好容易发生变化，需重点关注其是否过时。

④ 鲜活、易腐商品存货。由于物质特性和保质期短暂，需重点关注其是否变质。

⑤ 具有高科技含量的存货。由于技术更新较快，需重点关注其是否过时。

⑥ 单位价值高昂、容易被盗窃的存货。需重点关注其资产安全。

2. 存货审计的特点

存货审计通常是审计中最复杂、最费时的部分。影响存货重大错报风险的因素具体包括：存货的数量和种类、成本归集的难易程度、陈旧过时的速度或易损坏的程度、遭受失窃的难易程度、技术因素等。导致存货审计复杂性的主要原因如下。

① 存货通常是资产负债表的一个主要项目，并可能由数量较多的小项目组成。对许多企业，尤其是制造业企业或商品流通企业，存货是流动资产的主体，在资产总额中往往占有相当大的比重。与此同时，存货在资产总额中比重虽大，但就某一单项存货而言，其单位价值相对于固定资产而言一般均不高。不同项目的存货具有不同的规格、质量、性能和数量。在一个制造业企业或商品流通企业的各种账户中，有关存货的明细账往往是最多的。

② 存货存放地点可能比较分散。这使得对它的实物控制和盘点都很困难。企业必须将存货存放于便于产品生产和销售的地方，但是这种分散也带来了审计的困难。

③ 存货项目的多样性也给审计带来了困难。不同的存货，可能有不同的品质特征与工艺流程。注册会计师要想把存货项目审计清楚，必须熟悉相关的专业知识。

④ 存货本身的陈旧及存货成本的分配也使得存货的估价出现困难。

⑤ 允许采用的存货计价方法的多样性。

存货的以上特点给审计带来的影响是：耗用的审计工时较多，使用的审计程序复杂，对注册会计师的专业素质与相关业务知识要求较高。因此，在审计项目组中，往往将存货项目的审计分派给专业知识面广、经验较丰富的人员来完成。

3. 存货审计的重大错报风险分析

存货项目的易错领域如下。

① 存货成本计价中的错报。如随意变更存货计价方法，造成会计指标前后各期口径不一致，人为调节生产和销售成本，调节当期利润；存货成本项目的不合理分摊；虚计在产品完工程度，由此调整完工产品成本等。

② 存货分类中的错报。如以次等品冒充优等品；以廉价物品换贵重物品；以旧商品换好商品；混淆不同批号、不同产地、不同价格的物资等，由此形成存货期末价值失实。

③ 对货到票未到的材料，不暂估入库。根据财务制度的规定，对于月末已收到的购入材料应暂估入库处理，待下月初红字冲回。但有些企业对于收到的部分材料，月末不做财务处理，造成账实不符。

④ 材料盘盈、盘亏不做处理。为了调节利润，被审计单位可能只处理材料盘盈，或者只处理材料盘亏；还有的被审计单位处理材料盘盈、盘亏时不符合财务制度的规定，或者在发生材料盘亏时不转出相应的"进项税额"等。

4. 存货审计的目标

① 确定存货是否存在。
② 确定存货是否归被审计单位所拥有。
③ 确定存货增减变动的记录是否完整。
④ 确定存货的品质状况，存货跌价的计提是否合理。
⑤ 确定存货的计价方法是否恰当。
⑥ 确定存货年末余额是否正确。
⑦ 确定存货是否已被记录于恰当的账户。
⑧ 确定存货在财务报表上的披露是否恰当。

典型例题 13-2

注册会计师在对甲公司财务报表审计的过程中，在工作底稿中记录的部分情况如下。

① 注册会计师认为甲公司存在低估负债的特别风险，在了解相关控制后，未信赖这些控制，直接实施了细节测试。

② 甲公司使用存货库龄等信息测算产品的可变现净值。注册会计师拟依赖与库龄记录相关的内部控制，通过穿行测试确定了相关内部控制运行有效。

③ 甲公司的存货存放在多个地点，注册会计师根据基于管理层提供的存货存放地点清单、存放存货的重要性及评估的重大错报风险确定了盘点地点。

要求：针对上述情形，分别分析注册会计师的风险应对措施是否恰当。

参考答案：

① 不恰当。如果认为评估的认定层次重大错报风险是特别风险，注册会计师应当专门针对该风险实施实质性程序。如果针对特别风险实施的程序仅为实质性程序，这些程序应当包括细节测试，或将细节测试和实质性分析程序结合使用，以获取充分、适当的审计证据。

② 不恰当。穿行测试主要用于了解内部控制，不用于控制测试。

③ 不恰当。注册会计师应考虑存货存放地点清单的完整性，然后再基于此确定盘点地点。

13.3.2 存货审计的实质性程序

1. 常规的实质性程序

一般地,存货审计的实质性程序如下。

测试1:取得或编制存货明细表并与存货总账、明细账相核对。

测试2:存货的实质性分析。

测试3:监督盘点存货。

测试4:存货的计价和产品成本测试。

测试5:测试存货截止的正确性。

测试6:检查存货的抵押合同和寄存合同。

测试7:检查、计算、询问和函证存货的可变现净值。

测试8:确定存货在资产负债表上的表达与披露是否恰当。

2. 存货审计的实质性分析程序

对存货进行实质性分析的方法可以分为两大类,即比较法和比率分析法。

(1) 比较法

可以采用的方法如下。

① 比较前后各期及被审计年度各月份存货余额及其构成,以评价期末存货余额及其构成的合理性。

② 比较前后各期及被审计年度各月待摊费用、预提费用及待处理流动资产损失,以评价其总体合理性。

③ 对被审计年度每月存货成本差异率进行比较,以确定是否存在调节成本的现象。

④ 比较前后各期及被审计年度内各月份生产成本总额及单位成本,以评价本期生产成本的总体合理性。

⑤ 比较前后各期及被审计年度各月份制造费用总额及其构成,以评价制造费用及其构成的总体合理性。

⑥ 比较前后各期及本年被审计年度主营业务成本总额及单位销售成本,以评价主营业务成本的总体合理性。

⑦ 比较前后各期及被审计年度内各月份直接材料成本,以评价直接材料成本的总体合理性。

⑧ 将存货余额与现有的订单、资产负债表日后各期的销售额和下一年度的预测销售额进行比较,以评估存货滞销和跌价的可能性。

⑨ 将存货跌价准备与被审计年度存货处理损失的金额相比较,判断被审计单位是否计提足额的跌价损失准备。

⑩ 将与关联企业发生存货交易的频率、规模、价格和账款结算条件,与非关联企业对比,判断被审计单位是否利用与关联企业的存货交易虚构业务交易、调节利润。

(2) 比率分析法

对存货进行实质性分析常用的财务比率如表13-3所示。

表 13-3 存货审计实质性分析时常用的财务比率

财务比率	计算公式
毛利率	（销售净额－销售成本）/销售净额
存货周转率	销售成本/平均存货
存货周转天数	365/存货周转率
存货占流动资产总额的比率	存货/流动资产总额

示 例

运用毛利率对存货进行实质性分析

注册会计师在审计白猫木材加工批发公司年度财务报表时，采用了毛利率法分析。其具体程序如下：

第一步：计算三种产品的毛利率，并取得相关资料如下：

	×年的毛利率（%）		×－1年的毛利率（%）		×－2年的毛利率（%）	
	白猫公司	同行业	白猫公司	同行业	白猫公司	同行业
硬木	36.3	32.4	36.4	32.5	36.1	32.3
软木	23.9	22.0	20.3	22.0	20.5	22.3
夹合板	40.3	50.1	44.2	54.3	45.4	55.6

第二步：向有关人员如会计负责人等询问有关事宜。

注册会计师得到的解释如下：

1. 本公司硬木产品的毛利率一直高于同行业水平，因为在硬木产品销售上，公司重视那些他们可以制订较高售价而不强调销售量的市场。

2. 在夹合板产品市场上，公司拥有顾客的数量比较少，由于单个客户的销售量很大，这些顾客都要求较低的售价。

3. 在×－2年和×－1年，竞争压力导致同行业和公司的夹合板的毛利率都有所下降。软木市场上，×－1年以前，公司的毛利率一直略低于同行业水平，而在×－1年由于积极扩大销售，软木的毛利率有了大幅度的增长。

第三步：根据已知的事实，注册会计师确定被审计单位对硬木和和夹合板市场的解释与实际所获得的资料一致。

而对于软木产品，注册会计师认为三年来软木毛利率的行业水平一直比较稳定，但白猫公司的软木毛利率却增长了较大数额，因而，注册会计师决定将软木产品的销售收益作为一个关注点。为此，注册会计师采取的措施为：

1. 计算潜在错报额并评价该金额的重要性。

潜在错报额等于=（23.9%－20.3%）×软木的销售额

经过计算，注册会计师认为该金额可能是重要的。

2. 确定该变化的可能原因。如销售收入的高估、商品销售成本的低估等。

3. 在工作底稿中注明对软木销售收入和销售成本的怀疑，标明对与之相关的领域需要扩大实施其他审计测试。

3. 存货监盘

1）注册会计师的责任和被审计单位管理层的责任

存货监督盘点简称存货监盘，是指注册会计师现场观察被审计单位存货的盘点，并对已盘点的存货进行适当检查。定期盘点存货，合理确定存货的数量和状况是被审计单位管理层的责任。实施存货监盘，获取有关期末存货数量和状况的充分、适当的审计证据是注册会计师的责任。

法摩公司

如果存货对财务报表是重要的，注册会计师应当在存货盘点现场实施监盘（除非不可行），并对期末存货记录实施审计程序，以确定其是否准确反映了实际的存货盘点结果。

在存货盘点现场监盘时，注册会计师应当：评价管理层用于记录和控制存货盘点结果的指令和程序；观察管理层制定的盘点程序的执行情况；检查存货；执行抽盘。

存货监盘既可作为控制测试，也可作为实质性程序，其主要针对存货的存在、完整性、权利和义务认定。即注册会计师监盘存货的目的在于获取有关存货数量和状况的审计证据，以确证被审计单位记录的所有存货确实存在，已经反映了被审计单位拥有的全部存货，并属于被审计单位的合法财产。存货监盘通常可同时实现上述审计目标。而在测试存货的权利与义务、完整性认定时，通常需要同时实施其他审计程序以共同实现审计目标。

2）存货监盘程序

（1）编制存货监盘计划

注册会计师应当根据被审计单位存货的特点、盘存制度和存货内部控制的有效性等情况，在评价被审计单位存货盘点计划的基础上，编制存货监盘计划，对存货监盘做出合理安排。

为了编制存货监盘计划，注册会计师需要执行以下审计程序：

① 了解存货的内容、性质，各存货项目的重要程度及存放场所；

② 了解与存货相关的内部控制；

③ 评估与存货相关的重大错报风险和重要性；

④ 查阅以前年度的存货监盘工作底稿；

⑤ 考虑实地察看存货的存放场所，特别是金额较大或性质特殊的存货；

⑥ 考虑是否需要利用专家的工作或其他注册会计师的工作；

⑦ 复核或与管理层讨论其存货盘点计划（需评价其能否合理地确定存货的数量和状况）。

存货监盘计划的主要内容包括：存货监盘的目标、范围及时间安排；存货监盘的要点及关注事项；参加存货监盘人员的分工；检查存货的范围。

典型例题 13-3

注册会计师在对乙公司 20×1 年度财务报表进行审计。乙公司为玻璃制造企业，20×1 年末存货余额占资产总额比重较大。存货包括玻璃、煤炭、烧碱、石英砂，其中 60% 的玻璃存放在外地公用仓库。乙公司对存货核算采用永续盘存制，与存货相关的内部控制比较薄弱。乙公司拟于 20×1 年 11 月 25 日至 27 日盘点存货，盘点工作和盘点监督工作分别由熟悉相关业务且具有独立性的人员执行。被审计单位的存货盘点计划的部分内容如下。

① 存货盘点范围、地点和时间安排。

地点	存货类型	估计占存货总额的比重	盘点时间
A仓库	烧碱、煤炭	烧碱10%、煤炭5%	20×1年11月25日
B仓库	烧碱、石英砂	烧碱10%、石英砂10%	20×1年11月26日
C仓库	玻璃	玻璃26%	20×1年11月27日
外地公用仓库	玻璃	玻璃39%	—

② 存放在外地公用仓库存货的检查。对存放在外地公用仓库的玻璃,检查公用仓库签收单,请公用仓库自行盘点,并提供20×1年11月27日的盘点清单。

③ 存货数量的确定方法。对于烧碱、煤炭和石英砂等堆积型存货,采用观察及检查相关的收、发、存凭证和记录的方法,确定存货数量;对于存放在C仓库的玻璃,按照包装箱标明的规格和数量进行盘点,并辅以适当的开箱检查。

④ 盘点标签的设计、使用和控制。对存放在C仓库玻璃的盘点,设计预先编号的一式两联的盘点标签。使用时,由负责盘点存货的人员将一联粘贴在已盘点的存货上,另一联由其留存;盘点结束后,连同存货盘点表交存财务部门。

⑤ 盘点结束后,对出现盘盈或盘亏的存货,由仓库保管员将存货实物数量和仓库存货记录调节相符。

要求: 逐项判断上述存货盘点计划第①～⑤项是否存在缺陷。如果存在缺陷,简要提出改进建议。

参考答案:

① 存在3个缺陷。A、B仓库的存货中均存在烧碱,对于同一类型的存货,建议采用同时盘点的方法,不应该安排在不同的时间;对于存放在公用仓库的存货——玻璃,占存货总额的39%,是非常高比例的存货,建议安排时间进行盘点,纳入盘点范围;乙公司内部控制比较薄弱,应该选择在资产负债表日前后进行盘点。

② 存在缺陷。对于存放在公用仓库的存货,采取的盘点方式是发函确认,由于乙公司与存货相关的内部控制较薄弱,所以不能仅仅依靠签收单作为盘点的方式。

③ 存在缺陷。盘点方式不恰当,对于烧碱、煤炭和石英砂等堆积型存货,应该选择的盘点方式通常为:运用工程估测、几何计算、高空勘测,并依赖详细的存货记录;如果堆场中存货堆不高,可进行实地监盘,或通过旋转存货堆加以估计。

④ 不存在缺陷。

⑤ 存在缺陷。盘点结束后,对于盘盈或盘亏的存货,不应由仓库保管人员对于存货实物数量和仓库存货记录进行调节,应该安排与仓库保管无关的主管人员负责调节。

(2) 实施存货监盘

在存货盘点现场实施监盘时,注册会计师应当实施以下审计程序:

① 评价管理层用于记录和控制存货盘点结果的指令和程序。确定其指令和程序是否能够适当控制盘点活动;是否能准确认定在产品的完工程度,流动缓慢(呆滞)、过时或毁损的存

货项目及第三方拥有的存货；是否能控制对存货的不同存放地点之间的移动及截止时点前后出入库的控制等。

② 观察管理层执行盘点程序的情况。

③ 检查存货，以确定存货的存在，并识别过时、毁损或陈旧的存货。

④ 执行抽盘。可从存货盘点记录中选取项目追查至存货实物，以及从存货实物中选取项目追查至盘点记录。应尽可能避免让被审计单位事先了解将被抽查的项目。若抽查时发现差异，由于抽查的内容仅仅只是已盘点存货的一部分，所以注册会计师一方面应当查明原因，提请被审计单位更正，另一方面应当考虑错误的潜在范围和重大程度，在可能的情况下，扩大检查范围以减少错误的发生，甚至要求被审计单位重新盘点。重新盘点的范围可限于某一特殊领域的存货或特定的盘点小组。

⑤ 存货监盘结束时的工作。在被审计单位存货盘点结束前，注册会计师应当：

- 再次观察盘点现场，以确定所有应纳入盘点范围的存货是否均已盘点；
- 取得并检查已填用、作废及未使用盘点表单的号码记录，确定其是否连续编号；
- 查明已发放的表单是否均已收回，并与存货盘点的汇总记录相核对，与自己在存货监盘过程中获取的信息相核对，并评估其是否正确地反映了实际盘点结果。

表 13-4 列示了不同类型存货的监盘要点。

表 13-4 不同类型存货的监盘要点

存货类型	常见问题	监盘要点
木材、钢筋盘条、管子	通常无标签，但在盘点时会做上标记或用粉笔标识；难以确定存货的数量或等级	检查标记或标识；利用专家或被审计单位内部有经验人员的工作
堆积型存货（如糖、煤、钢废料）	通常既无标签也不做标记；在估计存货数量时存在困难	运用工程估测、几何计算、高空勘测，并依赖详细的存货记录；如果堆场中的存货堆不高，可进行实地监盘，或通过旋转存货堆加以估计
使用磅秤测量的存货	在估计存货数量时存在困难	在监盘前和监盘过程中均应检验磅秤的精准度，并留意磅秤的位置移动与重新调校程序；将检查和重新称量程序相结合；检查称量尺度的换算问题
散装物品（如贮窖存货，使用桶、箱、罐、槽等容器储存的液、气体、谷类粮食、流体存货等）	在盘点时通常难以加以识别和确定；在估计存货数量时存在困难；在确定存货质量时存在困难	使用容器进行监盘或通过预先编号的清单列表加以确定；使用浸醺、测量棒、工程报告及依赖永续存货记录；选择样品进行化验与分析或利用专家的工作
贵金属、石器、艺术品与收藏品	在存货辨认与质量确定方面存在困难	选择样品进行化验与分析或利用专家的工作
生产纸浆用木材、牲畜	在存货辨认与数量确定方面存在困难；可能无法对此类存货的移动实施控制	通过高空摄影以确定其存在性，对不同时点的数量进行比较，并依赖永续存货记录

（3）特殊情况的处理

① 如果存货盘点在财务报表日以外的其他日期进行，注册会计师还应当实施其他审计程序，以获取审计证据，确定存货盘点日与财务报表日之间的存货变动是否已得到恰当的记录。

② 由于不可预见的情况，无法在存货盘点现场实施监盘。两种比较典型的情况是：注册会计师无法亲临现场，即由于不可抗力导致其无法到达存货存放地实施存货监盘；气候因素。在此类情况下，注册会计师应当另择日期实施监盘，并对间隔期内发生的交易实施审计程序。

③ 如果在存货盘点现场实施存货监盘不可行，如存货涉及保密问题、存货存放在对人员安全有威胁的地方；存货系危害性物质等，注册会计师应当实施替代审计程序，以获取有关存货的存在和状况的充分、适当的审计证据。

相关替代审计程序有：检查进货交易凭证或生产记录及其他相关资料；检查资产负债表日后发生的销货交易凭证；向顾客或供应商函证，以获取有关存货的存在和状况的充分、适当的审计证据。

④ 如果由第三方保管或控制的存货对财务报表是重要的，注册会计师应当实施下列一项或两项审计程序，以获取有关该存货存在和状况的充分、适当的审计证据：

- 向持有被审计单位存货的第三方函证存货的数量和状况；
- 实施检查或其他适合具体情况的审计程序。

在未能对存货进行必要的监盘时，如果不能实施替代审计程序，或者实施替代审计程序仍然无法获取有关存货的存在和状况的充分、适当的审计证据，则注册会计师可能发表非无保留意见。

3）不当的存货监盘方法

① 观察存货盘点的人员非专业人员，对所观察盘点的存货缺乏了解，并且每年派赴观察盘点的人员没有连续性。

② 查核人员被骗，因为他们只抽点了一小部分。

③ 查核人员允许被审计单位人员跟随并记录查核人员的抽点项目，使被审计单位有机会对未抽点项目做假。

④ 查核人员发现一种显示可能的作弊情况，迫使被审计单位不得不更正，但未警觉到被审计单位可能有更普遍的其他蓄意舞弊现象的存在。

⑤ 查核人员事先告知被审计单位他们要去观察存货盘点的地点，使单位得以预做准备，就未观察地点之存货做不实调整。

4. 存货的计价测试

存货的计价测试是要确定存货实物数量和永续盘存记录中的数量是否经过正确地计价和汇总。存货计价测试包括两个方面：一是被审计单位所使用的存货单位成本是否正确；二是是否恰当计提了存货跌价损失准备。在确定存货的计价是否合理时，注册会计师通常要关注以下几个问题。

① 确定被审计单位采用的存货计价方法。被审计单位可以采用的存货计价方法有很多，如实际成本计价方法，包括个别认定法、平均成本法、先进先出法等；估计成本计价方法，包括毛利率法、零售价盘存法等；成本与市价孰低法等。

② 确定被审计单位被审计年度所采用的计价方法是否与以前年度相同。这是关于两年间计价方法变化的问题。比如，被审计单位将先进先出法改为加权平均法。这种计价方法的改变会影响被审计年度的收益。注册会计师应当掌握企业的存货计价方法，并对这种方法的合理性和一贯性予以关注，没有充分理由，计价方法不能变动。

③ 选择样本进行测试。计价测试的样本，应从存货数量已经盘点，单价和金额已经记入

存货汇总表的结存存货中选择。抽样时可采用分层抽样法，着重选取结存余额大、价格变化较频繁的项目。

对存货进行的计价测试可以使用如表 13-5 所示的表格。

表 13-5　存货计价测试表

被审计单位名称	财务报表截止期	索引号

编制：		日期：
复核：		日期：

日期	品名及规格	收入			发出			余额		
		数量	单价	金额	数量	单价	金额	数量	单价	金额

审计说明：

1. 计价方法说明：
2. 情况说明：

审计结论：

5. 存货的截止测试

存货截止测试就是要检查截止至被审计年度年底所购入的存货是否已包括在年底的存货记录之内，以及有无将下一个会计期间的存货提前入账。对存货截止测试的方法主要有两种：一是抽查存货盘点日前后的购货发票与验收报告；二是查阅验收部门的业务记录，凡接近年底购入的货物，必须查明其相应的购货发票是否在同期入账。

典型例题 13-4

审计项目组负责对甲公司 20×1 年度财务报表审计时获得以下资料。

资料一：

甲公司主要从事 A 产品的生产和销售，无明显产销淡旺季。产品销售采用赊销方式，正常信用期为 20 天。

在 A 产品生产成本中，a 原材料成本占比重较大。a 原材料在 20×1 年的年初、年末库存均为零。A 产品的发出计价采用移动加权平均法。

资料二：

20×1 年度，甲公司所处行业的统计资料显示，生产 A 产品所需 a 原材料主要依赖进口，汇率因素导致 a 原材料采购成本大幅上涨；替代产品面市使 A 产品的市场需求减少，市场竞争激烈,导致销售价格明显下跌。

资料三:甲公司相关财务记录如下。

① A 产品 20×0 年度和 20×1 年度的销售记录如下。

产品名称	20×1 年(未审数)			20×0 年(已审数)		
	数量/t	营业收入/万元	营业成本/万元	数量/t	营业收入/万元	营业成本/万元
A 产品	900	50 000	40 000	800	40 000	34 000

② A 产品 20×1 年度收发存记录如下。

日期及摘要	入库			出库			库存		
	数量/t	单价/万元	金额/万元	数量/t	单价/万元	金额/万元	数量/t	单价/万元	金额/万元
年初余额							0	0	0
1月3日入库	80	60	4 800				80	60	4 800
1月4日出库				70	60	4 200	10	60	600
2月9日入库	80	55	4 400				90	55.56	5 000
(略)									
11月30日出库				75	52	3 900	75	52	3 900
12月2日入库	75	48	3 600				150	50	7 500
12月9日出库				150	50	7 500	0	0	0
年末余额							0	0	0

③ 20×1 年,甲公司与销售 A 产品相关的应收账款变动记录如下。

日期及摘要	借方/万元	贷方/万元	余额/万元
年初			3 000
1月2日收款		2 700	300
1月4日赊销	5 000		5 300
(略)			
11月30日收款		2 500	600
12月9日赊销	9 000		9 600
年末余额			9 600
次年年初余额			9 600
次年1月25日赊销	3 000		12 600
次年1月31日余额			12 600

要求:根据上述资料,假定不考虑其他条件,识别甲公司 20×1 年度财务数据是否存在

重大错报风险,如果甲公司20×1年度财务报表存在重大错报风险,指出重大错报风险主要与哪些财务报表项目的哪些认定相关(仅需考虑营业收入、营业成本、应收账款、坏账准备、存货项目)。请列示必要的分析过程。

参考答案:

重大错报风险评估过程	财务报表项目	相关认定
20×0年度已审数中A产品的毛利率=(40 000−34 000)/40 000=15%,但是20×1年度未审数A产品的毛利率=(50 000−40 000)/50 000=20%,根据资料二显示"替代产品面市使A产品的市场需求减少,市场竞争激烈,导致销售价格明显下跌",所以很可能存在虚增收入的情况	营业收入	发生
	营业成本	准确性
因为市场竞争激励,A产品的市场需求减少,但是A产品20×1年度收发存记录显示该产品年末余额为0,很可能该存货被低估	存货	完整性
从与销售A产品相关的应收账款变动记录中可以看出20×1年12月9日赊销产生的应收账款在20×2年1月31日都没有收回,但是"正常信用期为20天",所以应收账款很可能存在坏账计提不足或虚增收入等重大错报风险	应收账款	存在
	营业收入	发生
	坏账准备	准确性、计价和分摊
因为汇率因素导致a原材料采购成本大幅上涨,将会导致A产品的成本上升,但是A产品20×1年的入库单价却下降,存货成本存在重大错报风险	存货	准确性、计价和分摊
因为甲公司无明显产销淡旺季,但A产品在12月份却有大量的出库,很可能存在虚构销售的重大错报风险	营业收入	发生
	营业成本	发生
	存货	完整性

本章关键术语

生产与存货循环　　　实物流转　　　价值流转
存货　　　　　　　　存货盘点　　　存货监盘计划
存货监盘　　　　　　盘点表　　　　逐项盘点法
循环盘点法　　　　　统计盘点法　　计价测试
截止测试

本章复习

一、单项选择题

1. 生产与存货循环是由两个既相互独立又密切联系的系统组成的,一个涉及实物流转,另一个涉及相关的(　　)。

    A. 加工过程　　　B. 价值流转　　　C. 人员流动　　　D. 收付流程

2. 生产与存货循环同销售与收款循环的直接联系发生于(　　)。

    A. 借记"主营业务成本",贷记"产成品"之时

B. 借记"材料采购",贷记"应付账款"之时
C. 借记"应付账款",贷记"银行存款"之时
D. 借记"应收账款",贷记"银行存款"之时

3. 通常情况下,仅与生产与存货循环相关的业务活动是( )。
   A. 验收采购的原材料   B. 运用机器设备
   C. 销售产成品   D. 产成品完工入库

4. 如果由于被审计单位存货的性质或位置等原因导致无法实施存货监盘,注册会计师应当考虑实施的替代审计程序不包括( )。
   A. 向客户或供应商函证
   B. 通过分析程序分析是否存在重大变动
   C. 检查资产负债表日后发生的销货交易凭证
   D. 检查进货交易凭证或生产记录及其他相关资料

5. 在被审计单位盘点存货之前,对被审计单位实施存货监盘的外勤人员应当( )。
   A. 观察存货盘点计划的执行情况
   B. 确定存货数量和状况记录的准确性
   C. 跟随被审计单位的盘点人员对存货状况进行检查
   D. 观察盘点现场存货的排列情况及是否附有盘点标示

6. 注册会计师在检查被审计单位存货时,注意到某些存货项目实际盘点的数量大于永续盘存记录中数量。以下各项中,最可能导致这种情况的是( )。
   A. 被审计单位向客户提供销售折扣
   B. 供应商向被审计单位提供购货折扣
   C. 客户已将购买的存货退给被审计单位
   D. 被审计单位已将购买的存货退给供应商

7. 以下关于存货监盘的做法中,恰当的是( )。
   A. 抽查存货盘点表,进行账账、账实核对
   B. 监盘前将抽查范围告知被审计单位,以便其做好相关准备
   C. 抽盘后将抽盘记录交予被审计单位,要求据以修正盘点表
   D. 未能监盘期初存货,根据期末监盘结果倒推存货期初余额,并予以确认

8. 如果被审计单位某类原材料明细账中显示的期末实物数量为零,而金额却为负数,最可能的原因是( )。
   A. 多结转了成本费用   B. 少结转了成本费用
   C. 尚未到货的原材料被提前入账   D. 已经到货的原材料未及时入账

9. 以下情况中,应当计提存货跌价准备的是( )。
   A. 盘点时发现存货短缺
   B. 当期购入的存货因意外毁损
   C. 受托代管的存货市价严重下跌
   D. 委托其他单位代销的存货市价严重下跌

10. 下列各项中,属于存货审计实质性程序的是( )。
    A. 分析产成品成本的构成   B. 现场观察产成品的出库过程

C. 询问成本计算表的编制过程　　　　D. 审查领料单是否经过适当审批

二、多项选择题

1. 下列生产与存货循环的内部控制中，存在缺陷的有（　　）。
   A. 生产需要获得授权批准
   B. 单独记录受托加工的存货
   C. 生产工人在完成生产任务后，产品直接入库
   D. 储存产成品和发运产成品均由仓库部门来完成

2. 下列各项中，表明存货存在较高错报风险的有（　　）。
   A. 内部审计人员负责监督存货盘点
   B. 仓库定期与财务部门核对存货明细记录
   C. 存货盘点结果显示存在较多账实不符情况
   D. 存货盘点的范围包括委托外单位加工的存货
   E. 存货跌价准备的计提额须报会计主管审批决定

3. 下列项目中，应确认为被审计单位存货的有（　　）。
   A. 被审计单位尚未发运给购货方的商品
   B. 被审计单位已付款购进，但尚在运输途中的商品
   C. 购买的商品已经使用，但合同约定3个月内可退货
   D. 未收到销售方的结算发票，但已运抵被审计单位并验收入库的商品

4. 如果被审计单位本期毛利率较前期变动较大，可能的原因有（　　）。
   A. 产品售价变动　　　　　　　　B. 产品产量变动
   C. 存货周转率变动　　　　　　　D. 产品销售结构变动
   E. 产品单位成本变动

5. 对无法实施监盘程序的辐射性化学品，注册会计师可实施的替代审计程序包括（　　）。
   A. 复核相关采购、生产和销售记录
   B. 向能够接触到该存货项目的第三方人员询证
   C. 与被审计单位沟通，协调提供实物查看的条件
   D. 审查被审计单位对其生产、使用和处置的报告

6. 某注册会计师在年报审计中没有对存货项目实施监盘程序，但出具了无保留意见审计报告。如果监管部门在执业质量抽查中注意到了这一情况，却没有认定该注册会计师违反了审计准则。对此情况，你认为可能的原因有（　　）。
   A. 未实施监盘是因为受到被审计单位的限制
   B. 该注册会计师不知道准则中有关监盘的要求
   C. 被审计单位的存货余额占资产总额的比例很低
   D. 该注册会计师执行了能够替代存货监盘的审计程序

7. 对被审计单位寄销在外地的存货，注册会计师可采取的测试方法有（　　）。
   A. 向寄销的单位发询证函
   B. 亲自前往存放地观察盘点
   C. 审查有关的原始单证、账簿记录

D. 委托寄销当地的注册会计师代为监盘

E. 建议被审计单位对该批存货做销售处理

8. 下列关于注册会计师存货监盘的说法中,适当的有（　　）。

A. 执行存货监盘的目的是确认被审计单位的盘点计划是否得到适当的执行

B. 存货监盘范围大小取决于存货的内容、性质及重大错报风险的评估结果

C. 存货监盘前,可以通过查阅以前年度的工作底稿了解被审计单位的存货情况

D. 存货监盘过程中,应对被审计单位的盘点情况进行实地观察,并形成相应记录

9. 如果通过监盘发现被审计单位存货账面记录与经监盘确认的存货存在重大差异,则注册会计师应当执行的审计程序通常包括（　　）。

A. 进一步查明产生差异的原因

B. 建议被审计单位对已确认的差异进行调整

C. 对存货执行分析程序,确认差异的准确性

D. 如果被审计单位不进行会计调整,确定对审计报告的影响

10. 下列审计程序中,通常可以增强存货审计程序不可预见性的有（　　）。

A. 对小金额存货实施计价测试

B. 在存货监盘时抽查大额存货

C. 运用不同的抽样方法选择抽查存货

D. 向以前审计过程中接触不多的被审计单位员工询问存货情况

三、问答题

1. 简述销售与收款循环所涉及的主要业务活动及相关会计资料。
2. 举例说明生产与存货循环中可能存在的重大错报领域。
3. 简述注册会计师在制订存货监盘计划之前应实施哪些工作。
4. 简述注册会计师对存货监盘的责任及监盘程序的要点。

四、研究性问题

1. 许多注册会计师认为：与验证报表中其他项目相比,存货数量的验证是一项更困难的工作。请说明你对此问题的理解。

2. 假设你是一名审计项目负责人,现在你被分配负责审计 3 家新企业,存货的特点分别为：

① 一个纺织厂,其生产线是 24 小时三班制,在盘点期间不能停产。

② 一个家具厂,其原原材料主要是木材,存放在多个仓库里。

③ 一家农场,面积达 $10\ km^2$。该农场主要生产各种品种的水果及蔬菜。

分析注册会计师在对上述 3 家被审计单位执行监盘存货的程序时,应注意哪些问题。

五、案例分析题

1. 注册会计师在进行存货审计时,发现被审计单位存在以下可能导致错误的情况。

① 所有存货都未认真盘点。

② 接近资产负债表日前入库的材料采购已验收入库,但可能未做相关会计记录。

③ 其他公司存放在本公司仓库的某材料可能已记入被审计单位的存货项目中。

④ 存货计价方法已做变更。

要求：请问注册会计师为证实上述情况是否真正导致错误,分别应当采取哪些实质性程序?

2. 审计人员在审阅材料明细账时,发现如下情况:
① 甲材料结存栏只有金额而无数量;
② 乙材料结存栏只有数量而无金额;
③ 丙材料结存栏有数量而金额为红字;
④ 丁材料结存栏的数量与金额均为红字。
要求:说明以上情况分别可能是什么原因造成的,应如何审查。

3. 请将下表的空格填写完整。

存货的认定	具体审计目标	审计程序
	被审计单位对存货均拥有所有权	
	记录的存货数量包括了被审计单位所有的在库存货	
	已按成本与可变现净值孰低法调整期末存货的价值	
	列示的存货项目确实存在	

4. 注册会计师负责 A 公司 20×1 年度财务报表审计。A 公司从事商品零售业,存货占其资产总额的 60%。除自营业务外,A 公司还将部分柜台出租,并为承租商提供商品仓储服务。根据以往的经验和期中测试的结果,注册会计师认为 A 公司有关存货的内部控制有效。注册会计师计划于 20×1 年 12 月 31 日实施存货监盘程序。注册会计师编制的存货监盘计划的部分内容如下。

① 在到达存货盘点现场后,监盘人员观察代柜台承租商保管的存货是否已经单独存放并予以标明,确定其未被纳入存货盘点范围。

② 在甲公司开始盘点存货前,监盘人员在拟检查的存货项目上做出标识。

③ 对以标准规格包装箱包装的存货,监盘人员根据包装箱的数量及每箱的标准容量直接计算确定存货的数量。

④ 在存货监盘过程中,监盘人员除关注存货的数量外,还需要特别关注存货是否出现毁损、陈旧、过时及残次等情况。

⑤ 对存货监盘过程中收到的存货,要求甲公司单独码放,不纳入存货监盘的范围。

⑥ 在存货监盘结束时,监盘人员将除作废的盘点表单以外的所有盘点表单的号码记录于监盘工作底稿。

要求:针对上述事项,逐项指出是否存在不当之处。如果存在,简要说明理由。

5. 审计项目组负责 B 公司 20×1 年度财务报表审计。B 公司为果汁生产企业,其存货主要包括苹果和桶装果汁。其中,苹果贮存在各采购地的 10 个简易棚内,桶装果汁贮存在 B 公司的 1 个仓库内。B 公司拟于 20×1 年 12 月 31 日起开始盘点存货,盘点工作由熟悉相关业务且具有独立性的人员执行。注册会计师编制的存货监盘计划的部分内容如下。

① 与存货相关的内部控制比较有效,加之存货单位价值不高,将存货认定层次重大错报风险评估为低水平。

② 在对桶装果汁实施监盘程序时,采用观察和检查相关的收、发、存凭证与记录的方法,确定存货的数量。

③ B 公司对苹果的盘点计划是:20×1 年 12 月 31 日盘点 5 个简易棚内苹果,20×2 年

1月5日盘点其他5个简易棚内苹果。根据B公司的盘点计划，审计项目负责人要求项目组成员在上述时间对苹果实施监盘程序。

要求：

（1）针对存货期初余额，注册会计师应当实施哪些审计程序。

（2）针对上述存货监盘计划，逐项判断存货监盘计划是否存在缺陷。如果存在缺陷，简要提出改进建议。

6. 审计项目组负责C公司20×1年度财务报表审计。C公司是一家连锁经营的大型零售企业，在国内的零售商场约500家，国外零售商场约100家。在制订定存货监盘计划时，注册会计师决定在600家零售商场中抽取20家进行存货监盘。监盘计划的部分内容如下。

① 与零售商场负责人沟通以确定年底监盘的具体时间和方式。

② 要求各零售商场选择日期停止营业，进行盘点，并提前通知注册会计师前往各商场进行现场观察与抽查。

③ 要求各零售商场各自选择日期，在下班后由各零售小组或柜台销售人员自行盘点并填写盘点清单，然后由审计项目组成员将抽查到的清单与实物进行核对。

④ 将所有的商品进行分类，每个工作日盘点一类，被盘点的一类商品停止销售，未被盘点的商品照常销售。

⑤ 对于国外的零售商场不进行监盘，直接审阅其盘点记录及账面记录。

要求：针对上述监盘计划，逐项判断是否存在缺陷。如果存在缺陷，简要提出改进建议。

7. 审计项目组在审计D公司20×1年度财务报表时，发现临近资产负债表日前后发生如下业务事项。

① 20×2年1月2日收到价值为20 000元的货物，入账日期为20×2年1月4日，发票上注明由供应商负责运送，目的地交货，开票日期为20×1年12月26日。

② 当实际盘点时，D公司1包价值80 000元的产品已放在装运处，因包装纸上注明"有待发运"字样而未计入存货内。经调查发现，顾客的订货单日期为20×1年12月20日，顾客于20×2年1月4日收到后付款。

③ 20×2年1月6日收到价值为70 000元的物品，并于当天登记入账。该物品由供货商按离厂交货条件于20×1年12月28日交付运送，因20×1年12月31日尚未收到，故未计入结账日存货。

④ 按顾客特殊订单制作的某产品，于20×1年12月31日完工并送装运部门，顾客已于该日付款并提货。该产品未包括在20×1年12月31日存货内。

要求：请分析上述各种情况的存货是否应包括在20×1年12月31日的存货记录内，并说明理由。

8. 审计项目组发现被审计单位的存货项目在接近结账日时存在以下情况。

① 年终存货实地盘点时将其他单位寄存代销的物品误记其中。

② 实物是1 000个，年终盘点时误记为100个。

③ 某产成品销售时，未做销售记录。因其实物尚存在仓库，已将其列入期末存货中。

④ 某产成品销售时，未做销售记录，亦未包括在期末存货中。

要求：针对上述情况，分别分析对当期财务报表的影响。

第 14 章

货币资金审计

【学习目标】

学习本章以后,你应该能够:
- 理解货币资金与其他各交易循环的关系;
- 了解货币资金循环所涉及的主要业务活动、关键内部控制环节、相关原始单据、主要会计科目和财务报表项目;
- 了解货币资金控制测试的要点;
- 了解现金审计中的实质性程序,掌握现金的监盘程序;
- 了解银行存款审计中的实质性程序,掌握银行存款询证程序。

【内容提要】

货币资金业务是企业日常发生的重要经济业务之一。货币资金审计,是财务报表审计的重要组成内容。本章介绍了货币资金业务特点、内部控制和控制测试程序,以及该循环审计中的关注重点及重要审计方法,详细介绍了现金审计、银行存款审计的实质性程序。

14.1 货币资金概述

14.1.1 货币资金的特点

货币资金,是指企业经营资金在周转过程中停留在货币形态上的那部分资金。企业经营过程中,很多经济活动都需要通过货币资金的收支来进行。企业需要经常保持一定数量的货币资金,既要防止不合理地占压资金,又要保证业务经营的正常需要,并按照货币资金管理的有关规定,对各种收付款项进行结算。货币资金具有以下特点。

① 货币资金是企业资产的重要组成部分。

案例引入

航天机电公司

② 货币资金是被审计单位各项资产中流动性最强的。
③ 货币资金业务是企业日常经营活动的起点和终点，其增减变动与被审计单位的日常经营活动密切相关，发生次数通常比较频繁。
④ 货币资金同各交易循环中的业务活动均存在密切关系。例如，在销售与收款循环中，销售的最终实现表现为货币资金的流入；在采购与付款循环中，物品的购入会带来货币资金的流出；筹资循环表现为货币资金的流入与用货币资金还本、付息或支付股利等。
⑤ 货币资金业务至少涉及的风险有：资金调度不合理、营运不畅，可能导致企业陷入财务困境；资金活动管控不严，可能导致资金被挪用、侵占、抽逃或遭受欺诈。如果货币资金管理不善，其本身的实物安全可能难以得到保障，且被挪用、侵占的可能性也会提升。

根据货币资金所包括的内容，货币资金审计涉及3个总账科目：现金、银行存款和其他货币资金。被审计单位存放在银行的不能自由支配的存款则不包括在此审计的内容之内。

14.1.2 货币资金的业务活动与相关的会计资料

货币资金不仅与企业其他业务循环关系密切，其本身业务也能自成体系。在财务报表审计中，需要将各个循环中与货币资金有关的内容相对独立地进行审计。货币资金业务主要有编制或取得原始单据、处理单据、受理结算凭证、单据审批、办理结算、收付款项和账务处理、账实核对等。

货币资金审计中需要审查的会计资料主要包括：收、付款凭证；现金盘点表；银行对账单；银行存款余额调节表；与货币资金相关科目的记账凭证及会计账簿，如现金日记账、银行存款日记账、现金总账、银行存款总账等；其他相关原始凭证及文件、信息。

14.1.3 货币资金的重大错报风险分析

货币资金主要包括库存现金、银行存款及其他货币资金。如果被审计单位存在以下事项或情形，注册会计师通常要保持职业怀疑：
① 被审计单位的现金交易比例较高，并与其所在的行业常用的结算模式不同；
② 库存现金规模明显超过业务周围所需资金；
③ 银行账户开立数量与企业实际的业务规模不匹配；
④ 在没有经营业务的地区开立银行账户，或将高额资金存放于其经营和注册地之外的异地；
⑤ 被审计单位资金存放于管理层或员工个人账户，或通过个人账户进行被审计单位交易的资金结算；
⑥ 货币资金收支金额与现金流量表中的经营活动、筹资活动、投资活动的现金流量不匹配或经营活动现金流量净额与净利润不匹配；
⑦ 不能提供银行对账单或银行存款余额调节表，或提供的银行对账单没有银行盖章、交易对方名称或摘要；
⑧ 存在长期或大量银行未达账项；
⑨ 银行存款明细账存在非正常转账，例如短期内相同金额的一收一付或相同金额的分次转入转出等大额异常交易；
⑩ 存在期末余额为负数的银行账户；

⑪ 受限货币资金占比较高；
⑫ 存款收益金额与存款的规模明显不匹配；
⑬ 针对同一交易对方，在报告期内存在现金和其他结算方式并存的情形；
⑭ 违反货币资金存入和使用规定，如上市公司将募集资金违规用于质押，未经批准开立账户转移募集资金、未经许可将募集资金转作其他用途等；
⑮ 存在大额外币收付记录，而被审计单位并不涉足进出口业务；
⑯ 被审计单位以各种理由不配合银行函证，不配合注册会计师至中国人民银行或基本开户行打印《已开立银行结算账户清单》；
⑰ 与实际控制人（或控股股东）、银行（或财务公司）签订集团现金管理账户协议或类似协议。

在审计其他财务报表项目时，也需要关注一些特别的事项或情形。例如，存在没有真实业务支持或与交易不相匹配的大额资金或汇票往来；存在长期挂账的大额预付款项；在大量货币资金的情况下仍高额或高息举债；付款方账户名称与销售客户名称不一致，收款方全称与供应商名称不一致；开具的银行承兑汇票没有银行承兑协议支持；银行承兑票据保证金余额与应付票据余额比例不合理；存在频繁的票据贴现；实际控制人（或控股股东）频繁进行股权质押（冻结）且累计被质押（冻结）的股权占其持有被审计单位总股本的比例较高；在存在大量货币资金的情况下，频繁发生债务违约，或者无法按期支付股利或偿付债务本息；首次公开发行股票公司申报期内持续现金分红；工程付款进度或结算周期异常等。当被审计单位存在以上事项或情形时，可能表明存在舞弊风险。

14.2 货币资金的内部控制和控制测试

14.2.1 货币资金的内部控制要求

货币资金流动性最强，是被审计单位业务活动必不可少的资金条件。同时，货币资金的收付必须符合国家的有关规定，所以被审计单位一般十分关注对其的管理，以确保货币资金的安全性、货币资金收付的合法性及货币资金信息披露的公允性和合法性。企业应当加强资金营运全过程的管理，统筹协调内部各机构在生产经营过程中的资金需求，切实做好资金在采购、生产、销售等环节的综合平衡，做到实物流和资金流的相互协调，全面提升资金营运效率。

① 充分发挥全面预算管理在资金综合平衡中的作用，严格按照预算要求组织协调资金调度，确保资金及时收付，实现资金的合理占用和营运良性循环。

② 严禁资金的体外循环，切实防范资金营运中的风险。

③ 定期组织召开资金调度会，对预算资金执行情况进行综合分析，发现异常情况，及时采取措施妥善处理，避免资金冗余或资金链断裂。

④ 对营运资金实施会计系统控制，严格规范资金的收支条件、程序和审批权限。

在生产经营及其他业务活动中取得的资金收入应当及时入账，不得账外

企业内部控制应用指引第 6 号

设账,严禁收款不入账。办理资金支付业务,应当明确支出款项的用途、金额、预算、限额、支付方式等内容,并附原始单据或相关证明,履行严格的授权审批程序后,方可安排资金支出。办理资金收付业务,应当遵守现金和银行存款管理的有关规定,严禁将办理资金支付业务的相关印章集中一人保管。

典型例题 14-1

被审计单位设置了以下关于货币资金的内部控制措施:
① 每日所收入的现金应当日存入银行。
② 报销费用时应将所有的附件、单据打孔或盖章注明已报销。
③ 由独立人员核对银行存款日记账和银行对账单,并针对未达账项编制银行存款余额调节表。
④ 开票和收款工作由不同人员担任。
要求:请分析被审计单位设置各项控制措施的目的。
参考答案:
① 将收入尽快地存入银行是为了避免因现金存量太高而保管不慎被盗或被有关人员贪污、挪用,或者以收抵支等情况的发生。
② 打孔或盖章注销,可以避免日后重复报销流失资金。
③ 由独立人员编制银行存款余额调节表,可以验证银行日记账中的记录有否多记或少记,期末账面余额的计算是否正确,避免利用编制银行存款调节表的机会掩盖监守自盗或挪用的行为。
④ 开票与收款工作的职责分离,可以防止少开票多收款这种直接贪污资金行为的发生。

14.2.2 货币资金的控制测试

注册会计师应针对货币资金的特点,在了解被审计单位执行的内部控制的基础上,考虑采用以下控制测试程序:
① 询问被审计单位会计主管、相关业务人员和会计人员有关货币资金内部控制执行情况。
② 实地观察不相容的职责是否分离。如:销售、采购、劳动工资、其他零星收支和财会部门的职责;出纳与会计职责;收付单据的编制、审批与审核职责;银行存款余额调节表的编制与银行存款业务处理和记录职责;支票的保管、登记与印章的保管职责等。
③ 抽取原始单据,检查:收款凭证的要素填写是否齐全,是否被及时、准确地入账;付款凭证是否连续编号,有无财务部门主管审核和专门人员的复核签字;相应的支出和报销单据的填制是否规范,支出内容是否符合国家规定的限额和用途等。
④ 检查一定期间的现金日记账、银行存款日记账与总账是否核对相符,银行存款余额调节表是否定期编制并独立复核。
⑤ 检查现金盘点表是否由独立人员不定期编制。
⑥ 检查支票等银行单据是否被妥善保管,并按规定使用。
表 14-1 列示了现销收款常用的控制测试。

表 14-1 现销收款常用的控制测试

编号	关键内部控制	常用的控制测试
1	现金出纳与现金记账的职务分离	观察
2	现金折扣必须经过适当的审批手续	检查现金折扣是否经过恰当的审批
3	每日及时记录现金收入	检查是否存在未入账的现金收入
4	定期向顾客寄送对账单	检查是否向顾客寄送对账单，了解是否定期进行
5	现金收入记录的内部复核	检查复核标记
6	定期盘点现金，并与账面余额核对	检查是否定期盘点，检查盘点记录
7	定期取得银行对账单	检查银行对账单
8	编制银行存款余额调节表	复核或重新编制银行存款余额调节表
9	现金日记账与总账的登记职责分开	观察

14.3 库存现金审计的实质性程序

14.3.1 库存现金及其审计目标

库存现金包括被审计单位的人民币现金和外币现金。库存现金的审计目标如下。

① 确定被审计单位资产负债表的货币资金项目中的库存现金在资产负债表日是否确实存在。

② 确定被审计单位所有应当记录的现金收支业务是否均已记录完毕，有无遗漏。

③ 确定记录的库存现金是否为被审计单位所拥有或控制。

④ 确定库存现金是否以恰当的金额包括在财务报表的货币资金项目中，与之相关的计价调整已恰当记录。

⑤ 确定库存现金是否记录于恰当的账户。

⑥ 确定库存现金是否已按照《企业会计准则》的规定在财务报表中做出恰当列报。

14.3.2 库存现金审计的实质性程序

一般地，对库存现金应当实施以下实质性程序：

测试1：核对现金日记账与总账的余额是否相符，检查非记账本位币现金的折算率及折算金额是否正确。

测试2：监盘库存现金。

测试3：分析被审计单位日常库存现金余额是否合理，关注是否存在大额未缴存的现金。注册会计师可以比较现金项目期末实际余额与预算数以及上一会计期末账户余额的差异变动，或比较流动比率、速动比率、现金周转率等的变动情况。

测试4：抽查大额现金收支。

测试5：检查库存现金是否在财务报表中做出恰当列报。

14.3.3 库存现金的监督盘点

库存现金监盘是证实资产负债表中"货币资金"项目所包含的现金是否存在的一个重要程序。库存现金监盘的时间和人员应视被审计单位的具体情况而定，但必须有被审计单位出纳员、会计主管人员和注册会计师参加。库存现金监盘的步骤和方法如下。

① 查看被审计单位制订的盘点计划，以确定监盘时间。对库存现金的监盘最好实施突击性的检查，时间最好选择在上午上班前和下午下班时进行。监盘的库存现金通常包括被审计单位已收到但尚未存入银行的现金、零用金、找换金等。监盘的范围应包括被审计单位各部门经管的所有现金。

② 审阅现金日记账，并同时与现金收付凭证核对。一方面检查库存现金日记账的记录与凭证的内容和金额是否相符；另一方面了解凭证日期与库存现金日记账日期是否相符。

③ 检查现金实存数，将盘点金额与库存现金日记账余额进行核对。如有差异，要求被审计单位查明原因，必要时提请被审计单位进行调整；如无法查明原因，应要求被审计单位按照管理权限批准后做出调整。两者的差异可能由未经批准的借条、未提现的支票、未做报销的单据等原因造成。

④ 若在非资产负债表日进行盘点，应将盘点结果调整至资产负债表日的金额。

在监盘现金之后，审计人员应将现金监盘结果记录在审计工作底稿中。表14-2是库存现金监盘表的一种建议格式。

表 14-2 库存现金监盘表

被审计单位名称　　　　　　　监盘时间　　　　　　　　　索引号

编制:		日期:
复核:		日期:

检查盘点记录			实有现金盘点记录				
项　目	人民币	某外币	面额	人民币		某外币	
				张	金额	张	金额
上一日账面库存余额			1 000元				
盘点日未记账传票收入金额			500元				
盘点日未记账传票支出金额							
盘点日账面应有金额			100元				
盘点实有现金数额			50元				
盘点日应有与实有差异			20元				
差异原因分析	白条抵库		10元				
			5元				
			2元				
			1元				
			0.5元				
			0.2元				

续表

	检查盘点记录			实有现金盘点记录				
	项　目	人民币	某外币	面额	人民币		某外币	
					张	金额	张	金额
追溯调整	报表日至查账日现金付出金额			0.1元				
	报表日至查账日现金收入金额			合计				
	报表日库存现金应有金额							
	报表日账面汇率							
	报表日余额折合本位币金额			审计说明：				
	本位币合计							
	审定数							

会计负责人（签字）：　　　　　　　　　出纳（签字）：

审计说明：

审计结论：

比　较

库存现金监盘与存货监盘

① 监盘的对象不同。注册会计师进行现金监盘，监盘的是被审计单位所有的库存现金，而存货监盘的对象是被审计单位拥有的存货。

② 盘点的主体不同。现金的盘点可能由注册会计师直接进行，而对存货进行盘点是被审计单位的责任，注册会计师只是进行监督。

③ 监盘的范围不同。注册会计师是在同一个时间对全部现金的监盘，而对存货的监盘可能采取不同的监盘方法，例如，循环法或抽查法。

④ 监盘的程序有所不同。注册会计师进行存货监盘，要进行盘点问卷调查等工作，而进行现金监盘则不需要。

⑤ 监盘的时间不同。现金监盘一般在外勤审计工作过程中进行，而存货监盘一般在资产负债表日前进行。

⑥ 监盘的要求不同。现金监盘要求实施突击性检查，而存货监盘则要求事前通知、召开监盘预备会议。

典型例题 14-2

被审计单位在总部和营业部均设有出纳部门。为顺利监盘库存现金，注册会计师在监盘前一天通知被审计单位会计主管人员做好监盘准备。考虑到出纳日常工作安排，对总部和营业部库存现金的监盘时间分别定在上午十点和下午三点。监盘时，出纳把现金放入保险柜，并将已办妥现金收付手续的交易登入现金日记账，结出现金日记账余额；然后，注册会计师当场盘点现金,对盘点中出现的白条,当场由出纳及会计主管解释后作为现金数额计入现金余额。盘点结束后,注册会计师将盘点结果与现金日记账核对后,填写"库存现金盘点表",结出余额,并在签字后形成审计工作底稿。

要求:请分析上述审计过程中存在的问题。

参考答案:

① "注册会计师在监盘前一天通知被审计单位会计主管人员做好监盘准备"不适当。现金监盘应当采取突击方式。

② 监盘时间不当。最好选择在上午上班前或下午下班时进行库存现金监盘,以减少对被审计单位正常工作的干扰。

③ 没有同时监盘总部和营业部的库存现金,不应当对存放在不同地方的现金分别盘点。若不能同时监盘,可考虑对库存现金贴上封条。

④ 库存现金应由被审计单位出纳亲自盘点金额,审计人员是监督盘点。

⑤ 对发现的白条不应由出纳及会计主管解释后作为现金数额计入现金余额处理,应要求作出必要的调整并在"库存现金盘点表"中注明。

⑥ "库存现金盘点表"签字人员不当,还应由出纳、会计主管人员签字。

典型例题 14-3

20×1年1月10日,注册会计师张三对甲公司20×0年度的财务报表进行审计。其总账中显示"现金"项目余额为850元。当天张三会同甲公司的会计负责人李四对出纳员王五的库存现金进行了清点,王五根据当日凭单单独核算出当日末的现金账面余额应为750元。张三清点现金的结果如下:

① 现金实存数为550元,其中100元的5张,10元的4张,5元的2张。

② 保险柜中有下列单据显示已付款,但未入账:公司设计人员的借条一张,系差旅费用,金额200元,已经批准,日期是20×0年度12月29日;公司采购人员的借条一张,金额130元,日期是20×0年12月20日,未经批准;保险柜中有已收款但未记账的收据3张,金额合计130元,日期显示是20×1年1月8日。

③ 经核对20×1年1月1日至1月10日收入现金金额2 300元,支出现金金额2 400元,正确无误。

要求:

(1)请填写库存现金监盘表。

(2)请分析该公司现金管理中存在哪些问题。

参考答案:

(1)根据题中有关情况,填写库存现金监盘表如下。

库存现金监盘表

被审计单位名称:甲公司　　　　监盘时间:20×1年1月10日　　　　索引号

编制:张三	日期:
复核:	日期:

		检查盘点记录		实有现金盘点记录				
	项　目	人民币	某外币	面额	人民币		某外币	
					张	金额	张	金额
	上一日账面库存余额			1 000元				
	盘点日未记账传票收入金额			500元				
	盘点日未记账传票支出金额							
	盘点日账面应有金额	750		100元	5	500		
	盘点实有现金数额	550		50元				
	盘点日应有与实有差异	200		20元				
差异原因分析	白条抵库	200		10元	4	40		
	未经批准的借条	130		5元	2	10		
	已收款尚未入账	130		2元				
				1元				
				0.5元				
				0.2元				
追溯调整	报表日至查账日现金付出金额	2 400		0.1元				
	报表日至查账日现金收入金额	2 300		合计		550		
	报表日库存现金应有金额	850		审计说明：				
	报表日账面汇率							
	报表日余额折合本位币金额							
	审定数							

会计负责人（签字）：李四　　　　　　　　出纳（签字）：王五

审计说明：

审计结论：

（其他项目需根据进一步审查的结果填写）

（2）该公司现金管理中存在的问题有：
① 200元差旅费借款虽然经过批准，但应及时入账。
② 采购员的借条未经批准不合法，应及时收回，且属于内部控制存在的问题。
③ 三笔收款不及时入账，应确定出现此情况的原因。

14.3.4　抽查大额现金收支

注册会计师应检查大额现金收支的原始凭证是否齐全、原始凭证内容是否完整、有无授权批准、记账凭证和原始凭证是否相符、账务处理是否正确、是否记录于恰当的会计期间等项内容。如有与被审计单位生产经营活动无关的收支事项,应查明原因,并做出相应的记录。

注册会计师抽查大额现金收支的工作底稿,可使用如表14-3所示的格式。

表14-3 大额现金收支抽查表

被审计单位名称　　　　　　　财务报表截止期　　　　　　　索引号

编制:	日期:
复核:	日期:

抽查凭证内容					测试内容				备注
日期	凭证号	摘要	对方科目	金额	1	2	3	4	

测试内容:
(1) 原始凭证的内容是否完整。
(2) 有无授权批准。
(3) 财务处理是否正确。
(4) 与生产经营有无关系。

审计说明:

审计结论:

14.4 银行存款审计的实质性程序

14.4.1 银行存款及其审计目标

银行存款是指被审计单位存放在银行或其他金融机构的各种款项。除了在规定的现金使用范围内的资金收付,被审计单位在经营过程中发生的其他一切货币收支业务,均必须通过银行存款账户进行结算。银行存款的审计目标如下:

案例引入

蓝田公司

① 确定被审计单位资产负债表货币资金项目中的银行存款在资产负债表日是否确实存在。

② 确定被审计单位所有应当记录的银行存款收支业务是否均已记录完毕,有无遗漏。

③ 确定记录的银行存款是否为被审计单位所拥有或控制。

④ 确定银行存款以恰当的金额包括在财务报表的货币资金项目中,与之相关的计价调整已恰当记录。

⑤ 确定银行存款记录于恰当的账户。

⑥ 确定银行存款是否已在财务报表中做出恰当列报。

14.4.2 银行存款审计的实质性程序

一般地，银行存款审计应实施下列实质性程序。

测试 1：获取银行存款余额表，复核加计是否正确，并与总账数和日记账合计数核对是否相符；检查非记账本位币银行存款的折算汇率及折算金额是否正确。

测试 2：针对银行账户完整性的审计程序，以确定被审计单位是否存在账外账或资金体外循环。

测试 3：实施实质性分析程序。例如，计算银行存款累计余额应收利息收入，分析比较被审计单位银行存款应收利息与实际利息收入的差异是否恰当，评估利息收入的合理性，检查是否存在高息资金拆借，确认银行存款余额是否存在，利息收入是否已经完整记录。

测试 4：检查银行存款账户的发生额。

测试 5：取得并检查银行对账单和银行存款余额调节表。

测试 6：实施银行询证程序。

测试 7：检查银行存款账户存款人是否为被审计单位。若存款人非被审计单位，应获取该账户户主和被审计单位的书面声明，确认资产负债表日是否需要提请被审计单位进行调整。

测试 8：关注是否存在质押、冻结等对变现有限制或存在境外的款项。

测试 9：对不符合现金及现金等价物条件的银行存款在审计工作底稿中予以列明，并考虑对现金流量表的影响。

测试 10：抽查大额银行存款的原始凭证，检查原始凭证是否齐全、记账凭证与原始凭证是否相符、账务处理是否正确、是否记录于恰当的会计期间等项内容。检查是否存在非营目的的大额货币资金转移，并核对相关账户的进账情况。

测试 11：银行存款的截止期测试。选取资产负债表日前后若干张、一定金额以上的凭证实施截止测试，关注业务内容及对应项目。

测试 12：检查银行存款是否在财务报表中做出恰当列报。

14.4.3 针对银行账户完整性的审计程序

在对被审计单位银行账户的完整性存有疑虑的情形下，注册会计师可以考虑实施以下审计程序。

① 了解并评价被审计单位开立账户的管理控制措施。了解报告期内被审计单位开户银行的数量及分布，与被审计单位实际经营的需要相比较，判断其合理性，关注是否存在越权开立银行账户的情形。

② 询问办理货币资金业务的相关人员，了解银行账户的开立、使用、注销等情况。必要时，获取被审计单位已提供全部银行存款账户信息的书面声明。

③ 亲自到中国人民银行或基本存款账户开户行查询已开立银行结算账户的信息，以确认被审计单位账面记录的人民币结算账户是否完整。

④ 结合其他相关细节测试，关注原始单据中被审计单位的银行账户是否包括在已获取的银行账户清单中。

人民币银行结算账户管理办法实施细则

14.4.4 检查银行存款账户的发生额

分析银行存款账户的发生额,通常能够有效应对被审计单位编制虚假财务报告、管理层或员工非法侵占货币资金等舞弊风险。

① 结合银行账户性质,分析不同账户发生银行存款日记账漏记银行交易的可能性,获取相关账户相关期间的全部银行对账单。

② 利用数据分析等技术,对比银行对账单上的收付款流水与被审计单位银行存款日记账的收付款信息是否一致,对银行对账单及被审计单位银行存款日记账记录进行双向核对。

注册会计师通常可以考虑选择以下银行账户进行核对:基本户、余额较大的银行账户、发生额较大且收付频繁的银行账户、发生额较大但余额较小的银行账户、零余额或当期注销的银行账户、募集资金账户等。

针对同一银行账户,注册会计师可以根据具体情况实施下列审计程序:选定同一期间(月度、年度)的银行存款日记账、银行对账单的发生额合计数(借方及贷方)进行总体核对;对银行对账单及被审计单位银行存款日记账记录进行双向核对,即在选定的账户和期间,从被审计单位银行存款日记账上选取样本,核对至银行对账单,以及自银行对账单中进一步选取样本,与被审计单位银行存款日记账记录进行核对。在运用数据分析技术时,可选择全部项目进行核对。核对内容包括日期、金额、借贷方向、收付款单位、摘要等。

对相同金额的一收一付、相同金额的多次转入转出等大额异常货币资金发生额,检查银行存款日记账和相应交易及资金划转的文件资料,关注相关交易及相应资金流转安排是否具有合理的商业理由。

③ 浏览资产负债表日前后的银行对账单和被审计单位银行存款账簿记录,关注是否存在大额、异常资金变动及大量大额红字冲销或调整记录,如存在,需要实施进一步的审计程序。

14.4.5 检查银行对账单和银行存款余额调节表

对银行对账单的具体测试程序包括:检查加盖了银行印章的银行对账单,对其真实性保持警觉,必要时亲自到银行取对账单,并对获取过程保持控制,或者观察被审计单位人员登录并操作网银系统导出明细记录的过程;核对银行对账单和银行日记账的记录;核对对账单的信息与银行询证函回函信息。

当银行对账单余额与银行日记账余额存在差异时,被审计单位一般会根据不同的银行账户及货币类别分别编制银行存款余额调节表。表14-4列示了银行存款余额调节表的一般格式。

表14-4 银行存款余额调节表

被审计单位名称		财务报表截止期		索引号	
编制:				日期:	
复核:				日期:	
开户银行:		账号:		币种:	

续表

项　目	金　额	备　注
银行对账单余额		
加：单位已收，银行尚未入账金额		
其中：1		
2		
减：单位已付，银行尚未入账金额		
其中：1		
2		
调整后银行对账单余额		
单位银行存款日记账余额		
加：银行已收，单位尚未入账金额		
其中：1 利息收入		
2		
减：银行已付，企业尚未入账金额		
其中：1		
2		
调整后单位银行存款日记账余额		
经办会计人员（签字）：　　　　会计负责人（签字）：		
情况说明：		
审计结论：		

对银行存款余额调节表的具体测试程序包括：

① 检查银行存款调节表中加计数是否正确，调节后银行存款日记账与银行对账单余额是否一致。

② 检查调节事项。对于企付银未付款项，检查被审计单位付款的原始凭证，并检查该项付款是否已在期后银行对账单上得以反映；在检查期后银行对账单时，就对账单上所记载的内容，如支票编号、金额等，与被审计单位支票存根进行核对。对于企收银未收款项，检查被审计单位收款入账的原始凭证，检查其是否已在期后银行对账单上得以反映。对于银收企未收、银付企未付款项，检查收、付款项的内容及金额，确定是否为截止错报。如果企业的银行存款余额调节表存在大额或长期未达账项，注册会计师应追查原因并检查相应的支持文件，判断是否为错报事项，确定是否需要提请被审计单位进行调整。

③ 关注长期未达账项。

④ 特别关注支付异常事项，确认是否存在舞弊。

14.4.6 银行询证

注册会计师应当以被审计单位的名义向被审计单位的开户银行进行函证。虽然注册会计师可取得银行对账单和所有已付支票,但函证银行存款余额仍然是证实资产负债表所列银行存款是否存在的重要程序。通过银行询证,不仅可以了解被审计单位资产的存在,还可以了解欠银行债务的情况,有助于发现被审计单位未入账的银行借款或未披露的或有负债。根据《关于进一步规范银行函证及回函工作的通知》(财会〔2020〕12号),银行业金融机构应当自收到符合规定的询证函之日起10个工作日内,按照要求将回函直接回复会计师事务所或交付跟函注册会计师。

注册会计师应当对银行存款(包括零余额账户和在本期内注销的账户)及与金融机构往来的其他重要信息实施函证程序,除非有充分证据表明某一银行存款及与金融机构往来的其他重要信息对账务报表不重要且与之相关的重大错报风险很低。如果不对这些项目实施函证,注册会计师应在审计工作底稿中说明理由。

下面列示了银行询证函的一个参考格式。

银行询证函

编号

××(银行)××(分支机构,如适用)(以下简称"贵行",即"函证收件人"):

本公司聘请的××会计师事务所正在对本公司_____年度(或期间)的财务报表进行审计,按照《中国注册会计师审计准则》(列明其他相关审计准则名称)的要求,应当询证本公司与贵行相关的信息。下列第1~14项及附表(如适用)信息出自本公司的记录:

(1)如与贵行记录相符,请在本函"结论"部分签字和签章或签发电子签名;

(2)如有不符,请在本函"结论"部分列明不符项目及具体内容,并签字和签章或签发电子签名。

本公司谨授权贵行将回函直接寄至××会计师事务所或直接转交××会计师事务所函证经办人,地址及联系方式如下:

回函地址:

联系人:　　　　电话:　　　　传真:　　　　邮编:

电子邮箱:

本公司谨授权贵行可从本公司××账户支取办理本询证函回函服务的费用(如适用)。

截至_____年____月____日(即"函证基准日"),本公司与贵行相关的信息列示如下:

1. 银行存款

账户名称	银行账号	币种	利率	账户类型	账户余额	是否属于资金归集账户	起止日期	是否存在冻结、担保或其他使用限制	备注

除上述列示的银行存款外,本公司并无在贵行的其他存款。

注:"截止日期"一栏仅适用于定期存款,如为活期或保证金存款,可只填写"活期"或"保证金"字样。

2. 银行借款

借款人名称	币种	本息余额	借款日期	到期日期	利率	借款条件	抵(质)押品担保人	备注

除上述列示的银行借款外,本公司并无自贵行的其他借款。

注:此项仅函证截至资产负债表日本公司尚未归还的借款。

3. 自　年　月　日至　年　月　日内注销的账户

账户名称	银行账号	币种	注销账户日期

除上述列示的账户外,本公司并无截至函证日之前12个月内在贵行注销的其他账户。

4. 委托存款

账户名称	银行账号	借款方	币种	利率	余额	存款起止日期	备注

除上述列示的委托存款外,本公司并无通过贵行办理的其他委托存款。

5. 委托贷款

账户名称	银行账号	资金使用方	币种	利率	本金	利息	贷款起止日期	备注

除上述列示的委托贷款外,本公司并无通过贵行办理的其他委托贷款。

6. 担保

(1)本公司为其他单位提供的、以贵行为担保受益人的担保。

被担保人	担保方式	担保金额	担保期限	担保事由	担保合同编号	被担保人与贵行就担保事项往来的内容(借款等)	备注

除上述列示的担保外，本公司并无其他以贵行为担保受益人的担保。
注：如采用抵押或质押方式提供担保，应在备注中说明抵押物或质押物情况。
（2）贵行向本公司提供的担保。

被担保人	担保方式	担保金额	担保期限	担保事由	担保合同编号	被担保人与贵行就担保事项往来的内容（借款等）	备注

除上述列示的担保外，本公司并无贵行提供的其他担保。

7. 本公司名称为出票人且由贵行承兑而尚未支付的银行承兑汇票

银行承兑汇票	票面金额	出票日	到期日

除上述列示的银行承兑汇票外，本公司并无由贵行承兑而尚未支付的其他银行承兑汇票。

8. 本公司向贵行已贴现而尚未到期的商业汇票

商业汇票号码	付款人名称	承兑人名称	票面金额	票面利率	出票日	到期日	贴现日	贴现率	贴现净额

除上述列示的商业汇票外，本公司并无向贵行已贴现而尚未到期的其他商业汇票。

9. 本公司为持票人且由贵行托收的商业汇票

商业汇票号码	承兑人名称	票面金额	出票日	到期日

除上述列示的商业汇票外，本公司并无由贵行托收的其他商业汇票。

10. 本公司为申请人，由贵行开具的、未履行完毕的不可撤销信用证

信用证号码	受益人	信用证金额	到期日	未使用金额

除上述列示的不可撤销信用证外,本公司并无由贵行开具的、未履行完毕的其他不可撤销信用证。

11. 本公司与贵行之间未履行完毕的外汇买卖合约

类　别	合约号码	买卖币种	未履行的合约买卖金额	汇率	交收日期
贵行卖予本公司					
本公司卖予贵行					

除上述列示的外汇买卖合约外,本公司并无与贵行之间未履行完毕的其他外汇买卖合约。

12. 本公司存放于贵行的有价证券或其他产权文件

有价证券或其他产权文件名称	产权文件编号	数量	金额

除上述列示的有价证券或其他产权文件外,本公司并无存放于贵行的其他有价证券或其他产权文件。

注:此项不包括本公司存放在贵行保管箱中的有价证券或其他产权文件。

13. 本公司购买的贵行发行的未到期银行理财产品

产品名称	产品类型（封闭式/开放式）	币种	持有份额	产品净值	购买日	到期日	是否被用于担保或存在其他使用限制

除上述列示的银行理财产品外,本公司并未购买其他由贵行发行的理财产品。

14. 其他

附表　资金归集（资金池或其他资金管理）账户具体信息

序号	资金提供机构名称	资金提供机构账号	资金使用机构名称	资金使用机构账号	币种	截至函证基准日拨入或拨出资金余额	备注

（预留签章）

年　月　日

经办人：

职务：

联系方式：

以下由被询证银行填列

结论：

经本行核对，所函证项目与本行记录信息相同，特此函复。

年　月　日　　经办人：　　职务：　　电话：
　　　　　　　复核人：　　职务：　　电话：
（银行盖章）

经本行核对，存在以下不符之处。

年　月　日　　经办人：　　职务：　　电话：
　　　　　　　复核人：　　职务：　　电话：
（银行盖章）

银行函证及回函
工作操作指引

注册会计师在得到被审计单位开户银行的回函后，应根据回函结果对银行存款余额进行核对，如有不符，应进一步追查原因，并做出记录和进行相应的调整。

典型例题 14-4

比较应收账款函证与银行存款余额函证。

参考答案：

两者共同之处：① 都是注册会计师为证实资产负债表所列项目是否存在而向被审计单位以外的单位发出的函件；

② 询证函中关于注册会计师发函询证的理由和对被询证单位的要求基本相同；

③ 询证函的发送和回收都由注册会计师亲自进行；

④ 审计测试的目的均为证实资产负债表所列项目金额是否存在。

两者不同之处：① 函证内容不同。通过银行询证，注册会计师除了了解被审计单位存款的情况，还可以了解被审计单位欠银行的债务及与银行相关的各种往来信息。② 函证范围不同。银行存款函证时，注册会计师应向被审计单位在本年度内存过款的所有银行发函询证；而应收账款函证时注册会计师需要考虑诸多因素，可能不需要对全部的应收账款都进行函证。③ 函证方式不同。银行存款函证都是积极式函证，应收账款在不同情况下，注册会计师可以考虑采用积极式函证方式或消极式函证方式。④ 应收账款询证函的内容较单一，主要包括截止日期、对方公司欠被审计单位款项、被审计单位欠对方公司款项；而银行询证函的内容比较丰富，如银行账户、账户性质、原币金额等内容，以及"贷款户"截至某一时刻的贷款性质、担保或抵押、贷款起止期、利率、贷款金额等项内容。

典型例题 14—5

在对乙公司 20×1 年度财务报表进行审计的过程中，注册会计师确定乙公司 20×1 年度财务报表整体的重要性水平为 200 万元，明显微小错报的临界值为 10 万元。

注册会计师实施了银行函证及应收账款函证程序，相关审计工作底稿的部分内容摘录如下。

编号	是否回函（是/否）	账面余额	回函金额	差异	审计说明
银行询证函：					（1）
Y1	是	3 500	3 500	0	（2）
Y2	是	235	232	3	（3）
应收账款询证函：					
W1	不适用	900	不适用	不适用	（4）
W2	否	1 300	不适用	不适用	（5）
W3	否	850	不适用	不适用	（6）

审计说明：
（1）对乙公司 20×1 年 12 月 31 日有往来余额的银行账户实施函证程序。
（2）乙公司为该银行重要客户，有业务专员上门办理各类业务。20×2 年 2 月 18 日，注册会计师在乙公司财务经理的陪同下将询证函交予上门办业务的银行业务专员，银行业务专员当场盖章回函。函证结果满意。
（3）差异金额 3 万元，小于明显微小错报的临界值，无须实施进一步审计程序。
（4）该账户已全额计提坏账准备，不存在风险，选取另一样本实施函证。
（5）询证函被退回，原因为"原址查无此单位"。已实施替代程序，未发现差异。
（6）未收到回函，已与客户财务人员电话确认余额，无须实施替代程序。

要求：针对上述各项审计说明，逐项指出注册会计师的做法是否恰当；如不恰当，简要说明理由。

参考答案：
第（1）项，不恰当。注册会计师没有对零余额和在本期内注销的账户实施函证，也未评价这些账户是否对财务报表不重要且与之相关的重大错报风险很低。

第（2）项，不恰当。注册会计师没有评估回函的可靠性。银行业务专员当场办理回函，未实施适当的核对程序和处理流程。

第（3）项，不恰当。小额差异也需要进行调查。小额差异可能是由方向相反的大额差异相互抵消形成的。

第（4）项，不恰当。函证程序应对的是存在认定，全额计提坏账准备针对的是计价和分摊的认定，无法应对存在认定。

第（5）项，不恰当。对于"原址查无此单位"的异常函证，应当保持足够的职业怀疑，对函证地址信息进行调查。注册会计师应当实施进一步审计程序检查是否存在被审计单位虚构销售客户的情况，不应直接实施替代程序。

第（6）项，不恰当。只对询证函进行口头回复不符合函证的要求，因为其不是对注册会计师的直接书面回复。当收到口头回复后，注册会计师可以根据情况要求被询证者提供直接书面回复或者实施适当的替代程序。

本章关键术语

货币资金　　　　　库存现金　　　　　银行存款
库存现金监盘　　　银行询证　　　　　银行对账单
银行存款余额调节表　大额收支

本章复习

一、单项选择题

1. 以下与货币资金相关的内部控制，存在缺陷的是（　　）。
   A. 货币资金收入必须及时入账，在必要时可以设置账外账
   B. 在办理费用报销的付款手续后，会计人员应及时登记账簿
   C. 指定负责成本核算的会计人员每月核对一次银行存款账户
   D. 每月月末应当核对银行存款日记账余额和银行存款对账单余额

2. 以下与现金业务有关的职责中，可以不分离的是（　　）。
   A. 现金支付的审批与执行　　　　B. 现金的会计记录与审计监督
   C. 现金保管与现金日记账的记录　D. 现金保管与现金总分类账的记录

3. 注册会计师测试库存现金的起点是（　　）。
   A. 监盘库存现金　　　　　　　　B. 抽查大额现金收支
   C. 审查现金收支的正确截止　　　D. 核对现金日记账与总账的余额是否相符

4. 通常情况下，注册会计师选择上午上班前或下午下班时检查库存现金，这种时间上的选择是为了（　　）。
   A. 提高审计效率　　　　　　　　B. 降低审计风险
   C. 证实现金业务入账的及时性　　D. 不影响被审计单位正常工作

5. 实施库存现金监盘程序后，注册会计师应确认（　　）。
   A. 现金日记账的记录与凭证内容是否相符
   B. 现金日记账的记录与凭证金额是否相符
   C. 现金日记账的日期与凭证日期是否相符
   D. 现金日记账的现金余额与盘点金额是否相符

6. 被审计单位资产负债表上"货币资金"项目的金额为（　　）。
   A. 编表日实有数额　　　　　　　B. 审计报告日的实际金额
   C. 编表日相关总账余额　　　　　D. 审计外勤工作日的实际金额

7. 以下实质性程序中，最有助于审查被审计单位收到的现金是否已经全部登记入账的是（　　）。
   A. 对库存现金执行监盘程序
   B. 检查现金收入的日记账、总账和应收账款明细账的大额项目与异常项目
   C. 从被审计单位当期收据存根中抽取现金收入追查到相关的凭证和账簿记录
   D. 审查被审计单位结账日前一段时间内现金收支凭证，以确定是否存在跨期记账
8. 关于银行对账单，以下说法中适当的是（　　）。
   A. 银行对账单应由审计人员亲自到银行获取以确保可靠性
   B. 被审计单位会计期末银行存款的余额应与银行对账单的余额保持一致
   C. 审计人员可从银行对账单中抽取业务与被审计单位的会计记录进行核对
   D. 如果银行对账单与银行存款日记账核对不符，通常表明银行存款日记账存在错漏
9. 审计人员发现被审计单位的银行对账单中有收入 A 单位 5 688 元及付给 B 单位 5 688 元的记录，而被审计单位的银行存款日记账中未做反映。对此情况，注册会计师应当合理怀疑（　　）。
   A. 两项未达账项可以抵销
   B. 开户银行记账发生差错
   C. 被审计单位漏记相关业务
   D. 被审计单位可能存在出借银行账户的行为
10. 下列各项中，对银行询证程序描述适当的是（　　）。
    A. 抽查收付款凭证，确定是否与银行询证函回函的内容一致
    B. 由被审计单位填写银行询证函后，交由审计人员直接发出并回收
    C. 如果银行询证函回函结果表明没有差异，则可以确认银行存款余额是正确的
    D. 除余额为零的银行存款账户外，必须对被审计单位所有银行存款账户实施函证程序

二、多项选择题

1. 货币资金审计涉及的会计凭证和记录有（　　）。
   A. 现金监盘表　　　　　　　　　B. 银行对账单
   C. 银行询证函　　　　　　　　　D. 银行存款余额调节表
   E. 货币资金相关的日记账及总账
2. 下列各项中，符合现金监盘要求的有（　　）。
   A. 参与盘点的人员应在监盘记录表上签字
   B. 不同存放地点的现金应同时进行监盘
   C. 监盘时间应安排在现金收付业务进行时采取突击盘点
   D. 监盘人员必须有出纳员、被审计单位会计负责人和审计人员
3. 资产负债表日后监盘库存现金时，为了将库存现金的实际盘点金额调整至资产负债表日的金额，审计人员应当（　　）。
   A. 扣减资产负债表日后至盘点日库存现金增加额
   B. 扣减资产负债表日后至盘点日库存现金减少额
   C. 加计资产负债表日后至盘点日库存现金增加额
   D. 加计资产负债表日后至盘点日库存现金减少额

4. 下列各项中，属于银行存款函证的内容的有（　　）。
   A. 理财资金　　　　　　　　　　B. 担保或抵押
   C. 银行贷款　　　　　　　　　　D. 各银行存款户类型
   E. 全部银行存款账户余额的合计数

5. 下列审计程序中，通常可以用于发现被审计单位存在会计账簿外银行账号的有（　　）。
   A. 亲自到中国人民银行查询已开立银行结算账户的信息
   B. 要求被审计单位提供由中国人民银行开具的全部银行账号清单
   C. 亲自到被审计单位开户银行查询被审计单位已开立银行账号的信息
   D. 关注原始单据中被审计单位的银行账户是否包括在已获取的银行账户清单中

6. 为了证实被审计单位在被审计年度期末存在一笔"企业已付、银行未付"的未达账项的真实性，审计人员可采用的审计程序有（　　）。
   A. 向收款方发询证函
   B. 检查相关的采购合同或协议
   C. 查看下一年度期初银行付款情况
   D. 就被审计年度期末余额向银行发询证函

7. 一般情况下，对银行存款进行函证时，注册会计师应当函证的对象包括（　　）。
   A. 零余额账户　　　　　　　　　　B. 期初注销的账户
   C. 本期内已经注销的账户　　　　　D. 有转账记录的非开户行
   E. 日常转账频繁使用的银行账户

8. 审计人员向被审计单位开户银行发出的银行询证函（　　）。
   A. 有助于发现或有负债
   B. 可以证实银行存款的存在认定
   C. 可以证实通过银行购买的理财资金
   D. 有助于发现资产被用作担保物的情况
   E. 应当由被审计单位和会计师事务所共同签章

9. 以下关于银行询证和应收账款函证的说法中，适当的有（　　）。
   A. 前者询证的内容更加广泛
   B. 两者均采用积极式函证方式
   C. 两者均需以被审计单位的名义发出
   D. 审计人员均需对执行过程进行控制
   E. 如果未执行，审计人员均需在审计工作底稿中说明理由

10. 下列各项中，属于不可预见的审计程序的有（　　）。
    A. 查看以前年度的付款凭证
    B. 监盘余额很小的库存现金
    C. 查看临近会计期末的收款凭证
    D. 询证余额为零的银行存款账户
    E. 检查当期发生额很小的收付款记录

三、问答题

1. 简述货币资金审计所涉及的主要业务活动及相关会计资料。

2. 举例说明货币资金审计中可能存在的重大错报领域。
3. 为什么要函证银行存款余额，如何选择函证对象？为什么？
4. 注册会计师向银行发出询证函可以获得哪些信息？
5. 注册会计师审计银行存款时，要取得或编制银行存款余额调节表、银行对账单和银行询证函3种主要证据。请回答：

(1) 取得并检查银行存款余额调节表的目的是什么？取得银行存款余额调节表后，注册会计师应检查哪些内容？

(2) 为什么需要对被审计单位存款账户已结清的银行发询证函，如何保证注册会计师能够直接收回询证函回函？

(3) 年度财务报表审计需要取得哪一天的银行对账单？为什么？

6. 描述现金监盘程序。

四、研究思考题

1. 货币资金审计为何不仅仅只是确定货币资金余额？
2. 举例说明可能截留货币资金收入的手段。
3. 比较注册会计师确定被审计单位库存现金余额时和确定被审计单位存货余额时所采取审计程序的区别。
4. 在公司经营的前几个月，被审计单位的出纳挪用现金私用，在当年10月31日前将挪用的现金全部自行归还。对此情况，在年末审计时，注册会计师可以采用哪些审计程序发现该出纳的挪用资金行为？

五、案例分析题

1. 20×1年2月5日下午5点，审计人员张三会同被审计单位A公司的出纳员李四、会计主管王五进行了现金监盘工作，情况如下。

① 清点现金（人民币）结存数：100元币120张，50元币80张，10元币220张，5元币84张，1元币570张。

② 查明现金日记账截至20×1年2月3日的账面余额为21 679.24元。

③ 查出已经办理收款手续尚未入账的收款凭证金额合计为4 372.31元。

④ 查出已经办理付款手续尚未入账的付款凭证金额合计为4 126.14元。

⑤ 发现现金日记账中夹有下列借据，共计2 560元：张某借药费1 250元，赵某借药费1 310元。以上借据均未经领导批准。

⑥ 发现保险柜中有2月1日收到的销售产品的转账支票一张，金额7 500元。

⑦ 确定20×1年1月1日至2月3日之间，共支出现金87 965.47元，共收入现金100 430.50元。

要求：

(1) 根据清查结果，编制库存现金监盘表。

(2) 指出被审计单位现金管理中存在的问题，提出审计建议。

2. 审计项目组在审计B公司20×1年度财务报表时，获得以下关于银行存款的信息。

① 20×1年12月31日，B公司基本存款账号的银行存款日记账余额为26 680元，对账单余额为25 400元。

② 经核对，发现被审计单位在20×1年底，存在以下几项可能导致银行存款日记账与对

账单出现差异的情形：

● 12月29日，B公司委托银行收款2 500元，银行已入账，收款通知尚未送达B公司。

● 12月31日，B公司开出一张现金支票800元，B公司已减少存款，银行尚未入账。

● 12月31日，银行已代付B公司电费500元，银行已入账，B公司尚未收到付款通知。

● 12月31日，B公司收到外单位转账支票一张，计3 600元，B公司已收款入账，银行尚未记账。

● 12月15日，收到银行收款通知单，金额为3 850元，B公司入账时误记为3 500元。

要求：

（1）根据上述情况编制银行存款余额调节表。

（2）假定银行存款对账单中存款余额正确无误，请确定B公司银行存款在20×1年12月31日的余额。

第 15 章

特殊项目审计

> 【学习目标】
> 学习本章之后，你应该能够：
> ▼ 了解会计估计的审计要点；
> ▼ 掌握关联方的审计要点；
> ▼ 掌握持续经营的审计要点；
> ▼ 了解首次审计业务涉及的期初余额的审计要点；
> ▼ 了解期后事项的审计要点；
> ▼ 了解比较信息的审计要点。

【内容提要】
本章介绍了对财务报表审计中的一些特殊项目（如会计估计、关联方关系及其交易、持续经营能力、首次审计业务涉及的期初余额、期后事项、比较信息等）进行审计时需要关注的重大错报风险、相应的实质性程序，以及审计结果对审计意见的影响等内容。

在财务报表审计中，除了各个业务循环的审计，注册会计师还需要完成一些特殊项目的审计取证工作。这些项目包括会计估计、关联方、期后事项等。这些项目之所以特殊，一方面是在于它们可能涉及多个业务循环，另一方面，如果未充分或公允披露这些项目，会严重影响预期使用者的经济决策。

15.1 会计估计审计

案例引入

深圳鹏城所

15.1.1 概述

1. 会计估计的概念

会计估计,是指根据适用的财务报告编制基础的规定,计量涉及估计不确定性的某项金额。有些财务报表项目的金额不能精确计量,只能进行估计。通常,可能需要做出会计估计的有:各种资产减值准备、产品质量保证义务、折旧、长期合约的结果、未决诉讼的结果、职工退休福利负债、股份支付、公允价值估计,等等。由于依赖于主观判断,会计估计与特别风险相关。

注册会计师对会计估计的审计目标是:获取充分、适当的审计证据,以确定依据适用的财务报告编制基础,财务报表中的会计估计和相关披露是否合理。

2. 估计不确定性与重大错报风险

会计估计不确定性的程度取决于会计估计的性质、做出估计所使用的方法或模型被普遍认可的程度,以及做出会计估计所使用假设的主观程度。此外,由于管理层可获得的用于支持做出会计估计的信息的性质和可靠性差别很大,也会因此影响会计估计不确定性的程度。

估计不确定性的程度影响与会计估计相关的重大错报风险,包括会计估计对有意或无意的管理层偏向的敏感性。估计不确定性的程度越高,通常可能导致的重大错报风险越大。

表15-1列示了估计不确定性程度相对高低的例子。

表15-1 估计不确定性程度相对高低的例子

不确定性程度相对较低	不确定性程度相对较高
• 从事不复杂的经营活动的实体做出并更新的会计估计; • 因与常规交易相关而做出并更新的会计估计; • 从较易获得的数据中得出的会计估计; • 在适用的财务报告编制基础规定的公允价值计量方法简单且容易使用的情况下,对需要以公允价值计量的资产或负债做出的公允价值估计; • 在模型的假设或输入数据是可观察到的情况下,采用广为人知或被普遍认可的计量模型做出的公允价值会计估计	• 与诉讼结果相关的会计估计; • 非公开交易的衍生金融工具的公允价值会计估计; • 采用高度专业化的、由被审计单位自主开发的模型,或采用难以在市场上观察到的假设或输入数据做出的公允价值会计估计

15.1.2 会计估计的审计程序

1. 风险评估程序和相关活动

注册会计师应当了解下列内容。

① 可能需要做出会计估计并在财务报表中确认或披露,或者可能导致会计估计发生变化的交易、事项或情况。

② 适用的财务报告编制基础,包括适用的财务报告编制基础中与会计估计相关的规定,

并结合被审计单位的具体情况，了解被审计单位如何运用上述规定，以及固有风险因素如何影响认定易于发生错报的可能性。

③ 与被审计单位会计估计相关的监管因素，包括相关的监管框架。

④ 根据对上述第①项至第③项的了解，初步认为应当反映在被审计单位财务报表中的会计估计和相关披露的性质。

⑤ 被审计单位针对与会计估计相关的财务报告过程的监督和治理措施。

⑥ 对是否需要运用与会计估计相关的专门技能或知识，管理层是怎样决策的，以及管理层怎样运用与会计估计相关的专门技能或知识，包括利用管理层的专家的工作。

⑦ 被审计单位如何识别和应对与会计估计相关的风险。

⑧ 被审计单位与会计估计相关的信息系统。

⑨ 在控制活动中识别出的、针对"管理层做出会计估计的过程"实施的控制。

⑩ 管理层如何复核以前期间会计估计的结果及如何应对该复核结果。

此外，注册会计师应当复核以前期间会计估计的结果，或者复核管理层对以前期间会计估计做出的后续重新估计，以帮助识别和评估本期的重大错报风险。在对会计估计进行审计时，注册会计师还应当确定项目组是否需要具备专门技能和知识。

2. 识别和评估重大错报风险

注册会计师应当考虑会计估计的不确定性程度，以及其复杂性、主观性和其他固有风险因素对管理层在做出会计估计时，对方法、假设和数据的选择和运用，对财务报表中的点估计的选择，以及做出相关披露时的影响。

如果注册会计师根据职业判断，确定会计估计的重大错报风险为特别风险，则应当识别针对该风险实施的控制，评价这些控制的设计是否有效，并确定其是否得到执行。

3. 风险应对

注册会计师应当实施下列一项或多项审计程序：

① 从截至审计报告日发生的事项获取审计证据；

② 测试管理层如何做出会计估计；

③ 做出注册会计师的点估计或区间估计。

对于与会计估计相关的特别风险，如果拟信赖针对该风险实施的控制，注册会计师应当在本期测试这些控制运行的有效性。如果针对特别风险实施的程序仅为实质性程序，这些程序应当包括细节测试。

对于管理层就财务报表中的会计估计所做的判断和决策，注册会计师应当评价是否有迹象表明可能存在管理层偏向，即使这些判断和决策孤立地看是合理的。如果识别出可能存在管理层偏向的迹象，注册会计师应当评价这一情况对审计的影响。如果是管理层有意误导，则管理层偏向具有舞弊性质。

注册会计师应当要求管理层和治理层（如适用）就以下事项提供书面声明：根据适用的财务报告编制基础有关确认、计量或披露的规定，管理层和治理层（如适用）做出会计估计和相关披露时使用的方法、重大假设和数据是适当的。注册会计师还应当考虑是否需要获取关于特定会计估计（包括所使用的方法、假设或数据）的书面声明。

审计准则第 1321 号

典型例题 15-1

审计项目组在审计甲公司 20×1 年度财务报表过程中,与会计估计审计相关的部分事项如下。

① 20×1 年末甲公司某项重大未决诉讼的结果极不确定,管理层表示已在财务报表附注中披露了该事项无法合理估计的情形。因该事项不影响财务报表项目的确认与计量,审计项目组认可了管理层的说法,未采取进一步审计程序。

② 审计项目组评估认为商誉减值存在特别风险,在了解了与商誉减值测试相关的内部控制后,认为其设计合理并得到了执行。为提高效率,注册会计师采用了实质性方案。

③ 甲公司的会计政策规定,按照成本与可变现净值孰低法计提存货跌价准备。审计项目组将 20×0 年末的存货跌价准备与相关存货在 20×1 年实际发生的损失进行了比较,未发现重大差异,认为管理层的估计合理,据此认可了 20×1 年末的存货跌价准备余额。

④ 甲公司对其产品提供一年的保修义务,根据以往经验,保修费用占销售收入的比例为 5%~10%,管理层按 5%确认了 20×0 年度的保修费用。审计项目组认为可能存在管理层偏向,要求管理层在 20×0 年度调整计提比例。

⑤ 管理层在实施固定资产减值测试时编制了未来 5 年的现金流量预测,假设年收入增长率为 10%。审计项目组将其与经董事会批准的未来 5 年的销售规划及预算进行了核对,结果满意,据此认为该项假设合理。

答题要求:
分别针对上述各事项,指出审计项目组的处理是否适当。如不适当,简要说明理由。

答题参考要点:
事项①不恰当。审计项目组还应检查该事项披露的充分性。

事项②不恰当。预期控制运行有效应当实施控制测试,审计项目组应采用控制测试与实质性程序相结合的审计方案。

事项③不恰当。审计项目组复核上期财务报表中会计估计的结果不足以得出认可 20×1 年末的存货跌价准备余额的结论。

事项④不恰当。审计项目组还应复核管理层在 20×1 年做出会计估计时的判断和决策。

事项⑤不恰当。审计项目组还应考察收入增长率假设本身的合理性,而不能仅凭内部文件。

15.2 关联方审计

15.2.1 概述

在企业的经营过程中,可能会进行关联方之间的交易。所谓关联方,是指在交易过程中双方之间存在特殊的利益关联,使得一方可以不按照正常的市场交易条件或者价格完成某种交易。许多关联方交易是在正常经营过程中发生的,与类似的非关联方交易相比,这些关联方交易可能并不具有更高的财务报表重大错报风险。但是,在某些情况下,关联方关系及其交易的性质可能导致关联方交易比非关联方交易具有更高的财务报表重大错报风险。在实践中，大量的公司舞弊案都是借助关联方交易实现的。因此，注册会计师在某些情况下，应当关注关联方关系及其交易的性质是否可能导致关联方交易比非关联方交易具有更高的财务报表重大错报风险。

例如，关联方可能通过广泛而复杂的关系和组织结构进行运作，相应增加关联方交易的复杂程度；信息系统可能无法有效识别或汇总被审计单位与关联方之间的交易和未结算项目的金额；关联方交易可能未按照正常的市场交易条款和条件进行，如某些关联方交易可能没有相应的对价。

1. 关联方的界定

由于关联方之间彼此并不独立，为了使财务报表使用者了解关联方关系及其交易的性质，以及关联方关系及其交易对财务报表实际或潜在的影响，许多国家制定的会计准则或者会计制度对关联方关系及其交易的会计处理和披露做出了规定。

（1）公司法

我国《公司法》规定：关联关系，是指公司控股股东、实际控制人、董事、监事、高级管理人员与其直接或者间接控制的企业之间的关系，以及可能导致公司利益转移的其他关系。这个界定，同时考虑了形式与实质。《公司法》同时规定，国家控股的企业之间不仅仅因为同受国家控股而具有关联关系。

（2）企业会计准则

在企业会计准则中，关联方的界定是以一方对他方能否具备控制或者施加重大影响为基本依据，确定："一方控制，共同控制另一方或对另一方施加重大影响，以及两方或两方以上同受一方控制，共同控制或重大影响的，构成关联方。"具体情形包括：

① 该企业的母公司；
② 该企业的子公司；
③ 与该企业受同一母公司控制的其他企业；
④ 对该企业实施共同控制的投资方；
⑤ 对该企业施加重大影响的投资方；
⑥ 该企业的合营企业；
⑦ 该企业的联营企业；
⑧ 该企业的主要投资者个人及与其关系密切的家庭成员，主要投资者个人是指能够控制，共同控制一个企业或者对一个企业施加重大影响的个人投资者；
⑨ 该企业或其母公司的关键管理人员及与其关系密切的家庭成员，关键管理人员是指有权力并负责计划、指挥和控制企业活动的人员，与主要投资者个人或关键管理人员关系密切的家庭成员是指在处理与企业的交易时可能影响该个人或受该个人影响的家庭成员；
⑩ 该企业主要投资者个人、关键管理人员或与其关系密切的家庭成员控制，共同控制或施加重大影响的其他企业。

此外，我国证券监管部门也颁布了关于上市公司关联方关系及其交易的信息披露要求。

2. 关联方审计目标

关联方审计，重点在于确定公司的信息披露能够对于超出正常交易条件的情况按照有关规定予以充分的披露，从而使报表使用者能够正确地理解财务报表信息，对公司的财务状况、经营成果的判断和认识不被误导。在实践中，公司造假通常会有意识掩盖关联方交易或者将关联方交易非关联化。因此，关联方审计十分强调保持职业怀疑的重要性，把识别关联方交易作为重点。具体来说，注册会计师在关联方审计中的主要目标如下。

① 无论适用的财务信息编制基础是否对关联方做出规定，充分了解关联方及其交易，以便能够确认由此产生的、与识别和评估由于舞弊导致的重大错报风险相关的舞弊风险因素；根据获取的审计证据，就财务报告受到关联方关系及其交易的影响而言，确定财务报表是否公允反映。

② 如果适用的财务报告编制基础对关联方做出规定，获取充分、适当的审计证据，确定关联方关系及其交易是否已按照适用的财务报告编制基础得到恰当识别、会计处理和披露。

国内外揭露出来的大量公司舞弊案表明，关联方交易是常见的舞弊手段，是被审计单位舞弊和进行盈余管理的重要方式。因此，审计中通常把它列为重大错报的高风险领域，把舞弊风险的评估作为关联方审计的主要目标。

15.2.2 关联方关系及其交易的审计程序

1. 了解关联方关系及其交易

（1）询问管理层

注册会计师应当向管理层询问下列事项：

① 关联方的名称和特征，包括关联方自上期以来发生的变化；

② 被审计单位和关联方之间关系的性质；

③ 被审计单位在本期是否与关联方发生交易，如发生，应询问交易的类型、定价策略和目的。

（2）了解被审计单位与关联方关系及其交易相关的控制

被审计单位与关联方关系及其交易相关的控制可能包括：

① 按照适用的财务报告编制基础，对关联方关系及其交易进行识别、会计处理和披露；

② 授权和批准重大关联方交易和安排；

③ 授权和批准超出正常经营过程的重大交易和安排。

如果管理层建立了上述与关联方关系及其交易相关的控制，注册会计师应当询问管理层和被审计单位内部其他人员，实施其他适当的风险评估程序，以获取对相关控制的了解。

（3）检查记录或文件

注册会计师应当检查下列记录或文件，以确定是否存在管理层以前未识别或未向注册会计师披露的关联方关系或关联方交易：

① 注册会计师实施审计程序时获取的银行和律师的询证函回函，以及自其他第三方取得的询证函回函；

② 股东会和治理层会议的纪要；

③ 注册会计师自其他第三方取得的询证函回函；

④ 被审计单位的所得税纳税申报表；

⑤ 被审计单位提供给监管机构的信息；

⑥ 被审计单位的股东登记名册；

⑦ 被审计单位有关投资和养老金计划的记录；

⑧ 与关键管理层或治理层成员签订的合同和协议;
⑨ 超出被审计单位正常经营过程的重要合同和协议;
⑩ 被审计单位与专业顾问的往来函件和发票;
⑪ 被审计单位在报告期内重新商定的重要合同;
⑫ 内部审计师的报告;
⑬ 被审计单位向证券监管机构报送的文件。
（4）项目组内部的讨论

项目组在进行内部讨论时，应当特别考虑由于关联方关系及其交易导致的舞弊或错误使得财务报表存在重大错报的可能性。项目组内部讨论的内容可能包括：
① 关联方关系及其交易的性质和范围；
② 强调在整个审计过程中对关联方关系及其交易导致的潜在重大错报风险保持职业怀疑的重要性；
③ 可能显示管理层以前未识别或未向注册会计师披露的关联方关系或关联方交易的情形或状况；
④ 可能显示存在关联方关系或关联方交易的记录或文件；
⑤ 管理层和治理层对关联方关系及其交易进行识别、恰当会计处理和披露的重视程度，以及管理层凌驾于相关控制之上的风险。

2. 识别和评估重大错报风险

如果通过上述程序识别和评估出关联方关系及其交易导致的重大错报风险，应确定这些风险是否为特别风险。关联方关系及其交易可能导致下列重大错报风险。
① 超出被审计单位正常经营过程的重大关联方交易导致的重大错报风险。
② 存在具有支配性影响的关联方导致的重大错报风险。
③ 管理层未能识别出或未向注册会计师披露的关联方关系或重大关联交易导致的重大错报风险。
④ 管理层披露关联方交易是公平交易时可能存在的重大错报风险。
⑤ 管理层未能按照适用的财务报告编制基础对特定关联方及其交易进行恰当会计处理和披露导致的重大错报风险。

3. 针对重大错报风险的应对措施

（1）应对超出被审计单位正常经营过程的重大关联方交易导致的重大错报风险

对于识别出的超出正常经营过程的重大关联方交易，注册会计师应当：检查相关合同或协议（如有）；获取交易已经恰当授权和批准的审计证据。

（2）应对存在具有支配性影响的关联方导致的重大错报风险

除了遵守舞弊审计的总体要求外，注册会计师还可以实施下列审计程序，以了解关联方与被审计单位直接或间接建立的业务关系，并确定是否有必要实施进一步的恰当的实质性程序：询问管理层和治理层并与之讨论；询问关联方；检查与关联方之间的重要合同；通过互联网或某些外部商业信息数据库，进行适当的背景调查；如果被审计单位保留了员工的举报报告，查阅该报告。

（3）应对管理层未能识别出或未向注册会计师披露的关联方关系或重大关联方交易导致的重大错报风险。

如检查在实施审计程序时获取的银行和律师询证函回函、股东会和治理层会议纪要,以及其认为必要的其他记录和文件。

如果识别出管理层以前未识别出或未向注册会计师披露的关联方关系或重大关联方交易,注册会计师应当:

① 立即将相关信息向项目组其他成员通报;

② 在适用的财务报告编制基础对关联方做出规定的情况下,要求管理层识别与新识别出的关联方之间发生的所有交易,以便注册会计师做出进一步评价,并询问与关联方关系及其交易相关的控制为何未能识别或披露该关联方关系或交易;

③ 对新识别出的关联方或重大关联方交易实施恰当的实质性程序;

④ 重新考虑可能存在管理层以前未识别出或未向注册会计师披露的其他关联方或重大关联方交易的风险,如有必要,实施追加的审计程序;

⑤ 如果管理层不披露关联方关系或交易看似是有意的,因而显示可能存在由于舞弊导致的重大错报风险,评价这一情况对审计的影响。

(4)应对管理层披露关联方交易是公平交易时可能存在的重大错报风险

如果无法获取充分、适当的审计证据,合理确信管理层关于关联方交易是公平交易的披露,注册会计师可以要求管理层撤销此披露。如果管理层不同意撤销,注册会计师应当考虑其对审计报告的影响。

(5)应对管理层未能按照适用的财务报告编制基础对特定关联方关系及其交易进行恰当会计处理和披露导致的重大错报风险

如果注册会计师能确认此类情况确实存在,应根据其严重程度确定对审计报告的影响。

4. 评价审计结果

注册会计师应当按照审计准则的要求,对识别出的关联方关系及其交易的会计处理和披露做出评价,确定:

① 识别出的关联方关系及其交易是否已按照适用的财务报告编制基础得到恰当会计处理和披露;

② 关联方关系及其交易是否导致财务报表未实现公允反映。

注册会计师应根据评价结果,确定对审计报告的影响。

5. 获取书面声明

由于关联方及其交易的复杂性,管理层了解并承担起相应的责任十分重要。因此,需要通过获取管理层书面声明取得相应的证据。如果适用的财务报告编制基础对关联方做出规定,注册会计师应当向管理层和治理层(如适用)获取下列书面声明:已经向注册会计师披露了全部已知的关联方名称和特征、关联方关系及其交易;已经按照适用的财务报告编制基础的规定,对关联方关系及其交易进行了恰当的会计处理和披露。

在下列情况下,注册会计师可能需要治理层做出书面声明。

① 治理层批准某项特定关联方交易,该项交易可能对财务报表产生重大影响或涉及管理层。

② 治理层就某些关联方交易的细节向注册会计师做出口头声明。

③ 治理层在关联方或关联方交易中享有财务或者其他利益。

④ 管理层做出了某项特殊认定,如管理层对特殊关联方交易不涉及某些未予披露的"背后协议"。

6. 与治理层沟通

除非治理层全部成员参与管理被审计单位，注册会计师应当与治理层沟通审计工作中发现的与关联方相关的重大事项，例如：管理层有意或无意未向注册会计师披露关联方关系或重大关联方交易；识别出的未经适当授权和批准的、可能产生舞弊嫌疑的重大关联方交易；注册会计师与管理层在按照适用的财务报告编制基础的规定披露重大关联方交易方面存在分歧；违反适用的法律法规有关禁止或限制特定类型关联方交易的规定；在识别被审计单位最终控制方时遇到的困难。

15.3 持续经营审计

15.3.1 概述

持续经营假设是指被审计单位在编制财务报表时，假定其经营活动在可预见的将来会继续下去，不拟也不必终止经营或破产清算，可以在正常的经营过程中变现资产、清偿债务。通用目的财务报表是基于持续经营假设编制的。

对持续经营假设的评价，涉及对具有不确定性的事项未来可能结果的专业判断。由于固有风险较高，注册会计师在审计中，一方面需要随时关注影响公司持续经营的重大事项；另一方面，应在尽可能接近审计报告日完成对持续经营假设的评估，以积累更多的资料帮助做出合理的专业判断，减少对有关事项发展预判出现重大失误的可能性。

15.3.2 被审计单位管理层的责任和注册会计师的责任

1. 被审计单位管理层的责任

如果持续经营假设是编制财务报表的基本原则，管理层需要在编制财务报表时评估持续经营能力。管理层对自身持续经营能力的评估涉及在特定时点对事项或情况的未来结果做出判断，这些事项或情况的未来结果具有固有不确定性。下列因素与管理层的判断相关。

① 某一事项或情况或其结果出现的时点距离管理层做出评估的时点越远，与事项或情况的结果相关的不确定性程度就较大。

② 被审计单位的规模和复杂程度、经营活动的性质和状况以及被审计单位受外部因素影响的程度，将影响对事项或情况的结果做出的判断。

③ 对未来的所有判断都以做出判断时可获得的信息为基础。管理层做出的判断在当时情况下可能是合理的，但之后发生的事项可能导致事项或情况的结果与做出的判断不一致。

2. 注册会计师的责任

注册会计师的责任是，就管理层在编制财务报表时运用持续经营假设的适当性获取充分、适当的审计证据并得出结论，并根据获取的审计证据就被审计单位持续经营能力是否存在重大不确定性得出结论。

即使编制财务报表时采用的财务报告编制基础没有明确要求管理层对持续经营能力做出专门评估，注册会计师的这种责任仍然存在。但是，即使注册会计师未在审计报告中提及与被审计单位持续经营能力相关的重大不确定性,也不能被视为对被审计单位持续经营能力的保证。

15.3.3 持续经营的审计目标及注册会计师的工作要求

1. 持续经营的审计目标

① 就管理层编制财务报表时运用持续经营假设的适当性,获取充分、适当的审计证据,并得出结论。

② 根据获取的审计证据,就可能导致对被审计单位持续经营能力产生重大疑虑的事项或情况是否存在重大不确定性得出结论。

③ 按照审计准则的规定出具审计报告。

2. 持续经营审计的工作要求

为履行在财务报表审计中与管理层编制财务报表时运用持续经营假设相关的责任,注册会计师需要开展以下几个方面的工作。

① 在实施风险评估程序时,考虑是否存在导致对被审计单位持续经营能力产生重大疑虑的事项或情况,并在整个审计过程中保持警觉。

② 评价管理层对被审计单位持续经营能力的评估。

③ 当识别出可能导致对被审计单位持续经营能力产生重大疑虑的事项或情况时,实施追加的审计程序,以确定是否存在与这些事项或情况有关的重大不确定性。

④ 评估财务报表是否已充分披露与可能导致对被审计单位持续经营能力产生重大疑虑的事项或情况有关的重大不确定性。

⑤ 考虑被审计单位持续经营能力对审计报告的影响。

⑥ 与治理层就识别出的可能导致对被审计单位持续经营能力产生重大疑虑的事项或情况进行沟通,除非治理层全部成员参与管理被审计单位。

15.3.4 持续经营的审计程序

1. 风险评估

在风险评估阶段,注册会计师首先应当确定管理层是否已对被审计单位持续经营能力做出初步评估。如果管理层已对持续经营能力做出初步评估,注册会计师应当确定管理层是否已识别出单独或汇总起来可能导致对被审计单位持续经营能力产生重大疑虑的事项或情况。如果管理层已识别出这些事项或情况,注册会计师应当与其讨论应对计划;如果管理层未对持续经营能力做出初步评估,注册会计师应当与管理层讨论其拟运用持续经营假设的理由,询问管理层是否存在单独或汇总起来可能导致对被审计单位持续经营能力产生重大疑虑的事项或情况。

注册会计师在风险评估阶段的工作目标是:确定是否存在可能导致对被审计单位持续经营能力产生重大疑虑的事项或情况。针对有关可能导致对被审计单位持续经营能力产生重大疑虑的事项或情况的审计证据,注册会计师应当在整个审计过程中保持警觉。

可能导致对被审计单位持续经营能力产生重大疑虑的事项或情况的示例见表15-2。

第15章 特殊项目审计

表15-2 引起对持续经营能力重大疑虑的事项或情况的示例

类别	事项或情况的示例
财务方面	• 净资产为负或营运资金出现负数； • 定期借款即将到期，但预期不能展期或偿还，或过度依赖短期借款为长期资产筹资； • 存在债权人撤销财务支持的迹象； • 历史财务报表或预测性财务报表表明经营活动产生的现金流量净额为负数； • 关键财务指标不佳； • 发生重大经营亏损或用于产生现金流量的资产的价值出现大幅下跌； • 拖欠或停止发放股利； • 在到期日无法偿还债务； • 无法履行借款合同的条款； • 与供应商由赊购变为货到付款； • 无法获得开发必要的新产品或进行其他必要的投资所需的资金； • 坏账大幅度增加或重要客户经营状况恶化； • 需要寻求新的资金来源或融资方式来维持日常经营活动，或需要处置重要资产才能维持运营； • 贸易条款的改变（包括贸易信贷的可获得性）对被审计单位严重不利； • 更依赖于非传统的融资方式； • 难以通过有效手段筹集资金用于偿付到期债务； • 在获取必要的资本和信用方面出现更多的限制； • 信用评级机构的评级降低
经营方面	• 管理层计划清算被审计单位或终止经营； • 关键管理人员离职且无人替代； • 失去主要市场、关键客户、特许权、执照或主要供应商； • 出现劳动用工困难问题； • 主要供应短缺； • 出现非常成功的竞争者； • 过度依赖某个项目的成功； • 需要对经营政策做出重大调整； • 被审计单位所属行业发生重大变化； • 在经济不稳定地区（如高通胀国家、货币大幅贬值国家）有重大经营活动； • 重要经营活动易受市场不稳定的影响； • 主要生产线已经出现非正常停产； • 产品和服务的需求出现大幅下滑或结构性调整； • 预期之外的公司组织结构和经营管理的变化； • 被司法机关立案调查或可能面临行政处罚
其他方面	• 违反有关资本或其他法定或监管要求； • 未决诉讼或监管程序，可能导致其无法支付索赔金额； • 法律法规或政府政策的变化预期会产生不利影响； • 对发生的灾害未购买保险或保额不足

2. 评估管理层的评估结果

注册会计师应当评价管理层对持续经营能力做出的评估结果。注册会计师进行评价的评价期间应当与管理层按照适用的财务报告编制基础或法律法规（如果法律法规要求的期间更长）的规定做出评估的涵盖期间相同。如果管理层评估持续经营能力涵盖的期间短于自财务报表日起的 12 个月，应当提请管理层将其至少延长至自财务报表日起的 12 个月。进行评价时，还应当考虑管理层的评估是否已包括注册会计师在审计过程中注意到的所有相关信息。

3. 识别出事项或情况时实施追加的审计程序

如果识别出可能导致对持续经营能力产生重大疑虑的事项或情况，注册会计师应当追加实施下列审计程序。

① 如果管理层尚未对被审计单位持续经营能力做出评估，提请其进行评估。

② 评价管理层与持续经营能力评估相关的未来应对计划，这些计划的结果是否可能改善目前的状况，以及管理层的计划对于具体情况是否可行。对不同类型的应对计划，注册会计师应当关注不同的要点（见表 15-2）。

表 15-3 对被审计单位未来持续经营应对计划的关注要点

应对计划类型	审计关注要点
变卖资产	① 对于拟处置的资产，确定支持证据的充分性； ② 考虑是否存在处置资产的限制，如在贷款协议中存在有限制处置资产的条款； ③ 考虑拟处置资产的变现能力； ④ 确定拟处置资产的潜在直接或间接影响； ⑤ 从资产处置中获取资金的充足性及及时性
债务融资	① 阅读公司债券和借款合同的条款并确定是否存在违约情况，或者在可预见的未来可能违约； ② 确认授信合同的存在性、条款和充分性； ③ 考虑债务融资的可获得性； ④ 考虑被审计单位现有的借款合同是否对继续举债存在限制条款； ⑤ 检查被审计单位与金融机构就固定期限借款展期的协议，如固定期限借款合同尚未到期，了解被审计单位与金融机构就展期进行沟通的情况
缩减或延缓开支	① 考虑缩减管理费用等间接费用、推迟固定资产维修、推迟项目研发等的可行性； ② 评价缩减或延缓开支的直接或间接影响； ③ 考虑管理层缩减或延缓开支计划的详细程度
增加权益资本	① 考虑增加权益资本计划的可行性； ② 评价增加权益资本对被审计单位的影响
获取母公司或其他方面的支持	① 向关联方或第三方确认提供或保持财务支持的协议的存在性、合法性和可执行性，并对其提供额外资金的能力做出评估； ② 评价母公司或其他方面提供支持的可能性
调整营销策略	① 评价基础数据的恰当性和可靠性，以及增长率和利润率的可实现性； ② 确定销售预测的可靠性； ③ 考虑行业的发展情况和宏观经济环境

③ 如果被审计单位已编制现金流量预测，且在评价管理层未来应对计划时对预测的分析是考虑事项或情况未来结果的重要因素，注册会计师应当评价用于编制预测的基础数据的可靠性，并确定预测所基于的假设是否具有充分的支持。在评价被审计单位编制的预测时，需注意以下方面：

● 高级管理层和治理层是否适当参与预测的制定，并给予相应的关注；预测是否由适当人员完成；

● 预测中所使用的基础数据是否准确，与财务信息相关的主要假设是否具有充分依据及是否合理，如预测中采用的增长率是否与宏观经济环境及行业经济发展趋势相吻合；

● 预测是否足够详细，如预测是否按月编制，如果是，预测是如何反映收入和支出情况的；

● 预测是否显示现金不充足的月份，如是，了解、评价相关影响及管理层计划采取的应对措施；

● 预测是否存在管理层偏向；

● 比较管理层以前年度预算与实际结果，评价管理层预算的可靠性；

● 预测中是否考虑了潜在的收入下滑；

● 预测中是否考虑了融资成本的上升对管理层决策的影响；

● 管理层是否进行了适当的敏感性分析，如考虑销售预测的变化可能对整体现金流量预测产生的影响；

● 预测中如何考虑资产变现的问题，包括变现是否可行及金额是否合理；

● 预测中是否涵盖了对被审计单位履行未来债务协议要求的考虑。

④ 考虑自管理层做出评估后是否存在其他可获得的事实或信息。

⑤ 要求管理层和治理层（如适用）提供有关未来应对计划及其可行性的书面声明。

15.3.5 持续经营评价与审计意见

1. 无保留意见的适用情形

① 如果运用持续经营假设是适当的，且不存在重大不确定性，则注册会计师应当发表无保留审计意见，且不需要在审计报告中列示相关的问题。

② 如果运用持续经营假设是适当的，但存在重大不确定性，且财务报表对重大不确定性已做出充分披露，则注册会计师应当发表无保留意见，并在审计报告中增加以"与持续经营相关的重大不确定性"为标题的单独部分，以：提醒财务报表使用者关注财务报表附注中相关事项的披露；说明这些事项或情况表明存在可能导致对被审计单位持续经营能力产生重大疑虑的重大不确定性，并说明这些事项或情况并不影响发表的审计意见。

【示 例】

[当确定存在重大不确定性，且财务报表已做出充分披露时，发表无保留意见的审计报告的参考格式]

与持续经营相关的重大不确定性

我们提醒财务报表使用者关注，如财务报表附注×所述，ABC公司20×1年发生净亏损×元，且于20×1年12月31日，ABC公司流动负债高于资产总额×元。如财务报表附注×所述，这些事项或情况，连同财务报表附注×所示的其他事项，表明存在可能导致对ABC公司持续经营能力产生重大疑虑的重大不确定性。该事项不影响已发表的审计意见。

2. 非无保留意见的适用情形

① 如果被审计单位运用持续经营假设是适当的，但存在重大不确定性，且财务报表对重大不确定性未做出充分披露，注册会计师应当发表保留意见或否定意见。

注册会计师应当在审计报告"形成保留（否定）意见的基础"部分说明，存在可能导致对被审计单位持续经营能力产生重大疑虑的重大不确定性，但财务报表未充分披露该事项。

② 如果财务报表已按照持续经营假设编制，但根据判断认为管理层在财务报表中运用持续经营假设是不适当的，注册会计师应当发表否定意见。

此外，如果运用持续经营假设是适当的，但存在重大不确定性，且管理层不愿按照注册会计师的要求做出评估或延长评估期间，则注册会计师应当考虑这一情况对审计报告的影响。在注册会计师认为有必要提请管理层做出评估或延长评估期间，而管理层予以拒绝时，注册会计师可能因无法获取有关管理层运用持续经营假设编制财务报表的充分、适当的审计证据而发表保留意见或无法表示意见。

审计准则第1324号

15.4 首次审计业务涉及的期初余额

15.4.1 概述

1. 相关概念

首次审计业务，是指在上期财务报表未经审计或上期财务报表由前任注册会计师审计的情况下承接的审计业务。

期初余额，是指期初存在的账户余额。期初余额以上期期末余额为基础，反映了以前期间的交易和事项以及上期采用的会计政策的结果。期初余额也包括期初存在的需要披露的事项，如或有事项和承诺事项。

前任注册会计师，是指已对被审计单位上期财务报表进行审计，但被现任注册会计师接替的其他会计师事务所的注册会计师。

2. 首次审计业务的期初余额审计目标

在执行首次审计业务时，注册会计师针对期初余额的目标是：获取充分、适当的审计证据以确定：

① 期初余额是否含有对本期财务报表产生重大影响的错报；

② 期初余额反映的恰当的会计政策是否在本期财务报表中得到一贯运用，或会计政策的变更是否已按照适用的财务报告编制基础做出恰当的会计处理和充分的列报与披露。

15.4.2 首次审计业务涉及的期初余额的审计程序

期初余额审计需要实施的审计程序的性质和范围取决于：被审计单位运用的会计政策；账户余额、各类交易和披露的性质及本期财务报表存在的重大错报风险；期初余额相对于本期财务报表的重要程度；上期财务报表是否经过审计，如果经过审计，前任注册会计师的意见是否为非无保留意见。

1. 确定期初余额是否含有错报

注册会计师应当通过采取下列措施，获取充分、适当的审计证据，以确定期初余额是否包含对本期财务报表产生重大影响的错报：

① 确定上期期末余额是否已正确结转至本期，或在适当的情况下已做出重新表述。

② 确定期初余额是否反映对恰当会计政策的运用。

③ 实施一项或多项审计程序：

● 如果上期财务报表已经审计，查阅前任注册会计师的工作底稿，以获取有关期初余额的审计证据；
- 评价本期实施的审计程序是否提供了有关期初余额的审计证据；
- 实施其他专门的审计程序，以获取有关期初余额的审计证据。

如果获取的审计证据表明期初余额存在可能对本期财务报表产生重大影响的错报，注册会计师应当实施适合具体情况的追加审计程序，以确定对本期财务报表的影响。如果认为本期财务报表中存在这类错报，注册会计师应当就这类错报与适当层级的管理层和治理层进行沟通。

2. 确定会计政策的一贯性

注册会计师应当获取充分、适当的审计证据，以确定期初余额反映的会计政策是否在本期财务报表中得到一贯运用，以及会计政策的变更是否已按照适用的财务报告编制基础做出恰当的会计处理和充分的列报与披露。

3. 评价上期审计意见的影响

如果上期财务报表已由前任注册会计师审计，并发表了非无保留意见，注册会计师应当在评估本期财务报表重大错报风险时，评价导致发表非无保留意见的事项的影响。

15.4.3 期初余额的审计结果与审计意见

如果不能获取有关期初余额的充分、适当的审计证据，注册会计师应当对财务报表发表保留意见或无法表示意见。

如果认为期初余额存在对本期财务报表产生重大影响的错报，且错报的影响未能得到恰当的会计处理或适当的列报与披露，注册会计师应当对财务报表发表保留意见或否定意见。

如果认为按照适用的财务报告编制基础，与期初余额相关的会计政策未能在本期得到一贯运用，或者会计政策的变更未能得到恰当的会计处理或适当的列报与披露，注册会计师应当对财务报表发表保留意见或否定意见。

如果认为按照适用的财务报告框架，与期初余额相关的会计政策未能在本期得到一贯运用，或者会计政策的变更未能得到恰当的会计处理或适当的列报与披露，注册会计师应当对财务报表发表保留意见或否定意见。

如果前任注册会计师对上期财务报表发表了非无保留意见，并且导致发表非无保留意见的事项对本期财务报表仍然相关和重大，注册会计师应当对本期财务报表发表非无保留意见。

审计准则第 1331 号

15.5 期后事项审计

15.5.1 概述

注册会计师进行年度财务报表审计时，是以财务报表日的资产负债表、该日截止累计的年度利润表、所有者权益变动表和现金流量表界定审计范围。但是，财务报表的编制是建立在"会计分期"假设基础上的，实际的经营活动并没有在该日停止，还在连续不断、持续地进行。因此，注册会计师不仅需要审计会计年度发生的交易和事项，还要关注这些交易和事项在财务报表日后的状况及其对财务报表日审计判断的影响。

1. 期后事项的含义及分类

期后事项是指财务报表日至审计报告日之间发生的事项，以及注册会计师在审计报告日后知悉的事实。其中，财务报表日，是指财务报表涵盖的最近期间的截止日期。审计报告日，是指注册会计师在对财务报表出具的审计报告上签署的日期。

财务报表中所称的"期后事项"与财务会计中所称的"资产负债表日后事项"的概念并不相同。资产负债表日后事项是指资产负债表日至财务报告批准报出日之间发生的有利或不利事项。其中，财务报告批准报出日，是指董事会或类似机构批准财务报告报出的日期。

资产负债表日后事项包括资产负债表日后调整事项和资产负债表日后非调整事项。资产负债表日后调整事项，是指对资产负债表日已经存在的情况提供了新的或进一步证据的事项。被审计单位需要调整财务报表及与之相关的披露信息。资产负债表日后非调整事项，是指表明资产负债表日后发生情况的事项。被审计单位需要在财务报表附注中做适当披露。资产负债表日后事项的示例如表15-3所示。

表15-3 资产负债表日后事项示例

资产负债表日后调整事项	资产负债表日后非调整事项
① 财务报表日后诉讼案件结案； ② 财务报表日后取得确凿证据，表明某项资产在财务报表日已发生减值或需要调整已确认的减值； ③ 财务报表日后进一步确认了财务报表日前购入资产的成本或售出资产的收入； ④ 财务报表日后发现了财务报表舞弊或差错	① 财务报表日后发生重大诉讼、仲裁、承诺； ② 财务报表日后资产价格、税收政策、外汇汇率发生重大变化； ③ 财务报表日后因自然灾害导致资产发生重大损失； ④ 财务报表日后发行股票和债券及其他巨额举债； ⑤ 财务报表日后资本公积转增资本； ⑥ 财务报表日后发生巨额亏损； ⑦ 财务报表日后发生企业合并或处置子公司； ⑧ 财务报表日后企业利润分配方案中拟分配的及经审议批准宣告发放的股利或利润

2. 期后事项的审计目标

注册会计师对期后事项的审计目标是：

① 获取充分、适当的审计证据，以确定财务报表日至审计报告日之间发生的、需要在财务报表中调整或披露的事项是否已经按照适用的财务报告编制基础在财务报表中得到恰当反映；

② 恰当应对在审计报告日后注册会计师知悉的且如果在审计报告日知悉可能导致注册会计师修改审计报告的事实。

15.5.2 期后事项的不同时段及注册会计师的责任

注册会计师对期后事项的审计责任，因时间段不同而不同。期后事项的时间由财务报表日、审计报告日和财务报表报出日这3个时间点划分为3个时间段：第一时间段，财务报表日后至审计报告日。第二时间段，审计报告日后至财务报表报出日；第三时间段，财务报表报出日后，如图15-1所示。其中，财务报表报出日，是指审计报告和已审计财务报表提供给第三方的日期。

图 15-1　期后事项的 3 个时间段

对不同时间段发生的期后事项，注册会计师需要承担不同的责任，采取的审计程序或者应对措施也不同。

1. 第一时间段发生的事项

（1）审计责任

注册会计师应当设计和实施审计程序，获取充分、适当的审计证据，以确定所有在财务报表日至审计报告日之间发生的、需要在财务报表中调整或披露的事项均已得到识别。

（2）审计程序

注册会计师应当按照审计准则的规定实施审计程序，以使审计程序能够涵盖财务报表日至审计报告日（或尽可能接近审计报告日）之间的期间。审计程序应当包括以下方面。

① 了解管理层为确保识别期后事项而建立的程序。

② 询问管理层和治理层（如适用），确定是否已发生可能影响财务报表的期后事项。注册会计师可以询问根据初步或尚无定论的数据做出会计处理的项目的现状。此外，还可以就下列事项进行专门询问：

● 是否已发生新的承诺、借款或担保；
● 是否已出售或购置资产，或者计划出售或购置资产；
● 是否已增加资本或发行债务工具（如发行新的股票或债券），或者是否已签订或计划签订合并或清算协议；
● 资产是否已被政府征用或因不可抗力（如火灾或洪水）而遭受损失；
● 或有事项是否已发生新的进展；
● 是否已做出或考虑做出异常的会计调整；
● 是否已发生或可能发生影响财务报表编制时所采用会计政策适当性的事项（如影响持续经营假设适当性的事项）；
● 是否已发生与财务报表中会计估计或准备计提相关的事项；
● 是否已发生与资产可收回性相关的事项。

③ 查阅被审计单位的所有者、管理层和治理层在财务报表日后举行会议的纪要，在不能获取会议纪要的情况下，询问此类会议讨论的事项。

④ 查阅被审计单位最近的中期财务报表（如有）。

此外，注册会计师可能认为实施下列一项或多项审计程序是必要和适当的：

① 查阅被审计单位在财务报表日后最近期间内的预算、现金流量预测和其他相关的管理报告；

② 就诉讼和索赔事项询问被审计单位的法律顾问，或扩大之前口头或书面查询的范围；

③ 考虑是否有必要获取涵盖特定期后事项的书面声明以支持其他审计证据,从而获取充分、适当的审计证据。

在实施审计程序后,如果识别出需要在财务报表中调整或披露的事项,应当确定这些事项是否按照适用的财务报告编制基础的规定在财务报表中得到恰当反映。

注册会计师还应当要求管理层和治理层(如适用)提供书面声明,确认所有在财务报表日后发生的、按照适用的财务报告编制基础的规定应予调整或披露的事项均已得到调整或披露。

2. 第二时间段知悉的事实

(1) 审计责任

在审计报告日后,注册会计师没有义务针对财务报表实施任何审计程序。但是,出于职业谨慎的要求,注册会计师还是应当承担一定的审计责任。

(2) 如果知悉了某事实且若知悉可能导致修改审计报告

注册会计师应当:

① 与管理层和治理层(如适用)讨论该事项;

② 确定财务报表是否需要修改;

③ 如果需要修改,询问管理层将如何在财务报表中处理该事项。

(3) 管理层修改了财务报表时的审计应对措施

注册会计师应当:

① 根据具体情况对有关修改实施必要的审计程序。

② 将规定的审计程序延伸至新的审计报告日,并针对修改后的财务报表出具新的审计报告。新的审计报告日不应早于修改后的财务报表被批准的日期。

③ 在有关法律法规或适用的财务报告编制基础未禁止的情况下,如果管理层对财务报表的修改仅限于反映导致修改的期后事项的影响,被审计单位的董事会、管理层或类似机构也仅对有关修改进行批准,注册会计师可以仅针对有关修改将审计程序延伸至新的审计报告日。在这种情况下,注册会计师应当选用下列处理方式之一:一是修改审计报告,针对财务报表修改部分增加补充报告日期,从而表明注册会计师对期后事项实施的审计程序仅限于财务报表相关附注所述的修改;二是出具新的或经修改的审计报告,在强调事项段或其他事项段中说明注册会计师对期后事项实施的审计程序仅限于财务报表相关附注所述的修改。

(4) 如果认为管理层应当修改财务报表而没有修改情形下的审计应对措施

注册会计师应当分以下情况予以处理:

① 如果审计报告尚未提交给被审计单位,注册会计师应当按审计准则的规定发表非无保留意见,然后再提交审计报告。

② 如果审计报告已经提交给被审计单位,注册会计师应当通知管理层和治理层(除非治理层全部成员参与管理被审计单位)在财务报表做出必要修改前不要向第三方报出。如果财务报表在未经必要修改的情况下仍被报出,注册会计师应当采取适当措施,以设法防止财务报表使用者信赖该审计报告。

3. 第三时间段知悉的事实

(1) 审计责任

在财务报表报出后,注册会计师同样没有义务针对财务报表实施任何审计程序。但是,出于职业谨慎的要求,注册会计师仍然应当承担一定的审计责任。由于财务报表已经报出,注册会计师对这一时间段期后事项的审计责任与第二时间段略有不同。

（2）如果知悉了某事实，且若在审计报告日知悉可能导致修改审计报告

注册会计师应当：

① 与管理层和治理层（如适用）讨论该事项；

② 确定财务报表是否需要修改；

③ 如果需要修改，询问管理层将如何在财务报表中处理该事项。

（3）当管理层修改了财务报表时的审计应对措施

注册会计师应当：

① 根据具体情况对有关修改实施必要的审计程序。

② 复核管理层采取的措施能否确保所有收到原财务报表和审计报告的人士了解这一情况。

③ 将规定的审计程序延伸至新的审计报告日，并针对修改后的财务报表出具新的审计报告。新的审计报告日不应早于修改后的财务报表被批准的日期。

④ 在有关法律法规或适用的财务报告编制基础未禁止的情况下，如果管理层对财务报表的修改仅限于反映导致修改的期后事项的影响，被审计单位的董事会、管理层或类似机构也仅对有关修改进行批准，注册会计师可以仅针对有关修改将审计程序延伸至新的审计报告日。在这种情况下，注册会计师应当选用下列处理方式之一：一是修改审计报告，针对财务报表修改部分增加补充报告日期，从而表明注册会计师对期后事项实施的审计程序仅限于财务报表相关附注所述的修改；二是出具新的或经修改的审计报告，在强调事项段或其他事项段中说明注册会计师对期后事项实施的审计程序仅限于财务报表相关附注所述的修改，并提醒财务报表使用者关注财务报表附注中有关修改原财务报表的详细原因和注册会计师提供的原审计报告。

（4）如果管理层没有采取必要措施确保所有收到原财务报表的人士了解这一情况，也没有在注册会计师认为需要修改的情况下修改财务报表

注册会计师应当通知管理层和治理层（除非治理层全部成员参与管理被审计单位），注册会计师将设法防止财务报表使用者信赖该审计报告。

如果注册会计师已经通知管理层或治理层，而管理层或治理层没有采取必要措施，注册会计师应当采取适当措施，以设法防止财务报表使用者信赖该审计报告。

审计准则第1332号

15.6 比较信息审计

15.6.1 概述

1. 比较信息的概念

比较信息，是指包含于财务报表中的、符合适用的财务报告编制基础的、与一个或多个以前期间相关的金额和披露。比较信息包括对应数据和比较财务报表。对应数据是指作为本期财务报表组成部分的上期金额和相关披露。比较财务报表是指为了与本期财务报表相比较而包含的上期金额和相关披露。

2. 比较信息的审计目标和审计要求

注册会计师对比较信息的审计目标是：获取充分、适当的审计证据，确定在财务报表中包含的比较信息是否在所有重大方面按照适用的财务报告编制基础有关比较信息的要求进行列报；按照注册会计师的报告责任出具审计报告。

基于上述目标，注册会计师应当评价：比较信息是否与上期财务报表列报的金额和相关披露一致，如果必要，比较信息是否已经重述；在比较信息中反映的会计政策是否与本期采用的会计政策一致，如果会计政策已发生变更，这些变更是否得到恰当处理并得到充分列报和披露。

在实施本期审计时，如果注意到比较信息可能存在重大错报，注册会计师应当根据实际情况追加必要的审计程序，获取充分、适当的审计证据，以确定是否存在重大错报。如果上期财务报表已经得到更正，注册会计师应当确定比较信息与更正后的财务报表是否一致。

15.6.2 对应数据的审计报告要求

由于审计意见是针对包括对应数据的本期财务报表整体，当财务报表中列报对应数据时，除下列情形外，审计意见不应提及对应数据：

① 如果以前导致非无保留意见的事项仍未解决，注册会计师应当对本期财务报表继续发表非无保留意见。在审计报告的导致非无保留意见的事项段中，注册会计师应当分下列两种情况予以处理：如果未解决事项对本期数据的影响或可能的影响是重大的，注册会计师应当在形成非无保留意见基础部分中同时提及本期数据和对应数据；如果未解决事项对本期数据的影响或可能的影响不重大，注册会计师应当说明，由于未解决事项对本期数据和对应数据之间可比性的影响或可能的影响，因此发表了非无保留意见。

示 例

审计报告中因"对应数据"导致保留意见情形

（一）保留意见

我们审计了 ABC 股份有限公司（以下简称 ABC 公司）财务报表，包括 20×1 年 12 月 31 日的资产负债表、20×1 年度的利润表、现金流量表、股东权益变动表以及相关财务报表附注。

我们认为，除"形成保留意见的基础"部分所述事项产生的影响外，后附的财务报表在所有重大方面按照《企业会计准则》的规定编制，公允反映了 ABC 公司 20×1 年 12 月 31 日的财务状况以及 20×1 年度的经营成果和现金流量。

（二）形成保留意见的基础

如财务报表附注×所述，ABC 公司未按照《企业会计准则》的规定对房屋建筑物和机器设备计提折旧。这项决定是 ABC 公司管理层（以下简称管理层）在上一会计年度开始时做出的，导致我们对该年度财务报表发表了保留意见。如果按照房屋建筑物 5%和机器设备 20%的年折旧率计提折旧，20×1 年度和 20×0 年度的当年亏损将分别增加×元和×元，20×1 年末和 20×0 年末的房屋建筑物和机器设备的净值将因累计折旧而减少×元和×元，并且 20×1 年末和 20×0 年末的累计亏损将分别增加×元和×元。

② 上期财务报表存在重大错报，而以前对该财务报表发表了无保留意见，且对应数据未

经适当重述或恰当披露。

如果注册会计师已经获取上期财务报表存在重大错报的审计证据，而以前对该财务报表发表了无保留意见，且对应数据未经适当重述或恰当披露，注册会计师应当就包括在财务报表中的对应数据，在审计报告中对本期财务报表发表保留意见或否定意见。

③ 如果上期财务报表已由前任注册会计师审计，注册会计师在审计报告中可以提及前任注册会计师对对应数据出具的审计报告。

当注册会计师决定提及时，应当在审计报告的其他事项段中说明：上期财务报表已由前任注册会计师审计；前任注册会计师发表的意见的类型（如果是非无保留意见，还应当说明发表非无保留意见的理由）；前任注册会计师出具的审计报告的日期。

④ 如果上期财务报表未经审计，注册会计师应当在审计报告的其他事项段中说明对应数据未经审计。但这种说明并不减轻注册会计师获取充分、适当的审计证据，以确定期初余额不含有对本期财务报表产生重大影错报的责任。

> **示 例**
>
> **审计报告中因"对应数据"增加"其他事项"的情形**
>
> **其他事项**
>
> 20×0 年 12 月 31 日的资产负债表，20×0 年度的利润表、现金流量表和股东权益变动表以及财务报表附注由其他会计师事务所审计，并于 20×1 年 3 月 31 日发表了无保留意见。

15.6.3 比较财务报表的审计报告要求

当列报比较财务报表时，审计意见应当提及列报财务报表所属的各期，以及发表的审计意见涵盖的各期。需要在审计报告中提及比较财务报表的情形如下。

① 当因本期审计而对上期财务报表发表审计意见时，如果对上期财务报表发表的意见与以前发表的意见不同，注册会计师应当在其他事项段中披露导致不同意见的实质性原因。

② 如果上期财务报表已由前任注册会计师审计，除非前任注册会计师对上期财务报表出具的审计报告与财务报表一同对外提供，注册会计师除对本期财务报表发表意见外，还应当在其他事项段中说明：上期财务报表已由前任注册会计师审计；前任注册会计师发表的意见的类型（如果是非无保留意见，还应当说明发表非无保留意见的理由）；前任注册会计师出具审计报告的日期。

③ 如果认为存在影响上期财务报表的重大错报，而前任注册会计师以前出具了无保留意见的审计报告，注册会计师应当就此与适当层级的管理层沟通，并要求告知前任注册会计师。注册会计师还应当与治理层进行沟通，除非治理层全部成员参与管理被审计单位。如果上期财务报表已经更正，且前任注册会计师同意对更正后的上期财务报表出具新的审计报告，注册会计师应当仅对本期财务报表出具审计报告。

④ 如果上期财务报表未经审计，注册会计师应当在其他事项段中说明比较财务报表未经

审计准则第1511号

审计。但这种说明并不减轻注册会计师获取充分、适当的审计证据，以确定期初余额不含有对本期财务报表产生重大影响的错报的责任。

如果需要列报比较财务报表，审计意见应当提及列报财务报表所属的各期，以及发表的审计意见涵盖的各期。

示 例

审计报告中因"比较财务报表"导致保留意见情形

（一）保留意见

我们审计了ABC股份有限公司（以下简称ABC公司）财务报表，包括20×1年12月31日和20×0年12月31日的资产负债表，20×1年度和20×0年度的利润表、现金流量表、股东权益变动表以及相关财务报表附注。

我们认为，除"形成保留意见的基础"部分所述事项产生的影响外，后附的财务报表在所有重大方面按照《企业会计准则》的规定编制，公允反映了ABC公司20×1年12月31日和20×0年12月31日的财务状况以及20×1年度和20×0年度的经营成果和现金流量。

（二）形成保留意见的基础

如财务报表附注×所述，ABC公司未按照《企业会计准则》的规定对房屋建筑物和机器设备计提折旧。如果按照房屋建筑物5%和机器设备20%的年折旧率计提折旧，20×1年度和20×0年度的当年亏损将分别增加×元和×元，20×1年末和20×0年末的房屋建筑物和机器设备的净值将因累计折旧而分别减少×元和×元，并且20×1年末和20×0年末的累计亏损将分别增加×元和×元。

本章关键术语

会计估计	关联方	持续经营
重大不确定性	首次审计业务	期初余额
前任注册会计师	期后事项	调整事项
非调整事项	资产负债表日后事项	比较信息
对应数据	比较财务报表	

本 章 复 习

一、单项选择题

1. 下列与会计估计审计相关的程序中，注册会计师应当在风险评估阶段实施的是（　　）。
   A. 确定与会计估计相关的信息系统
   B. 确定会计估计变更是否得到充分披露

C. 确定管理层做出会计估计是否存在管理层偏向
D. 确定管理层是否恰当运用与会计估计相关的财务报告编制基础

2. 注册会计师在询问关联方关系时，询问对象通常不包括（　　）。
   A. 董事会成员　　　B. 内部审计人员　　　C. 证券监管机构　　　D. 内部法律顾问

3. 下列关于关联方审计的说法中，恰当的是（　　）。
   A. 关联方交易通常缺乏商业理由
   B. 通常无须了解和评价与关联方相关的内部控制
   C. 所有的关联方交易和余额都存在重大错报风险
   D. 超出正常经营过程的重大关联方交易导致的风险属于特别风险

4. 下列情形中，通常不能显示存在尚未识别的关联方的是（　　）。
   A. 大量购入并不需要的材料
   B. 收取大量的货款却迟迟不发货
   C. 以市场公允价格向客户出售紧俏商品
   D. 以预付货款方式采购市场上滞销的商品

5. 如果被审计单位已不具备持续经营能力，却仍按照持续经营的假设条件编制财务报表，注册会计师应当在审计报告中（　　）。
   A. 出具否定意见
   B. 增加强调事项段进行说明
   C. 按照特殊目的业务审计报告的规定办理
   D. 根据严重程度出具保留意见或否定意见

6. 下列各项中，属于可能导致对被审计单位持续经营能力产生重大疑虑的财务事项或情况是（　　）。
   A. 出现劳动用工困难　　　　　　B. 违反监管要求被处罚
   C. 信用评级机构降低评级　　　　D. 过度依赖某个项目的成功

7. 注册会计师首次接受委托对被审计单位财务报表进行审计时，下列说法中，适当的是（　　）。
   A. 必须与前任注册会计师沟通
   B. 如果期初余额存在明显微小错报，无须对此提出审计调整或披露建议
   C. 应当实施必要的审计程序，以确定期初余额是否含有对本期财务报表产生重大影响的错报
   D. 如果前任注册会计师已对上期财务报表发表了无保留意见，即使上期运用的会计政策不恰当，也无须提请被审计单位调整上期财务报表

8. 关于注册会计师对期后事项的审计责任，下列表述中适当的是（　　）。
   A. 在财务报表报出日后，没有义务针对财务报表实施任何审计程序
   B. 在财务报表日至审计报告日之间，有责任识别截至审计报告日发生的全部期后事项
   C. 在审计报告日至财务报表报出日之间，有责任识别截至审计报告日发生的全部期后事项
   D. 在财务报表报出日后，即使如果知悉可能对财务报表产生重大影响的事实，注册会计师也无法采取补救措施

9. 如果识别出比较信息存在重大错报，注册会计师首先应当（　　）。
   A. 征询法律意见　　　　　　　　　B. 考虑修改审计报告
   C. 建议管理层更正比较信息　　　　D. 拒绝出具审计报告或解除业务约定
10. 以下关于对应数据的说法中，恰当的有（　　）。
    A. 审计报告中均应列示对应数据的审计情况
    B. 如果上期财务报表未经审计，应作为保留意见的出具原因
    C. 如果上期导致非无保留意见的对应数据事项已经解决，应在本期的其他事项段中进行说明
    D. 如果上期导致非无保留意见的事项仍未解决，注册会计师应当对本期财务报表继续发表非无保留意见

二、多项选择题

1. 下列关于会计估计审计的说法中，适当的有（　　）。
   A. 具有高度估计不确定性的会计估计可能导致特别风险
   B. 前期会计估计与实际结果存在差异，表明存在管理层偏向
   C. 会计估计不确定性的程度影响与会计估计相关的重大错报风险
   D. 前期审计中识别出的可能存在管理层偏向的迹象会对本期审计工作产生影响

2. 如果识别出管理层以前未识别出或未向注册会计师披露的关联方关系或重大关联方交易，注册会计师应当执行的审计程序有（　　）。
   A. 立即将相关情况向治理层汇报
   B. 评价这一情况对审计工作的影响
   C. 询问被审计单位未能识别或披露该关联方关系或交易的原因
   D. 对新识别出的关联方或重大关联方交易实施恰当的实质性程序

3. 下列关于持续经营审计的说法中，适当的有（　　）。
   A. 注册会计师需要就被审计单位持续经营能力做出结论
   B. 注册会计师需要就管理层运用的持续经营假设获取充分、适当的审计证据
   C. 注册会计师未在审计报告中提及持续经营的不确定性，意味着被审计单位具有持续经营能力
   D. 如果采用持续经营假设编制财务报表，则无论财务报告的编制基础有无要求，管理层均应对企业的持续经营能力做出评估

4. 对被审计单位持续经营能力的不同审计结果，可能对审计报告的影响有（　　）。
   A. 如果管理层编制财务报表时运用持续经营假设是适当的，则不影响审计报告
   B. 如果被审计单位持续经营假设适当但存在重大不确定性，且财务报表附注未做充分披露，应当发表保留意见或否定意见
   C. 如果存在多项对财务报表整体具有重要影响的重大不确定性，且财务报表附注已做充分披露，在极少数情况下，可能认为发表无法表示意见是适当的
   D. 如果被审计单位运用持续经营假设适当但存在重大不确定性，且财务报表附注已做充分披露，应当发表无保留意见，并在审计报告的关键事项段中做出说明

5. 在首次审计被审计单位财务报表时，下列关于期初余额审计的说法中恰当的有（　　）。

A. 一般无须专门对期初余额发表审计意见
B. 注册会计师应合理运用专业判断，以确定期初余额审计范围
C. 如果前任注册会计师出具非无保留意见的审计报告，注册会计师仍应在本期出具非无保留意见的审计报告
D. 如果在审计过程中发现期初余额对本期财务报表有重大影响，此时注册会计师应发表保留意见或否定意见

6. 注册会计师对首次业务的期初余额需要实施的审计程序的性质和范围取决于（　　）。
    A. 被审计单位运用的会计政策
    B. 账户余额、各类交易和披露的性质以及本期财务报表存在的重大错报风险
    C. 期初余额相对于本期财务报表的重要程度
    D. 上期财务报表是否经过审计，如果经过审计，前任注册会计师的意见是否为非无保留意见

7. 下列资产负债表日后事项中，属于非调整事项的有（　　）。
    A. 财务报表日后发现财务报表存在舞弊
    B. 财务报表日后发生企业合并或处置子公司
    C. 财务报表日后因自然灾害导致资产发生重大损失
    D. 财务报表日后资产价格、税收政策、外汇汇率发生重大变化

8. 下列有关期后事项审计的说法中，适当的有（　　）。
    A. 期后事项是指财务报表日至审计报告日之间发生的事项
    B. 对于审计报告日后的期后事项，注册会计师没有义务实施任何审计程序
    C. 对于资产负债表日后非调整事项，注册会计师可以不执行任何审计程序
    D. 对于资产负债表日后调整事项，注册会计师应审查被审计单位是否进行了适当的调整

9. 财务报表报出日后，注册会计师获知审计报告日已经存在但尚未发现的期后事项，则可能采取的措施有（　　）。
    A. 重新出具审计报告
    B. 与公司管理层讨论如何处理
    C. 提请公司管理层修改财务报表
    D. 采取措施防止财务报表使用者信赖该审计报告

10. 在审计对应数据所遇到的下列情形中，可以在其他事项段中进行说明的有（　　）。
    A. 上期财务报表未经审计
    B. 上期财务报表已由前任注册会计师审计
    C. 上期财务报表存在重大错报，本期已得到适当重述或恰当披露
    D. 上期财务报表存在重大错报，本期仍未得到适当重述或恰当披露

三、问答题
1. 影响会计估计不确定性程度的因素有哪些？
2. 针对评估的会计估计重大错报风险，注册会计师应当实施哪些审计程序？
3. 注册会计师了解关联方关系及其交易实施的风险评估程序主要包括哪些？
4. 注册会计师识别关联方交易的实质性测试有哪些？

5. 如果注册会计师识别出管理层以前未识别出或未向注册会计师披露的关联方关系或重大关联方交易，应当采取何种应对措施？

6. 注册会计师可能需要被审计单位就关联方及其交易做出哪些书面声明？

7. 简述注册会计师进行持续经营审计的工作要求。

8. 简述被审计单位持续经营存在的重大不确定性对审计意见的影响。

9. 注册会计师对首次业务的期初余额需要实施的审计程序的性质和范围取决于哪些因素？

10. 简述期初余额的审计结果对审计意见的影响。

11. 简述注册会计师针对不同时间段的期后事项的审计责任。

12. 简述对应数据和比较财务报表审计中可能遇到的情形及各种情形对审计报告的影响。

四、研究思考题

1. 分析会计估计为何常常被认定是存在特别风险的领域。

2. 分析财务报表审计中关联方审计的重要意义。

3. 分析财务报表审计中持续经营审计的重要意义。

4. 财务报表报出之后，注册会计师为什么仍然需要承担一定的审计责任？

5. 对某个特定年度财务报表的审计，为什么需要考虑比较信息？

五、案例分析题

1. 审计项目组在对 A 公司 20×1 年度的财务报表审计中，记录了与公允价值和会计估计审计相关的情况，部分内容摘录如下。

① 为确定 A 公司管理层在 20×1 年度财务报表中做出的会计估计是否恰当，审计项目组复核了 A 公司 20×1 年度财务报表中的会计估计在 20×2 年度的结果。

② A 公司年末持有上市公司 M 公司的流通股股票 100 万股，账面价值为 500 万元，以公允价值计量，审计项目组核对了该股票于 20×1 年 12 月 31 日的收盘价，结果满意。

③ A 公司持有以公允价值计量的投资性房地产。审计项目组认为该项公允价值计量不存在特别风险，无须了解相关控制，直接实施了实质性程序。

④ 20×1 年末，A 公司针对一项未决诉讼确认了 500 万元预计负债，审计项目组做出的区间估计为 550 万元至 650 万元，据此认为预计负债存在少计 50 万元的事实错报。

⑤ 为减少利润总额和应纳税所得额之间的差异，A 公司自 20×1 年 1 月 1 日起将固定资产折旧年限调整为税法规定的最低年限，审计项目组根据变更后的折旧年限检查了 A 公司 20×1 年度计提的折旧额，结果满意。

⑥ 审计项目组向管理层获取了有关会计估计的书面声明，内容包括在财务报表中确认或披露的会计估计和未在财务报表中确认或披露的会计估计。

要求： 针对上述事项，逐项指出审计项目组的做法是否恰当。如不恰当，简要说明理由。

2. 审计项目组在审计工作底稿中记录了与 B 公司 20×1 年度财务报表关联方审计相关的情况，部分内容摘录如下。

① 20×1 年度 B 公司向其控股股东购入一项重大业务。审计项目组认为该交易是超出正常经营过程的重大关联方交易，存在特别风险。

② B 公司管理层在未审财务报表附注中披露，其向关联方采购原材料的交易按照等同于公平交易中通行的条款执行。审计项目组将 B 公司向关联方采购的价格与相同原材料活跃市场价格进行比较，未发现明显差异，据此认为该项披露不存在重大错报。

③ 因不拟信赖 B 公司建立的与识别、记录和报告关联方关系及其交易相关的内部控制，审计项目组未了解和测试这些控制，通过实施细节测试应对相关重大错报风险。

④ 审计项目组向 B 公司管理层获取了下列与关联方关系及其交易相关的书面声明：已向注册会计师披露了全部已知的关联方名称；已按照《企业会计准则》的规定，对关联方关系及其交易进行了恰当的会计处理和披露；所有关联方交易均不涉及未予披露的"背后协议"。

⑤ 审计项目组注意到，B 公司 20×1 年发生的一项重大交易的交易方很可能是管理层未向审计项目组披露的关联方。审计项目组实施追加程序并与治理层沟通后，仍无法确定是否存在关联方关系，决定在审计报告中增加强调事项段，提请财务报表使用者关注财务报表附注中披露的该项交易。

要求：

（1）针对上述第①项，指出审计项目组应当采取哪些应对措施。

（2）针对上述第②~⑤项，逐项指出审计项目组的做法是否恰当。如不恰当，提出改进建议。

3. 注册会计师负责审计 C 公司 20×1 年财务报表。注册会计师于 20×2 年 3 月 16 日发现：

① C 公司于 20×1 年 11 月 30 日遭到起诉，原告是 M 公司。M 公司起诉 C 公司是由于 C 公司违反双方签订的合同，M 公司要求 C 公司赔偿其直接经济损失 600 万元（假设重要性水平为 100 万元）。C 公司在 20×1 年 12 月 31 日财务报表中未对该事项进行会计确认和会计估计，该事项也未在财务报表附注中披露。

② 注册会计师对该诉讼案件继续追查，发现该案件已于 20×2 年 2 月 10 日判决结案，法院判决结果是 C 公司赔偿 M 公司经济损失 580 万元。

③ 假设注册会计师拟出具审计报告的日期为 20×2 年 3 月 5 日，董事会批准的财务报表对外公布日是 20×2 年 3 月 15 日。

④ C 公司已经对外公布了无保留意见的审计报告。

要求：分别针对上述事项，指出注册会计师应实施哪些审计措施。

4. D 公司是一家上市公司。该公司 20×1 年至 20×4 年的净利润分别为 –4 964 万元、–5 967 万元、103 万元、–6 151 万元。由于 20×1 年、20×2 年连续亏损，20×3 年公司被戴帽，股票被标志为"ST-D"。20×5 年经证监局核查发现 20×3 年度公司提前确认收入，延期确认成本费用，虚增利润 568 万元，20×3 年度更正后的净利润为 103 万元。

20×5 年 D 公司经审计的净利润为 –1 858 万元，经营活动产生的现金流量净额为 –2 832 万元，对外担保 7 600 万元，短期借款 16 089 万元，向其实际控制人借款 18 500 万元。截至审计报告日，D 公司董事会批准了拟实施的重大资产重组方案，该方案已通过国资管理部门的预审核，尚未得到中国证监会的审核批准。

要求：针对该公司的实际情况，注册会计师应当实施哪些审计程序，以获得形成审计意见所必需的审计证据？

5. 注册会计师在对 F 公司的 20×1 年度财务报表进行审计时，遇到以下情况。

① F 公司 20×1 年度的一笔 500 万元的重大销售在审计报告日后、财务报表公布日之前被退回，注册会计师提请被审计单位修订财务报表，被审计单位予以拒绝。

② F 公司因涉嫌侵权，于 20×1 年 2 月 1 日被起诉，且原告要求赔偿 3 亿元，至 20×1 年 12 月 31 日法院尚未宣判，F 公司 20×1 年 12 月 31 日审计后的净资产为 2 亿元。注册会

计师向 F 公司的律师进行了函证，其律师回函表示基于对委托人负责，不能对该案的结果做出任何评价。

③ F 公司在 20×1 年度向其子公司以市场价格销售产品 5 000 万元，成本为 3 800 万元，F 公司当年向其关联方的销售占到全部收入的 35%，F 公司已在财务报表附注中进行了适当披露。

④ F 公司 20×0 年发生的一项应确认预计负债的未决诉讼，既未确认预计负债，也未在财务报表附注中披露，但 F 公司在 20×1 年度财务报表的比较数据中已对此进行了恰当重述。

要求：假定以上各事项均为重大，不考虑其他因素，分别说明各事项对审计报告的影响，并简要说明理由。

6. 20×2 年 4 月，红黄兰会计师事务所首次接受委托，审计 G 公司 20×1 年度财务报表，相关事项如下。

① 前任注册会计师拒绝红黄兰会计师事务所注册会计师查阅其 20×1 年度审计工作底稿，注册会计师据此认为无法对应收账款的期初余额获取充分、适当的审计证据。

② 考虑到存货期初余额相对于本期财务报表重要，审计项目组拟对 20×2 年初存货余额实施追加审计程序，包括：监盘 20×2 年 4 月 30 日的存货数量并调节至期初存货数量；对期初存货项目的计价实施审计程序等。

③ 由于无法获得 G 公司持有的某联营企业的相关财务信息，无法就年末长期股权投资的账面价值以及当年确认的投资收益获取充分、适当的审计证据，注册会计师对 G 公司 20×0 年度财务报表发表了保留意见。G 公司于 20×0 年处置了该项投资。注册会计师认为，导致对上期财务报表发表保留意见的事项已经解决，该事项对 20×1 年度审计意见无影响。

要求：假定不考虑其他因素，分别指出注册会计师的上述处理是否恰当；如不恰当，简要说明理由。

第 16 章

完成审计工作

【学习目标】

学习本章之后,你应该能够:
- ▼ 了解完成审计工作阶段的主要工作内容;
- ▼ 理解和掌握管理层声明书的性质、内容与审计要求;
- ▼ 掌握审计差异调整表的编制;
- ▼ 了解注册会计师与被审计单位沟通的内容与要求。

【内容提要】

注册会计师在结束外勤审计工作后,进入完成审计工作阶段。该阶段需要收集最后的审计证据,对已获得的审计证据进行汇总分析,完成相应的审计项目质量复核程序,做出审计报告意见类型及措辞的决策,完成与被审计单位的必要沟通,最后编制并报送审计报告。

16.1 审计证据的汇总

在财务报表审计完成阶段,注册会计师需要收集最后的证据,包括获取书面声明、实施总体分析程序等,汇总审计发现。

16.1.1 获取书面声明

1. 书面声明的概念

书面声明,是指管理层向注册会计师提供的书面陈述,用以确认某些事项或支持其他审计证据。注册会计师应当要求对财务报表承担相应责任并了解相关事项的管理层提供书面声明。具体人员取决于被审计单位的治理结构和相关法律法规的规定。管理层通常是责任的承担者,注册会计师可能要求被审计单位的首席执行官、首席财务官或不使用此类头衔但处于类似职位的其他人员提供书面声明。在某些情况下，其他人员（或治理层）也对财务报表的编制承担责任。

书面声明是注册会计师在财务报表审计中需要获取的必要信息，也是审计证据。尽管书面声明提供必要的审计证据，但其本身并不为所涉及的任何事项提供充分、适当的审计证据。而且，管理层已提供可靠书面声明的事实，并不影响注册会计师就管理层责任履行情况或具体认定获取的其他审计证据的性质和范围。

注册会计师对管理层书面声明的审计目标是：

① 向管理层获取其认为自身已履行编制财务报表和向注册会计师提供完整信息的责任的书面声明；

② 如果注册会计师认为有必要或其他审计准则有要求，通过书面声明支持与财务报表或具体认定相关的其他审计证据；

③ 恰当应对管理层提供的书面声明或管理层不提供注册会计师要求的书面声明的情况。

书面声明的日期应当尽量接近对财务报表出具审计报告的日期，但不能在审计报告日之后。书面声明应当涵盖审计报告针对的所有财务报表和期间。

2. 书面声明的类别

按书面声明的内容，管理层书面声明可分为以下两类。

（1）针对管理层责任的书面声明

① 针对财务报表编制的责任。注册会计师应当要求管理层提供书面声明，确认其履行了按照适用的财务报告编制基础编制财务报表并使其实现公允反映（如适用）的责任。

② 针对提供的信息和交易的完整性的责任。注册会计师应当要求管理层就下列事项提供书面声明：按照审计业务约定条款，已向注册会计师提供所有相关信息，并允许注册会计师不受限制地接触所有相关信息以及被审计单位内部人员和其他相关人员；所有交易均已记录并反映在财务报表中。

（2）针对特定事项的书面声明

如果注册会计师认为有必要获取一项或多项其他书面声明，以支持与财务报表或者一项或多项具体认定相关的其他审计证据，注册会计师应当要求管理层提供这些书面声明。这样的特定事项，如财务报表审计中与舞弊相关的责任、审计会计估计（包括公允价值会计估计）和相关披露、关联方、持续经营、期后事项、比较信息、其他信息等。

3. 不同情形的处理

（1）对书面声明可靠性的疑虑

如果对管理层的胜任能力、诚信、道德价值观或勤勉尽责存在疑虑，或者对管理层在这些方面的承诺或贯彻执行存在疑虑，注册会计师应当确定这些疑虑对书面或口头声明和审计证据总体的可靠性可能产生的影响。

如果书面声明与其他审计证据不一致，注册会计师应当实施审计程序以设法解决这些问题。如果问题仍未解决，注册会计师应当重新考虑对管理层的胜任能力、诚信、道德价值观或勤勉尽责的评估，或者重新考虑对管理层在这些方面的承诺或贯彻执行的评估，并确定书面声明与其他审计证据的不一致对书面或口头声明和审计证据总体的可靠性可能产生的影响。

如果认为书面声明不可靠，注册会计师应当采取适当措施，确定其对审计意见可能产生的影响。如果对管理层的诚信产生重大疑虑，以至于认为其做出针对管理层责任的书面声明不可靠，则注册会计师应当对财务报表发表无法表示意见。

（2）管理层不提供注册会计师要求的书面声明

如果管理层不提供要求的一项或多项书面声明，注册会计师应当：

① 与管理层讨论该事项；

② 重新评价管理层的诚信，并评价该事项对书面或口头声明和审计证据总体的可靠性可能产生的影响；

③ 采取适当措施，确定该事项对审计意见可能产生的影响。

如果管理层不提供针对管理层责任的书面声明，则注册会计师应当对财务报表发表无法表示意见。

审计准则第 1341 号

16.1.2　实施总体合理性的分析程序

在临近审计结束时，注册会计师应当设计和实施针对总体合理性的分析程序，帮助其对财务报表形成总体结论，以确定财务报表是否与其对被审计单位的了解一致。分析性测试帮助注册会计师对财务报表是否存在重大错报做最后的检查。分析程序可用于财务报表审计的各个阶段，此阶段执行分析程序的意义在于：佐证在审计财务报表各个组成部分或各个要素过程中形成的结论，帮助形成合理的结论，作为审计意见的基础；有助于识别出以前未识别的重大错报风险。在这种情况下，应当修正重大错报风险的评估结果，相应修改原计划实施的进一步审计程序。

审计准则第 1313 号

16.1.3　汇总审计发现

在完成所有审计证据收集工作后，审计项目组需要汇总各项审计发现，包括审计差异和重大事项。

审计差异是指审计过程中发现的会计处理或财务报表列报与财务报告编制基础的要求之间存在的各种不一致，是形成审计意见的基础。导致不一致的原因可分为三类：会计处理错误、财务报表项目列示错误、财务报表附注披露错误。

重大事项包括审计过程中发现的内部控制缺陷及提出的完善建议、强调事项、关键审计事项等。

在审计完成阶段，审计项目组需要根据各种审计发现的性质和内容，采用适当格式的工作底稿汇总审计结果。其中，"账项调整分录汇总表"（见表 16-1）通常用于汇总审计项目组建议被审计单位调整的、因会计处理错误导致的审计差异；如果被审计单位最终没有做出调整，则将这一部分审计差异列入"未更正错报汇总表"（见表 16-2）；如果属于财务报表项目分类错误，则可以使用"重分类调整分录汇总表"（见表 16-3）进行汇总，如被审计单位将一年内需要偿还的长期借款，仍然列示于资产负债表的非流动负债中。

在编制审计差异汇总表的基础上，审计项目组开始编制"试算平衡表"（见表 16-4 和表 16-5），进而形成"审定的财务报表"。

表 16-1　账项调整分录汇总表

客户：_____　　　　　　　　签名　　　日期　　　　　　索引号_____
项目：调整分录汇总表　　编制：_____　_____　　页　次_____
会计期间：_____　　复核：_____　_____

序号	内容及说明	索引号	调整内容				影响利润表+（-）	影响资产负债表+（-）
			借方项目	借方金额	贷方项目	贷方金额		

表 16-2　未更正错报汇总表

客户：_____　　　　　　　　签名　　　日期　　　　　　索引号_____
项目：未更正错报汇总表　编制：_____　_____　　页　次_____
会计期间：_____　　复核：_____　_____

序号	内容及说明	索引号	未调整内容				备注
			借方项目	借方金额	贷方项目	贷方金额	

表 16-3　重分类调整分录汇总表

客户：_____　　　　　　　　签名　　　日期　　　　　　索引号_____
项目：重分类分录汇总表　编制：_____　_____　　页　次_____
会计期间：_____　　复核：_____　_____

序号	内容及说明	索引号	调整项目和金额			
			借方项目	借方金额	贷方项目	贷方金额

表 16-4 资产负债表试算平衡表

被审计单位：_____   索引号：_____

项目：_____   财务报表截止日：_____

编制：_____   复核：_____

日期：_____   日期：_____

项目	期末未审数	账项调整 借方	账项调整 贷方	重分类调整 借方	重分类调整 贷方	期末审定数	项目	期末未审数	账项调整 借方	账项调整 贷方	重分类调整 借方	重分类调整 贷方	期末审定数
货币资金							短期借款						
交易性金融资产							交易性金融负债						
应收票据							应付票据						
应收账款							应付账款						
预付款项							预收款项						
应收利息							应付职工薪酬						
应收股利							应交税费						
其他应收款							应付利息						
存货							应付股利						
一年内到期的非流动资产							其他应付款						
其他流动资产							一年内到期的非流动负债						
可代出售金融资产							其他流动负债						
持有至到期投资							长期借款						
长期应收款							应付债券						
长期股权投资							长期应付款						
投资性房地产							专项应付款						
固定资产							预计负债						
在建工程							递延所得税负债						
工程物资							其他非流动负债						
固定资产清理							实收资本（股本）						
无形资产							资本公积						
开发支出							盈余公积						
商誉							未分配利润						
长期待摊费用													
递延所得税资产													
其他非流动资产													
合计							合计						

表 16–5 利润表试算平衡表

被审计单位：_____   索引号：_____
项目：_____   财务报表期间：_____
编制：_____   复核：_____
日期：_____   日期：_____

项目		未审金额	调整金额		审定金额
			借方	贷方	
一、	营业收入				
	减：营业成本				
	税金及附加				
	销售费用				
	管理费用				
	财务费用				
	资产减值损失				
	加：公允价值变动损益				
	投资收益				
二、	营业利润				
	加：营业外收入				
	减：营业外支出				
三、	利润总额				
	减：所得税费用				
四、	净利润				

16.2　审计报告的形成

16.2.1　审计项目的质量复核

为了确定审计报告是否建立在充分、适当的审计证据基础之上，会计师事务所需要组织和监控对审计项目的质量复核工作，对审计工作及审计证据的质量进行复核。

1. 项目合伙人对已执行工作的复核

项目合伙人是指会计师事务所中负责某项审计业务及其执行，并代表会计师事务所在出具的审计报告上签字的合伙人。项目合伙人无需复核所有工作底稿，但项目合伙人在审计过程的适当阶段及时实施复核，有助于重大事项在审计报告日之前得到及时满意的解决。项目合伙人复核的内容重大事项；重大判断，包括与在审计中遇到的困难或有争议事项相关的判断，以及得出的结论；根据项目合伙人的职业判断，与项目合伙人职责有关的其他事项。在审计报告日或审计报告日之前,项目合伙人应当通过复核审计工作底稿与项目组讨论,确信已获取充分、适当的审计证据,支持得出的结论和拟出具的审计报告。此外,项目合伙人应当在签署审计报告前复核财务报表、审计报告以及相关的审计工作底稿,包括对关键审计事项的描述(如适用),项目合伙人应当在与管理层、治理层或相关监管机构签署正式书面沟通文件之前对其进行复核。

2. 项目质量复核

项目质量复核,是指在报告日或报告日之前,项目质量复核人员对项目组做出的重大判断及据此得出的结论做出的客观评价。只有完成了项目质量复核,项目合伙人才能签署审计报告。会计师事务所应委派符合相关资质要求的项目质量复核人员,对项目组做出的重大判断和据此得出的结论做出客观评价。

在对财务报表审计项目实施项目质量复核时,项目质量复核人员应当实施下列程序。

① 阅读并了解:与项目组就项目和客户的性质与具体情况进行沟通获取的信息;与会计师事务所就监控和整改程序进行沟通获取的信息。

② 与项目合伙人及其他项目组成员讨论重大事项,以及在项目计划、实施和报告时做出的重大判断。

③ 基于从前两项程序获取的信息,选取部分与项目组做出的重大判断相关的业务工作底稿进行复核,并评价:做出这些重大判断的依据;业务工作底稿能否支持得出的结论;得出的结论是否恰当。

④ 评价项目合伙人确定独立性要求已得到遵守的依据。

⑤ 评价是否已就疑难问题或争议事项、涉及意见分歧的事项进行适当咨询,并评价咨询得出的结论。

⑥ 评价项目合伙人对整个审计过程的参与程度是否充分、适当,是否能够确定做出的重大判断和得出的结论适合项目的性质和具体情况。

⑦ 复核被审计财务报表和审计报告。

如果项目质量复核人员怀疑项目组做出的重大判断或据此得出的结论并不恰当,应当告知项目合伙人。如果这一怀疑不能得到使项目质量复核人员满意的解决,项目质量复核人员应当通知会计师事务所内部的适当人员:项目质量复核无法完成。

目前,项目质量复核适用于上市实体财务报表审计,以及会计师事务所确定需要实施项目质量控制复核的其他审计业务。

16.2.2 形成审计报告的内容

会计师事务所质量管理准则第 5102 号

在完成收集审计证据和质量复核工作后,注册会计师开始对审计工作和审计证据进行综合评价,并形成审计报告的内容。注册会计师至少需要评价以下方面。

① 按照审计准则的要求,是否已获取了充分、适当的审计证据。在对审计工作进行评价时,确定应对措施要求完成的审计程序是否切实完成,审计范围是否受到限制;如果受到限制,是因为客观条件还是因为被审计单位不配合;审计范围受限的相关项目的认定及其影响是否重大;如果影响重大,影响是否具有广泛性。审计范围受限特别要关注是否取得了审计准则明确要求取得的证据(如管理层的书面声明)。

在形成审计意见时,注册会计师应当考虑所有相关的审计证据,无论该证据与财务报表认定相互印证还是相互矛盾。如果对重大的财务报表认定尚没有获取充分、适当的审计证据，而又不存在审计范围受限的因素，注册会计师应当尽可能获取进一步的审计证据。

② 按照审计准则的规定，未更正错报单独或汇总起来是否构成了财务报表重大错报。注册会计师在审计过程中，必然会发现这样、那样的会计处理或者信息披露的问题，需要在汇总这些问题的基础上，依据重要性原则判断哪些事项需要调整、哪些不需要调整。应该注意的是，重要性不能仅仅从金额大小考虑，还需要分析错报事项的性质。在评价时，应结合所处特定环境、以前期间处理方式及类似公司和行业的商业惯例。对于注册会计师提出需要调整的事项，关注被审计单位是否进行了必要的调整。

③ 财务报表是否在所有重大方面按照适用的财务报告编制基础编制。其中需要考虑的内容包括：重要会计政策的选择和运用；重要的会计估计；经济活动和经济事项在财务报表中的列示；财务报表附注的信息披露等。在评价中，注册会计师应该关注管理层是否存在某种盈余管理偏向（如进行会计估计时高报收入而低报费用；对于不确定事项，提前公布好消息，延迟公布坏消息）。如果发现此类倾向，应该与管理层进行沟通，注意是否存在其他导致重大错报的领域。

④ 财务报表是否实现公允反映。注册会计师需要从整体上把握，审定的财务报表数据所传递的信息与其在审计过程中形成的对被审计单位财务状况、经营成果和管理水平、发展前景等方面的认知是否吻合，公司发生的重大交易和事项的实质是否真实、恰当地予以反映。

⑤ 财务报表是否恰当提及或说明适用的财务报告编制基础。由于越来越多的公司在不同国家或者地区的资本市场上市，不同国家资本市场监管部门对其他国家会计准则和审计准则的相互认可越来越普遍，在采用的财务报告编制基础方面，公司也有了选择的权利。因此，对采用的财务报告编制基础的清楚说明很重要，可以避免报表使用者的误解。

⑥ （如果存在）持续经营能力的重大疑虑是否消除，依据持续经营假设基础编制财务报表是否恰当。

⑦ 确定注册会计师在审计报告中传递的信息。除了审计意见、注册会计师与被审计单位管理层责任划分等内容，注册会计师还需要基于实际的审计结果，按照相关审计准则的要求，确定需要在审计报告中列示的关键审计事项、强调事项段、其他信息段等应当描述的内容。

16.2.3 与管理层、治理层的沟通

注册会计师在审计过程中和被审计单位管理层会有许多方面的沟通，包括审计发现的问题和需要调整的事项。此外，注册会计师还可能在审计结束后，以管理建议书的形式与管理层沟通，提出希望解决的企业会计核算系统、内部控制与风险管理等方面的问题和建议。不过，审计报告出具之前必须完成的工作之一是与公司治理层就审计结果进行沟通。双方沟通的内容可能如下。

① 有关财务报表的分歧。指注册会计师与管理层就财务报表编制与披露方面存在的不同意见。例如，在对某些特定的交易和事项所采用的会计政策、治理层对会计估计的判断基础、财务报表披露的内容及审计范围、审计报告的措辞等方面，双方可能产生分歧，需要沟通。

② 重大审计调整事项。即对财务报表所反映的财务状况、经营成果或现金流量有重大影响的、注册会计师认为需要调整的审计事项。

③ 会计信息披露中存在的可能导致修改审计报告的重大问题。即或有事项、期后事项、

关联方交易、持续经营等方面的披露及各期会计政策或会计方法变更的披露中存在的对审计报告有影响的问题。例如，资产负债表日后发生的重大自然灾害损伤，被审计单位未在财务报表附注中披露，注册会计师就需要通过沟通提请其披露，如果被审计单位拒绝披露，可能会对审计报告产生影响。

④ 被审计单位面临的可能危及其持续经营能力等的重大风险。

⑤ 审计意见的类型及审计报告的措辞。编制审计报告时，应向治理层告知其所确定审计意见类型，即审计报告的措辞，并使其理解其含义。需要明确的是，注册会计师在发表审计意见时，必须坚持独立、客观、公正的原则。这里的沟通仅仅是向治理层或管理层告知和解释，并不意味着审计意见的类型及审计报告的措辞需要听从治理层意愿。

关于内部控制方面的建议。应就审计过程中注意到的、被审计单位在内部控制方式或运行方面存在的重大缺陷，向治理层提出口头或书面建议。

与已审计财务报表一同披露的其他信息的沟通。例如，认为已审计财务报表与其一同披露的其他信息存在重大不一致或认为其他信息可能存在重大错报，注册会计师应当及时与被审计单位治理层沟通。

审计准则第 1151 号

本章关键术语

完成审计工作	书面声明	审计差异
账项调整分录汇总表	重分类调整分录汇总表	未更正错报汇总表
试算平衡表	项目合伙人	质量复核
审计报告	沟通	

本 章 复 习

一、单项选择题

1. 对上市公司而言，书面声明的签署人通常是（　　）。
   A. 被审计单位董事会秘书
   B. 被审计单位审计委员会主席
   C. 被审计单位中负责法律事务的最高领导
   D. 被审计单位中对财务报表承担相应责任并了解相关事项的管理层（或治理层）

2. 下列书面文件中，可以作为书面声明的是（　　）。
   A. 财务报表副本
   B. 董事会会议纪要
   C. 内部法律顾问出具的法律意见书
   D. 注册会计师列示管理层责任并经被审计单位管理层确认的信函

3. 下列有关财务报表审计中书面声明的说法中，适当的是（　　）。

A. 书面声明提供的审计证据需要其他审计证据予以佐证
B. 书面声明提供的审计证据可减少应当获取的其他审计证据的数量
C. 如果无法获取其他审计证据，可以将书面声明作为审计意见的基础
D. 被审计单位管理层就某事项提供的书面声明，可在一定程度上减轻审计责任

4. 注册会计师负责审计A公司20×1年度财务报表。审计报告日为20×2年3月31日，财务报表批准报出日为20×2年4月1日，则书面声明日期（　　）。
A. 可以是20×2年4月1日　　　B. 应当是20×2年4月1日
C. 应当是20×1年12月31日　　D. 不能晚于20×2年3月31日

5. 在审计一项重要的金融资产时，注册会计师就管理层持有该金融资产的意图向被审计单位管理层获取了书面声明，但发现该书面声明与其他审计证据不一致，注册会计师通常首先采取的措施是（　　）。
A. 修改进一步审计程序的性质、时间安排和范围
B. 考虑对审计证据总体可靠性和审计意见的影响
C. 实施审计程序，解决书面声明与其他审计证据不一致的问题
D. 提请被审计单位管理层修改其对持有该金融资产意图的书面声明

6. 如果在审计完成阶段对财务报表进行总体分析时发现了重大不合理之处，注册会计师应当（　　）。
A. 放弃已收集的审计证据
B. 重新评估重大错报风险
C. 立即与治理层沟通相关情况
D. 在审计报告中对该项不合理之处进行说明

7. 以下关于项目质量复核人员的说法中，适当的是（　　）。
A. 项目质量复核人员属于项目组成员
B. 项目质量复核人员应具备一定的权威性
C. 项目质量复核人员一般来自会计师事务所外部
D. 项目质量复核人员应尽早参与到项目的现场工作中

8. 被审计单位存在的下列情形中，将导致注册会计师出具无法表示意见的是（　　）。
A. 管理层拒绝调整重大审计差异
B. 持续经营能力存在重大不确定性
C. 重大法律诉讼无法估计判决结果
D. 管理层拒绝就其责任做出书面声明

9. 以下关于项目质量复核的表述中，适当的是（　　）。
A. 项目质量复核的程序，不应因项目具体情况的不同而异
B. 通过项目质量复核，可以消除项目合伙人主观判断中的偏见
C. 项目质量复核的目的在于完成会计师事务所所要求的工作流程
D. 项目质量复核可以降低审计风险，帮助做出符合事实的审计结论

10. 在完成审计工作阶段，注册会计师需要完成的工作不包括（　　）。
A. 获取最终的审计证据
B. 对财务报表总体合理性实施分析程序

C. 修改审计计划阶段确定的财务报表层次重要性水平
D. 对被审计单位已审计财务报表形成审计意见并草拟审计报告

二、多项选择题

1. 下列关于管理层提供的书面声明的说法中，适当的有（   ）。
   A. 书面声明是注册会计师获取的审计证据之一
   B. 书面声明是注册会计师在财务报表审计中需要获取的必要信息
   C. 书面声明本身并不为所涉及的任何事项提供充分、恰当的审计证据
   D. 如果管理层已就某项认定的可靠性做出了书面声明，则不必获取其他审计证据

2. 在针对管理层责任的书面书明中，注册会计师应当要求管理层确认的责任有（   ）。
   A. 财务报表编制的责任
   B. 维护利益相关者利益的责任
   C. 向审计人员提供完整信息和交易的责任
   D. 按照审计调整建议调整会计记录和财务报表的责任

3. 下列有关书面声明的日期和涵盖期间的说法中，注册会计师认为适当的有（   ）。
   A. 书面声明的日期可以与审计报告日一致
   B. 就某些交易获取的单独书面声明可以晚于审计报告日
   C. 书面声明应当涵盖审计报告针对的所有财务报表和期间
   D. 书面声明的日期应当尽量接近对财务报表出具审计报告的日期

4. 以下情形中，将直接导致注册会计师出具无法表示意见的有（   ）。
   A. 管理层拒绝提供关于特定事项的书面声明
   B. 对管理层的诚信产生重大疑虑
   C. 管理层拒绝就其提供信息的完整性出具书面声明
   D. 注册会计师认为管理层出具的关于其责任的书面声明不可靠

5. 导致非无保留意见的事项可能取自审计人员编制的（   ）。
   A. 账项调整分录汇总表
   B. 内部控制改善建议书
   C. 与治理层沟通记录表
   D. 重分类调整分录汇总表

6. 以下关于项目合伙人的说法中，适当的有（   ）。
   A. 项目合伙人应当对全部工作底稿进行复核
   B. 项目合伙人通常只对关键领域、特别风险进行复核
   C. 项目合伙人通常是在审计完成阶段开始进入项目组工作
   D. 项目合伙人是代表会计师事务所在审计报告上签字的合伙人

7. 在确定某一财务报表审计项目的质量复核人员时，会计师事务所需要考虑的事项有（   ）。
   A. 人员的专业胜任能力
   B. 是否能保障工作时间
   C. 是否满足职业道德的相关要求
   D. 是否属于会计师事务所的内部人员

8. 下列有关项目质量复核的说法中，适当的有（   ）。
   A. 项目质量复核不能减轻项目合伙人的责任
   B. 项目质量复核人员不得代替项目合伙人进行决策
   C. 考虑到期后事项的影响，项目质量复核应当在财务报表公布之时才能结束

D. 最好由项目合伙人选择项目质量复核人员，以保证项目质量复核的工作效果
　9. 如果项目质量复核人员怀疑财务报表审计项目合伙人所做出的重大判断不恰当，则其应采取的措施有（　　）。
　　A. 通知项目合伙人
　　B. 与被审计单位联系，进一步确认相关的情况
　　C. 如果该怀疑得到满意解决，进一步完成质量复核工作
　　D. 如果该怀疑得不到满意解决，通知会计师事务所的适当人员
　10. 在完成审计工作阶段，注册会计师通常认为应当与治理层沟通（　　）。
　　A. 所确定的审计报告意见及措辞
　　B. 注册会计师实施的具体审计程序的性质
　　C. 其他信息与已审计财务报表存在的重大不一致
　　D. 注册会计师与管理层之间在会计政策方面的重大分歧

三、问答题

1. 简述书面声明的类别。
2. 如果管理层不提供注册会计师要求的书面声明，注册会计师应当如何处理？
3. 如何汇总审计差异？
4. 简述项目合伙人复核的主要内容。
5. 简述项目质量复核的程序。
6. 举例说明注册会计师在出具审计报告之前，与被审计单位治理层就审计结果沟通的内容。

四、研究思考题

1. 分析书面声明的证明作用。
2. 比较项目合伙人复核和项目质量复核。
3. 分析项目质量复核的意义。
4. 分析注册会计师在出具审计报告之前，与被审计单位管理层、治理层沟通的必要性。

五、案例分析题

1. 注册会计师在审计 A 公司 20×1 年度财务报表时遇到以下情况。
① A 公司在 20×1 年度向其控股股东 M 公司以市场价格销售产品 5 000 万元，以成本加成价格购入原材料 3 000 万元，上述销售和采购占 A 公司当年销货、购货的比例分别为 30% 和 40%。
② A 公司于 20×1 年末更换了大股东，并成立了新的董事会。继任法定代表人以刚上任不了解以前年度情况为由，拒绝签署 20×1 年度已审财务报表和提供管理层声明书。原法定代表人以不再继续履行职责为由，也拒绝签署 20×1 年度已审财务报表和提供管理层声明书。
　要求：分别针对上述情况，指出注册会计师应当实施哪些审计程序。

2. 注册会计师在审计 B 公司 20×1 年度财务报表时，确定财务报表整体的重要性水平为 250 万元。以下是审计过程中对错报相关事项的摘录。
① B 公司 20×1 年末非流动负债余额中包括一年内到期的长期借款 2 500 万元，占非流动负债总额的 50%。注册会计师认为，该错报对利润表没有影响，不属于重大错报，同意管理层不予调整。

② B公司为M公司的银行借款提供全额信用担保。20×1年11月1日,从公司因严重亏损,进行破产清算,无力偿还已到期的该笔银行借款。银行于20×1年12月1日向法院起诉,要求B公司承担连带责任,支付借款本息共计1 000万元。B公司咨询法律顾问后得知,B公司很有可能败诉。对上述事实,B公司已在财务报表附注中予以披露,未进行其他账务处理。注册会计师认为处理恰当。

③ B公司有一项余额为300万元的其他应付款被误计入应付账款。由于该项错报不影响B公司的经营业绩和关键财务指标,注册会计师同意管理层不予调整。

要求:分别针对上述事项,判断注册会计师的做法是否恰当;如不恰当,简要说明理由。

参 考 文 献

[1] 陈汉文. 审计. 4版. 北京：中国人民大学出版社，2020.
[2] 李洪. 审计的逻辑. 北京：经济科学出版社，2021.
[3] 李金华. 中国审计史. 北京：中国时代经济出版社，2005.
[4] 李晓慧. 审计学：实务与案例. 北京：中国人民大学出版社，2011.
[5] 刘华. 审计理论与案例. 上海：复旦大学出版社，2005.
[6] 秦荣生. 审计学. 北京：高等教育出版社，2019.
[7] 宋常. 审计学. 北京：中国人民大学出版社，2018.
[8] 孙含晖，王苏颖，阎歌. 让数字说话：审计，就这么简单. 北京：机械工业出版社，2016.
[9] 文硕. 世界审计史. 北京：企业管理出版社，1998.
[10] 吴卫军. 资本的眼睛. 北京：中信出版社，2019.
[11] 叶陈刚，李洪，张岩. 审计学. 北京：机械工业出版社，2019.
[12] 余盛钧. 中国注册会计师简史. 上海：立信会计出版社，2016.
[13] 中国注册会计师协会. 审计. 北京：中国财政经济出版社，2022.